Diogenes Taschenbuch 24539

ANDREA DE CARLO, geboren 1952 in Mailand, lebte nach einem Literaturstudium längere Zeit in den USA und in Australien. Er war Fotograf, Maler und Rockmusiker, bevor ihm 1981 mit seinem ersten Roman, *Creamtrain*, der Durchbruch gelang. Acht Jahre später legte er den Roman *Zwei von zwei* vor, der zum Kultbuch einer ganzen Generation wurde. Andrea De Carlo lebt in Mailand und in Ligurien.

Andrea De Carlo
Das wilde Herz

ROMAN

Aus dem Italienischen von
Petra Kaiser und Maja Pflug

Diogenes

Titel der 2014 bei Bompiani, Mailand,
erschienenen Originalausgabe: ›Cuore primitivo‹
Copyright © 2014 by Bompiani/RCS Libri S.p.A.
Die deutsche Erstausgabe
erschien 2019 im Diogenes Verlag
Covermotiv: Illustration Moonji Publishing Co., Ltd., 2013
Copyright © Moonji Publishing Co., Ltd.
All rights reserved

Veröffentlicht als Diogenes Taschenbuch, 2020
Alle deutschen Rechte vorbehalten
Copyright © 2019
Diogenes Verlag AG Zürich
www.diogenes.ch
50/20/36/1
ISBN 978 3 257 24539 4

Dieser Roman ist ein Werk der Phantasie, einzige Ausnahme bilden einige Orte, öffentliche Persönlichkeiten oder Werke, die dazu dienen, einen Kontext herzustellen; die Romanfiguren und die Ereignisse hat der Autor frei erfunden. Jegliche Übereinstimmung mit real existierenden Namen, körperlichen und beruflichen Merkmalen ist daher rein zufällig.

CRAIG NOLAN, PHD
Blog
6. Januar 2015

Liebe Freunde, Kollegen, Studenten, Leser, Fernsehzuschauer und Unbekannte aller Art,

in den letzten Monaten waren so viele verdrehte, abartige oder schlicht erlogene Versionen meines Sturzes durch das Dach im vergangenen Juli in Umlauf, dass ich glaube, einiges klarstellen zu müssen; die längst endgültig verfälschte Wahrheit lässt sich kaum noch rekonstruieren, aber ich will doch versuchen, wenigstens der Flut von unverschämten Behauptungen über mein Privatleben Einhalt zu gebieten.

Zuallererst: Natürlich wäre es mir nie eingefallen, während eines Sommergewitters mit Blitz und Donner und prasselndem Hagel auf den Ziegeln herumzuspazieren, wie einige behauptet haben (als hätten ihnen die dramatischen Elemente noch nicht gereicht). Ich bin erst am Morgen nach dem Gewitter aufs Dach gestiegen, als der Himmel strahlend blau war und die Sonne brannte. Zweitens: Die Idee, ich wäre hinaufgeklettert, um meine Frau mit diesem Theater emotional zu erpressen, ist so grotesk, dass ich mich nicht dazu herablassen würde, sie zu dementieren, wenn nicht so viele sie sofort geglaubt hätten. Wer dieses Gerücht verbreitet hat, hätte einen Preis für die größte Blödheit verdient, auch wenn er offensichtlich die Absicht verfolgte, *mich* als Blödmann hinzustellen. Jedwede Meinungsverschiedenheit zwischen mir und Mara ist *nach* und nicht vor meinem Sturz entstanden. Ich bin aus reinen Vernunftgründen aufs Dach gestiegen, nämlich um festzustellen, wo genau der Regen am Vorabend während des schon erwähnten Gewitters ins Haus getropft war. Meine einzige Unvorsichtigkeit (wobei ich bezweifle, dass euch, liebe Freunde, Kollegen, Studenten, Leser, Fernsehzuschauer und Unbekannte aller Art, meine Unvorsichtigkeiten wirklich solche Sorgen bereiten) bestand darin, den Zustand der Ziegel, die schon von Anfang an recht brüchig und vom Wetter stark abgenutzt waren, außer Acht gelassen zu haben. Drittens: Die Verletzungen, die ich mir bei dem Sturz zugezogen habe, bestanden in Verstauchungen zweiten Grades am rechten Fußgelenk (Außenbandruptur des oberen Sprunggelenks) und am rechten Knie (Seitenbandverletzung) und einem Schleudertrauma im Halswirbelbereich (nach der QTF-Klassifizierung ebenfalls zweiten Grades), verursacht durch den Aufprall auf dem Fußboden: Nachdem ich stehend abgestürzt war, bin ich unten auf den Rücken gefallen und habe instinktiv den Kopf gehoben. Der Vollständigkeit halber muss ich auch noch ein paar Prellungen und Platzwunden am rechten Arm und mehrere unbedeutende Hautabschürfungen an beiden Unterarmen erwähnen. Die italienischen Krankenhausärzte haben mir eine Behandlung nach dem sogenannten PRICE-Protokoll verschrieben (*Protection, Rest, Ice, Compression and Elevation,* was ich sowieso alles schon selbst angewendet hatte), worauf nach meiner Rückkehr nach England ein Reha-Aufenthalt im Spire Cambridge Lea Hospital folgte. Heute sind die Gelenke meines rechten Beins wieder zu fast neunzig Prozent funktionsfähig, versichern mir die Ärzte. Insgesamt war es also durchaus ein sehr unangenehmer Unfall, das kann ich nur bestätigen, er hatte aber ganz bestimmt kein »gebrochenes Rückgrat«, keine »zerschmetterten Beine« und keinen »an der Schulter fast abgerissenen Arm« zur Folge, wie einige von euch vorschnell in die Welt posaunt haben, natürlich ohne jede vorherige Überprüfung der Tatsachen.

Diesbezüglich möchte ich hier noch eine kleine Auswahl von Nachrichten anfügen, die mich via Twitter erreichten (der Kürze halber lasse ich im Ton ähnliche weg, die über andere soziale Netzwerke verbreitet wurden):

#craignolan stolzierte im sturm übers dach, wollte er eindruck schinden bei seiner #catwoman???

@craignolanphd ich drück dich auch wenn du mich bestimmt nicht zurückdrücken kannst, hihihihi

@craignolanphd scheißanthropologe gelähmt endlich eine gute nachricht #thecannibalsaresafe

#crashednolan wird auch einarmig weiternerven OMFG

#crashednolan salonforscher gelähmt = großes geschenk für die anthropologie

Nach #stephenhawking wird uns nun auch #crashednolan aus dem rollstuhl mit pseudogenialen blödheiten bombardieren

@craignolanphd mit deinem kranken kängurugesicht, krepier doch das nächste mal RT

hey @craignolanphd echt schade nur ein stockwerk statt zehn ROFL

@craignolanphd du wolltest wohl die einschaltquote deiner miesen tv-sendung erhöhen, stimmt's?

#crashednolan wer weiß ob er es wenigstens geschafft hat sein betrogenes frauchen zu rühren LOL

#craigthroughtheroof ich schwöre wenn er nach dem sturz noch mehr von seinen scheißbüchern verkauft wandere ich aus nach #australien

#craigthroughtheroof schade dass er nicht unter den trümmern des hauses begraben liegt #canthaveeverything

#craigthroughtheroof oder wie sich ein tv-akademiker nach kurzem höhenflug in eine lahme ente verwandelt

@craignolanphd hüpfte auf dem dach wie nett nun liegt er nach kurzem flug im bett LMAO

#craigthroughtheroof es gibt genug scheißbesserwisser die man gern abstürzen sähe aber das ist zumindest mal ein anfang #thankgodforthat

Welch wahrhaft wunderbare virtuelle Gemeinschaft, verbunden durch Nächstenliebe und die Liebe zum Akronym (und durch eine befreiende Missachtung aller Zwänge der Interpunktion). Ist es nicht beruhigend zu wissen, dass LOL im Ergänzungsband von 2011 offiziell ins *Oxford English Dictionary* aufgenommen wurde? Nein, im Ernst, ich finde es durchaus bemerkenswert, dass sich selbst brillante akademische Köpfe (ja, ich spreche von euch) wie selbstverständlich mit den unzulänglichen Ausdrucksmöglichkeiten der sogenannten neuen Kommunikation zufriedengeben. Und das, obwohl Friedhelm Hillebrand schon 1985, nach aufwendigen Studien, festgestellt hat, dass mindestens hundertsechzig Zeichen nötig sind, um einen beliebigen Gedanken halbwegs adäquat auszudrücken; es braucht nicht viel, um zu begreifen, dass die Beschränkung auf hundertvierzig Zeichen eine sprachliche und konzeptuelle Regression impliziert, die einem Rückfall in die Steinzeit gleichkommt. Andererseits wissen wir genau, dass das Internet ein großartiges Ventil ist, um jegliche Art von Frustration, Eifersucht und Groll ungestraft abzulassen; die sogenannten sozialen Netzwerke benötigen ständig Nachschub, um aktiv zu bleiben. Der Voyeurismus, das Meinungsgeschwätz und der Geist der Lynchjustiz müssen jeden Tag neue Opfer finden, jeden Tag müssen ungeheure Mengen von Giftmüll in Umlauf gebracht werden. Es ist eine Tatsache, dass Millionen von Menschen rein gar nichts dafür tun, um die Probleme in ihrem Leben zu lösen, ihr Wissen zu erweitern und sich selbst (oder gar die Welt) zu verbessern, sondern lieber hemmungslos die niedrigsten Gefühle ausleben. Im beruhigenden Schutz der Anonymität verbringen sie jede freie Minute damit, sich mittels ihrer Desktops, Laptops, Tablets und Smartphones unsägliche Banalitäten und grobe Übersetzungen ihrer Primärtriebe zu senden. Schwer zu sagen, wie viel Zeit für all diese »freien Minuten« von ihrer Berufstätigkeit und ihren realen persönlichen Beziehungen abgeht, aber ich bin überzeugt, dass die verfügbaren Schätzungen beträchtlich unter dem wirklichen Wert liegen. Falls jemand unter meinen Lesern (wohl die meisten von euch) denkt, ich würde übertreiben, täte er gut daran, endlich aufzuwachen: Der Zug, in dem er gemütlich dahindämmert, rast in Windeseile auf den Abgrund des allgemeinen Schwachsinns zu, dem sollte er ins Auge sehen.

Was die Entwicklungen nach meinem Sturz vom Dach betrifft, werde ich gar nicht erst versuchen, den zahllosen böswilligen Unterstellungen zu widersprechen, die mit gehässigem Eifer in Umlauf gebracht worden sind. Ich möchte lediglich anmerken, dass das meine und Maras Privatsache ist. Und ich wäre glücklich (natürlich wage ich nicht, es wirklich zu hoffen), wenn ihr aufhören würdet, eure individuellen und kollektiven Nasen in meine Angelegenheiten zu stecken.

Einen herzlichen Gruß an alle,

Craig Nolan

Eins

Als Craig Nolan im Januar 2015 am Schreibtisch seines Arbeitszimmers in der Little St Mary's Lane in Cambridge an seine erste Ankunft mit Mara in Canciale zurückdenkt, während die Stereoanlange leise *Jumping At Shadows* von Peter Green spielt und vor den Fenstern am schon beinah dunklen Nachmittag der Regen fällt, schwankt er bei der Erinnerung ständig zwischen Sehnsucht, Fassungslosigkeit und Verärgerung.

Die zu beantwortende Frage ist immer die gleiche: War es unvermeidlich, dass es so weit kommen musste? Hätte er den Lauf der Ereignisse, die zur jetzigen Situation geführt haben, aufhalten oder zumindest in eine weniger katastrophale Richtung lenken können? Ja, bestimmt, und nein, bestimmt nicht, wie bei allem, was geschieht. Genau genommen hätte er dann gar nicht erst in den alten blauen Bus steigen dürfen, der unverdrossen die kurvige Straße in die immer steiler werdenden Berge hinauffächzte, viel weiter von der Küste weg, als er sich vorgestellt hatte. Er hätte auf seine innere Stimme hören können, die ihm riet, eine vorübergehende sinnliche Anziehung nicht mit einer langfristigen emotionalen und praktischen Verbindung zu verwechseln. Es hätte genügt, eine plötzlich unvermeidliche Arbeitsverpflichtung vorzuschützen, einen Notfall an der

Universität, irgendeinen fachlichen Grund, weshalb seine Anwesenheit in der Mongolei oder auf den Salomon-Inseln dringend geboten war. Oder er hätte mit brutaler Offenheit erklären können, dass er sich für eine dauerhafte Beziehung nicht bereit fühle, auch nicht mit einer so interessanten Frau wie ihr; oder darauf pochen, dass seine Tätigkeit und sein unkonventionelles Denken nicht mit einem Lebensstil nach den Standards der sogenannten Reife vereinbar seien. Zumal Mara selbst so stolz war auf ihre Unabhängigkeit, so agil und ruhelos: Alles, was sie zum Zeitpunkt ihrer Begegnung begehrte und praktizierte, war das Gegenteil von Langeweile und Wiederholung. Sie war die freieste, selbständigste Frau, die er je kennengelernt hatte, eine begabte junge Bildhauerin, die gerade mühsam eine lange, schwierige Beziehung zu einem bipolaren Geigenbauer beendet hatte und nicht im Entferntesten daran dachte, von einem Mann Beteuerungen oder Garantien für die Zukunft zu verlangen! Und ihre Beziehung stand ja noch ganz am Anfang, war noch ganz ohne gemeinsame Gewohnheiten, gemeinsame Ausdrucksweisen, Pläne oder andere stabilisierende Elemente. Warum war er bloß in diesen Bus gestiegen, wenn er die möglichen Folgen der kaum einstündigen Fahrt doch schon geahnt hatte? Warum konnte er sich der gegenseitigen Faszination, dem Bröckeln des Widerstands, dem gefährlichen Sich-Aussetzen und dem Leichtsinn, der sicheren Schaden anrichtet, nicht entziehen? Einfach weil ihm schien, im Namen seiner Unabhängigkeit auf die momentane Aufregung zu verzichten sei eine Geste unerträglicher Feigheit, die er hinterher für immer bedauert hätte; es war ihm nicht gelungen, sich uninteressiert, antriebslos und gefühlsgeizig zu geben. Letztlich war das ein vorgezeichneter Weg: zu ahnen, wohin er ihn führen würde, hatte ihn nicht daran gehindert, ihm Schritt für Schritt zu folgen.

Als sie endlich in Canciale ankamen, ihre Rucksäcke abstellten und sich umsahen, sprach sein Selbsterhaltungstrieb immer noch eine unmissverständliche Sprache. Außer der Übelkeit wegen des vierzigminütigen Gerüttels und der Enttäuschung, die proportional zur Entfernung zum Meer gewachsen war, packte ihn, wenn auch nur nach und nach, das untrügliche Gefühl, dass er dabei war, einen großen, nicht wiedergutzumachenden Fehler zu begehen. Doch verschwand dieses Unbehagen schlagartig, sobald Mara ihn mit dem gleichen Lächeln ansah wie vier Tage zuvor in Mailand, als sie ihm, während er durch die Stadt spaziert war, weil er auf einen Interviewtermin wartete, auf der Piazza Cordusio zufällig begegnet war. Diese Italienerin mit dem Lockenkopf, den kastanienbraunen Augen und den kräftigen, aber zugleich weichen Formen hatte ihn so beeindruckt, dass er sie (in einem damals noch sehr vagen Italienisch und mit einem Übermut, über den er selbst erstaunt war) gefragt hatte: »*Perdono, dove è la piazza del Duomo?*«, obwohl er genau gewusst hatte, dass der Domplatz keine hundert Meter hinter ihm lag. Daraufhin hatte sie ihn halb amüsiert, halb neugierig gemustert und ihm unerwartet auf Englisch geantwortet: »*Seriously?*« Und danach hatten sich ihre Lippen zu dem strahlendsten Lächeln geöffnet, das er je gesehen hatte, und mit einem Mal war das gesamte achttägige Programm anlässlich des Erscheinens der italienischen Ausgabe von *Das wilde Herz* über den Haufen geworfen. Plaudernd waren sie die Via Orefici entlanggegangen, und er hatte sie zu einem Aperitif in der Galleria überredet (sie bestellte einen Americano, er einen Martini). Ihr Gespräch war so anregend, dass er sein Interview im Hotel komplett vergaß und sie zu seinem Vortrag am folgenden Abend einlud. Nach dem Vortrag ließen sie kurzerhand das offizielle Abendessen sausen, suchten sich ein kleines Restaurant, wo sie niemand störte, und waren von da an unzertrennlich. Er sagte alle seine Termine in Florenz, Pisa und Rom ab, und sie verbrachte wesentlich weniger Zeit mit ihren Eltern, als sie sich eigentlich vorgenommen hatte; drei Tage erkundeten sie gemeinsam die Stadt, drei Nächte die Suite des Hotels, die der Verlag für ihn gebucht hatte; am vierten Tag fuhren sie mit dem Taxi zur Stazione Centrale und stiegen in einen Zug nach Ligurien.

Und nach der Busfahrt von der Küste in die Berge stand er also neben diesem wunderbaren südländischen Mädchen mit dem unruhigen Geist und den erstaunlichen künstlerischen Fähigkeiten, die ihn nun wieder auf ihre unwiderstehliche Art anlächelte und fragte, ob ihm die Reise gefallen habe. Er bejahte, ohne zu zögern: glücklich, ein neugieriger und anpassungsfähiger Reisegefährte zu sein, ein experimentierfreudiger Partner, ein international bekannter Akademiker, der sich jedoch nicht zu ernst nahm, ein Forscher, der sich unter den ehemaligen Kannibalen der Korowai ebenso wohl fühlte wie unter den Bewohnern einer italienischen Region, die zu den weniger fremdenfreundlichen zählt. Die Aufmerksamkeit und Bewunderung, die er in jedem Blick und jedem Wort von Mara wahrnahm, bei jedem Schulterstreifen, berauschte ihn wie eine Droge. Dass er bei einer Frau Aufmerksamkeit und Bewunderung weckte, erlebte er zwar nicht zum ersten Mal, doch bei ihr begeisterte es ihn, weil sie selbst so viel Aufmerksamkeit und Bewunderung verdiente. Ist das vielleicht der springende Punkt? Ist er tatsächlich dermaßen narzisstisch veranlagt, dass er sich von einer naturgemäß vergänglichen Euphorie blenden ließ und dadurch die möglichen Folgen für seine intellektuelle und materielle Unabhängigkeit völlig ignorierte?

Jedenfalls sind die Bilder und Empfindungen dieser ersten Ankunft in Canciale in seiner Erinnerung sehr viel klarer als die Gedanken, die ihm damals durch den Kopf gingen: Er braucht sie sich nur ins Gedächtnis zu rufen, schon sind sie lebendig und pulsierend wieder da. Die Gedanken dagegen sind trüb, lückenhaft, sie kommen nicht an gegen die Kraft der eindrucksvollen Bilder von Mara, die ihn aufgeregt, ungeduldig und doch vorsichtig die enge Straße hinunterführt. Sie geht erst rasch, dann verlangsamt sie ihren Schritt, dreht den Kopf in alle Richtungen, schnuppert in der Luft, nimmt tausend Einzelheiten wahr. Er folgt ihr, und sie weiß um seinen Blick, der auf ihr ruht, und bewegt sich dennoch völlig natürlich in ihrem leichten geblümten Baumwollkleid, das ihren Körper betont und die energischen, eleganten Beine entblößt, die starken, wohlgeformten Füße in den dünnen, von der Sonne gebleichten Ledersandalen. Und weiter: Er folgt ihr und fühlt, sein Gesicht ist zu rosa, sein Haar zu hell und zu schütter, seine Kopfhaut zu sichtbar, die Arme zu unbehaart und die Oberschenkel, Knie und Waden zu stämmig in der kurzen Khakihose mit den zu vielen Taschen. Und weiter: Zusammen gehen sie an den pastellfarben oder zementgrau verputzten Häusern vorbei, an den holzgezimmerten Hühnerställen mit den Wellblechdächern, den kleinen Gemüsebeeten in den Gärten, den Autos und den motorisierten Dreiradkarren am Straßenrand, dem Röhricht, den Müllcontainern und den Robiniensträuchern, um schließlich vor einem kleinen, zweistöckigen Gebäude von verblichenem Rot stehen zu bleiben. Und endlich: Erneut stellt Mara den Rucksack ab, deutet mit vor Rührung glänzenden Augen auf die Fassade, und ein leichtes Zittern überläuft ihre schön geschwungenen Lippen.

Doch klangen nicht auch in dieser begeisterten Wahrnehmung von Formen, Strukturen und Temperaturen schon Misstöne an? War er nicht bestürzt, wie wenig die Realität des Ortes mit den Vorstellungen übereinstimmte, die ihre vorigen Erzählungen genährt hatten, elektrisiert vom Wunsch nach mehr, durchzogen vom fieberhaften Informationsaustausch? Wo war der vielbeschworene Zauber von Canciale, diesem irdischen Paradies, überreich an köstlichen Früchten und bewohnt von einfachen, freigebigen Menschen? Wie viel von dem, was er vor Augen hatte, stimmte mit der automatischen Visualisierung überein, die auf den Erinnerungen an andere Mittelmeerorte basierte, ausgeschmückt durch Fotografien, Filmausschnitte, Werbung, Broschüren von Reisebüros und reine Phantasie?

Die Wahrheit (aber welche Wahrheit, die heutige oder die von damals?) ist, dass Canciale ihm unfreundlich, verwahrlost und irgendwie trostlos vorkam; wie die feuchte, weitläufige, ländliche Peripherie eines Dörfchens im Apenninvorland, das sich zwischen Licht und Schatten an die steilen Berghänge klammerte. In nichts glich es dem sonnigen Ort, den er bis zu diesem Moment vor sich gesehen hatte: keine

Spur von leuchtend weißen Häuschen, von tief purpurroten Bougainvilleen, von aufs kobaltblaue Meer hinausschauenden Terrassen. So weit das Auge reichte nur dunkelgrüne Abhänge, dazwischen die helleren Linien von größtenteils verwilderten Olivenhainen, hier und da einige zusammengeschusterte, ungepflegte kleine Gebäude, primitive Gemüsegärten, illegal errichtete Garagen, wildwucherndes Unkraut, Drahtzäune und Laternen mit unverhältnismäßig großen Masten. Das Häuschen, in dem Mara bis zu ihrem späteren Umzug nach Cambridge wohnte und für das sie auch danach hartnäckig weiter Jahr für Jahr die Miete bezahlte, war eher armselig als faszinierend. Es lag direkt an der Straße (auch wenn sie schmal und kaum befahren war), mit wenigen Quadratmetern ungepflegtem und auf einer Seite von der Sonne versengtem Rasen, ohne dass ein selbst symbolischer Zaun den öffentlichen vom privaten Raum trennte. Und dann die schrundige Eingangstür, von der die Farbe abblätterte, die fahlgrünen Fensterläden, die verrosteten, löchrigen Regenrinnen und Fallrohre. Ganz zu schweigen von dem Riss in der Fassade oder dem jämmerlichen Zustand der Trockensteinmäuerchen, die die schmalen Oliventerrassen hinter dem Haus stützten und überwuchert waren von einem undurchdringlichen Dschungel aus Brombeergestrüpp und Kletterpflanzen.

Doch in Craig Nolans heutiger Erinnerung, die sich aus lückenhaften Gedanken und sehr lebendigen Bildern und Empfindungen zusammensetzt, betrachtet Mara ihr ligurisches Häuschen, als wäre es ein Kunstwerk von unschätzbarem Wert oder eine ihr unendlich teure Person. Ohne sich noch einmal zu ihm umzuwenden, zieht sie einen Schlüssel an einem roten Bändchen heraus und dreht ihn mit Mühe im Schloss; mehrmals rüttelt sie an der Klinke und stemmt sich mit der Schulter gegen die Tür, bis sie endlich aufspringt. Ein so ungestümer Einsatz ihrer Körperkraft muss unweigerlich seine Besorgnis geweckt haben, in Kombination mit der Bewunderung, die man beim Anblick bedeutender Gesten empfindet; doch auch diese Daten fehlen ihm jetzt.

In allen Einzelheiten sehr präsent ist ihm dagegen der Moment, in dem er ihr ins Haus folgt wie in einen Traum, der nicht seiner ist und in dem er, wie er weiß, nichts entscheiden kann. Das Wohnzimmer mit der Kochnische ist so ärmlich wie bezaubernd, man spürt die Feuchtigkeit und den Charme später Hippiejahre. Es riecht nach Staub, Patschuli, Fichtenholz, Schimmel. Mit dem gleichen, beinah gewaltsamen Schwung, mit dem sie zuvor die Tür geöffnet hat, stößt Mara die Fenster auf, und Licht durchflutet den kleinen Raum. Nun erkennt man zwei etwa sechzig Zentimeter hohe Skulpturen, eine Katze aus Stein, die sich die Pfote leckt, und eine in aufmerksamer Haltung aus Holz. Außerdem einige schiefe, wer weiß wo aufgegabelte alte Stühle, einen nachlässig weiß gestrichenen alten Schrank, bunte nepalesische Stoffe an den Wänden, niedrige Regale voller Bücher mit vom vielen Lesen abgegriffenen Rücken. Auf einem Bord steht eine Schwarzweißfotografie von Mara im Badeanzug, mit einem wilden, sinnlichen Ausdruck. Dann ein Wecker und gleich daneben ein kleineres Farbfoto, das sie mit Strohhut auf einem Mäuerchen sitzend zeigt. Auch hier beunruhigen die selbstbewusste Haltung, der stolze Blick, das erahnbare Einverständnis mit dem Urheber des Schnappschusses. Es gibt noch ein zweites Farbfoto, von einem Mann in einer Lautenbauwerkstatt, mit einer unfertigen Gitarre in der Hand; seine Haltung ist entsetzlich borniert, stumpfer Blick, die Lippen angespannt durch die programmierte Verweigerung eines Lächelns.

Obwohl die damaligen Gedanken kaum lesbar sind, gibt es keinen Zweifel: Genau an diesem Punkt, als ihm die greifbaren Belege für Maras vorheriges Leben ins Auge sprangen, verspürte Craig Nolan das verzweifelte Bedürfnis, sich das noch verfügbare Territorium anzueignen, es um jeden Preis zu besitzen und zu markieren. Ihm war plötzlich so schwindelig, dass er sich an den Türrahmen lehnen musste; der Schock hatte alle seine Reflexe verlangsamt, wie ein Pistolenschuss, der zwischen den Wänden nachhallt.

»Alles gut?« In Maras Augen blitzte Unsicherheit auf, bezaubernd, glühend.

»Bestens.« Craig Nolan zwang sich zu einem verzerrten Lächeln.

»Gefällt es dir?« Sie senkte den Blick, während sie mit dem Fuß einige am Boden herumliegende CDs wegschob. Mit wem hatte sie die gehört? Und wann?

»O ja, sehr.« Atemlos machte Craig Nolan ein paar fahrige Bewegungen, als schwimme er in einem reißenden Wasserlauf gegen den Strom.

Danach gab es kein Halten mehr, sie waren übereinander hergefallen, hatten sich wie wild umarmt, geküsst, die Kleider vom Leib gerissen und auf dem alten, klapprigen Sofa geliebt, das zweifellos schon wer weiß wie viele bedeutsame Momente in Mara Abbiatis Leben vor Craig Nolan miterlebt hatte. Die Erinnerung an ihren ersten Sex im

Haus von Canciale ist noch lebendiger als die an ihre Ankunft und noch stärker von widersprüchlichen Gefühlen gekennzeichnet. Sein Eindruck, alles unter Kontrolle zu haben, wie in den Nächten im Mailänder Hotel, hatte sich sofort verflüchtigt, ebenso wie der Vorteil des Älterseins, der größeren Erfahrung und Bildung – er war Mara ganz und gar ausgeliefert: Der Gegensatz zwischen ihrer Impulsivität, ihrer Körperwärme, ihrer Art zu atmen und seinem Gefühl von unwiederbringlichem Verlust war so riesengroß, dass er wie eine nasse Decke auf ihm lastete. Und doch hatte er mit verzweifeltem Eifer zu der wachsenden Spannung beigetragen, zu dem überhitzten Hin und Her, zu dem Keuchen und Sich-Worte-ins-Ohr-Hauchen, zu dem jugendlich wilden Spiel, das von den unergründlichen Tiefen ihrer animalischen Natur beherrscht wurde. Heute ist ihm klar, dass er wohl tausendmal besser daran getan hätte, ein winziges bisschen auf Distanz zu gehen und wenigstens einen kleinen Teil seines Humors zu aktivieren; spät, gewiss, doch vielleicht hätte es noch eine Möglichkeit gegeben, das Abdriften aufzuhalten und ein Minimum an Selbstbeherrschung zurückzugewinnen. Aber er tat es nicht, von daher sind diese nachträglichen Überlegungen absolut müßig: vergeudete Energie.

Am nächsten Tag wachten sie vom Lärm eines dreirädrigen Motorkarrens auf, der brummte wie ein fettes Insekt. Kurz darauf krähte ein Hahn, und dann iahte sogar noch ein Esel. Craig Nolan ging ins Bad und zog sich etwas über. Als er wieder herunterkam, stand die Tür weit offen, und Mara hockte, nackt unter ihrer fast durchsichtigen indischen Leinentunika, draußen auf der Straße und verteilte

Trockenfutter an einige wie aus dem Nichts aufgetauchte halbwilde Katzen. Ein paar Sekunden schaute er zu und erklärte ihr dann, er sei allergisch gegen Katzen (tatsächlich spürte er schon, wie es ihn im Hals kratzte und seine Augen brannten). Sie nahm ihn nicht ernst, lächelte ihm zu und verteilte weiter Futter und Streicheleinheiten.

Später saßen sie am Küchentisch und tranken bitteren Kaffee, danach streifte Mara sich etwas Dezenteres über und zog ihn hinter sich her, um eine alte Nachbarin namens Launa zu begrüßen, die allein im Haus gegenüber wohnte. Wie Blutsverwandte umarmten und küssten sich die beiden Frauen an der Tür, dann begannen sie, ohne sich um ihn zu kümmern, Neuigkeiten auszutauschen, manche sehr laut, andere im Flüsterton. Erst nach einer Weile beschloss Mara, sich umzudrehen und mit einer ihrer malerischen Gesten auf ihn zu zeigen, worauf Signora Launa ihn mit ihren kleinen, blauen Augen musterte. In unverständlichem Dialekt stellte sie ihm einige Fragen, neugierig, leicht misstrauisch und mit einem Hauch von Boshaftigkeit.

»*Non capisco.*« Craig Nolan schüttelte den Kopf und dachte wieder einmal, dass alle zu der Annahme neigen, ein berühmter Anthropologe müsse selbstverständlich über alle linguistischen und kulturellen Barrieren hinweg kommunizieren können. Allerdings hielt Mara nichts für selbstverständlich, und Signora Launa hatte ja keine Ahnung, wer er war.

»Sie will wissen, ob du mich gut behandelst«, erklärte Mara belustigt, aber nicht ganz im Scherz. Noch eine Alarmglocke, die jedoch ebenso ungehört verhallte wie die vorherigen.

»Und was hast du gesagt?« Er lachte krampfhaft, um die Angst vor dem unvermeidlichen Urteil zu überspielen: wie ein Mann aus einem fernen Stamm, mit langsamen Reflexen und wenig Chancen, die Frau seiner Träume zu erobern. Warum war er plötzlich so ungeschickt, wo war die Schlagfertigkeit geblieben, mit der er sonst auf unbedarfte Fragen seiner Studenten in Cambridge reagierte oder diesen Dummkopf Tim Upton von der BBC abfertigte? Mit einem Mal war er verunsichert, das Gespräch flößte ihm eine Befangenheit ein, wie er sie vorher nur in der schlimmsten Phase seiner Pubertät, damals in Leeds, erlebt hatte; und das hatte gewiss nicht nur sprachliche Gründe, sondern hing mit seinem allgemeinen Kontrollverlust zusammen.

Mara lachte und plauderte weiter mit der alten Frau, doch ihre Ausdrucksfreude und sprechende Gestik, die er in Mailand mit Vergnügen und Bewunderung beobachtet hatte, als sie zum Essen ausgegangen waren (und auch viel getrunken hatten), verunsicherte ihn hier zutiefst. Als sie Signora Launa dann endlich verließen, fühlte er sich sehr erleichtert.

Mara dagegen strahlte und deutete hinter sich: »Ist sie nicht phantastisch?«

»Sagenhaft.« Craig Nolan wollte einfach keine interessante Bemerkung einfallen, er musste sich mit ein paar Oberflächlichkeiten behelfen. »Allein wie sie einen ansieht, da merkt man gleich, dass sie eine scharfe Beobachterin ist.«

»Auf jeden Fall!« Mara war offenbar glücklich über sein Urteil. »Und was sie schon alles erlebt hat, unglaublich, bei Gelegenheit muss ich sie mal bitten, dir davon zu erzählen.«

»Ich bin schon ganz gespannt.« Und tatsächlich, in jenem fiebrigen Stadium ihrer Bekanntschaft hätte er jeden ihrer Vorschläge mit Begeisterung aufgenommen. Alles wäre ihm recht gewesen: sich am Gleitschirm von einem Felsen zu stürzen, ein Krokodil am Kopf zu streicheln, sich mit dem langweiligsten Menschen der Welt zu unterhalten. Bereitwillig trank er jeden Wein, den sie ihm vorsetzte, aß jede Speise, fand alle sympathisch, die sie ihm als Freundin oder Freund vorstellte. Es war die Phase der schier unbegrenzten Anpassung, wie man sie am Anfang jeder intensiven Liebesbeziehung unweigerlich durchläuft, und vorbehaltlos nahm er genau jenes mimetisch-opportunistische Verhalten an, das er in mehreren Studien untersucht und ausführlich beschrieben hatte: was ihn jedoch, wie man später sehen konnte, kein bisschen gegen die Folgen immun machte.

Irgendwann schleifte Mara ihn dann auch mit ins Zentrum von Canciale, erst das kurvige Sträßchen bis zur Staatsstraße hinauf und von dort durch weitere Kurven bis zu der kleinen, schrägen Piazza, von wo man nach Aussage der Einwohner an klaren Tagen in weiter Ferne ein Fitzelchen Meer sehen konnte. Daher, so erzählte sie ihm, stamme auch der Name des Dorfes, eine Kurzform von *cannocciale,* dem ligurischen Wort für Fernglas. Worauf er erwiderte, dass die Etymologie von Ortsnamen zwar oft ziemlich fragwürdig sei, in diesem Fall aber doch plausibel klinge. Obwohl es an diesem speziellen Morgen dunstig und vom Meer nichts zu sehen war. Auch in die Bar schleppte sie ihn, zu Carlo, einem klapperdürren Typ mit Ziegenbärtchen und ebensolchen Augen, der sie beinah genauso überschwenglich begrüßte wie Signora Launa. Zwar fühlte sich

Craig Nolan bei dem folgenden angeregten Gespräch noch mehr ausgeschlossen, zugleich kam er aber zu der Einsicht, dass er hier Zugang zu einer kleinen Gemeinschaft bekam, zu der er künftig vielleicht nicht uninteressante Studien betreiben könnte. Der Cappuccino, den Carlo für sie zubereitete, wobei er zum Schluss den duftigen Milchschaum mit Kakao bestäubte, schmeckte vorzüglich, ebenso wie die Focaccia, die Mara nach einem weiteren Austausch von Küssen und Umarmungen mit der Bäckerin in dem nahe gelegenen Laden kaufte. Gierig wie Verhungernde bissen sie hinein, setzten sich auf eine in den rissigen Zement gerammte Bank und verschlangen dort das noch warme, knusprige, salzige, fettige Gebäck. Am nächsten Tag fuhren sie mit dem Bus an die Küste zurück und nahmen den Zug nach Lerici, um im spiegelglatten Meer zu baden. Auf den Felsen ausgestreckt, unterhielten sie sich über Byron, der 1822 im gleichen Wasser gebadet hatte, und plauderten, lachten, küssten sich und schwammen, bis es Zeit war, wieder in den Zug und dann in den Bus zu steigen, der nach Canciale hinaufkletterte.

Es ist zwecklos, noch weiter ins Detail zu gehen, auch wenn es inzwischen etliches gibt, was mit Nachdruck in die Erinnerung drängt. Die Vertrautheit mit einem Ort entwickelt sich ja nicht linear, sondern in Schüben: Auf einmal merkt man, dass man Nuancen schätzt, die einem kurz zuvor noch gar nicht bewusst waren, und bald ist man überzeugt, einen privilegierten Zugang zu jenem sehr begrenzten Ausschnitt der Welt zu haben. Man lernt Namen, entschlüsselt Insider-Codes, übernimmt Gewohnheiten; im Laufe weniger Tage oder Wochen oder Monate oder

Jahre scheint es einem, als hätte man eine bedeutungsvolle, dauerhafte Bindung aufgebaut und Wurzeln geschlagen. Jeder braucht Orte, an denen er sich zu Hause fühlt, Orte, durch die er seinen Charakter und seinen Geschmack definiert und denen er seine Erinnerungen und Vorstellungen anvertraut.

So kam es, dass Craig Nolan nicht nur vier sehr angenehme Tage in Canciale verbrachte, sondern im darauffolgenden Jahr, als er mit Mara zurückkehrte, auch ein erstaunliches Gefühl der Zugehörigkeit empfand. Vielleicht weil er sich einbildete, damit die kulturelle und charakterliche Kluft zu überbrücken, die ihn von ihr trennte, vielleicht aber auch nur, weil er in die Idee verliebt war, ein Pied-à-terre in Italien zu besitzen: das alte Klischee des Angelsachsen, der unwiderstehlich vom Zauber des Mittelmeers angezogen wird. Jedenfalls hörte er irgendwann auf, sie dauernd dafür zu kritisieren, dass sie weiter die Miete für einen so unbequemen und wenig genutzten Ort bezahlte, und als sie ihn dann im April 2007 in der Universität anrief, um ihm (aufgeregt und zugleich beunruhigt) mitzuteilen, dass die Erben des ursprünglichen Besitzers des Hauses in Canciale nach jahrelangen Streitereien endlich bereit waren, es zu verkaufen, hatte er gar nicht erst versucht, sie davon abzubringen, sondern sogar spontan beschlossen, sich zu fünfzig Prozent am Kauf zu beteiligen. Zudem waren sie damals gerade frisch verheiratet, und gemeinsam ein Haus in Italien zu erwerben kam für ihn der Besiegelung einer beidseitigen Verpflichtung gleich, einem Zeichen der Reife, einem Geschenk, einem Zugeständnis. Außerdem würde es das ideale Refugium sein, um in den

Semesterferien an seinen Essays zu arbeiten, und auch, o ja: eine Errungenschaft, mit der er vor Freunden, Kollegen und Studenten diskret angeben konnte.

Wie man es auch dreht und wendet, heute zu bereuen, dass er das Haus in Canciale gekauft hat, ist unlogisch und vollkommen sinnlos. Jedes Ereignis ist das Ergebnis einer endlosen Kette von miteinander verknüpften Ereignissen; sich vorzustellen, wie die Gegenwart aussehen würde, wenn man im Nachhinein ein Kettenglied austauschen könnte, ist reine Zeitverschwendung. Im Übrigen hätte alles auch noch viel schlimmer enden können: Er hätte in Cambridge unters Auto kommen oder damals, als er zum ersten Mal mit Mara im Golf der Dichter schwimmen war, von einem Motorboot erfasst werden können, um nur zwei beliebige Beispiele zu nennen. Was keineswegs heißen soll, dass es Craig Nolan gelungen wäre, eine distanzierte philosophische Haltung zu den Geschehnissen einzunehmen. Ganz im Gegenteil.

Zwei

»Craaaaaig!« Mara hörte sich schreien, während sie sich bemühte, den lähmenden Schreck abzuschütteln, der sie erfasst hatte, als sie sah, wie sich *kraack* das Dach auftat und Craig wie in Zeitlupe *plumps* darin verschwand, Knie, Taille, Schultern, Kopf, bis er nicht mehr zu sehen war. Ein langer Moment der Stille und dann STROK der Aufprall, bei dem alle Wände *mmmbrrr* erzitterten.

Mit Händen, Knien und Füßen bahnte sie sich trampelnd einen Weg durch das Dickicht des Terrassenstreifens mit den verwilderten Olivenbäumen hinter dem Haus, sprang vom Mäuerchen hinunter, rannte mit bis zum Hals klopfendem Herzen über den dürren Rasen des Gärtchens, schrie noch einmal »Craaaaaig!«, während sie über die Treppe hinauf ins Schlafzimmer stürmte, wo eine dicke, weißgraue Staubwolke in der Luft waberte. Noch hoffte sie inständig, Craig könnte bei dem Sturz wundersamerweise auf dem Bett gelandet sein, doch eigentlich wusste sie schon, dass es nicht so war: Dann hätte sie so etwas wie *sgwoinnk* gehört und nicht dieses schreckliche STROK. Und da lag er, ausgestreckt auf dem Fußboden, zwischen Putzbrocken, Holzsplittern und spitzen Ziegelscherben. Er glich einem Milizionär irgendeines Kriegs im Mittleren Osten, nachdem das Haus, in das er sich geflüchtet hatte, von der Armee mit

Granaten beschossen worden war, ungeachtet aller möglichen Kollateralschäden. Den Kopf leicht gehoben, sah er sie mit einem seltsamen Ausdruck an, in dem sich Erstaunen, Verlegenheit und Schmerz mischten; der rechte Arm hatte blutige Striemen, im Haar und auf der Haut klebte Staub.

Doch als sie sich neben ihn hockte und fragte, ob er sich sehr weh getan habe, erwiderte er: »Bloß ein bisschen am rechten Bein.« Allerdings brauchte man nur seinen Tonfall zu hören, zu beobachten, wie er mit der Hand nach seinem Knie tastete, aber nicht hinkam, und das Loch in der Decke zu sehen, um zu begreifen, dass seine stoische Haltung nur Fassade war.

Sie hatte Ohrensausen vor Schreck, vor Aufregung, Hast und Besorgnis, ihn in diesem Zustand zu sehen, und wollte eigentlich sofort einen Krankenwagen rufen. Doch er fuhr sie an, das komme überhaupt nicht in Frage, die italienischen Ärzte würden ihn höchstens noch ganz zum Krüppel machen, außerdem sei es gar nicht nötig, schließlich sei es ja nur ein saublöder Sturz durch das morsche Dach eines saublöden Hauses in einem saublöden Dorf gewesen.

Daraufhin holte sie seine Brille, die es weit fort geschleudert hatte, und setzte sie ihm wieder auf, obwohl ein Bügel zerbrochen und die Gläser ganz staubig waren; dann half sie ihm, der vor Schmerz grunzend das Gesicht verzog, langsam aufzustehen, Stufe für Stufe die Treppe hinunterzuhumpeln, während sie ihn am weniger beschädigten Arm stützte, sich auf dem Sofa auszustrecken und den rechten Fuß auf einen Stuhl zu legen, damit das Bein etwas erhöht lagerte. Sie zwang sich, ruhig zu bleiben, war aber fassungslos, wie tief die Schnitte an der Innenseite des rechten Arms gingen, fast durch bis zur Schulter, und wie sehr das rechte Fußgelenk und das rechte Knie anschwollen.

»Nimm die Eiswürfel aus dem Kühlfach, tu sie in zwei Lappen, und knote sie zu.« Craigs Stimme klang genervt, das erschreckte sie noch mehr.

Sie ging zum Kühlschrank, holte die Eisschale heraus, kippte die Würfel auf zwei Küchentücher, verknotete sie zu Beuteln und legte sie ihm sehr vorsichtig auf Knie und Fußgelenk.

»Aua! Pass doch auf!« Unwillkürlich brüllte Craig los, er musste also wirklich starke Schmerzen haben.

Vorsichtig versuchte sie, die Eisbeutel ohne Druck zurechtzurücken, auch wenn es nicht leicht war; anschließend tränkte sie ein Tuch mit Wasserstoffperoxid und begann, die Verletzungen an seinem Arm zu säubern. Ab und zu sah sie ihm ins Gesicht, konnte ihm aber nichts entnehmen.

Craig wiederholte noch mehrmals, er wolle nichts wissen von Krankenhäusern und Ärzten, er habe schon viel schlimmere Unfälle an viel schwerer erreichbaren Orten gehabt und sei immer bestens allein zurechtgekommen. Es sei nur dumm gewesen, sagte er, das Dach nicht mit einem Stock zu sondieren, bevor er darauf herumlief, er hätte doch wissen müssen, dass das Haus mies gebaut war. Überhaupt sei es Schwachsinn gewesen, erst jahrelang stur die Miete zu zahlen und es dann auch noch zu kaufen, statt es aufzugeben und irgendwo anders, in einem zivilisierteren oder auch primitiveren Land, etwas Besseres zu suchen, einfach um sich weiterzuentwickeln und nicht krankhaft am schon Bekannten festzuhalten.

»Aber du fandst es doch so toll, als du es zum ersten Mal gesehen hast.« Kränkung und Enttäuschung mischten sich in ihr mit dem Schock, während sie ihm die blutenden Wunden am Arm weiter mit dem wasserstoffperoxidgetränkten Tuch abtupfte, das sich rot und röter färbte und schon voller Kalkkrümel und Ziegelsplitter war. »Hast du damals nicht gesagt, du wärst total verliebt in diesen Ort?«

»In *dich* war ich total verliebt.« Craigs Gesicht verkrampfte sich vor Anstrengung, nur ja nicht zuzugeben, dass ihn das Bein höllisch schmerzte.

»Und jetzt nicht mehr?« Ihr war sehr wohl bewusst, dass es nicht der beste Augenblick war, um über diese Dinge zu reden, aber schließlich hatte er das Thema angeschnitten. Es war heiß, sie waren verschwitzt und kurzatmig.

»Was soll das jetzt?« Craig fasste sich in den Nacken, kniff die Augen zu und presste die Lippen zusammen. Jeder Italiener wäre schon längst in Tränen ausgebrochen, hätte vor Schmerz geschrien und sie angefleht, ihn ins Krankenhaus zu bringen. Diese stoische Haltung hatte sie schon immer faszinierend gefunden, auch wenn damit eine extreme Schwierigkeit, Gefühle auszudrücken, einherging: Es sind zwei Seiten derselben Medaille, bestehend aus der Kontrolle der Vernunft über die Regungen des Herzens. »Ich hätte alles gesagt, nur um dir eine Freude zu machen.«

»Auch wenn es gar nicht stimmte?« Sie rückte etwas von ihm ab: Er sah aus wie ein wehrloses Opfer, was ihren instinktiven Drang zu helfen noch verstärkte und die Bedeutung seiner Worte überwog; dennoch blieben sie im Raum stehen, man konnte sie nicht einfach so wegwischen. »Also war alles nur eine hundsgemeine Lüge? Und in Wahrheit fandst du das Haus entsetzlich und dachtest, ich wäre bescheuert, weil ich so daran hing?«

»Aber nein, was zum Teufel redest du da.« Craig streckte die Hand aus und berührte den Eisbeutel auf seinem Knie; er schloss die Augen, schluckte, biss die Zähne zusammen.

»Tut es sehr weh?« Sie hörte auf, seinen Arm zu säubern, und versuchte einzuschätzen, ob die Folgen des Sturzes womöglich doch schlimmer waren. Sie nahm ihm den Eisbeutel vom Knie: Es war noch geschwollener und röter als vorher.

»Alles nur, weil ich stocksteif runtergefallen bin wie eine Holzpuppe.« So wie er gebaut war, musste ihm diese Plumpheit unverzeihlich vorkommen, wie eine Schuld. »Ich hätte den Aufprall mit den Knien abfedern müssen.«

»Du hättest dich umbringen können.« Wieder betrachtete sie ihn. Mit all dem Staub in den Haaren und Augenbrauen sah er aus wie ein plötzlich gealterter Junge oder aber wie ein sturer, harter Mann, der sich niemals umstimmen lassen würde. So war Craig: Sie hatte gedacht, es sei ihr gelungen, ihn ein Stück weit von seiner früheren Einstellung abzubringen, aber nein, schon war er wieder der Alte, entschiedener noch als zuvor. In diesem Moment größter Verletzlichkeit weckte sein Verhalten eine tiefe Zärtlichkeit in ihr – und eine ebenso heftige Wut.

»Das wäre wirklich ein idiotischer Tod gewesen.« Craig versuchte zu lachen, schaffte es aber nicht; er fing an zu husten, hielt sich mit einer Hand den Nacken. Dann wollte er das rechte Bein bewegen, doch auch das misslang. »Ich kann mir schon die Kommentare an der Uni und im Internet vorstellen. Und die entsprechenden Tweets.«

»Was zum Teufel scheren dich die Tweets?« Angesichts seiner aktuellen Lage fand sie diese Sorge total abwegig.

»Gar nichts! Das war bloß so dahingesagt!« Er schrie sie an, vielleicht auch wegen der Schmerzen.

Wieder warf sie einen prüfenden Blick auf sein Knie und sein Fußgelenk: noch geschwollener, noch röter, trotz der Eispackungen schien sich ihr Zustand eindeutig zu verschlechtern. »Hör zu, wir fahren jetzt ins Krankenhaus!«

»Nein!« Craigs Weigerung klang schrecklich endgültig.

Sie bedrängte ihn erneut, im einen Moment verängstigt, weil er so angeschlagen war, im nächsten überzeugt, dass ihn nichts unterkriegen konnte: Er machte die körperlichen Schäden durch all die Dinge wett, die er wusste und so gewandt in Worte fassen konnte. Von Anfang an hatte sie ihn dafür bewundert, wie er noch die größten Schwierigkeiten mit seiner höheren Beobachtungs- und Verarbeitungsgabe bewältigte, ohne sich je von der scheinbaren Unabänderlichkeit einer Sache erdrücken zu lassen. Er gebrauchte seine Intelligenz und seinen Humor, wo jeder andere schon längst vor Angst aufgegeben hätte. Doch in diesem Fall konnte die Vernunft nicht über die Tatsachen siegen, das war klar. »Du musst dich von einem Facharzt untersuchen lassen, Craig!«

»Ich brauche keinen Kurpfuscher von Facharzt!« Er brüllte noch lauter, richtete sich unter größter Anstrengung auf dem Sofa auf und streifte sich mit der Linken Staub und Kalkbröckchen aus den Haaren und vom Hemd.

»Aber vielleicht ist dein Fußgelenk gebrochen!« Je sturer er an seiner heroischen Haltung festhielt, umso mehr geriet sie in Panik. »Vielleicht auch das Knie!«

»Da ist nichts gebrochen, Mara.« Sein rechthaberischer Ton schüchterte sie immer noch ein; nicht mehr ganz so wie am Anfang, aber doch.

»Schau nur, wie dick sie sind!« Sie fragte sich, ob sie beide in ein Rollenspiel hineingeraten waren, aus dem sie nicht mehr herauskamen: starker Mann und verstörte Frau.

»Das sind bloß Verstauchungen, ich habe schon Schlimmeres gesehen.« Seine Stimme und sein Blick waren beinah feindselig. »Nur keine Panik, das bringt nichts.«

Kopfschüttelnd dachte sie daran, wie er ihr einmal erklärt hatte, das Wort »Panik« leite sich von dem Hirtengott Pan und dessen Fähigkeit ab, durch plötzliche Geräusche im Wald unter Ziegen, Schafen und Menschen Angst und Schrecken zu verbreiten. Zunächst sei es ein Adjektiv gewesen, hatte er hinzugesetzt, kein Substantiv: panischer Schrecken. Wie bei allen seinen Erklärungen war sie überrascht, aber auch ein wenig perplex gewesen.

»Trotzdem werde ich für die nächsten zwei Monate ein hinkender Krüppel sein, verdammt noch mal!« Wieder verzog Craig das Gesicht. »Machst du jetzt noch diese paar elenden Kratzer sauber, oder soll ich's selber machen?!«

»Ich mach ja schon, ich mach ja schon.« Im Spülbecken wusch sie das Tuch aus, tränkte es erneut mit Wasserstoffperoxid und machte sich wieder an seinem Arm zu schaffen. Das Eis in den Beuteln auf Craigs Knie und Fußgelenk war in der Hitze mittlerweile fast ganz geschmolzen, das Wasser rann an seinem Bein hinunter und tropfte auf den Boden.

Eine Weile schwiegen sie; er verzog nur ab und zu das Gesicht vor Schmerz. »Scheißmorsches Dach! Scheißmorsches Haus!« Dann wieder Schweigen.

Als sie mit dem Säubern der Verletzungen am Arm fertig war, nahm sie Craig die Brille ab, putzte die Gläser, wusch ihm das Gesicht und setzte sie ihm wieder auf. Dabei studierte sie erneut seine Gesichtszüge: Ihr war, als kenne sie sie nur zu gut und gleichzeitig überhaupt nicht. »Hättest du wirklich alles gesagt, nur um mir eine Freude zu machen?«

»Ist das nicht etwas Gutes?« Craig schnitt eine Grimasse, vor Schmerz, aber bestimmt auch weil er sich in die Enge getrieben fühlte. »Ist das nicht ein wunderbarer Liebesbeweis?«

Mara Abbiati suchte nach einer passenden Antwort, konnte sich aber für keine der sich bietenden Alternativen entscheiden, sie war zu erschüttert. Auf dem Sofa sitzend, wartete sie darauf, dass ihr Mann endlich aufhörte, den starken Mann zu geben. Ab und zu kam ihr der Himmel in den Sinn, den sie durch das Loch im Dach des Schlafzimmers gesehen hatte: tiefblau, am glühend heißen Julitag.

Sie brauchte noch eine gute halbe Stunde, bis sie Craig überzeugt hatte, dass es doch besser war, nach La Spezia ins Krankenhaus zu fahren, um sich untersuchen zu lassen.

Drei

Zwei Tage nach dem Sturz weisen die Verletzungen an Craig Nolans rechtem Arm und den Handgelenken schon hellrotes Granulationsgewebe auf. Die in den Schnittwunden vorhandenen Zellen sind nun fast alle Makrophagen, neugebildete Blutgefäße und Fibroblasten, die die Heilung vorantreiben. Fußgelenk und Knie dagegen sind nach wie vor geschwollen und schmerzen, ruhiggestellt in Elastikschienen, die sie ihm in La Spezia verpasst haben; die Bänder werden gut zwei Monate brauchen, um ganz zu verheilen. Schmerzen an Hals und Nacken vervollständigen das hübsche Gesamtbild, falls der Rest noch nicht genügen sollte. Die Diagnose und Prognose, die er sich selbst gestellt hatte, war richtig: Die Krankenhausärzte konnten sie, wenn auch widerwillig, nur bestätigen. Damit die Schwellung zurückgeht, wird er ein paar nichtsteroidale, entzündungshemmende Tabletten nehmen, aber keinesfalls diese Schmerzmittel, mit denen sie ihn am ersten Tag vollgepumpt haben. Er braucht einen klaren Kopf zum Arbeiten, da ja von Wanderungen und Schwimmen für diesen Sommer keine Rede mehr sein kann. Sich so vorsichtig bewegen zu müssen deprimiert ihn zutiefst: Er fühlt sich wie ein Krüppel, ein Dummkopf.

Manchmal denkt er, wenn die Anthropologie ihn nicht

in ihren Bann gezogen hätte, wäre er vielleicht Arzt geworden. Vor allem in Augenblicken des Zweifels über den Stand seiner Wissenschaft hätte er gern einen Beruf, in dem gesicherte Regeln gelten, mit einem handfesteren Instrumentarium. Andererseits sind Anthropologie und Medizin gar nicht so weit voneinander entfernt, wie es scheint: Beide ermöglichen es auf unterschiedliche Weise, die Angst vor der körperlichen Dimension zu bannen, die Bruch- und Reparaturprozesse in die richtige Ordnung zu bringen und die wahrscheinlichen Ziele auszumachen. Außerdem würde es ihm auch gar nicht gefallen, eine eigene Praxis zu haben oder im Krankenhaus zu arbeiten oder in einem Labor eingeschlossen zu forschen. Was ihm jedoch fehlt, ist das Körperliche von früher, als er noch Feldstudien betrieb, bevor Universität, Bücher und Fernsehen allmählich seine ganze Zeit beanspruchten. Sicher ist es auch kein Zufall, dass gerade Maras körperliche Ausstrahlung ihn so fasziniert hat, als sie sich begegnet sind: nicht nur ihre Art zu sein und sich zu bewegen, sondern auch die intensive handwerkliche Betätigung, die zu ihrem Beruf als Bildhauerin gehört.

Aus irgendeinem Grund fällt ihm die Expedition von 1982 ins Wahgi-Tal in Papua-Neuguinea ein, wo er unter steinzeitlichen Bedingungen mit einem anglo-holländischen Team zusammengelebt hat, zu dem auch eine junge Ethnomykologin namens Adelheid aus Haarlemmermeer gehörte. Mit dem unvermeidlichen kurzen Liebesabenteuer zwischen ihnen ist er (unwissentlich) John Lester-Farrell auf die Zehen getreten, dem Leiter der Expedition, der schon vor der Abreise ein Auge auf die junge Frau geworfen hatte (noch heute versäumt der schwülstige Schwätzer keine Gelegenheit, ihn anzugreifen, und versucht, seinen ganz persönlichen Groll als berufliche Rivalität zu tarnen). Nach der Hälfte des Aufenthalts vergiftete Adelheid sich schwer, da sie während einer Studie über regionale psychoaktive Pilze *Boletus manicus* in Pulverform gegessen hatte, worauf das Team gezwungen war, sie per Hubschrauber nach Port Moresby zu bringen und sie von dort nach Holland zurückzuschicken. Noch lange danach empfand er schwere Schuldgefühle, weil er es nicht verstanden hatte, ihr zu größerer Vorsicht zu raten, und bedauerte das abrupte Ende einer Beziehung, die noch einige Monate hätte andauern können. Vor allem aber ärgerte er sich über die Dummheit, begangen von einer Person, die er für intelligent gehalten hatte. Wie immer in solchen Fällen sind sie sich nie wieder begegnet, doch hat sie ihm im letzten Monat mehrere Einladungen auf Linkedin geschickt. Wer weiß, wie sie jetzt ist: Nach dem Foto auf Facebook zu urteilen, scheint ihr abenteuerliches Flair von damals einer gewissen professoralen Fettleibigkeit gewichen zu sein. Und er, wie viel abenteuerliches Flair hat er sich bewahrt?

Die Schienen an Knie und Fußgelenk drücken unerträglich; die Deppen im Krankenhaus haben sie zu eng eingestellt. Er fummelt ein bisschen daran herum, aber ohne nennenswerte Verbesserung. Was die Narben angeht, die er höchstwahrscheinlich am Arm zurückbehält, so sind sie, ehrlich gesagt, die einzige Unfallfolge, die ihm nicht missfällt: Mehr als einmal hat er sich mit den Skarifizierungsritualen der Kara in Äthiopien, der Stämme entlang des Sepik in Neuguinea, der australischen Aborigines im Arnhemland und der jungen Knallköpfe in etlichen Industrieländern beschäftigt, er weiß die Mischung aus Einfalt und körperlichem Mut, die sie symbolisieren, durchaus zu schätzen. Sie werden zu seiner Persönlichkeit beitragen, wie man so sagt, ihm diesen ultimativen Anstrich gelebten Lebens verleihen. Die Schmerzen am Hals allerdings sind eine wahre Tortur; die letzten beiden Nächte hat er damit verbracht, sich auf der Suche nach einer erträglichen Lage im Bett herumzuwälzen. Und zu alldem kommt noch die feuchte, schwüle Sommerhitze. Canciale liegt gar nicht so hoch oben, wie man aufgrund der Entfernung zum Meer, der schweren Erreichbarkeit und der Steilheit der Landschaft vermuten könnte; dreihundertfünfundvierzig Meter über dem Meeresspiegel reichen nicht, um auch nur ein kleines bisschen sommerliche Kühle zu garantieren. Anders gesagt, hier treffen fast alle Nachteile des Gebirges zusammen mit fast allen Nachteilen des Meeres auf fast keinen der Vorteile (obwohl es nicht stimmt, dass er sich ständig darüber beklagt, wie Mara behauptet). Und was seine Laune angeht: Wer wäre schon glücklich, Anfang Juli zu entdecken, dass das Haus, in dem er einige körperlich erholsame und intellektuell produktive Wochen zu verbringen gedachte, ein morsches Dach hat – und zwar dadurch, dass er fast zu Tode stürzt? Das ist doch eine Katastrophe und außerdem peinlich, oder nicht?

Auf dem Küchentisch, den er als Schreibtisch benutzt, klappt Craig Nolan das MacBook Pro zu; mit entnervender Vorsicht geht er durch den kleinen Wohnraum und tritt hinaus auf den dürren Rasen, wo seine Frau mit unübersehbarer Gewalt und Ausdauer einen Tuffsteinblock mit ihrem Schlägel bearbeitet.

Mara hält inne, schiebt die Motorradbrille auf die Stirn, zieht die weiße Atemmaske herunter und nimmt den Kopfhörer aus dem rechten Ohr. Eng gebundenes Kopftuch, verschwitzt, gerötetes Gesicht; in ihrem Blick glimmt ein Funken Sorge auf. »Wie geht's?«, schreit sie, während die Musik ihr weiter ins linke Ohr dröhnt.

»Gut.« Er ringt sich ein schiefes Lächeln ab, obwohl Knie und Fußgelenk schmerzhaft pochen, die Verletzungen am Arm jucken und der Hals ihm dermaßen weh tut, dass er gar nicht erst versucht, den Kopf zu wenden, sondern lieber den ganzen Oberkörper dreht. Er deutet auf den Tuffsteinblock, in dem sich die soundsovielte Katze abzuzeichnen beginnt. »Und dir?«

»Gut.« Sie wirkt kein bisschen überzeugt, wischt mit dem Rücken des Handschuhs die eingestaubte Motorradbrille ab.

»Warum machst du dann so ein Gesicht?« Craig Nolan fragt sich, welchen Grund zur Unzufriedenheit seine Frau wohl haben könnte, mal abgesehen vom Bedauern über seinen Sturz und der Sorge um die mittel- und langfristigen Folgen.

»Was für ein Gesicht?« Sie sieht ihn an, schüttelt langsam den Kopf.

»Du wirkst kein bisschen überzeugt.« Craig Nolan schafft es nicht, seine Beobachtungsgabe abzuschalten, ist aber gerade auch überhaupt nicht in der Stimmung, die moralische Stütze einer Bildhauerin zu spielen; wer in diesem Moment Trost braucht, ist er.

Natürlich nimmt sie ihm seinen Ton übel: Sie wendet den Blick ab, lockert das Kopftuch und bindet es wieder fest.

Hätte Craig sich bei seinem Sturz durchs Dach nicht beinah umgebracht, wäre er gewiss in der Lage, sie aufzumuntern und zu ermutigen, wie er es schon tausendmal getan hat, aber in seinem jetzigen Zustand irritiert ihn die künstlerische Unsicherheit seiner Frau maßlos. Sie hat ihn durch genauso viele Krisen begleitet, das ist wahr, dennoch stört es ihn, dass sie selbst unter den aktuellen Umständen Aufmerksamkeit verlangt. Ohnehin besteht kein Zweifel, dass die Arbeit am Ende gut wird: Seit Sarah Levine in London ihre Galeristin ist, wächst der Zuspruch sowohl der Sammler als auch der Kritik. Ihre Katzen sind das Ergebnis eines langen Prozesses von Studium und Verfeinerung, sie sind der einzige Gegenstand, dem sie sich seit Jahren widmet; die wachsame, geschmeidige, sinnliche Spannung der Tiere kommt sehr wirkungsvoll zur Geltung, das kann man nicht bestreiten. Im Übrigen geht es in der Kunst wie auch in der Anthropologie darum, die richtige Nische zu finden, und Maras Katzen halten hartnäckig die ihre besetzt. Sie sind vielleicht nicht so hoch quotiert wie die konservierten Haifische und Lämmer von Damien Hirst, doch dafür sind sie echte Skulpturen, Frucht schweißtreibender Arbeit mit dem Meißel, Ausdruck einer Integrität, die den betrügerischen Millionären der Kunstszene total abgeht. Außerdem leisten sie Monat für Monat einen beträchtlichen Beitrag zum Budget des Nolan'schen Haushalts.

»Ich habe falsch angefangen.« Mara deutet auf die Stelle, wo sie begonnen hat, die Schnauze herauszuarbeiten. »Jetzt muss ich sie ganz flachgeduckt machen.«

»Du könntest sie ja *plattgedrückt* statt flachgeduckt machen.« Craig Nolans Gereiztheit nimmt zu statt ab, als er sie so intensiv mit ihrer Arbeit beschäftigt sieht, während er seit dem Unfall noch fast gar nichts zustande gebracht hat. »Als wäre sie durch das morsche Dach eines Hauses auf den Fußboden gekracht.«

Mara legt den Kopf leicht schief, als versuchte sie, unverständliche Worte zu deuten, und setzt die Schutzbrille wieder auf. Was sieht sie überhaupt noch durch diese dreckigen Gläser? Macht sie alles instinktiv, folgt geistigen Linien? Ist ihre Vorgehensweise quasi automatisch? Wenn er sie arbeiten sieht, kommen ihm jedes Mal die gleichen Fragen. Wie auch immer, jetzt ist sie auf jeden Fall beleidigt: Sie schiebt den Stöpsel zurück ins Ohr, zieht die Maske über Mund und Nase und donnert wieder mit dem Schlägel auf das stumpfe Ende des Meißels. Tuffsteinsplitter und Staub spritzen rundherum auf den Rasen, die stehende Luft ist wieder von rhythmischem Hämmern erfüllt.

Craig Nolan schaut ihr noch ein paar Minuten zu, wider Willen fasziniert von der Leichtigkeit ihrer Bewegungen, von ihrer Beharrlichkeit. Ja, manchmal beneidet er sie um diese Mischung aus künstlerischer Begabung und handwerklichem Können, um die Freiheit, nicht alles Schritt für Schritt rational erklären zu müssen. Es schadet ihr nicht, wenn sie ihr Handeln (und ihre Ziele) nicht erklärt, im Gegenteil, es macht ihre Tätigkeit nur noch interessanter, lässt den Exegeten nur noch mehr Raum für ihre Interpretationen: Das ist die Freiheit der Künstlerin, das hat sie dem Wissenschaftler voraus. In den ersten zwei, drei Jahren ihrer Beziehung beobachtete er sie manchmal stundenlang, wenn sie am Werk war, ohne sich je sattzusehen, voller Bewunderung für ihre Schönheit und körperliche Anziehungskraft.

Jetzt dagegen hört er erleichtert durchs offene Fenster das Handy trillern. Er gestikuliert wie wild, zeigt ins Haus.

Mara hört zu hämmern auf und schaut ihn durch die staubigen Brillengläser fragend an.

»Telefon!« Er empfindet eine dumme, kindische Befriedigung, weil es ihm gelungen ist, sie erneut zu unterbrechen. Ist er etwa eifersüchtig auf die Arbeit seiner Frau? Fühlt er sich ausgeschlossen von einer Leidenschaft, die immer größeren Raum beansprucht, vor allem seit Mara (auch dank seiner Vermittlung und weil Sarah Levine die Schwägerin seines Jugendfreunds Gerald Mosrite ist) ernsthafte Reaktionen aus der Außenwelt bekommt? Wäre es ihm lieber, wenn die Bildhauerei keine echte, rentable Arbeit geworden, sondern mehr eine sporadisch bezahlte Passion geblieben wäre, die sie beschäftigte, ohne einen Aufmerksamkeitskonflikt zu produzieren, ohne in Frage zu stellen, wer von ihnen bei einem öffentlichen Anlass oder einem Abendessen mit Freunden die wahre Hauptperson ist?

Mara nimmt wieder einen Kopfhörer heraus, schiebt aber weder die Brille nach oben noch die Maske nach unten. »Kannst du nicht mal drangehen?« Ihre Stimme klingt, als käme sie aus tiefem Wasser, aus einem See der Gleichgültigkeit.

»Das ist bestimmt für dich.« Craig Nolan weiß ganz genau, dass es ebenso gut für beide oder auch nur für ihn sein könnte, da er gleich bei Einführung der Mobiltelefone beschlossen hat, sich keines anzuschaffen, und jeder, der beabsichtigt, ihm den Urlaub per Stimme statt per E-Mail noch mehr zu vergällen, auf Maras Handy anrufen muss. Aber er hat einfach keine Lust dranzugehen. Sowieso überlässt er, wenn sie in Canciale und allgemein in Italien sind, meist Mara die Verantwortung für die Beziehungen zu Dritten. Nicht aus sprachlichen Gründen, sein Italienisch ist mittlerweile ausgezeichnet (höchstens der Akzent lässt etwas zu wünschen übrig): Es ist vielmehr eine Art Vergeltung dafür, dass er sich in diesem Land wie in Geiselhaft fühlt, ein Gefühl, das sich bei jedem Problem, das mit dem Charakter der Dorfbewohner oder mit der schwerfälligen italienischen Bürokratie zusammenhängt, verschlimmert. Nicht dass er Mara die Verhaltensweise der Nachbarn oder des Barmanns von Canciale, die Unzuverlässigkeit der öffentlichen Verkehrsmittel, die langsame Post oder die weitverbreitete Korruption zum Vorwurf machte, aber er kann es sich dennoch nicht verkneifen, alles zu betonen, was in Italien nicht funktioniert oder ihm nicht gefällt. Zweifellos ist das ungerecht, aber auch nicht leicht zu ändern, vor allem jetzt, da er sich nach dem Sturz so elend fühlt. Die psychologischen Mechanismen, die mit der Kontrolle (oder in diesem Fall dem Kontrollverlust) über das Revier zusammenhängen, sind komplex, und es hat keinen Sinn, sie in moralische Kategorien zu pressen. Muss er nicht außerdem selbst häufig die verschiedensten Aspekte der englischen Lebensart gegen die polemischen Bemerkungen seiner Frau verteidigen, vom Fehlen menschlicher Wärme über das Fortbestehen der Monarchie bis hin zu den chronisch defekten Sanitäranlagen?

Endlich nimmt Mara die Kopfhörer heraus, legt Brille, Maske und Handschuhe beiseite und läuft ins Haus. Laut spricht sie in ihrem üblichen kommunikativen Überschwang ins Telefon. »Guten Tag! Ja, das bin ich! Danke!«

Craig Nolan stellt sich in die Tür, beobachtet, wie seine Frau mit dem Handy am Ohr in dem kleinen Wohnzimmer auf und ab geht: Sie kann beim Telefonieren nie stillhalten und gestikuliert, als hätte sie ihren Gesprächspartner direkt vor sich.

»Bacigalupo, der Architekt!« Sie hält das Mikro des Handys zu und wedelt mit der Linken, als wollte sie ihn ermuntern, ihre Begeisterung zu teilen.

»Und was will er?« Craig Nolan würde sich viel lieber mit einer der vielen Fragen beschäftigen, die ihm durch den Kopf gehen und alle viel interessanter sind als das Dach, das gerichtet werden muss.

Mara hört ihn gar nicht, ganz in das Telefongespräch vertieft: wie immer rückhaltlos und ohne Filter. »Ja, natürlich sind wir zu Hause! In einer halben Stunde passt wunderbar! Tausend Dank!«

»Woher kommt plötzlich diese ganze Euphorie?« Craig Nolan ist klar, dass er zu oft den unsympathischen, lästigen Part übernimmt, den des misstrauischen, hyperrationalen, emotional kontrollierten Mannes. Andererseits hängt die Rollenverteilung innerhalb einer Beziehung selbstverständlich nicht nur von den gesellschaftlichen Strukturen oder dem jüngsten kulturellen Überbau ab: Sie hat unmittelbar mit der Arterhaltung zu tun. Würden beide Partner in einer Gefahrensituation gleich reagieren und sich zum Beispiel völlig unvorsichtig verhalten, wäre die Wahrscheinlichkeit, dass sie ein schlimmes Ende nimmt, fürchterlich hoch. Wären sie hingegen gleich vorsichtig, würde keiner der beiden je etwas wagen und das Paar dadurch eine Reihe potentiell günstiger Gelegenheiten verpassen. Deshalb neigen Menschen instinktiv dazu, sich einen Partner mit entgegengesetzten Eigenschaften zu suchen: Die Vorsichtige fühlt sich unwiderstehlich vom Abenteurer angezogen, der Zurückhaltende von der Offenherzigen, der Realist von der Träumerin und so weiter. Nur schade, dass diese unbewusste Anziehung der Gegensätze dann zwangsläufig zu zahllosen Reibereien, zu Unzufriedenheit und Unglück führt. Ist es ein Vorteil, anders als die meisten Leute zu wissen, warum das so ist?

Keine halbe Stunde später läutet es an der Tür, mit diesem hässlichen, unharmonischen Klingelton. Mara (halbwegs gesäubert, aber noch in Jeans-Latzhose) öffnet sie: Draußen stehen der Architekt Bacigalupo (wuchtige Brille und Bürstenhaarschnitt, so dicht wie Dachshaar) und der Bauunternehmer Pittaluga (eher klein, scharfgeschnittene Gesichtszüge, trauriges, schlaues Funkeln in den Augen).

Natürlich empfängt Mara sie mit offenen Armen, lächelt, gestikuliert, bietet ihnen Kaffee, Fruchtsaft, Wasser, Bier, Wein an.

Zum Glück lehnen beide ab und bleiben an der Schwelle stehen.

»Wollen Sie rauf ins Schlafzimmer, um es sich mal anzusehen?« Mara lächelt nun noch breiter und macht einladende Handbewegungen.

»Von da oben sieht man es besser.« Pittaluga zeigt zur Rückseite des Hauses und geht auf die verwilderte Oliventerrasse zu, mit Bacigalupo und Mara im Schlepptau.

Craig Nolan folgt ihnen mit einigen Schritten Abstand, froh darüber, dass der Zustand seines rechten Beins ihm eine Rechtfertigung liefert, sich nicht zu beeilen.

Pittaluga steigt die wackeligen Stufen der Trockensteinmauer hinauf, bahnt sich mühsam einen Weg durch das Brombeer- und Kletterpflanzengestrüpp.

Mara will ihm nach, doch Bacigalupo hält sie am Arm zurück, wahrscheinlich, damit er nicht auch gezwungen ist, hinaufzusteigen und sich Hose und Loafer in dem Dschungel zu ruinieren.

Craig Nolan fragt sich, ob nicht zumindest er den Bauunternehmer begleiten sollte, bleibt dann aber doch auf dem Rasen, sowohl um die Übersicht zu behalten als auch um seine Position nicht noch weiter zu schwächen, indem er zeigt, wie behindert er ist. Außerdem kennt er den Zustand des Dachs ja aus ureigenster Erfahrung – er braucht es wirklich nicht, zur Bestätigung noch einmal durchzukrachen.

»Was meinen Sie?« Deutlich besorgt um seine Einschätzung, blickt Mara den Bauunternehmer von unten fragend an.

»Eine Katastrophe. Das Dach ist hin, meine Güte.« Pittaluga schüttelt den Kopf: Er wirkt sehr zufrieden, dass er auf einen Blick ein derart vernichtendes Urteil fällen kann.

Bacigalupo dreht sich zu Craig Nolan um. »Da haben Sie aber noch mal Glück gehabt, Professore. So wie das hier aussieht, hätten Sie auch leicht tot sein können.«

»Ja, stimmt, ich habe echt großes Glück gehabt.« Craig Nolan ist stocksauer, dass er sich auf so dumme Art und mit so sichtbaren körperlichen Folgen öffentlich zum Gespött gemacht hat.

Irgendwo anders auf der Welt, an einem unverdorbeneren und moralisch integreren Ort wäre er vielleicht bereit, sich gutmütig veräppeln zu lassen und zusammen mit den Ureinwohnern über sich selbst zu lachen; hier dagegen wecken die Scheinheiligkeit und die unverhohlene Beutegier heftigste Selbstverteidigungsinstinkte in ihm.

»Das kann man wohl sagen.« Pittaluga kämpft sich durch das Dickicht, steigt von dem Terrassenstreifen herunter und klopft sich den Staub von Kleidern und Händen.

»Aber arg weh getan hat er sich trotzdem, der Ärmste.« Offenbar ist Mara der Subtext kein bisschen bewusst. »Schon zwei Tage hat er wegen der Schmerzen kein Auge zugetan.«

Craig Nolan bedenkt sie mit einem wütenden Blick; um das Thema zu wechseln, bedrängt er Pittaluga, der sowieso keine Spur von Anteilnahme zeigt. »Also? Was schlagen Sie vor?«

»Na ja, da gibt's nicht viele Möglichkeiten.« Es ist unverkennbar, dass er ein gutes Geschäft wittert, seit der Architekt mit ihm gesprochen hat: Die Dringlichkeit der Arbeit und die Tatsache, dass die Besitzer in England leben, sind für ihn natürlich von Vorteil.

Bacigalupo schüttelt den Kopf, um die Worte seines Kompagnons zu unterstreichen.

»Soll heißen?« Craig Nolan bemüht sich, den beiden nicht zu viel Spielraum zu lassen, auch wenn klar ist, dass sie schon einen genauen Plan haben.

Pittaluga mustert noch einmal das Dach des Hauses; er lässt sich Zeit, als müsste er wer weiß welche tiefsinnigen Überlegungen anstellen.

»Aber kann man es denn nicht richten?« Maras naiver,

hoffnungsvoller Ton ist verheerend, unglaublich, dass sie das nicht selber merkt.

Pittaluga verzieht das Gesicht: »Signora, was wollen Sie da noch richten? Sie können von Glück sagen, dass es Ihnen nicht schon früher auf den Kopf gefallen ist. Da gibt's nur eins: alles neu machen, und zwar komplett.«

»Schon wieder großes Glück gehabt, unglaublich.« Craig Nolan erträgt es nicht, dass man ihn für einen schwachsinnigen Ausländer hält, der seinen Urlaub unter einem (teuer bezahlten) morschen Dach verbringt und noch dazu bereit ist, ein Vermögen auszugeben, um ein Haus reparieren zu lassen, in das er am liebsten keinen Fuß mehr setzen würde.

Pittaluga und Bacigalupo versuchen, ihn zu ignorieren, und wenden sich mit Beileidsmiene an Mara.

Craig Nolan weiß genau, dass er die Verhandlungen schnellstens übernehmen muss, damit seine Frau den Gegnern nicht weiter in die Hände arbeitet. »Und wie viel wollen Sie, um das ganze Dach neu zu machen?«

»Hm, das kommt darauf an.« Pittaluga bleibt bei seiner Strategie, die aus Pausen, Untertönen und berechnendem Mienenspiel besteht, um die potentiellen Kunden zu zermürben und den Boden für seine gewiss unverschämten Forderungen zu bereiten.

»Worauf?« Craig Nolan kann sich nur mühsam beherrschen, am liebsten würde er Architekt samt Bauunternehmer zum Teufel schicken und sagen, er werde sich jemand anderen suchen. Die Schienen am Knie und am Fußgelenk schmerzen teuflisch und liefern dadurch seinem Groll noch zusätzliche Nahrung.

»Aber Sie können uns doch nicht einfach mit einem Loch im Dach sitzenlassen!« Offenbar merkt Mara gar nicht, dass sie durch ihr Verhalten den beiden noch mehr Macht einräumt, ihre Bedingungen zu diktieren. Das liegt an ihrem grenzenlosen Vertrauen in die Menschheit – ein weiterer Charakterzug, den Craig Nolan zu Beginn ihrer Beziehung bewunderte, inzwischen aber immer häufiger unerträglich findet.

Pittaluga breitet die Arme aus. »Signora, ich habe in diesem Monat schon drei Baustellen laufen.«

»Und wenn nachts ein Gewitter kommt, so wie vor drei Tagen?« Maras Verhalten grenzt allmählich an Selbstzerstörung. »Dann regnet es bei uns direkt ins Bett!«

Bacigalupo lässt sich die Gelegenheit nicht entgehen, die Situation noch dramatischer auszumalen. »Tja, Sie wissen ja, wie das Klima hier ist. Plötzlich schüttet es wie aus Eimern und schwemmt mir nichts, dir nichts alles weg.«

Craig Nolan denkt nicht daran, dieses ekelhafte Erpressungstheater noch länger mitzuspielen. Er sieht dem Bauunternehmer direkt in die Augen, so unfreundlich, wie er nur kann. »Hören Sie, sagen Sie uns einfach, ob Sie das Dach reparieren können und wie viel Sie dafür verlangen.«

Mara schaut ihn böse an; wenn sie wieder allein sind, wird sie ihm bestimmt vorwerfen, er sei nicht im Einklang mit dem *Genius loci,* habe kein Verständnis für die Bewohner (für einen Anthropologen natürlich absolut unverzeihlich). Doch noch einmal: Craig Nolan wäre viel eher bereit, mit einer San-Gruppe aus der Kalahari zu verhandeln, als der schleimigen Heimtücke dieser ligurischen Geschäftemacher auf den Leim zu gehen.

Pittaluga geht am Haus entlang, zeigt nach oben. »Sehen Sie selbst. Das muss man alles abräumen und bei null anfangen. Stützbalken, Sparren, Zementschicht, Sandwich-Dämmplatten aus Polyurethan-Hartschaum, Ziegel. Dass der Schornstein noch steht, ist ein reines Wunder. Und die Regenrinnen, schauen Sie nur, wie löchrig die sind. Und die Fensterläden. Die Angeln hängen ganz schief, wie kriegen Sie die überhaupt zu? Und da, der Riss in der Fassade. Das muss von Grund auf saniert werden, nicht bloß oberflächlich.«

»Wollen Sie jetzt etwa das ganze Haus neu bauen?« Das ist die Mentalität der Abzocke, die den Italienern sozusagen im Blut liegt, denkt Craig Nolan, vor allem wenn sie es mit einem Ausländer oder einer Frau zu tun haben. Sie heucheln Sympathie und Neugier, machen auf Freundschaft (die zwei hier zugegebenermaßen weniger als andere), strecken aber im geeigneten Moment die Hand aus und greifen einem direkt ins Portemonnaie.

»Ich will gar nichts, Professore.« Pittaluga gibt sich in seiner Berufsehre gekränkt und gänzlich frei von finanziellen Interessen. »Ich bin nur hergekommen, weil der Architekt mir gesagt hat, es sei ein Notfall.«

»Aber es *ist* ja auch ein Notfall! Sie haben es doch gesehen, das Loch ist direkt über dem Schlafzimmer!« Mara legt eine derart typisch weibliche Hilflosigkeit an den Tag, dass Craig Nolan versucht ist, sie anzuschreien, sie solle endlich still sein, sie ins Haus zu schubsen und den zwei Halunken die Tür vor der Nase zuzuschlagen.

Pittaluga erkennt, dass es Zeit ist, den entscheidenden Schlag auszuführen. »Es ließe sich schon machen, Signora, aber um bald anzufangen, müsste ich einen Trupp Arbeiter von einer anderen Baustelle abziehen.«

»Wirklich, das geht? Und wann könnten Sie anfangen?« Mara fällt voll darauf herein. Auch das kann eine Überlebensstrategie sein: Das Opfer bietet dem Räuber seine Kehle dar in der Hoffnung, er möge nicht auftrumpfen. Doch wenn der Räuber wirklich blutdürstig ist, hat diese Strategie keine Chance. Ist es möglich, dass sie nie zugehört hat, wenn er ihr diese Dynamiken erklärt hat?

»Na ja, vor dem zwanzigsten Juli sicher nicht.« Offenbar genießt Pittaluga es, ihr Hoffnung zu machen, nur um sie ihr gleich wieder zu nehmen; dieses Spiel beherrscht er meisterlich, das muss man zugeben.

»Aber wir müssen schon am vierundzwanzigsten nach England zurück!« Mara gibt weiter das willige Opfer, streckt ihm unbeirrbar die Kehle entgegen. »Und was machen wir, wenn tatsächlich wieder ein Gewitter kommt?«

»Fürs Erste lasse ich Ihnen eine Plastikplane übers Dach legen. Um den zwanzigsten fange ich dann mit den Arbeiten an. Eher am fünfundzwanzigsten als am zwanzigsten, das sage ich Ihnen gleich. Man muss ja vorher erst noch die Genehmigungen beantragen, die Gerüste aufstellen und das alles.« Nun ist Pittaluga sicher, dass er sie in der Hand hat, jongliert unbekümmert mit Terminen, erlaubt sich, den Einsatz zu erhöhen.

Craig Nolan hält es nicht mehr aus: »Hören Sie, der Auftrag muss *sofort* ausgeführt werden. Und bevor wir irgendein Angebot in Betracht ziehen, wollen wir einen detaillierten Kostenvoranschlag.« Er weiß, dass er einen ziemlich groben Ton anschlägt, aber auch, dass es bei so einem

Schlagabtausch nicht anders geht. In den verschiedensten Erdteilen hat er genug schwierige Situationen durchgestanden, bei denen er irgendwann die liebenswürdigen westlichen Umgangsformen aufgeben musste, um nicht zum Opfer edler Wilder oder durchtriebener Händler zu werden. Die unterschiedlichsten Register zu ziehen gehört zum Rüstzeug all jener, die es mit den Bewohnern halbzivilisierter Orte zu tun haben und überleben wollen, bis sie nach Hause zurückkehren (um ihre jüngsten Arbeiten zu veröffentlichen).

Mara dreht sich um und schaut ihn schockiert an, als wäre ihr wirklich kein bisschen klar, welchen harten Kampf sie da gerade ausfechten. Sie nimmt ihn auf die Seite. »Was soll das? Lass mich gefälligst ausreden!«

Sichtlich zufrieden registriert Pittaluga diesen Bruch in der gegnerischen Front: Als er sich zum Architekten umwendet, kann er sich ein kleines Lächeln nicht verkneifen.

»Was würde es denn kosten?« Mara bleibt bei ihrem hoffnungsvollen Ton, der Schaden, den sie damit anrichtet, ist ihr entweder gleichgültig oder nicht bewusst. »Nur das Dach, meine ich, ohne den Rest.«

Pittaluga kratzt sich am Kopf, tut so, als stelle er Berechnungen an, die gegen seine eigenen Interessen sind. »Für zwanzigtausend kann ich es Ihnen machen. Zuzüglich Umsatzsteuer, natürlich.«

»Könnten Sie uns nicht einen Rabatt geben?« Unbeirrt macht Mara mit ihrer würdelosen Strategie weiter. »Seit Jahren kommen wir aus England hierher, die Gegend gefällt uns so gut.«

»Sie sind aber keine Engländerin, oder?« Siegessicher erlaubt sich Pittaluga sogar, auf die persönliche Ebene zu gehen und dazu noch ein widerwärtiges, schlaffes Grinsen aufzusetzen.

»Nein, nein, ich bin Italienerin!« Mara macht auf Kumpanei, das vertrauensselige Mädchen: Hände in Bewegung, strahlendes Lächeln, leuchtend braune Augen.

»Die Signora bewohnt das Haus hier schon seit vielen Jahren.« Bacigalupo mischt sich ein, um Sachen zu bestätigen, die in diesem Gespräch nichts zu suchen haben. »Auch schon lange bevor sie geheiratet hat.«

Das interessiert Pittaluga natürlich null, ihm geht es nur um seine Strategie. Er gibt wieder vor zu rechnen, verdreht die Augen zum Himmel. »Also gut, auf achtzehntausend kann ich runtergehen, aber wirklich nur, weil Sie es sind.«

Um zu vermeiden, dass Mara unüberlegt annimmt und womöglich noch Dankbarkeit für diese Vorzugsbehandlung zeigt, greift Craig Nolan sofort ein: »Gut, wir denken darüber nach und geben Ihnen Bescheid.«

»Aber spätestens morgen.« Pittaluga ist sichtlich verärgert über die Einmischung des männlichen Rivalen, der sein Revier, seinen Besitz und sein Weibchen verteidigt. »Ich muss möglichst schnell wissen, ob ich die Arbeiter von der anderen Baustelle abziehen soll oder nicht. Außerdem muss die Mitteilung über den Arbeitsbeginn eingereicht werden. Die entscheidenden Leute auf dem Gemeindeamt kenne ich zwar, aber die Regeln müssen trotzdem eingehalten werden. Und dann muss ja auch noch das Material bestellt werden und so weiter. Das sage ich in Ihrem Interesse, wissen Sie. Sonst wird es am Ende September oder noch später.«

»Nein!« Mara fällt voll darauf herein und macht ein verzweifeltes Gesicht.

»Wir geben Ihnen morgen Bescheid.« Rasch beendet Craig Nolan das Gespräch, bevor seine Frau noch mehr Schaden anrichten kann.

»Warte doch mal, wenn wir uns gleich verständigen könnten …« Tatsächlich versucht Mara, sich dem Gegner auszuliefern.

»Wir geben Ihnen morgen Bescheid. Danke, dass Sie gekommen sind.« Craig Nolan packt sie am Arm, zieht sie unsanft ins Haus, schließt die Tür.

Wütend befreit sich Mara aus seinem Griff, ganz rot im Gesicht. »Was soll das, du Idiot? Warum ziehst du mich einfach so weg? Was denken die denn jetzt von mir?« Sie massiert ihren Arm, als täte er ihr schrecklich weh.

»Und was denken die wohl jetzt von *uns*? Dass wir zwei bescheuerte Touristen sind, die sich ausnehmen lassen und sich auch noch dafür bedanken!« Es kostet Craig Nolan riesige Anstrengung, ruhig zu bleiben; er schafft es nicht und fängt an zu schreien.

»Ich bin keine Touristin!« Mara schreit noch lauter; ihre Augen funkeln.

»Du benimmst dich aber so! Lächelst, flehst und bittest, als hättest du es mit bewundernswert selbstlosen Freunden zu tun!« Craig Nolan würde noch weitermachen, will aber nicht, dass die Situation völlig aus dem Ruder läuft.

»Immerhin ist er mit dem Preis runtergegangen!« Mara deutet auf die geschlossene Tür, es wirkt, als würde sie gleich losheulen. »Jetzt will er bestimmt nicht mehr für uns arbeiten!«

»Ach was! Er hat doch den Preis vorher künstlich aufgeblasen und dann nur ein bisschen Luft rausgelassen, das ist eine uralte Strategie.« Craig Nolan bemüht sich, nicht herablassend zu klingen, aber leicht fällt es ihm nicht. »Und mach dir keine Sorgen, natürlich will der noch für uns arbeiten.«

»Du benimmst dich immer so, als wären alle Italiener Halsabschneider!« Mara schubst ihn zur Seite und geht mit wütenden Schritten zur Tür.

»Ich stütze mich ausschließlich auf meine direkte Beobachtung!« Craig Nolan folgt ihr und versucht dabei, sie nicht merken zu lassen, dass er hinkt, was alles andere als einfach ist.

»Na, dann beobachtest du eben schlecht. Außerdem bist du voller Vorurteile!« Mara ist bereits draußen.

»Oh, bitte entschuldige, wenn ich deinen Nationalstolz beleidigt habe!« Craig Nolan läuft peinlich langsam über den kleinen vertrockneten Rasen, behindert durch das verdammte rechte Bein, das bei jedem Schritt schmerzt.

Mara setzt die Motorradbrille und die Maske auf, schiebt die Stöpsel ins Ohr, zieht die Handschuhe an, greift zu Meißel und Schlägel und fängt an, wild und unüberlegt auf den Tuffsteinblock einzuschlagen.

Craig Nolan weiß genau, dass es besser wäre, wenn er sie jetzt in Ruhe ließe, damit sie sich austoben kann, er erträgt es aber nicht, ins Unrecht gesetzt zu werden, wenn er doch eindeutig im Recht ist. »Mara? Könntest du mal kurz Pause machen und mir zuhören?! Mara?!«

Mara macht natürlich keine Pause: Ungebremst hämmert sie weiter, als müsste sie mit ihrem Meißel eine Mauer aus gänzlich ungerechtfertigten kulturellen Vorurteilen einreißen.

Craig Nolan steht da und schaut zu, am liebsten würde er sie erneut am Arm packen, sie schütteln, ihr die Kopfhörer herausreißen und sie zwingen, endlich Vernunft anzunehmen. Doch er ahnt, dass es nichts bringen würde, außerdem fühlt er wieder einen stechenden Schmerz in den Halswirbeln. Er gibt auf, geht zurück ins Haus, schenkt sich zwei Fingerbreit von dem achtzehn Jahre alten Dun Bheagan ein, den Julian Prescott von der BBC ihm geschenkt hat, und gibt zwei Eiswürfel dazu. So früh am Morgen und bei dieser Hitze schottischen Whisky zu trinken ist vielleicht nicht ganz gesund, aber immerhin nimmt er ja keines der Schmerzmittel, die sie ihm verschrieben haben, schließlich muss auch ein Mann sich ab und zu eine Auszeit vom Stress der Welt gönnen. Mit der Linken stützt er sich aufs Fensterbrett, nimmt einen Schluck und schaut hinaus auf die schmale, in der Sonne glühende Straße.

Vier

Wegen des Lichts, das durch das Loch in der Decke hereinfällt, öffnet Mara Abbiati die Augen noch früher als gewöhnlich. Die Idee eines natürlichen Oberlichts im Schlafzimmer würde ihr gar nicht mal missfallen, erinnerten sie die gezackten Ränder nicht zu sehr an den Schrecken von Craigs Sturz und an die Sorge über die Dachreparatur, die erledigt werden muss, bevor ihnen alles auf den Kopf fällt. Auch Craig ist wach: Wegen der Schmerzen am Hals und am Bein hat er kaum geschlafen und sich die ganze Nachte stöhnend hin und her gewälzt. Er dreht sich auf die andere Seite, stopft sich ein Kissen in den Nacken und grunzt.

Sie stiehlt sich aus dem Bett, nimmt Höschen, Rock und T-Shirt von dem Stuhl, auf dem sie sie abgelegt hat, und streift alles über, während sie ins Bad geht. Das ist noch etwas, das sie am Sommer mag: sich in zwei Sekunden anziehen zu können, ohne darüber nachzudenken, keine Strümpfe, keine Schuhe, außer wenn sie draußen herumläuft oder an ihrer Skulptur arbeitet. Sie wäscht sich das Gesicht, pinkelt, schaut durch das kleine Fenster zu Launas Gemüsegarten und dem Hühnerstall auf der anderen Straßenseite hinüber. Schon vor Sonnenaufgang haben mehrere Hähne aus verschiedenen Richtungen gekräht, und sie sind es immer noch nicht leid, als handelte es sich um eine Art schrillen, von Pausen unterbrochenen Wettstreit.

Sie geht nach unten, presst den Kaffee in den Filter der Espressokanne, stellt sie auf den Herd und setzt sich dann an den Tisch, an dem noch leichte Spuren von blauem Lack haften, wo sie ihn vor vielen Jahren nicht gründlich genug abgeschliffen hat, nachdem sie ihn zusammen mit Marco auf einem Flohmarkt in der Lunigiana gekauft hatte. Marco warf ihr vor, keine gute Arbeit geleistet zu haben, und aus seiner Sicht, welche die eines minutiösen Holzschnitzers war, hatte er wahrscheinlich recht, aber ihr gefällt der Tisch so: kastanienbraun, an den Ecken ein wenig bläulich, in den Holzfasern noch die Erinnerung an die anderen Küchen, in denen er vorher gestanden hat, an all die Lebensmittel, die darauf ausgebreitet, geschnitten, gehackt und als Mahlzeit serviert worden waren.

Als der Kaffee in der Espressokanne blubbert, gießt sie ihn in eine große Tasse und nimmt gleich einen Schluck, obwohl er kochend heiß ist. So ist sie: Regelmäßig verbrennt sie sich die Lippen und die Zungenspitze, weil sie es nicht erwarten kann. Manchmal auch die Kehle. Jedes Mal, wenn Craig sie dabei sieht, sagt er warnend, inzwischen halb theatralisch: »Bist du verrückt, du verbrennst dir noch die Speiseröhre!« Doch was soll sie machen, die Ungeduld ist einfach stärker. Außerdem ist es nicht bloß eine Frage der Ungeduld: Warme Sachen mag sie nun mal kochend, kalte Sachen eisig. Das Laue hasst sie: Sie hasst selbst die Idee davon.

Sie wartet, ob Craig, angelockt vom Duft des Kaffees, herunterkommt, aber er kommt nicht; vielleicht versucht er ja, nachdem er sich die ganze Nacht geplagt hat, noch ein wenig Schlaf nachzuholen. In Cambridge bleibt sie gewöhnlich länger im Bett, vor allem im Winter, wenn es draußen regnet und der Tag, abgesehen von der intensiven Arbeit im Atelier, nichts Aufregendes zu versprechen scheint; doch in Canciale kann sie nie früh genug aufstehen. Sie liebt es, sich mit der Kaffeetasse an den Tisch zu setzen, um das erste Licht des Tages zu genießen, auf die Straße zu gehen, um die Katzen zu füttern und den Geräuschen der Nachbarn zu lauschen, die in ihren Gemüsegärten werkeln oder mit ihrer knatternden Ape irgendwohin fahren. Sie hat sich oft gefragt, ob sie, in dem unwahrscheinlichen Fall, dass Craig sich entschlösse, sich für ein Sabbatical von der Uni und vom Fernsehen freizunehmen, auch im Winter wieder hier leben könnte. Vielleicht schon. Vor Jahren konnte sie es, aber natürlich war sie damals in einer anderen Phase ihres Lebens, einer viel vageren und unsichereren als der jetzigen. Sie war damals auch viel aufgeschlossener: für die Zukunft, für die Gegenwart, für alles. Hat sie etwas verloren im Tausch mit der relativen Stabilität, die sie mit Craig gefunden hat? Irgendetwas bestimmt, ganz sicher. Aber wie lange hätte sie noch so weiterleben können wie damals, als sie sich begegnet sind? Gefesselt an Marcos ständige Schwankungen zwischen Hyperaktivität und Apathie, begeistert begonnenen und schnell wieder aufgegebenen Projekten, Tatendrang und tiefster Depression, war sie immerzu damit beschäftigt, auszugleichen, zurechtzubiegen, zuzuhören, einen Kind-Mann zu ermutigen, der sich am einen Tag fühlte wie der neue Stradivari und am nächsten wie ein Versager, der nicht würdig ist, das kostbare Fichtenholz aus dem Val di Fiemme zu bearbeiten, das er in seinem Lager in Ameglia stapelte. Damals fand sie kaum noch Zeit und Aufmerksamkeit für ihre Skulpturen, ihre komplette Energie verpuffte in dem ständigen Angstzustand, im Warten auf das nächste Anzeichen einer Krise. Nein, sie vermisst so gut wie nichts aus ihrem Leben vor Craig. Oder vielleicht doch, aber nur manchmal und nur dann, wenn sie einige Details sehr sorgfältig aus dem Gesamtbild ausblendet. Craig nennt das »selektives Gedächtnis«, einen unglaublich dummen Selbsttäuschungsmechanismus. In den Jahren mit ihm ist sie vorwärtsgekommen, hat sich weiterentwickelt, als Frau und als Künstlerin. Inzwischen hat sie ein Selbstbewusstsein entwickelt, das sie davor nicht hatte. Sie hat sich zwar nicht grundsätzlich verändert, denn das kann niemand, nutzt aber mittlerweile einen Teil des Potentials, den sie zuvor vernachlässig hat, um sich um einen anderen zu kümmern. Sie hat Fortschritte gemacht, das können alle bestätigen: Craig, Sarah, ihre Galeristin, ihre Freunde, ihre Eltern, sie selbst. Doch welche Überraschungen kann sie denn jetzt noch vom Leben erwarten? Oder sollte sie aufhören, ständig Überraschungen zu erwarten, als wäre sie noch ein Kind, und sich lieber anstrengen, kraft ihres Willens und ihrer Fähigkeiten Neuland zu erobern? Zum Beispiel, indem sie mit anderen Sujets, anderen Formen, anderen Techniken, anderen Materialien experimentiert? Aber ist es nicht ihre »unverzichtbare Mission«, Katzen aus Stein zu erschaffen, wie Trevor Moyle in seinem überraschenden Artikel im *Art Diary* geschrieben hat, in dem er sogar so weit ging, ihre thematische Fixierung auf Katzen mit Giorgio Morandis Leidenschaft für Flaschen zu vergleichen? Sollte sie vielleicht noch eine Sprache oder ein Instrument spielen lernen? Es gibt so viele Dinge, die man lernen kann, statt im ständigen Wechsel zwischen Langeweile und Ungeduld, Neugier und Angst, Anziehung und Beklommenheit festzustecken.

Zu viele Fragen für einen Julimorgen, doch soweit sie sich erinnern kann, waren ihre Sommer schon immer voller Fragen. Aber jetzt werden ihre Beine allmählich unruhig, zwingen sie aufzuspringen. Im Spülbecken wäscht sie noch die Tasse aus, dann tritt sie an die Treppe. »Ich mache einen kleinen Spaziergang!«

Craig brummt irgendetwas, wahrscheinlich mit dem Gesicht im Kissen, denn man versteht nichts.

»Ich geh mal ein bisschen raus, bis bald!« Sie schreit nun lauter: Die Ungeduld überwältigt sie, sie kann nicht mehr stillhalten.

»Okay, *okay*!« Craig hört sich genervt an, vielleicht hat er geschlafen. Oder denkt nach, wie gewöhnlich nach dem Aufwachen, die Hände im Nacken verschränkt, den Blick an die Decke gerichtet. Früher faszinierte es sie unheimlich, ihn in diesen Momenten zu beobachten, sich seine Gedanken auszumalen wie komplexe Systeme von Lichtern, die in geheimnisvollen Umlaufbahnen kreisen. Wer weiß, zu welchen Gedanken ihn jetzt die geborstene Decke und der Himmel, den man durch das Loch sieht, anregen.

Sie schlüpft in die Stoffschuhe, öffnet die Tür, ist schon draußen im Licht, wo die Temperatur der vom rhythmischen *zazazazazaza* erfüllten Luft langsam steigt. Mit großen Schritten geht sie schräg zum Hang die schmale Straße hinauf, die zur Staatsstraße führt; es gefällt ihr zu spüren, wie sich die Beinmuskeln strecken, und ihre Dehnbarkeit bis zur Hüfte auszureizen.

Sie hat zwar ein bisschen Schuldgefühle, weil Craig sie nicht begleiten kann, fühlt sich aber auch frei bei dem Gedanken, allein zu sein; wahrscheinlich wäre er sowieso lieber daheimgeblieben, auch ohne das verletzte Bein. Am Anfang sind sie sehr viel zusammen gewandert: Es war eine der ersten Leidenschaften, die sie gemeinsam hatten. Sie sind fast alle Saumpfade auf die Berge der Umgebung hinaufgegangen, haben alle Wälder durchquert, sind in alle Täler abgestiegen, mit und ohne Landkarte, wobei sie sich an den Weggabelungen voller Entdecker- und Abenteuerlust mal so, mal so entschieden. Er hatte stets einen Kompass in der Tasche, konnte sich aber auch bestens an der Sonne orientieren, am Moos auf den Baumstämmen, indem er einen Berg anvisierte oder dem Lauf eines Gebirgsbachs folgte. Sie verliefen sich fast nie, und wenn es doch einmal vorkam, war sie nie sicher, ob sie sich tatsächlich verlaufen hatten oder ob es ein Spiel war, das er erfunden hatte, um den Ausflug noch spannender zu gestalten. In den ersten Jahren in England nahmen sie sich ab und zu eine Woche oder auch mehr für eine lange Wanderung frei und fuhren mit dem Zug zu einem Ort, den sie als Ausgangspunkt gewählt hatten. Einmal sind sie im Nationalpark Northumberland fast den ganzen Hadrianswall entlanggewandert, ein andermal haben sie die hundertsechzig Kilometer des Cotswold Way von Chipping Campden nach Bath zurückgelegt oder sind in Etappen von je einem Wochenende dem Lauf der Themse gefolgt, bei Sonne und Regen, von Kemble im Gloucestershire bis nach London, insgesamt fast dreihundert Kilometer. Sie wurden nie müde, brachen früh am Morgen auf und blieben den ganzen Tag in Bewegung, bis es dunkel wurde. Im Rucksack hatten sie etwas Gemüse, ein paar hartgekochte Eier, ein Stück Käse und eine Feldflasche mit Wasser dabei, oder sie kehrten zum Essen in einem Pub am Wegrand ein, je nach Lust und Laune.

Seit etwa zwei Jahren machen sie solche Ausflüge gar nicht mehr und auch keine normalen Spaziergänge von einigen Stunden. Einmal ist Craig zu sehr in die Arbeit vertieft, ein andermal sie: Ihre Freizeit stimmt fast nie überein, es ist schlicht unmöglich geworden. In Wirklichkeit gehen sie auch jeder allein nur noch wenig; wahrscheinlich haben sie deshalb beide zugenommen. Oder kommt es daher, dass sich ihr Metabolismus in den sieben Jahren ihres Zusammenlebens in gleicher Weise verändert hat, obwohl sie nicht gleich alt sind? Essen sie zu viel im Vergleich zu dem, was sie verbrennen, weil sie irgendeinen Mangel ausgleichen müssen? Ist das eine der Nebenwirkungen eines relativ stabilen Lebens als Paar?

Wie dem auch sei, jetzt gerade macht ihr das Laufen großen Spaß; sie sollte unbedingt wieder damit anfangen, denkt sie. Wenn sie hier jeden Morgen eine Weile liefe, könnte sie vielleicht ein bis zwei Kilo abnehmen, bevor sie nach London zurückkehren.

Auf der Höhe des Hauses von Raffa und Ghigo bleibt sie stehen und beobachtet durch den Maschendrahtzaun die Truthähne, die beunruhigt ihr komisches Gekoller ausstoßen: *Glugluglu! Gulugaluglu!* Graues Gefieder, tiefrote Halskrause, hellblaue Haut um die kleinen, funkelnden schwarzen Augen. Sie fragt sich, ob sie weiter auf diesem

Weg bleiben und dann der Staatsstraße bis ins Dorf folgen oder lieber den alten Saumpfad links nehmen soll. Spontan biegt sie in den Saumpfad ein: Rasch geht sie zwischen Mäuerchen und dunkler Erde, Grasbüscheln, Röhricht, Brombeergestrüpp und verwilderten Olivenbäumen bergauf. Es ist mühsamer als auf der Straße, aber sie freut sich, runter vom Asphalt zu sein, es befriedigt sie, sich richtig anzustrengen, Beine, Herz und Lunge arbeiten zu lassen.

Weiter oben ist der Saumpfad in besserem Zustand als auf dem unteren Teil, wo er halb verschüttet und grasüberwachsen ist. Unwillkürlich stellt sie sich vor, wie es hier aussah, als die Saumpfade noch die einzigen Verbindungswege waren und die Leute sich zu Fuß fortbewegten, höchstens von einem Maultier oder einem Esel begleitet, um die frisch gepflückten Oliven in die Ölmühle zu bringen, in der Mühle das Mehl zum Backen der Brote zu holen oder Steine für die Stützmäuerchen an den bepflanzten Terrassen zu transportieren. Vor den Autos und dem elektrischen Strom, vor Fernsehen, Internet und Handys. Mit Sicherheit war es eine viel ganzheitlichere, schönere und harmonischere Welt, wenn auch gewiss keine Idylle, wie es die Werbung für bestimmte Kekse vorgaukelt, sicherlich bereitete das Leben hier große Mühe.

Je steiler der Weg wird, umso anstrengender ist es, doch sie hält nicht inne, um Atem zu holen, und geht auch nicht langsamer, im Gegenteil, sie beschleunigt ihren Schritt. Sie fragt sich, ob sie etwa ernsthaft schwerfälliger geworden ist. Vor einiger Zeit sagte Craig zu ihr, sie sei »ganz schön mollig«, ob er das anerkennend oder missbilligend meinte, war nicht klar. Tatsächlich sind die Jeans, die letztes Jahr schon ein bisschen stramm saßen, in diesem Sommer entschieden zu eng, genau wie der orangefarbene Badeanzug, den sie vor zwei Jahren gekauft hat. Genau genommen hat sie ein kleines Bäuchlein, das vorher nicht da war; auch die Schenkel sind dicker, das wirkt nicht nur so. Ebenso der Hintern: Straff ist er, da kann sie sich nicht beklagen, aber klein ist er nicht. Und auch die Hüften: Sie hat sich nie für eine sogenannte üppige Frau gehalten, aber die Kurven sind da, das kann man nicht bestreiten. Vielleicht bevorzugt sie ja deshalb mittlerweile, wenn sie nicht zur Arbeit ihre Latzhose trägt, lange, weite Röcke. Unter dem Vorwand, dass das in der Sommerhitze angenehmer sei, aber auch, weil sie es einfach nicht ausstehen kann, wenn die Jeans ihr die Beine einengen und den Bauch abschnüren. Vielleicht sollte sie sich bei einem Fitnessstudio einschreiben, sobald sie nach Cambridge zurückkehrt, oder ernsthaft eine Diät machen oder noch besser beides zusammen. Andererseits hat sie das mit dem Fitnessstudio vor Jahren schon einmal ein paar Monate lang ausprobiert, und es gefiel ihr überhaupt nicht: weder der Ort noch die Leute, noch das Licht, noch die Maschinen, noch die Trainer, noch die Musik. Diäten hat sie im Laufe der Jahre mehrere angefangen, aber jedes Mal nach wenigen Tagen die Geduld verloren: Sie wird zu hungrig, zu traurig. Außerdem braucht man für die Bildhauerei Brennstoff, unterernährt hält man diese Arbeit nicht durch. Man klopft dabei ja nicht zärtlich mit einem Hämmerchen herum, das ein halbes Kilo wiegt, die Schlägel sind schwer, die Meißel muss man zielgenau einsetzen und auch kräftig zuschlagen, wenn man will, dass ein paar Steinsplitter fliegen: Es ist eine anspruchsvolle Körperübung und dauert viel länger als jedes Gehampel im Fitnessstudio. Sie hat immer gedacht, das genüge, um in Form zu bleiben, aber offenbar ist dem nicht so. Zum Ausgleich sind ihre Arme schön kräftig, vielleicht auch ein bisschen zu kräftig. Aber das ist nicht nur Fleisch, ihre Muskeln waren noch nie so trainiert. Vielleicht müsste sie einfach akzeptieren, dass sie keine sechzehn und auch keine sechsundzwanzig mehr ist, und damit zufrieden sein. Aber auch mit sechzehn oder sechsundzwanzig wünschte sie sich, sie wäre anders, als sie war, daran erinnert sie sich genau. Letztlich ist es wohl eine Frage der Selbstachtung. Und die ist durch Craigs Geschichte mit der Studentin vermutlich nicht gerade gewachsen. Auf gar keinen Fall. Aber sie hat jetzt nicht die geringste Lust, darüber nachzudenken, nicht an diesem herrlichen Julimorgen in Canciale.

Sie kommt an einem baufälligen Haus vorbei, das dem halbverrückten Vater von Niro, dem Klempner, gehören muss; aus dem Gebüsch saust ein heller Schäferhund-Mischling mit abgeknickten Ohren heraus, wirft sich gegen den Zaun, bellt wie wild, *wroouf, wroouf,* und entblößt seine Reißzähne. »Hey, ciao!« Sie spricht ihn fröhlich an, um ihre Angst zu bekämpfen, er könnte irgendwie herausspringen und sie anfallen, aber der Hund wirft sich nur weiter mit wütendem Gebell zähnefletschend gegen den Zaun. Sie geht schneller, steigt am Haus von Marias Bruder Paolo vorbei hinauf bis zum Haus von Saverio, dem kleinen, witzigen ehemaligen Koch, der bis vor einigen Jahren auf Überseedampfern gearbeitet hat. Sie überlegt, dass sie mittlerweile fast alle Leute kennt, die hier in der Gegend wohnen, und lächelt bei dem Gedanken.

Saverios Haus ist kürzlich in einem warmen Gelb frisch gestrichen worden, an den Wänden lehnen aufgerollte Planen, Eimer voller Bauschutt, ein Schubkarren, Spuren jüngst ausgeführter oder vielleicht noch andauernder Arbeiten. Auf der Bergseite schraubt ein magerer, muskulöser Typ mit Prinz-Eisenherz-Frisur die Rohre eines Gerüsts auseinander, geht ums Haus und wirft sie auf die Ladefläche eines kleinen Lasters: *Clang! Stlang!* tönt Metall auf Metall.

Sie wandert weiter den Saumpfad hinauf; als der Maurer zurückkommt, sind sie mehr oder weniger auf gleicher Höhe, und sie winkt ihm zu. »Guten Morgen!«

Der Maurer zuckt zusammen: Klar, dass er auf dieser Seite niemanden erwartet hat, normalerweise kommen alle von der Hauptstraße her zu den Häusern.

»Alles wie neu.« Mara zeigt auf das Haus. Sie fragt sich, ob das die Firma von diesem Pittaluga ist, der gestern bei ihnen das Dach begutachtet hat und den Craig so widerwärtig fand.

»Fertig, fertig.« Der Maurer spricht mit starkem Akzent und sieht auch nicht italienisch aus; er schaut sie kaum an, mit raschen Bewegungen des Schraubenschlüssels zerlegt er weiter das Gerüst.

Mara ist drauf und dran, ihn zu fragen, wer die Firma leitet und ob er ihr eine Telefonnummer geben kann, aber es ist offensichtlich, dass der Mann lieber nicht reden will. Er baut weiter Rohre ab, wirft sie auf den kleinen Laster, hält sich abseits.

Sie deutet einen Gruß an, keine Antwort, und setzt ihren Weg fort; in fünf Minuten ist sie in Canciale. Die kleine, holprige Piazza ist leer, abgesehen von Niro, dem Klempner, der am Brunnen eine Zigarette raucht, und der Bäckerin Grazia, die ihr Schaufenster putzt. Lächelnd grüßt sie die beiden. Sie blickt zur Bar hinüber, und obwohl sie schon zu Hause Kaffee getrunken hat, bekommt sie unbändige Lust auf einen Cappuccino. Hunger hat sie auch, aber vielleicht, hoffentlich, vertreibt ihn der Milchschaum.

Carlo begrüßt sie wie gewohnt, halb schroff, halb liebevoll. »Wie steht's?«

»Ich hatte Lust auf einen Cappuccino.« Sie sieht sich um, schnuppert in der Luft. Obwohl das Rauchen hier drinnen seit Jahren verboten ist, haben der Tresen, die Regale und die restliche Einrichtung aus dunklem Holz in der Vergangenheit so viel Rauch aufgesogen, dass sie immer noch etwas davon verströmen. Einen Hauch von Tabak und Teer, gemischt mit Spuren von altem Wermut und billigem Likör. Schwach, aber unverkennbar: Wenn man nur halb die Augen schließt, kannt man es schon riechen.

»Schön heiß, stimmt's?« Carlo weiß, wie sie ihren Cappuccino mag; er lässt den Espresso aus der Maschine laufen, schäumt *hhhhhsshh* die Milch im Kännchen, gießt den Schaum in Herzform in die Tasse und bestäubt ihn zum Abschluss mit etwas Kakao. Wenn sie mit Craig herkommt, ist für beide auf dem Schaum ein Apfel oder eine Blume, wenn sie allein kommt, ist es ein Herz. Das überrascht sie immer wieder, denn Carlo ist ein echter Cancialese, seine Gefühle zeigt er selten.

Mara nimmt einen Schluck, heiß, so wie sie es gern mag, und mustert die in Streifen geschnittene Focaccia auf dem obersten Bord der Glasvitrine, über den Brioches: hell, mit den Abdrücken der Fingerkuppen des Bäckers, ölig, der knusprige Rand leicht goldbraun. Sie versucht zu widerstehen, aber es gelingt ihr nicht. »Nur ein Stück.«

Carlo weiß genau, wie verrückt sie nach Focaccia ist; er lacht und schiebt ihr auf einer Papierserviette ein Stück hin.

Sie nimmt es: weich, noch ofenwarm. Gierig beißt sie hinein, kostet den Geschmack, die schmelzende Konsistenz. Wenn sie sich nicht zusammenreißt, könnte sie gut fünf oder sechs davon vertilgen; ein ganzes Blech voll könnte sie essen, üppige Frau hin oder her. Letztlich ist sie ja nur drei Wochen im Jahr hier – wenn sie sich jetzt nicht austobt, wann dann? Ganze elf Monate lang wird sie der Focaccia von Canciale anschließend nachtrauern müssen.

Carlo zieht einen Lappen unter der Theke hervor, hebt kaum den Blick. »Wie geht es dem Professor?«

»Etwas besser.« Mara schluckt den Bissen hinunter, spült mit Cappuccino nach. Craig hat sie feierlich schwören lassen, nicht herumzulaufen und über seinen Gesundheitszustand zu tratschen, aber so ist es eben, alles, was im Umkreis von ein paar Kilometern passiert, weiß im Dorf bald jeder. Man kann nichts verbergen und nichts für sich behalten, jeder Versuch, seine Privatsphäre zu schützen, wird im Laufe weniger Stunden zunichtegemacht durch die vielen Augen und Ohren, die auch die scheinbar unmerklichste Begebenheit registrieren und weitergeben. So ist es eben, das Schöne und das Schlechte an diesem Ort. Craig nennt es den »kollektiven Blick«. Dennoch sind die Cancialesen weder aufdringlich noch geschwätzig; im Gegenteil, ihre Reserviertheit kann leicht als Gleichgültigkeit oder sogar Feindseligkeit ausgelegt werden, wenn man sie nicht kennt. Ihr missfällt es keineswegs, einer solchen Gemeinschaft von ausgemachten Individualisten anzugehören, die seit je daran gewöhnt sind, sich mehr oder weniger selbst zu genügen: Es hat sie Jahre gekostet, sich die Vertraulichkeit zu erobern, mit der sie ihr jetzt begegnen.

»Aber das Bein? Der Hals? Der Arm?« Da es um den englischen Professor geht, nicht nur um ihren Mann, drückt sich Carlo noch vorsichtiger aus als gewöhnlich. Obwohl Craig seit sieben Jahren mit ihr nach Canciale kommt, betrachten ihn die Einwohner immer noch als Angehörigen einer seltsamen Spezies: wegen seines Akzents, seiner Brille, der Pfeife, die er gelegentlich raucht, aber vor allem, weil er mal herzlich, mal kalt ist, mal von seiner wissenschaftlichen Neugier getrieben, dann wieder unwirsch beim geringsten Kontaktversuch.

In manchen Momenten gefällt ihm die Vorstellung, eine Art Ehrenbürger von Canciale zu sein, in anderen sagt er, er ertrage es nicht, ständig von irgendwelchen unsichtbaren Augen beobachtet zu werden wie im Dschungel der Sundarbans. Sie antwortet ihm gewöhnlich, dass die untergründige Aufmerksamkeit der Cancialesen tausendmal besser sei als das kalte Desinteresse der Einwohner von Cambridge und dass der Klatsch in seiner Fakultät an der Uni tausendmal giftiger sei als die Gerüchte, die hier kursieren. Er murrt dann beleidigt, dass er das ganze Jahr unter Druck stehe und wenigstens im Urlaub in Ruhe gelassen werden wolle. Worauf sie erwidert, dies seien die einzigen drei Wochen, in denen sie ihr Herkunftsland genießen könne, und die wolle sie sich nicht von einem griesgrämigen, kommunikationsunfähigen Mann verderben lassen. In der Folge wird er lauter und zählt ihr namentlich alle entlegenen ethnischen

Gruppen auf, mit denen er auf vier Kontinenten hervorragend kommunizieren konnte. Und sie knurrt, dass er es offenbar immer mit der kulturellen Arroganz des Kolonialherrn getan habe, um die Leute für wissenschaftliche Zwecke auszubeuten oder jedenfalls etwas aus ihnen herauszuholen. An dieser Stelle schweigt er meistens, schaltet seinen Laptop an und hackt auf die Tasten ein. So oder so ähnlich läuft es immer ab.

»Ein bisschen besser.« Sie trinkt noch einen Schluck Cappuccino, kostet mit der Zungenspitze den bitteren Kaffee unter dem duftigen, süßen Schaum.

»Und das Dach?« Carlo wischt mit dem Lappen über den Tresen; selbstverständlich weiß er schon alles, auch über das Dach. Allein schon aufgrund der Tatsache, dass er die einzige Bar im Dorf besitzt, ist er der natürliche Sammler und Sortierer aller Lokalnachrichten. Hier kommen sie an, werden von den Gästen mehrfach analysiert, kommentiert und wieder verbreitet, um dann, mit neuen Analysen und Kommentaren angereichert, zurückzukommen.

»Muss komplett erneuert werden.« Im Unterschied zu Craig hat sie die verhaltene Neugier der Cancialesen nie gestört. Vielleicht, weil sie sich nie ganz damit abgefunden hat, dass man in England, wenn man der Kassiererin eines Geschäfts mal spontan zulächelt, gleich einen beunruhigten Blick erntet, vielleicht, weil Canciale nicht mitten in einer Tiefebene liegt, sondern verstreut zwischen den schattigen Bergen und der grenzenlosen Weite des Meeres. Niemand hat es ihr hier je nachgetragen, wenn sie sich mal einem Gespräch entziehen wollte und zu einem Spaziergang im Wald verschwand oder wenn sie fast ein Jahr lang weg war, ohne ein Lebenszeichen zu geben, abgesehen von ein paar Postkarten. Mittlerweile betrachten sie sie beinah als eine der Ihren; der Kontakt stellt sich automatisch wieder her, sobald sie sich wiedersehen.

»Habt ihr jemanden gefunden, der die Arbeit übernimmt?« Carlo poliert die Griffe der Schranktüren am Ende des Tresens, ohne bei seiner Ermittlung den Faden zu verlieren.

»Architekt Bacigalupo war mit einem Bauunternehmer bei uns, einem gewissen Pittaluga.« Sie schaut ihn an, weiß aber schon, dass es nicht leicht sein wird, eine zustimmende oder ablehnende Regung auf seinem Gesicht zu lesen.

»Ach ja.« Carlo nickt bloß und fummelt weiter mit seinem Lappen herum. So sind die Leute in Canciale.

»Aber wir haben noch nichts entschieden.« Mara kratzt mit dem Löffelchen den Cappuccino-Schaum vom Tassenrand, genießt es, wie er ihr auf der Zunge zergeht.

»Bestimmt hat er einen Haufen Geld von euch verlangt, und wer weiß, wann er anfangen kann, oder? Jetzt mitten im Sommer.« Höchstwahrscheinlich weiß Carlo auch die genaue Summe, die Pittaluga verlangt hat, und das Datum des möglichen Baubeginns, aber offen würde er das nie sagen.

Mara stellt die leere Tasse auf den Tresen und wischt sich mit dem Handrücken über den Mund. »Ich habe gesehen, dass unten an Saverios Haus das Gerüst abmontiert wird. Weißt du zufällig, welche Firma das ist?«

Carlo sieht sie an: Natürlich weiß er es, überlegt aber noch, ob er es ihr sagen soll oder nicht. »Das ist einer von auswärts, mit ausländischen Arbeitern.«

»Kennst du ihn?« Vermutlich dürfte sie ihm keine so

direkte Frage stellen, denkt Mara, denn auch wenn sie sie beinah als eine der Ihren betrachten, sie ist nicht von hier; niemand erwartet, dass sie sich wie eine echte Cancialesin verhält.

Carlo legt den Lappen auf den Tresen und nickt. »Er war mal hier und hat was getrunken.«

»Und wie ist er so?« Noch so eine zu direkte Frage. Aber was soll's.

Carlo schweigt: Sein skeptischer Ausdruck spricht Bände.

»Was stimmt nicht mit ihm?« Sie hebt die Klappe der kleinen Vitrine an und nimmt sich noch ein Stück Focaccia.

»Was soll denn mit ihm nicht stimmen?« Carlo dreht sich um und rückt die Likörflaschen im Regal zurecht.

»Na, sag schon! Was ist los?« Mara beißt in die Focaccia, aber sie ist inzwischen schon etwas abgekühlt und schmeckt nicht mehr genauso gut wie vorher.

Carlo zögert immer noch, doch dann packt er aus. »Ich weiß auch nicht. Arbeiten kann er, und schnell ist er auch. Aber ich würde so einen nicht ins Haus lassen.«

»Warum?« Wenn Craig bei ihr wäre, hätte er sie schon längst gezwungen, das Thema seinzulassen, denkt Mara, da sie aber allein hier ist, kann sie es sich erlauben, aufdringlich zu wirken.

»Das ist nur so ein Gefühl.« Carlo ordnet immer noch die Flaschen: Bestimmt bereut er schon, was er gesagt hat.

Sie fasst sich an die Nasenspitze, was sie häufig tut, wenn sie leicht verlegen ist und eine Entscheidung treffen muss. »Könntest du ihn vielleicht nach seiner Telefonnummer fragen, falls er noch mal kommt? Oder ihm meine geben?«

»Falls er noch mal kommt.« Offenbar ist Carlo ein bisschen beleidigt, weil sie ihn erst genötigt hat, seine Meinung zu sagen, sie jetzt aber nicht gebührend würdigt.

»Ich will ja nur mal hören, was er sagt, um eine Vorstellung zu bekommen.« Mara zuckt mit den Schultern, um die Bedeutung ihrer Bitte herunterzuspielen.

Carlo nickt. Er kennt sie seit vielen Jahre, irgendwann war er vielleicht sogar ein bisschen in sie verliebt: Sie sind bessere Freunde, als man meinen könnte.

Sie bezahlt den Cappuccino und die Focaccia, umarmt ihn und tritt wieder hinaus ins Licht der Piazza. Trotz des kollektiven Blicks hatte sie hier noch nie das Gefühl, irgendwem für irgendwas Rechenschaft zu schulden. Jedenfalls hat sie sich weder früher in Mailand noch jetzt in Cambridge mehr zu Hause gefühlt. Wenn die Leute von hier sie als eine sehen, die etwas seltsam ist, einer etwas seltsamen Arbeit nachgeht und mit einem etwas seltsamen Mann zusammenlebt, ist das völlig in Ordnung. Sie sind ja selber ziemlich seltsam, oder?

Fünf

Am Küchentisch nimmt Craig Nolan mit seiner Frau ein frugales Mittagessen zu sich: frischer Ziegenkäse und Tomaten aus Signora Launas Garten, angemacht mit Olivenöl extra vergine aus der Gegend und Basilikum, dazu die gesalzene Focaccia, auf die Mara nicht verzichten kann. Das Gespräch ist nicht sehr rege, denn er redet über die Kontroverse um den immer häufigeren Einsatz von Anthropologen seitens großer Konzerne wie Intel oder General Motors, um die Verhaltensweisen der Arbeiter und der Kunden zu erforschen (mit allen entsprechenden ethischen Implikationen), und sie schweift immer wieder ab. »Hörst du mir eigentlich zu?« Jedes Mal, wenn er spürt, dass ihm ihre Aufmerksamkeit entgleitet, ruft er sie zur Ordnung, obwohl er genau weiß, dass diese Taktik gar nichts bringt. Andererseits ist er durch den Schmerz im Bein und am Hals geschwächt: Er kann es nicht ertragen, auch noch eine Gesprächspartnerin zu haben, der seine Ausführungen völlig egal sind.

»Aber ja doch, ja.« Mara nickt sehr vage und spießt mit der Gabel ein Scheibchen Tomate auf.

»Es geht hier nicht um Beckmesserei.« Craig Nolan versucht, die kommunikative Spannung aufzubauen, mit der er bei seinen Vorlesungen und im Fernsehen arbeitet: Die

Aufmerksamkeit seiner Zuhörer zu fesseln ist eine seiner Spezialitäten. »Aber welche wissenschaftliche Integrität kann denn ein Anthropologe haben, der einzig zu dem Zweck tätig ist, dem, der ihn bezahlt, das Geschäftemachen zu erleichtern?«

Mara hebt seufzend den Blick; ihr Ausdruck könnte alles Mögliche bedeuten. Die Luft ist stickig, vielleicht noch zusätzlich aufgeheizt durch das Loch im Dach, durch das ungehindert die sengenden Sonnenstrahlen einfallen.

»Auf der Webseite der American Anthropological Association gibt es ein Interview mit dieser Maureen Haig von GLT Associates in Boston, die zur Bankengruppe HSBC gehört.« Craig Nolan beugt sich über den Tisch und angelt nach seinem Mac, der am anderen Ende liegt; er kippt fast mit dem Stuhl um, aber er schafft es. »Hier, hör zu: *Dank der Anthropologen im Team sind wir in der Lage, den Gesellschaften einen ›holistischen‹ Bericht zu liefern, der die Probleme vom evolutionistischen, kulturellen, linguistischen und biologischen Standpunkt aus untersucht, und mit der wachsenden Komplexität des Business Schritt zu halten …*«

Mara sagt nichts dazu und erwidert auch seinen fordernden Blick nicht, sondern nimmt eine Gabel voll Ziegenkäse. Ist es die Hitze? Ist es (immer noch) die Geschichte mit der Studentin? Früher war sie so neugierig auf die Fragen, die ihn begeisterten, und glücklich, ihren Verstand in Bereichen einzusetzen, die ihr nicht vertraut waren. Hängt es damit zusammen, dass sie inzwischen fast wie Rivalen um die allgemeine und die gegenseitige Aufmerksamkeit buhlen? Oder ist es sein gegenwärtiger halb behinderter Zustand, der sein ganzes Charisma auslöscht und ihn als nervtötenden *Old-School*-Akademiker abstempelt, der nicht mit der Zeit gehen will? Dabei ist er doch jedem anderen auf seinem Gebiet um Lichtjahre voraus, da braucht man nur seine Studenten oder seine Leser zu fragen! Nur um die Anthropologie aus den alten Beschränkungen herauszuholen, hat er doch eingewilligt, diese Fernsehsendung zu machen, obwohl er wusste, dass er seinen glänzenden Ruf damit den Angriffen dieser neidischen, rachsüchtigen Hornochsen von Kollegen aussetzen würde! Und um ein möglichst breit gestreutes Publikum zu erreichen, hat er auch den Jargon und den augenzwinkernden Habitus völlig abgelegt, was sonst keiner getan hätte!

Craig Nolan scrollt durch den Text auf dem Bildschirm; sein Zeigefinger hinterlässt eine Schweißspur auf dem Trackpad. »Und hier: *Einen Anthropologen in ein Forschungsteam zu holen ist wie vom Schwarzweißfernsehen zum Farbfernsehen zu wechseln…*«

Durch die offenen Fenster hört man plötzlich wildes Gehupe und das Dröhnen eines rasch näher kommenden Motors.

»Wer zum Teufel ist das jetzt?« Craig Nolan kann sich nicht zurückhalten, seine Gereiztheit sofort an Mara auszulassen.

»Woher soll ich das wissen?« Mara antwortet mindestens ebenso gereizt.

»Mara?« Draußen übertönt eine aufdringliche Männerstimme das Brummen des Motors.

Craig Nolan wirft seiner Frau einen wütenden Blick zu, fast froh, dass es einen gerechtfertigten Anlass gibt, um sie für die Störung verantwortlich zu machen. Was ist bloß aus ihnen geworden? Zwei Feinde, die zusammenleben und nur darauf lauern, bei jeder Gelegenheit die Waffe zu ziehen?

»Mara?« Die Stimme auf der Straße wird noch fordernder, noch unangenehmer.

»Willst du nicht mal nachschauen, wer das ist?« Nun ärgert sich Craig Nolan ganz offen über seine Frau. Hat sie nicht noch vor wenigen Jahren einen ganz außergewöhnlichen Mann in ihm gesehen, ihn mit tausend fürsorglichen Aufmerksamkeiten, Liebeserklärungen und mit Wertschätzung überhäuft?

Endlich steht sie auf und geht ans Fenster, streckt sich, um hinauszuschauen, ohne gesehen zu werden, auf einem Bein balancierend, das andere nach hinten gestreckt: Wäre er gerade nicht so missmutig, würde er die Eleganz ihrer Pose bewundern.

»Hey?! Mara?!« Die Stimme wird langsam unerträglich.

Die Situation entgleist: Craig Nolan macht beim Aufstehen eine falsche Bewegung; ein stechender Schmerz durchzuckt sein Knie, was ihn noch mehr in Rage bringt.

Mara trödelt immer noch am Fenster herum, statt die Türe zu öffnen: Vielleicht versucht sie herauszufinden, ob der Störenfried ein Bekannter, ein Freund oder ein Ex-Liebhaber ist, und freut sich kindisch, mit ihren Vermutungen zu spielen.

Jedenfalls erhöht es Craig Nolans Konfliktbereitschaft, hinkend geht er auf die Haustür zu. Die Debatte zwischen Psychologen, Soziologen und Anthropologen über die Ursachen von Aggressivität wird wahrscheinlich nie ein Ende finden, aber zweifellos ist die Verteidigung des Reviers einer der Hauptauslöser, zusammen mit dem Beschützen des Weibchens und der Nachkommenschaft sowie der hierarchischen Konkurrenz innerhalb einer Gruppe.

Als Mara ihn kommen sieht, reißt sie entschlossen die Tür auf, kurz bevor er es tun kann.

Draußen auf der Straße sitzt ein Typ auf einem schwarzen Motorrad: schwarzer Helm, verspiegelte Brille, sonnenverbranntes Gesicht, lange, zum Pferdeschwanz gebundene grauschwarze Haare, Goldkette um den Hals, Jeansjacke, Ärmel an den Schultern abgeschnitten, muskulöse Arme mit Pseudomaori-Tätowierungen. Mit draufgängerischem Gehabe hebt er das Kinn. »Bist du Mara?«

»Ja. Und wer bist du?« Mara antwortet mit absurder Natürlichkeit. Sie scheint überhaupt nicht daran zu denken, dass der Typ nicht nur unverschämt und aufdringlich, sondern womöglich auch gefährlich ist.

Instinktiv will Craig Nolan sich zu seiner vollen Größe aufrichten, aber die Halsmuskeln zu straffen tut ihm derart weh, dass er eine gekrümmte Haltung einnehmen muss. Dieser Instinkt ist allen Primaten gemeinsam, wenn sie einem unbekannten Individuum gleichen Geschlechts begegnen: Ein Gorilla oder ein Schimpanse oder sogar ein Rhesusaffe würde sich genauso verhalten. Über den Daumen gepeilt, ist er entschieden größer als der andere, aber solange der Typ auf seinem Motorrad sitzen bleibt, kann man nicht ganz sicher sein. Könnte es zu einer körperlichen Auseinandersetzung kommen? Unter natürlichen Umständen und unter der Bedingung, dass genügend Platz zur Verfügung steht, werden die meisten der potentiellen Konflikte dieser

Art dadurch gelöst, dass die Kontrahenten Kampfpositionen einnehmen und verbale Drohungen austauschen, worauf einer der beiden gewöhnlich den Rückzug antritt, bevor er körperliche Schäden oder eine Demütigung riskiert.

Endlich schaltet der Typ den Motor aus, nimmt den Helm ab, schiebt mit dem Absatz seines klobigen Schuhs den Ständer heraus, steigt ab und legt den Helm auf den Sitz. Tatsächlich ist er gut zehn Zentimeter kleiner als Craig Nolan und auch leichter gebaut; dafür hat er besser entwickelte Muskeln, kein Zweifel. Die Ärmel der Jeansjacke hat er eindeutig nur abgeschnitten, um seine Tätowierungen besser zur Geltung zu bringen. Er ist auch dünner: Muskeln, Nerven und Haut, kaum Körperfett. Wäre er im Fall eines Kampfes beweglicher? Treffsicherer? Wahrscheinlich schon oder vielmehr unter den gegebenen Umständen ganz bestimmt. Er schaut nach oben. »Ist das hier das Dach, das gemacht werden muss?«

»Meine Frau hat gefragt, wer Sie sind.« Craig Nolans Tonfall und Mimik sind ein gutes Beispiel dafür, dass das Verhalten eines Menschen, auch eines hochentwickelten, immer von Instinkten diktiert wird, die unmittelbar auf seinen angeborenen, ursprünglichen, prärationalen Kern zurückgehen, den Wächter der Primärbedürfnisse des Überlebens und der Arterhaltung. Das, was er, auf der Suche nach einem Bild, das gleichzeitig präzise und einprägsam sein sollte, in seinem Buch mit demselben Titel »das wilde Herz« genannt hat. Der Ausdruck hat sogar besser gegriffen, als er geahnt hatte, und wird oft auch unsachlich verwendet (das ist der Preis, den man zahlt, wenn man eine Erfolgsformel erfunden hat); aber das, wofür er steht, ist in jedem Menschen immer da und bereit, aktiv zu werden, sobald der richtige Impuls kommt.

Der Typ blickt ihn eher fragend als kämpferisch an, doch unter der Oberfläche seiner Gesten kann man unschwer seine Anspannung erkennen. Nach dem 1966 vom guten Edward T. Hall aufgestellten Schema, das in der Folge von unzähligen Proxemik-Studien bestätigt wurde (wenn auch mit manchmal beträchtlichen Unterschieden, die den verschiedenen kulturellen Kontexten geschuldet sind), beträgt die annehmbare öffentliche Distanz zwischen zwei Individuen etwa drei Meter fünfzig, die soziale Distanz drei Meter fünfzig bis ein Meter zwanzig, die persönliche Distanz ein Meter zwanzig bis fünfundvierzig Zentimeter, die Intimdistanz fünfundvierzig Zentimeter bis null. Der räumliche Abstand zwischen dem Motorradfahrer, Mara Abbiati und Craig Nolan beträgt etwa einen halben Meter: Das heißt, sie sind wenige Zentimeter von dem Punkt entfernt, ab dem jede weitere Annäherung unvermeidlich Reaktionen auslösen muss.

Kein Wunder, dass Craig Nolan seinerseits sehr angespannt ist und die kleinsten von dem Unbekannten ausgehenden Signale registriert. In derartigen Situationen kann es, trotz der scheinbar ausgesetzten Aggressivität, durchaus noch zum physischen Kontakt zwischen den beiden Kontrahenten kommen, mit verbalen Äußerungen verschiedener Art, Schubsen, Geifern, sogar Beißen, auch wenn das Ganze selten über Einschüchterungsgesten hinausgeht.

Unerwartet nimmt nun der Typ die verspiegelte Brille ab und streckt Mara die Hand hin: »Ach so. Ivo.«

Dass er keinen Nachnamen nennt, ist allerdings ein negatives Zeichen: Es bedeutet, wesentliche qualifizierende Informationen zu unterschlagen. Sogar die Tuareg, Nomaden der malischen Sahara, mit denen Craig Nolan zu tun gehabt hat, würden niemals auf die Angabe ihres Clans verzichten, da es für sie ein entscheidender Unterschied ist, ob jemand beispielsweise den Kel Dennek oder den Kel Ataram angehört oder aus Gao statt aus Kidal stammt.

Mara schüttelt dem Unbekannten ohne jeden Vorbehalt die Hand: Sie lächelt ihn an, offen, freundschaftlich. »Hast du mit Carlo von der Bar gesprochen?«

»Mhm.« Ivo nickt und hält auch Craig Nolan die Hand hin.

Eigentlich hat Craig Nolan überhaupt keine Lust, dem Typen die Hand zu schütteln, er sieht überhaupt keinen Grund, das Antagonistenstadium zu verlassen, um auf eine andere Kommunikationsebene zu wechseln. Aber das Problem jedes hochentwickelten Menschen, im Unterschied zu einem rückständigen Menschen oder einem Tier irgendeiner anderen Spezies, ist, dass er ununterbrochen die Möglichkeit in Betracht ziehen muss, sich lächerlich zu machen (was wiederum mit der Fähigkeit zusammenhängt, sich von außen betrachten zu können). Ivo nicht die Hand zu schütteln würde ihn objektiv gesehen als plump dastehen lassen; außerdem wäre es das Eingeständnis einer Schwäche statt eine Demonstration von Stärke. Daher schüttelt er sie ihm mit der gleichen (übertriebenen) Energie, die der andere in seinen Händedruck legt. Auch das ziemlich vorhersehbar.

Der Unbekannte namens Ivo sieht ihm direkt in die Augen. Liegt eine Herausforderung in seinem Blick? Mehr als der Blick verrät der Habitus, doch könnte es sich auch um eine allgemeine Herausforderung handeln: der Welt, der Gesellschaft, der konventionellen Regeln. Die Frisur, die Kleidung, die Tätowierungen legen diese zweite Deutung nahe, und das Motorrad natürlich auch.

Craig Nolan mustert es: Abgesehen von den verchromten Teilen, dem Schriftzug auf dem Tank, den Speichen, den Federn der hinteren Stoßdämpfer und dem Tankdeckel, ist es ganz schwarz, einschließlich der vorderen Scheinwerfer und des Auspuffs.

Natürlich fängt Ivo sofort seinen Blick auf: Klar, er braucht das Motorrad, um sich selbst als abenteuerlustiges, freies, nonkonformistisches Individuum zu definieren. Lächelnd macht er eine gespielt gleichgültige Handbewegung. »Nicht ganz originalgetreu, aber dafür muss es auch viel seltener in die Werkstatt.«

Craig Nolan nickt, ohne zurückzulächeln. Er war noch nie ein großer Motorradexperte, aber als völliger Dilettant dazustehen brächte ihn in der anstehenden Konfrontation doch hoffnungslos ins Hintertreffen. Im Übrigen braucht es dafür ja gar nicht wer weiß was: Das Design wirkt entschieden mehr retro als futuristisch; wahrscheinlich ist es die zeitgenössische Ausgabe eines Modells aus dem Goldenen Zeitalter des Motorrads, den sechziger oder fünfziger oder siebziger Jahren, wer weiß. Ist ja auch völlig egal.

Ivo jedenfalls wird jetzt langsam ungeduldig, er deutet wieder nach oben. »Zeigt ihr mir jetzt das Dach?«

Am liebsten würde Craig Nolan antworten, nein, diese Absicht hätten sie nicht, sie hätten schon einen anderen Bauunternehmer beauftragt, der professioneller sei und sogar einen Nachnamen habe. Doch als er sich zu seiner Frau umdreht, sieht er, dass sie lächelnd mit einladender Geste ins Haus weist.

»Komm mit.« Mara behält ihr unfassbar freundliches Getue bei und geht vor ihm her.

Ivo folgt ihr sofort, mit einem Gang, der unmissverständlich einen Eindruck von seiner Energie und seinen schnellen Reflexen vermitteln soll. Ohne großes Interesse schaut er sich kurz in dem kleinen Wohnzimmer um; allerdings wäre es nicht weiter erstaunlich, wenn er stattdessen lieber Maras Hintern betrachtete, während sie vor ihm die Treppe hinaufsteigt. Ist sie sich dessen bewusst? Liegt eine gewisse Genugtuung in der Art, wie sie unter dem leichten geblümten Baumwollrock die Hüften schwingt?

Craig Nolan hinkt hinterher, gereizt und verbittert über die mühevollen Kniffe, die er zur Überwindung jeder einzelnen Stufe anwenden muss. Als er oben ankommt, findet er die beiden im Schlafzimmer: Seite an Seite stehen sie da, die Nasen in die Luft gereckt, um das Loch in der Decke zu begutachten.

»Hier ist er abgestürzt.« Mit übertrieben ausdrucksstarken Bewegungen weist Mara auf die Stelle, wo er aufgeprallt ist.

Ivo geht hin und stampft so fest mit dem Fuß auf, dass die Wände zittern: was in einem Gebäude wie diesem normal ist, aber der Zweck der Aktion ist wahrscheinlich, zu betonen, wie unsicher das Haus ist und folglich auch ihre Situation als Besitzer. Er lacht genüsslich und blickt zu Craig Nolan. »Da hast du ja Glück gehabt, dass du nicht auch noch hier durchgekracht und direkt im Erdgeschoss gelandet bist!«

»Tja, das wäre wirklich zu komisch gewesen.« Craig Nolans instinktive Feindseligkeit flammt bei Ivos dummer Bemerkung wieder auf und wächst noch, als er sieht, dass seine Frau darüber lacht, als hätte sie sie witzig gefunden; und all das in ihrem Schlafzimmer, entweiht durch die Anwesenheit eines Fremden, der nicht das mindeste Gespür für Respekt hat. Seine klobigen Motorradschuhe sind dabei besonders widerlich, ein Symbol für ausnehmende Taktlosigkeit. Sollte dieser Berserker etwa wirklich nicht bemerkt haben, dass die Hausherrin barfuß ist und der Hausherr chinesische Gummischlappen trägt? Wie ist es möglich, dass er nicht einmal der Höflichkeit halber gefragt hat, ob er mit seinen scheußlichen Stiefeln überhaupt ins Haus darf?

»Das war doch nur ein Scherz, Craig.« Mara beeilt sich, einem vollkommen Unbekannten harmlose Absichten und ihrem Mann mangelnden Humor zu unterstellen.

»Na gut, jedenfalls hat er jetzt gesehen, was es zu sehen gibt.« Craig Nolan will den Eindringling so schnell wie möglich loswerden und sein Revier wieder unter Kontrolle bringen.

»Überhaupt nichts habe ich gesehen.« Ungeduldig dreht Ivo sich um: als wäre er beim Essen gestört worden, nicht sie. »Damit ich euch was Genaues sagen kann, muss ich das Dach von oben sehen.«

»Danke, n-nicht nötig.« Craigs Nerven sind so überstrapaziert, dass sein Italienisch ins Stocken gerät, was ihn als Sprachperfektionisten frustriert und seinen Ton noch aggressiver macht.

Doch keiner merkt es: Mara ist schon aus dem Zimmer,

und Ivo folgt ihr, bestimmt schaut er wieder auf ihren Hintern, während sie die Treppe hinuntergehen.

Craig Nolan hinkt hinterher, flucht über jede Stufe, wenn er mit dem rechten Fußgelenk an die Kante stößt. Als er unten ankommt und auf den dürren Rasen des kleinen Gartens hinaustritt, zeigt Mara gerade auf den Terrassenstreifen mit den verwilderten Olivenbäumen.

Ivo geht entschlossen hinüber und steigt betont schwungvoll die verfallenen Steinstufen hinauf: In drei Sprüngen ist er oben, bahnt sich mit den Armen einen Weg durch die Brombeersträucher und Kletterpflanzen. Dann dreht er sich zu Craig Nolan um, der ihn von unten beobachtet: »Ihr müsstet hier oben mal roden.«

»Das Grundstück gehört uns nicht.« In Craig Nolan kocht erneut die Wut hoch bei dem Gedanken, dass ein Fremder sich berechtigt fühlt, ihm Ratschläge zu erteilen, nur weil er Ausländer und körperlich angeschlagen ist.

»Das ist wahr, unser Grundstück endet gleich hier hinterm Haus.« Mara klingt jetzt noch freundlicher, sicher fühlt sie sich verpflichtet, die Schroffheit ihres Mannes auszugleichen; sie steigt nun ebenfalls auf den Terrassenstreifen.

Mit harten Schlägen kämpft Ivo sich weiter durch das dornige Gestrüpp und springt dann von der Trockenmauer auf das Dach des Hauses. Klar, auch damit will er etwas beweisen, aber der Sprung ist perfekt, das muss man ihm lassen: Ohne auch nur eine Sekunde das Gleichgewicht zu verlieren, landet er auf dem Rand des Daches und bewegt sich anschließend mit schlafwandlerischer Sicherheit über die Ziegel.

Als Craig Nolan ihm von unten dabei zusieht, die Augen wegen der Sonne zusammengekniffen, fällt ihm wieder ein, wie unbeholfen er selbst auf allen vieren über die Aluminiumleiter gekrochen ist, die er von der Terrasse zum Dach hinübergelegt hatte (während er Mara ständig ermahnte, sie auch ja gut festzuhalten), nur um kaum eine Minute später ein Stockwerk tiefer zu stürzen. Deshalb hofft er inständig, dass diesem Ivo dasselbe passiert und auch er plötzlich einbricht, möglichst mit noch schlimmeren Folgen: Das ginge dann auf seine Kappe, schließlich ist er ein erwachsener Mann, hat sich als professioneller Bauunternehmer vorgestellt, und niemand hat ihn um irgendwas gebeten. Vom rechtlichen Standpunkt aus müsste die Haftung für sein Tun allein bei ihm liegen, doch wenn es um Haftung geht, weiß man in Italien ja nie.

Mara dagegen verfolgt den akrobatischen Auftritt des Halunken wie gebannt, während sie sich an den Ast eines knorrigen Olivenbaums klammert; doch irgendwann hält sie es nicht mehr aus. »Sei bitte vorsichtig!«

Vermutlich hat Ivo nur darauf gewartet, denn er grinst dreist und spaziert dann weiter nonchalant über die Ziegel. Kein Zweifel, er hat Übung: Er weiß, wo er den Fuß aufsetzen und wie er das Gewicht verteilen muss. Als er seine Inspektion beendet hat, kehrt er um und springt mit der gleichen Gewandtheit vom Dach hinunter auf den Terrassenstreifen wie vorher hinauf.

»Muss wirklich alles neu gemacht werden?« Mara klingt ängstlich, was ihren Mann rasend macht: Sie wissen schließlich schon, dass das Dach erneuert werden muss, die Frage ist also völlig überflüssig.

»Was meinst du?« Ivo grinst schon wieder, vielleicht sogar noch unverschämter.

»Entschuldigen Sie, aber *Sie* sind doch der Fachmann.« Craig Nolan bereut seine Worte sofort, weil er keinesfalls den Eindruck erwecken will, als erwartete er wer weiß welchen Schiedsspruch, und sowieso hegt er nicht die geringste Absicht, den Auftrag an so einen Kerl zu vergeben.

Ivo steigt von der Oliventerrasse herunter und reicht Mara anschließend ritterlich die Hand, um ihr ebenfalls runterzuhelfen. Er deutet aufs Dach und schüttelt den Kopf. »Nichts zu machen, das ist hinüber. Morsche Balken, morsche Sparren, und die Decke ist wie aus verbranntem Gummi.«

»Und was würde es kosten, das alles zu erneuern?« Es fällt Mara gar nicht ein, sich durch Blicke mit ihrem Mann zu verständigen, bevor sie redet.

Sicher hat Ivo eine Strategie im Kopf, genau wie der Bauunternehmer von gestern. »Wie viel hat denn der andere verlangt?«

Craig Nolan dreht sich zu seiner Frau um, will ihr zuvorkommen: doch zu spät.

»Achtzehntausend.« Maras Ehrlichkeit grenzt manchmal an Selbstzerstörung.

Ivo klopft sich mit dem Daumen ans Kinn. Wenn man ihn so sieht, gleicht er dem Relikt irgendeines Rockfestivals der siebziger Jahre: aber mehr Hells Angel als Hippie. Er schiebt die Hände tief in die Taschen seiner Jeans, schaukelt auf den Sohlen seiner klobigen Schuhe hin und her (die den zusätzlichen Vorteil haben, ihn ein paar Zentimeter größer zu machen). »Ich mache es euch für neuntausend.«

»Wirklich?« Mara strahlt, sie versucht gar nicht, ihre Begeisterung zu verhehlen.

Vergeblich bemüht sich Craig Nolan, sie mit einem weiteren Blick zu bremsen; allerdings ist er einen Moment lang selbst überrascht über die niedrige Forderung, das lässt sich nicht leugnen.

Ivo schaut von ihm zu ihr und lächelt: sichtlich zufrieden, dass er die Wirkung erzielt hat, die er wollte. Aber natürlich reicht ihm das noch nicht: »Und die Isolierung mache ich euch aus atmungsaktivem Naturkork, nach Öko-Richtlinien, statt aus dem synthetischen Zeug, unter dem man erstickt.«

»Wann könnten Sie anfangen?« Craig will seinen Bluff sofort auffliegen lassen, bevor er noch weiterprahlt.

»Übermorgen.« Ivo schlägt einen feierlichen Ton an, wobei man nicht weiß, ob er es ernst meint oder sie verhöhnen will. »In einer Woche ist alles fertig.«

»Was?!« Mara ist aufgeregt wie ein Kind: Ihr Gesicht drückt Ungläubigkeit, Staunen und Dankbarkeit aus.

»Besser gesagt, in fünf Tagen.« Ivo genießt die Situation sichtlich, scheut sich nicht, zu übertreiben.

»Das ist ja phantastisch!« Mara fließt über vor Glück: Fehlt nur noch, dass sie um Ivo herum einen Freudentanz aufführt.

Ivo setzt die verspiegelte Brille wieder auf. »Dafür bezahlt ihr mich aber im Voraus. Und in bar.«

»Was?« Erfreut stellt Craig Nolan fest, dass er doch recht hatte: Schließlich hat er von Anfang an vermutet, dass der Gauner irgendwas im Schilde führte, und jetzt war die Katze aus dem Sack.

Ivo sieht ihn an, seine Augen funkeln provozierend. »Ich mache die Arbeit sofort und zu einem Superpreis, und ihr kommt mir dafür bei der Bezahlung entgegen, in Ordnung?«

»Nein! So ein Gemauschel machen wir nicht mit!«, schreit Craig Nolan ungehalten, diese einzelne Episode von Unehrlichkeit verleitet ihn dazu, seine Empörung auf das gesamte italienische System auszuweiten. Es ist eine Kultur von Schlaumeiern, Betrügern, Improvisierern, Aufwieglern, Gigolos, Prostituierten und Clowns, die leeres Gerede und Taschenspielertricks über Ernsthaftigkeit und Verlässlichkeit stellt. Hier und da (in ganz speziellen Bereichen) scheinen noch individuelle Überbleibsel des Glanzes der Renaissance auf, das ja, aber keine Spur mehr vom gewaltigen Regelsystem, das im Römischen Reich herrschte.

»Welches Gemauschel?« Ivo nimmt die Brille wieder ab und schüttelt leise den Kopf, als begreife er nicht.

»Das, was Sie uns da vorschlagen! Wir wüssten ja gar nicht, wo wir neuntausend Euro in bar so auf die Schnelle hernehmen sollten!« Wieder bereut Craig Nolan seine Worte, denn er will auf keinen Fall den Eindruck erwecken, sein Widerstand sei lediglich logistischen Schwierigkeiten geschuldet.

Ivo zuckt die Schultern. »Ich muss die Arbeiter bezahlen. Das Geld vom letzten Auftrag habe ich noch nicht gekriegt, und die Leute müssen die Überweisungen an ihre Familien tätigen.«

»Natürlich.« Mara ist gleich bereit, seine Gründe anzuerkennen: springt ihm sofort zur Seite.

»Was heißt hier natürlich?« Erneut ist Craig Nolan fassungslos über die Gutgläubigkeit seiner Gattin. »Wie zum Teufel sollen wir uns das Geld denn bitte schön beschaffen? Einmal angenommen, wir würden es überhaupt wollen, was nicht der Fall ist.«

»Ich kann es doch von meinem Konto in Sarzana abheben.« Bei solchen Gelegenheiten zeigt sich der kulturelle Graben, der sie trennt, in seiner ganzen Tiefe: Es ist der historische Gegensatz zwischen Calvinismus und Katholizismus, zwischen moralischer Strenge und Flexibilität, in Stein gemeißelten und in den Sand geschriebenen Prinzipien.

»*Mara, please.*« Ehrlich gesagt war Craig Nolan schon darauf gefasst, doch das verringert seine Empörung kein bisschen.

Ivo macht ein Gesicht, als wollte er sagen: »Siehst du, ist doch gar nicht so schwer!«

Mara wiederum tut weiter so, als verstehe sie einfach nicht, wie man gegenüber einem hochanständigen Menschen so misstrauisch sein kann. »Ist doch egal, ob wir ihn in bar oder mit einem Scheck bezahlen, wo ist der Unterschied?«

»Wo der Unterschied ist?!« Obwohl Craig Nolan nach sieben Jahren Urlaub in Canciale an diese Art von wackeliger Ethik gewöhnt sein müsste, ist für ihn nun die Grenze des Erträglichen erreicht. »Das eine ist ein Geschäft unter der Hand, das andere ein Geschäft am helllichten Tag! Und außerdem, möchtest du etwa wirklich eine Arbeit im Voraus bar bezahlen, ohne zu wissen, wie sie ausgeführt wird? *Ob* sie überhaupt ausgeführt wird? *Can't you see how utterly preposterous this is?*«

Mara hütet sich, ihm auf Englisch zu antworten, und

kehrt ihm den Rücken zu, wie um sich noch mehr von ihm zu distanzieren.

»Hast du etwa Angst, dass ich mit dem Geld abhaue?« Ivos Ton ist grob und sarkastisch: Sein Verhalten scheint wieder auf eine Schlägerei hinzudeuten.

»Ich sage nur, dass ich Sie nicht kenne, das ist alles.« Craig Nolan beharrt mit finsterem Gesicht auf seiner Position. Wenn er dem Kerl blitzschnell einen Kinnhaken verpassen und dabei seine größere Reichweite, sein höheres Gewicht und den Überraschungseffekt ausnutzen würde, könnte er ihn vielleicht niederstrecken oder ihn zumindest übel zurichten. Doch wie würde das bewertet in einer Welt, in der selbst das unbedeutendste private Vorkommnis augenblicklich von einer Unmenge Personen aufgegriffen wird, die allzu schnell zu oberflächlichen Urteilen neigen? Schuldspruch und Pranger wären garantiert: Wenn er schon der denkbar gemeinsten verbalen Lynchjustiz zum Opfer gefallen ist, nur weil er einen Unfall hatte, was würde dann erst nach einem solchen Vorfall passieren? Abgesehen davon, dass der Halunke sich wahrscheinlich sofort wieder aufrappeln würde, und dann wäre er gewiss unberechenbar.

»Also?« Ivo fixiert ihn und schaukelt schon wieder auf seinen verdammten Profilsohlen hin und her.

Ohne mit der Wimper zu zucken, hält Craig Nolan dem Blick stand. »Nun, ich hege nicht die Absicht, eine solche Summe im Voraus und in bar zu zahlen.«

»Dann machen wir's eben so: Die eine Hälfte gebt ihr mir bei Arbeitsbeginn, die andere Hälfte, wenn alles fertig ist.« Ivo wendet sich Mara zu, um klarzustellen, dass er sie als einzig wahre Gesprächspartnerin betrachtet.

Mara wiederum wendet sich Craig zu und schaut ihn an, als wollte sie ihn bitten, die lokalen Sitten und Gebräuche doch zumindest ein klein wenig zu akzeptieren. »Die eine Hälfte jetzt, die andere Hälfte hinterher, das ist doch ganz vernünftig, oder?«

»*No, it isn't.*« Craig hat schon verstanden, dass die Schlacht verloren ist, versucht aber dennoch, die Spannung der Gesichtsmuskeln nicht zu lockern und so aufrecht wie möglich zu stehen, trotz der Schmerzen am Hals. Dann dreht er sich zu dem Halunken um. »Und können Sie mir bitte mal erklären, wie Sie rechtzeitig die Genehmigungen der Gemeinde einholen und die restlichen bürokratischen Angelegenheiten abwickeln wollen?«

»Welche bürokratischen Angelegenheiten?« Ivo zuckt mit einem unverschämten Grinsen die Schultern. »Wer sieht uns hier schon?«

»Genau! Niemand!« Mara ist sich nun auf ganzer Linie mit ihm einig, ohne die leiseste kritische Überlegung.

»Da braucht nur ein Nachbar Anzeige zu erstatten, und schon blockieren sie uns am nächsten Tag die ganze Baustelle!« Craig Nolan fühlt sich zutiefst verletzt durch den Verrat seiner Frau, versucht aber, sich auf die praktischen Aspekte der Sache zu konzentrieren. Wenn er etwas an Italien hasst, dann dass man nie weiß, ob die jeweiligen Beamten eines der tausend vorhandenen Gesetze zur Anwendung bringen oder ein Auge zudrücken, weil sie zerstreut sind oder korrupt oder aus wer weiß welchen unerfindlichen Gründen.

Ivo lächelt, so überzeugend wie einschüchternd. »Niemand zeigt was an, nichts wird blockiert. Keine Sorge.«

»Selbst wenn, man kann das Dach sowieso nicht innerhalb von einer Woche erneuern, das sieht man doch mit bloßem Auge.« Craig Nolan fühlt sich berufen, darauf zu beharren, gerade weil der andere das besser wissen müsste als er, wenn er denn ein ernsthafter Bauunternehmer wäre. »Allein um das Gerüst aufzustellen, braucht man ja schon mehrere Tage.«

»Welches Gerüst?« Ivo deutet auf die Oliventerrasse hinter dem Haus. »Wir legen einfach von da Bretter rüber. So fallen wir auch weniger auf.«

»Stimmt!« Die Idee einer illegalen Baustelle leuchtet Mara sofort ein; plötzlich ist es ihr auch egal, dass die Terrasse gar nicht ihnen gehört.

»Das Grundstück gehört uns aber nicht, wir können es nicht nutzen, wie es uns gefällt!« Auf verlorenem Posten kämpft Craig Nolan weiter, eigentlich nur noch aus Prinzip. »Und ohne einen unterschriebenen Kostenvoranschlag geht sowieso gar nichts!«

Ivo schüttelt den Kopf. »Wozu denn das? Ich habe euch doch schon gesagt, was es kostet. Ein Händedruck genügt mir.«

»Uns auch!« Mara ist sogar bereit, auf jede Garantie zu verzichten: Überwältigt von ihrem ungerechtfertigten Vertrauen in ihre Mitmenschen und von ihrer Ungeduld, kann sie keine weitere Verzögerung mehr ertragen.

»Nein, so geht das nicht!« Craig Nolan bemüht sich, weiterhin bestimmt aufzutreten, doch es gelingt ihm immer weniger, ein wachsendes Gefühl von Vergeblichkeit erfasst ihn. »Auf ein Minimum an Garantie, was Kosten und Zeitplan angeht, können wir nicht verzichten!«

»*Ich* bin die Garantie. Alles klar?« Ivo redet, als müsste er sich mit jemandem verständigen, der seine Sprache nicht richtig versteht. »Ich habe gesagt, ich erneuere euch das Dach für neuntausend Euro in fünf Tagen. Bezahlung in bar, die eine Hälfte am Anfang, die andere am Ende. Wenn ihr mit der Arbeit nicht zufrieden seid, bezahlt ihr die zweite Hälfte nicht. Punkt. Ich trage das gesamte Risiko.«

Mara nickt nachdrücklich und streckt die Hände aus, wie um zu sagen: »Was wollen wir mehr?«

Craig Nolan überlegt, wie er seinen ungebrochenen Widerstand gegen diesen sowohl unter moralischen als auch praktischen Gesichtspunkten unannehmbaren Vorschlag bekräftigen kann: Am liebsten würde er anmerken, damit hätte die Realität seine politisch nicht ganz korrekten Ansichten über dieses Land ja wieder einmal bestätigt. Doch die Schmerzen am Hals und am rechten Bein samt dem Gefühl der Vergeblichkeit lassen ihn resignieren; wie ein altes italienisches Sprichwort schon sagt: »Es ist so, als wollte man einem Hund die Beine geradebiegen.« Eine hübsche Analogie, besser kann man es nicht sagen.

Ivo muss einen hochentwickelten Spürsinn besitzen, denn er nutzt die Pause, um ihm demonstrativ fest die Hand zu schütteln, dann wendet er sich ab, bevor Craig Nolan noch etwas hinzufügen kann, und geht mit seinem federnden Schritt Richtung Straße. Kurz bleibt er stehen, um einen Blick auf Maras Tuffsteinblock mit der bisher nur erahnbaren Katze zu werfen, sagt aber nichts.

Mara folgt ihm bis zum Motorrad, lächelt ihm noch einmal zu und bedankt sich. Dann umarmt sie ihn wie einen alten Freund.

Als Craig Nolan sie hinkend am Straßenrand einholt, scheint nicht mehr der geringste Zweifel zu bestehen, dass Ivo engagiert ist.

Der Halunke setzt den Helm auf, hebt grüßend das Kinn. »Wir sehen uns übermorgen.«

»Warte.« Craig Nolan versucht ein letztes Mal, etwas einzuwenden, aber sein körperliches und geistiges Unwohlsein macht ihn fertig; er gibt auf.

Ivo lässt den Motor an, gibt Gas; das tiefe Tuckern der Zylinder hallt in der unbewegten Luft, prallt an der Fassade des Hauses ab. Mit seinem klobigen Stiefel klappt er ruckartig den Ständer hoch, legt den Gang ein und braust die Straße hinauf; in Windeseile verschwindet er hinter der ersten Kurve.

Mara wendet sich zu ihrem Mann um: Sie ist freudig erregt, als wären sie soeben vom unerwartetsten aller Retter beehrt worden.

Sechs

Mara Abbiati träumt, dass sie in einem Motorschlitten mit irrer Geschwindigkeit einen Schneehang hinuntersaust, direkt auf einen grässlichen Abgrund zu. *Wrrrramm,* das Motorengeräusch schwillt an, ihre Angst vor dem näherkommenden Abgrund wächst, bis sie wie wild zu strampeln beginnt und es ihr gelingt, sich von dem Traum loszureißen. Sie öffnet die Augen und sieht eine männliche Gestalt über ihrem Kopf herumturnen, wie ein Affe im Dschungel, dunkel in dem Licht, das durch das Loch in der Decke fällt. *»Aaaah!«* Sie kreischt und zieht das Laken über sich.

Craig neben ihr schreckt bei dem Schrei aus dem Schlaf, wohl auch weil er plötzlich merkt, dass er kein Laken mehr hat; er fuchtelt herum, sieht sie mit verquollenem Gesicht erschrocken an. »Was zum Teufel?!«

»Da oben ist jemand!« Mara deutet auf das Loch in der Decke, doch jetzt sieht man nur noch den fahlblauen Himmel; der Wecker auf dem Stuhl zeigt halb sieben an. Das Motorengeräusch hält auch nach dem Traum an, und natürlich handelt es sich nicht um einen Schlitten: Aber es dröhnt penetrant weiter, irgendwo hinter dem Haus. Auch vom Dach kommen Geräusche, der Mann, den sie flüchtig gesehen hat, läuft oder springt sogar auf den Ziegeln herum;

man hört Stimmen, die laut zu streiten scheinen, vielleicht von der Straße her.

»Wer ist da?!« Craig setzt sich ruckartig auf: der mächtige, helle Oberkörper, die dicken Arme, die sie früher beruhigend fand, jetzt aber, mit diesen tiefen, vom geronnenen Blut geröteten Kratzern, nicht mehr so sehr. Er blickt nach oben, schreit erneut. »Wer ist da oben?!«

Mara streckt die Hand aus, angelt Höschen und T-Shirt vom Stuhl, schlüpft rasch unter dem Laken hinein und krabbelt aus dem Bett.

»Hey, wohin gehst du?!« Craig sieht sie verständnislos an. »Mara?!«

»Ich schaue mal nach.« Auf dem Weg aus dem Zimmer zieht sie ihren Rock an und eilt dann die Treppe hinunter. Das Motorengeräusch hinter dem Haus hält an, *wreeeaaaammmm,* die Stimmen auf der Straße streiten weiter. Sie öffnet das Fenster, kann aber nichts sehen, also wäscht sie sich erst einmal am Spülbecken in der Küche das Gesicht, kämmt sich mit den Händen einigermaßen die Haare, öffnet die Tür, tritt hinaus und blickt nach oben.

Auf dem Dach sieht sie den mageren gebräunten Mann mit einer Prinz-Eisenherz-Frisur, der an Saverios Haus das Gerüst abmontiert hat; auf allen vieren tastet er sich von Ziegel zu Ziegel. Auf der Straße parkt einer dieser kleinen, klapprigen Lastwagen, die sie hier in der Gegend bei Bauarbeiten benutzen, beladen mit Holzpflöcken, Brettern, Pickeln, Schaufeln und Zementsäcken. Ein riesiger Mann mit abrasierten Haaren rüttelt an der Klappe der Ladefläche und versucht, die Haken zu lösen. Zwei weitere fremdländisch aussehende Männer lehnen ihre rostigen Motorroller aneinander, ein vierter hantiert auf der verwilderten Oliventerrasse hinter dem Haus mit einem Freischneider. *Wrrrrammwrrrammm:* das Geräusch aus dem Traum. Gegenüber lehnt Launa am Maschendrahtzaun ihres Gemüsegartens; sie nickt Mara kurz zu, ist aber ganz auf das Geschehen auf der Straße konzentriert. Mitten auf der Straße steht Emilio, der zwei Häuser weiter oben wohnt, daneben Signora Paola, seine Frau, und Luigi, der ein Haus weiter oben wohnt, sitzt in seiner dunkelblauen Ape, die er gewöhnlich dort parkt, wo jetzt der Lastwagen steht.

»Hast du verstanden?« Emilio brüllt den riesigen Glatzkopf an.

Der hat es nun endlich geschafft, die Klappe zu öffnen, steigt auf die Ladefläche und antwortet in einer slawischen Sprache: »умкни, иди!«

»Komm gefälligst her, wenn du mir was sagen willst!« Emilio schreit noch lauter, puterrot im Gesicht, kämpferisch wie ein Hahn, obwohl er alt und halb so groß ist wie der Typ auf dem Laster.

»Und rede gefälligst Italienisch! Wir sind hier in Italien!« Seine Frau Paola giftet genauso, mit ihrem knatschigen cancialischen Akzent.

»Und weg mit dem Laster! Das ist mein Parkplatz!« Auch Luigi brüllt jetzt aus dem Fensterchen seiner Ape.

Dazu muss man wissen, dass die Cancialesen wahnsinnig an ihrem Grund und Boden hängen: und zwar nicht nur an ihrem eigenen, sondern auch an dem direkt daneben, den sie gewohnheitsmäßig oft einfach mitbenutzen. Um jeden Quadratmeter wird deshalb ausgiebig und mit Hingabe gestritten: um einen Ast, der über den Zaun auf einen Teil des eigenen Gemüsegartens hängt, um eine wuchernde Hecke, die ein wenig Licht wegnimmt, um irgendeine Stelle, an der einer gewöhnlich sein Auto oder Moped abstellt, um eine vom Regen durchweichte, einsturzgefährdete Trockenmauer. Craig sagt, das liege an ihrer Geschichte, an der schrecklichen Mühsal, mit der sie Generation für Generation den Steilhängen das bisschen fruchtbaren Boden abringen mussten, an der eisernen Entschlossenheit, mit der sie um jeden Quadratmeter kämpfen mussten. Wie auch immer, so sind sie eben.

Der Riese auf der Ladefläche des Lasters nimmt eine langstielige Sense und wirft sie einem zu, der unten steht, der wiederum wirft sie einem Dritten auf der verwilderten Terrasse hinter dem Haus zu, der sie geschickt auffängt. *Woosh, woosh, woosh:* Werfen und Auffangen sind perfekt aufeinander abgestimmt.

Mara ist teils neugierig, teils perplex, sie ist sich nicht sicher, was hier vorgeht. Dieser Ivo, der gestern da war, hat doch gesagt, er würde erst übermorgen anfangen, das heißt morgen, und er lässt sich bisher auch nicht blicken.

»Ihr könnt auf dem Boden fremder Leute nicht einfach machen, was ihr wollt!« Paola kreischt mit ihrer schrillen Stimme, deutet auf die verfallenen Steinmäuerchen und den Dschungel hinterm Haus.

»Die gehört meinem Cousin, die Terrasse!« Emilio gestikuliert wie wild.

Von ihrem Gemüsegarten aus beobachtet Launa alles mit ihren funkelnden, kleinen blauen Augen.

»Das macht man nicht, hier bei uns!« Luigi steigt aus seiner Ape, um den beiden anderen Beistand zu leisten, auch wenn er sonst wegen gewisser Grundstückshändel nicht gerade gut auf sie zu sprechen ist. Die Beziehungen der Cancialesen untereinander stehen immer auf der Kippe: Ihr Zusammenleben ist eine Art bewaffneter Waffenstillstand.

Die Ausländer scheinen die Proteste überhaupt nicht zu kümmern, ungerührt laden sie weiter die Gerätschaften ab, als hätten sie gar nichts gehört.

Mara dreht sich um und betrachtet die Terrasse hinter dem Haus, wo der vierte Ausländer mit dem Freischneider arbeitet: *Wreeeaaaammmwrrrstkrrr* schleudert die Maschine grüne Wolken aus Gras, zerhackten Dornenranken und Kletterpflanzen durch die Gegend, schlägt Breschen rund um die Olivenbäume. Der andere mit der Sense leistet auch seinen Teil, *swamm, swamm, swamm* drischt er auf die Pflanzen ein wie ein Golfspieler, der vor Energie nur so strotzt. Der Mann auf dem Dach bewegt sich wieder auf allen vieren von einer Stelle zur anderen, doch dann hält er plötzlich inne und blickt auf eine der Hausecken.

»*Hey! What the hell are you doing up there?*« Craig ist auf den trockenen Rasen herausgetreten: die schütteren Haare zerrauft, ein T-Shirt in der Hand, nur die kurze Hose mit den vielen Taschen am Leib, die Schienen an Knie und Fußgelenk, die Gummilatschen an den Füßen, das Bäuchlein, das ihm seit zwei, drei Jahren über den Hosenbund hängt, die tiefen Kratzer am Arm.

Alle starren ihn an wie eine exotische, leicht absurde Erscheinung, doch niemand antwortet ihm.

Also wendet er sich natürlich an seine Frau, da sie seiner Meinung nach für all das verantwortlich ist, was hier geschieht. »Was zum Teufel machen die da?!«

Sie schüttelt den Kopf, breitet ratlos die Arme aus.

»Wenn ihr die geholt habt, müsst ihr ihnen sofort sagen, sie sollen aufhören!« Jetzt legt sich Paola auch noch mit Mara und Craig an.

»Das Grundstück da gehört meinem Cousin!« Auch Emilio richtet jetzt seine Empörung über die Ausländerinvasion bereitwillig gegen sie.

»Und der Platz da auf der Straße gehört mir!« Zornig zeigt Luigi auf die Stelle, wo der Lastwagen steht. »Seit dreißig Jahren parke ich meine Ape da, das wissen alle!«

»Wir haben sie nicht geholt!« Es regt Craig auf, dass er für etwas angemeckert wird, das ihn sowieso schon gestört hat. »Ich habe keine Ahnung, wer die Leute sind oder was sie da machen!«

Skrwiiiiiiaaarmmmwrrr, der Freischneider surrt weiter wie ein großes, erbostes Insekt, das Geräusch schmerzt in den Ohren. *Zaw, zaw, zaw,* auch der Mann mit der Sense geht weiter unaufhaltsam auf die Brombeerranken und Kletterpflanzen los. Zusammen haben sie schon einen guten Teil der Terrasse gesäubert, und das in kürzester Zeit.

»Уэми га!« Der Riese auf der Ladefläche des Lasters brüllt einem auf der Straße etwas zu und wirft ihm ein Holzbrett entgegen, das der andere mühelos auffängt und auf den schon gesäuberten Teil der Oliventerrasse donnert. Dann klettert er hinterher und lehnt es ans Hausdach.

»Hey! That's my bloody roof!« Craig schreit von unten, so laut er kann. Er entscheidet sich, das T-Shirt anzuziehen, vielleicht, um etwas respektabler auszusehen, doch mit den kurzen Hosen und den Schienen am Bein ist nicht viel Respekt zu erwarten.

»Ich habe gesagt, sie gehört meinem Cousin, die Terrasse!« Emilio wird immer röter im Gesicht. Dabei lebt der Cousin schon seit vierzig Jahren in Australien, hat sich nie um die Terrasse gekümmert und jede Verantwortung von sich gewiesen, wenn sie ihn baten, den Dschungel etwas im Zaum zu halten, der ihr Dach bedroht und Feuchtigkeit und Insekten ins Haus bringt; aber es ist eine Frage der symbolischen Revierverteidigung, wie Craig sagen würde.

»Ihr könnt da nicht einfach so drauf rumtrampeln, sie gehört euch nicht!« Auch Signora Paola scheint das Grundstück, das bis heute Morgen vollkommen vernachlässigt vor sich hin gammelte, plötzlich ungeheuer am Herzen zu liegen.

»Fahrt den Lastwagen da weg, ich muss meine Ape parken!« Unbeirrt fordert Luigi sein Gewohnheitsrecht ein.

Ein neues Motorengeräusch, tiefer als das des Freischneiders, tönt oben von der Straße herunter. Mara dreht sich um, so auch der Riese auf dem Laster und der andere Typ, der unten davorsteht; ebenso Emilio, Paola, Luigi und Craig. Es ist Ivo auf seinem schwarzen Motorrad. Auf dem letzten Stück beschleunigt er noch einmal und bremst dann scharf ab, genau an der Hausecke. *Wrrrrrommmm, wrrrrommm, wrrrrommmm,* er dreht noch immer am Gas, wahrscheinlich nur um des Klanges willen; dann stellt er den Motor ab, springt vom Sattel und nimmt den Helm ab.

Auch der Typ mit dem Freischneider schaltet sein Gerät ab, der mit der Sense hört zu mähen auf. Ob wegen Ivos Ankunft, weil sie mit ihrer Arbeit fertig sind oder weil beides mit überraschender Präzision zusammentrifft, ist nicht klar. Ivo sieht sie alle der Reihe nach an, den Riesen auf der

Ladefläche des Lastwagens, Mara, Emilio und Paola, Luigi neben seiner Ape, Craig in seinen Shorts auf dem vertrockneten Rasen des Gartens.

Es herrscht allgemeiner Stillstand; alle schauen sich gespannt an, wie auf einem Standbild, nur dass sie natürlich weiter atmen und die Augen bewegen. Doch die Luft, die bis eben von Stimmen und Geräuschen erfüllt war, ist jetzt fast leer, bis auf das *zazazazazaza* der Zikaden, das Gackern einer Henne und das *kikerikiiii* eines Hahns in der Ferne.

Doch lange hält die Ruhe nicht an: Fast sofort beginnt Emilio wieder herumzufuchteln und zu kreischen. »Wenn ihr das Zeug da nicht sofort von der Terrasse runterräumt, gehe ich zu den Carabinieri!«

»Na, na, Carabinieri!« Launa in ihrem Gemüsegarten kann sich nicht mehr zurückhalten. In Canciale gibt es gar keine Carabinieri-Station, die nächste Dienststelle ist zweiundzwanzig Kilometer entfernt, und ohnehin betrachten die Einwohner sie als Schergen eines feindlichen Staates.

»Die Terrasse gehört seinem Cousin!«, ereifert Signora Paola sich erneut.

»Ich will meinen Parkplatz, sofort!« Auch Luigi kommt wieder in Fahrt.

»Wir hatten keineswegs zugesagt, den Auftrag an Sie zu vergeben!« Craig redet jetzt genauso laut wie die anderen, fällt in anklagendem Ton über Ivo her.

Ivo wirkt überrascht, er legt den Kopf schief. »Wir haben uns doch die Hand drauf gegeben, oder nicht?«

»Allerdings, das haben wir!« Mara Abbiati empfindet es als ihre höhere Pflicht, ehrlich zu sein in einer Situation, in der alle darin zu wetteifern scheinen, wer die Realität am meisten zu seinen Gunsten verdreht.

»Ein Händedruck ist kein Vertrag, wir sind ja nicht im Mittelalter!« Craig brüllt aus vollem Hals, mit absolut unberechtigter Feindseligkeit.

»Wir waren *einverstanden,* Craig!« Mara Abbiati kann nicht akzeptieren, dass ihr Mann eine eingegangene Abmachung auf diese Weise leugnet; das widerspricht ihrem Loyalitätsgefühl.

»Nein, waren wir nicht!« Craig reagiert wie ein trotziger großer Junge.

»Doch, wir *waren* einverstanden!« Nun schreit auch sie, so laut sie kann, bis ihre Lungen schmerzen.

Craigs Überzeugung gerät ins Wanken, und er stürzt sich auf einen anderen Grund für die Auseinandersetzung. »Jedenfalls hat er gesagt, er könnte morgen anfangen, nicht heute!«

»Na ja, ich wollte euch entgegenkommen.« Ivo lächelt, wahrscheinlich weiß er nicht, was er sonst tun soll. »Ein Tag früher, das ist doch in eurem Interesse, oder etwa nicht?«

»Nein, überhaupt nicht!« Anders als gewöhnlich ist Craig unglaublich vernagelt: Wenn er sich von außen sehen könnte, wäre es ihm sicher peinlich. »Man fängt nicht im Morgengrauen an, ein Haus einzureißen, ohne den Besitzern wenigstens Bescheid zu sagen! Wir sind davon aufgewacht, dass Leute uns heimlich ins Schlafzimmer geschaut haben!«

Ivo sieht ihn noch einmal mit schräggelegtem Kopf an und gibt dann den Männern auf der Oliventerrasse ein Zeichen. Daraufhin klettern sie mitsamt dem Freischneider und der Sense herunter und geben die Geräte dem Riesen auf der Ladefläche, der sie sorgfältig bei den anderen Werkzeugen verstaut.

Emilio, Paola, Luigi und Craig stehen nun schweigend da: Sie warten ab, wie die Situation sich entwickelt.

»Also gut, dann eben nicht.« Ivo schaut erst Mara, dann Craig an.

»Was soll das heißen?« Craig schüttelt leise den Kopf.

»Das soll heißen, dass wir wieder gehen. Nichts für ungut.« Ivo tippt sich zackig mit zwei Fingern an die Stirn, eine Art militärischer Gruß: kalt und elegant. Er winkt seinen Männern, die sich wortlos in Bewegung setzen.

»So ist's recht, sehr gut, haut bloß ab!« Emilio erwacht sofort wieder zum Leben. »Und nehmt auch ja das Brett da auf der Terrasse meines Cousins mit.«

Mara Abbiati ist noch einen Moment wie gelähmt, dann geht sie mit wachsender Verzweiflung auf Ivo zu, während sie sich vorstellt, dass nun niemand mehr das Loch im Dach repariert und alles so bleibt, wie es ist, oder noch schlimmer wird, bis am Ende das ganze Haus einstürzt. »Bitte! Wir waren wirklich einverstanden, dass du den Auftrag übernimmst!«

»Hab ich auch gedacht, meine Hübsche.« Ivos Gesicht ist jetzt wie versteinert, weshalb es noch seltsamer klingt, dass er sie »meine Hübsche« nennt.

»Aber wir sind immer noch einverstanden!« Mit Tränen in den Augen dreht sie sich zu ihrem Mann um. »Sag du's ihm auch, Craig! Wir können nicht wer weiß wie lange mit einem Loch im Dach leben!«

Als er sie so sieht, wird Craig offenbar bewusst, wie absurd sein Verhalten ist; außerdem hat er nicht damit gerechnet, dass Ivo einfach so auf den Auftrag verzichtet. Er senkt den Blick und schlägt einen ruhigeren Ton an. »Also gut.«

»Also gut, was?« Ivo hilft ihm kein bisschen, aber man kann ihn verstehen.

»An diesem Punkt ist es vielleicht doch das Beste, wenn ihr weitermacht.« Craig muss sich überwinden, das zu sagen, aber es gibt, wie ihm langsam klar wird, keine Alternative. Diesen Pittaluga hat er vom ersten Augenblick an gehasst, und andere Bauunternehmer kennt er nicht; was bleibt ihnen also übrig?

»Vielleicht oder auf jeden Fall?« Ein bisschen auftrumpfen muss Ivo jetzt, auch will er sichergehen, dass die zwei ihre Meinung nicht noch einmal ändern.

»Auf jeden Fall! Sag's ihm, Craig!« Mara ist außer sich. Die Prinzipienreiterei der Männer hat sie noch nie leiden können: die Art, wie sie sich auf etwas versteifen und nicht mehr davon ablassen aus Furcht, ihr Gesicht zu verlieren oder ihren Ruf oder wer weiß was. Schon als Kind hat sie das beobachtet und nicht verstanden, es macht ihr Angst; ihr scheint, als würden daraus Kriege entstehen und noch tausend andere grässliche Dinge.

Natürlich kostet es Craig große Überwindung, in so kurzer Zeit umzuschwenken, und noch dazu vor so vielen Zeugen, aber er weiß genau, was für eine Katastrophe es wäre, das Dach so zu lassen. Er ist ein geistreicher Mensch und ein professioneller Beobachter von Verhaltensweisen, aber am Ende eben immer noch ein Mann: Er muss sich furchtbar zusammenreißen, um die Wörter auszusprechen. »Ganz sicher. Macht weiter.«

Ivo wartet noch einige Sekunden, um Craigs Worte wirken zu lassen; dann nickt er bedächtig, dreht sich um und gibt dem Riesen auf dem Lastwagen ein Zeichen.

Der nimmt sofort zwei Holzbretter und gibt sie an die Männer auf der Straße weiter, die sie auf die Oliventerrasse werfen.

»Ich habe gesagt, Finger weg von der Terrasse!« Emilio tobt noch lauter als zuvor, der Stillstand ist gebrochen.

»Und ich habe gesagt, ihr sollt den Lastwagen da wegfahren!« Auch Luigi nimmt seine mikroterritorialen Forderungen wieder auf.

»He, immer mit der Ruhe! Wozu das Geschrei?« Ivo hebt beschwichtigend die Hände und dreht sich langsam im Kreis, um allen ins Gesicht zu sehen. Er lächelt, aber nicht so, als fände er ihre Proteste absurd, sondern eher so, als sehe er sie durchaus ein, habe aber schon eine Lösung, um alles in Ordnung zu bringen. Er geht zu seinem Motorrad, öffnet eine der Seitentaschen, zieht ein großes Päckchen hervor und packt seelenruhig etliche Stücke Focaccia aus: frisch aus dem Ofen und wahnsinnig verlockend. Mit einer ulkigen zeremoniellen Geste hält er sie Signora Paola, Emilio und Luigi hin.

»Ich will nichts!« Emilio schüttelt den Kopf, doch man sieht ihm an, dass er überrumpelt ist.

»Ich esse keine Focaccia!« Seine Frau Paola wendet den Blick ab, ist aber ebenfalls verblüfft.

»Nein, danke!« Selbst Luigi weiß nicht recht, was er tun soll.

Kurz bleibt Ivo noch mit dem vorgestreckten Papptablett stehen, dann geht er zu Mara und hält es ihr hin. »Bitte sehr.« Er lächelt sie mit der Miene eines alten Rockers an, der noch voll in Form, leichtfüßig und kämpferisch ist; er wirkt glücklich, ihr diese Überraschung bieten zu können. »Frisch aus dem Ofen! Die allererste Focaccia heute!«

Mara nimmt ein Stück: Tatsächlich, sie ist noch warm und hat eine herrliche Farbe, zwischen hell und knusprig braun. Sie dreht sich zu Launa um, winkt ihr, ob sie auch etwas möchte. Launa schüttelt den Kopf, beobachtet die Szene aber weiter von ihrem Gemüsegarten aus. Mara kann nicht mehr widerstehen, sie beißt hinein, kaut mit wachsendem Genuss. Die Focaccia schmeckt sogar fast besser als die aus der Bäckerei von Canciale: weich-knusprig, süß-salzig, fettig-trocken, einfach wundervoll!

Ivo geht herum und reicht die Focaccia seinen beiden Männern auf der Straße, dem Riesen auf der Ladefläche des Lasters, dem Typen, der auf dem Dach war, und Craig.

»Nein, danke.« Craig weicht zurück, um seine Ablehnung zu unterstreichen.

»Habt ihr nicht gehört, was ich gesagt habe?!« Emilio greift wieder an, aber sein fordernder Ton verpufft in der allgemeinen Focaccia-Euphorie. Abgesehen von seiner Frau, Luigi und Craig sind alle mit Kauen beschäftigt, konzentriert auf Geschmack und Konsistenz.

Luigi tritt näher: »Fahrt jetzt den Lastwagen da weg! Sofort!«

Ivo beißt in die Focaccia. »Ist doch nur für ein paar Tage.«

»Das interessiert mich nicht!« Luigi schreit zwar, aber keine Chance: Er schafft es nicht mehr, so überzeugt zu klingen wie vorher.

»Uns genauso wenig!« Auch Paola will wieder ihre trotzige Verstocktheit herauskehren, mit ebenso wenig Erfolg.

Mara kann es kaum glauben: Seit sie damals dieses Haus gemietet hat, bekommt sie die Streitereien der Nachbarn über Hecken, Zäune, Dächer, Tore, Bäume, Brunnen, Hühnerställe, Hunde und Katzen mit, aber so verunsichert hat sie sie noch nie erlebt.

»Dann nehmt euch, was ihr brauchen könnt.« Ivo macht eine einladende Handbewegung Richtung Ladefläche des Lastwagens.

»Ich brauche nichts!« Emilio gerät immer mehr aus der Fassung; er sieht Ivo an, sieht den Lastwagen an, dreht sich um und schaut Luigi an; er versteht die Welt nicht mehr.

»Ich will nur meinen Parkplatz!« Luigi fühlt sich verpflichtet, seine Position zu bekräftigen, kann sich aber nicht zurückhalten, einen Blick auf die Ladefläche zu werfen.

Wortlos geht Ivo zum Lastwagen, stemmt sich mit einem Hüftschwung hoch, springt auf die Ladefläche. Er lässt sich von dem Riesen den Freischneider reichen und zeigt ihn Emilio. »Interessiert der dich?«

Emilio schüttelt den Kopf wie ein Kind. »Nein.«

»Und dich?« Ivo zeigt Luigi den Freischneider.

Luigi winkt ab, kommt aber näher. Unwiderstehlich angezogen, treten auch Emilio und Paola heran.

»Vielleicht könnt ihr das hier brauchen?« Ivo legt den Freischneider beiseite und zieht ein anderes Werkzeug hervor, das einem riesigen Korkenzieher gleicht, wahrscheinlich um Löcher in den Boden zu bohren.

Ivos Männer essen derweil ihre Focaccia und beobachten distanziert die Szene.

Mara ist fasziniert vom Mienenspiel und der Gestik von Ivo, Emilio, Paola und Luigi. Sie dreht sich zu Craig um: Auch er wirkt aufmerksam, wahrscheinlich beobachtet er das Geschehen unter anthropologischen Gesichtspunkten.

Emilio, Paola und Luigi mustern weiter die Geräte, die Ivo herauszieht; zweifellos überlegen sie mittlerweile, ob sie ihre Prinzipien gegen ein im Garten nützliches Werkzeug eintauschen sollen. Emilio lässt sich zwei verschiedene Schaufeln geben und begutachtet sie aus der Nähe; dann nimmt er den Freischneider genauer unter die Lupe, gibt ihn zurück; schließlich greift er sich noch den großen Korkenzieher, dreht ihn hin und her, zeigt ihn seiner Frau Paola. Währenddessen hält Ivo Luigi den Freischneider hin, der ihn prüfend in den Händen wiegt, hochhebt und im Kreis schwingt. Merkwürdig ist, dass keiner mehr etwas sagt, als wäre es viel leichter, stumm zu verhandeln. Zuletzt lädt Luigi den Freischneider hinten auf seine Ape, lässt wortlos den Motor an und parkt vor seinem Haus fünfzig Meter weiter. Auch Emilio und Paola ziehen ab, er mit dem riesigen Korkenzieher auf der Schulter, sie mit einer Hacke.

Ivo lächelt und reißt mit den Zähnen ein Stück von seiner Focaccia ab. Er springt von der Ladefläche und gibt seinen Männern Anweisungen.

Zwei von ihnen steigen zu dem dritten auf den gesäuberten Teil des Terrassenstreifens hinauf, legen noch zwei Bretter neben das erste, um den Steg zum Dach zu verbreitern, und stampfen mit den Füßen darauf herum, um sicherzugehen, dass sie auch halten. Der dritte Mann, genauer besehen ein Junge von etwa achtzehn Jahren, krabbelt auf allen vieren über das Dach: Er nimmt die Ziegel einzeln auf und wirft sie den beiden anderen zu, die sie im Flug auffangen und neben sich ordentlich stapeln.

Ivo macht ein paar Schritte auf Craig zu, als wollte er ihm etwas sagen, bleibt dann aber mitten auf der Straße stehen, um den letzten Rest seiner Focaccia zu vertilgen.

Craig geht seinerseits auf ihn zu, aber nur bis zum Rand des vertrockneten Rasens, als würde auch er durch eine unsichtbare Grenze aufgehalten.

Sie könnten nicht verschiedener sein: der eine groß, hellhäutig und etwas schwerer, der andere kompakt und sehnig; der eine rot von der Sonne, der andere braun; der eine mit dünnen blonden Haaren, im Nacken und an den Schläfen ausrasiert, der andere mit dichten, langen, zum Pferdeschwanz gebundenen grauschwarzen Haaren; der eine nur allzu vertraut, der andere vollkommen fremd. Diese Unterschiede scheinen ganz natürlich die Spannung zu erzeugen, die in der Luft liegt: Sie fühlt sie im Magen, im Atem, unter den Kleidern, unter der Haut.

Ivo schluckt den letzten Bissen Focaccia hinunter, wischt sich die Hände an seiner Jeans ab und nähert sich dann Craig. »Hey.«

»Was ist?« Craig antwortet schroff, wirkt sprungbereit.

Mara Abbiati verspürt den Impuls, sich zwischen die beiden zu stellen. Könnte sie sie aufhalten, wenn sie sich aufeinanderstürzen würden? Wäre sie imstande, unparteiisch zu beurteilen, wer recht hat? Wieso überhaupt unparteiisch? Müsste sie im Grunde nicht automatisch auf der Seite ihres Mannes stehen? Wäre ihre Neutralität ihm gegenüber unfair?

»Wie wollt ihr euch denn organisieren?« Ivo meint es

wahrscheinlich freundlich, aber er klingt abweisend, vielleicht wegen Craigs Haltung.

»Inwiefern?« Craig verengt die Augen zu Schlitzen, als wollte er den anderen so wenig wie möglich sehen, ihn ausblenden.

»Na ja, hier wird's bald ziemlich ungemütlich.« Ivo deutet auf das Dach, wo der jüngste Arbeiter weiter die Ziegel abräumt und sie den beiden anderen zuwirft.

»Stell ich mir vor.« Craig muss den Eindruck haben, dass er einen Fehler im Italienischen begangen hat, was ihm manchmal, wenn er nervös ist, passiert und was ihn dann nur noch nervöser macht. »Das *kann* ich mir vorstellen.« Er verbessert sich sofort, wie immer, auch wenn es gar nicht nötig wäre.

»Die meisten Leute ziehen während der Bauarbeiten lieber aus.« Ivo betont jedes einzelne Wort, vielleicht um Craig zu helfen, ihn besser zu verstehen.

»Wir nicht!« Zu hören, dass man mit ihm redet, als verstünde er die Sprache nicht, beleidigt Craig. »Wir haben beide viel zu tun und weder Zeit noch Lust umzuziehen.«

Ivo zuckt die Schultern, ihm scheint Craigs Ton nicht viel auszumachen. »Ich hab's nur euretwegen gesagt.«

»Machen Sie sich um uns keine Sorgen, wir arrangieren uns.« Mehr als einmal hat Craig von einem Stamm in Indonesien erzählt, dessen Angehörige die Ausdrücke »bitte« und »danke« nicht kennen, nicht weil sie Flegel wären, sondern weil formale Höflichkeiten nicht zu ihrer Kultur gehören. Hier allerdings handelt es sich nicht um eine Frage der Form: Es ist die instinktive, fast mit Händen zu greifende Feindseligkeit zwischen zwei Männern.

»Perfekt.« Ivo dreht sich um, lächelt Mara an und geht zum Lastwagen, wo der Riese immer noch auf der Ladefläche mit Geräten und Material herumhantiert.

Auf der anderen Straßenseite erscheint Launa wieder zwischen den Pflanzen ihres Gemüsegartens und winkt. »Mara, komm und hol dir ein paar Tomaten, wenn du Lust hast.«

»Danke!« Anders als den Angehörigen dieses indonesischen Stammes ist es Mara wichtig, immer »bitte« und »danke« zu sagen: Dadurch fühlt sie sich im Einklang mit sich und der Welt. Sie macht ein paar Schritte auf dem rissigen Asphalt, der schon so früh am Tag unter ihren nackten Fußsohlen brennt, und weiß nicht recht, was sie von diesem Morgen halten soll; sie hat keine Ahnung, welche Versprechen oder Drohungen er beinhalten könnte.

Sieben

Also dieses Paar ist ja vom Charakter her so gegensätzlich, wie es ärger nicht mehr geht. Er ganz Misstrauen und Verdacht, sie ganz Instinkt und Gefühl. Mit diesem Lächeln, diesem Leuchten. In solchen Fällen fragt man sich, wie sie sich gefunden haben, was sie zusammenhält. Wenn es gutgeht, dann deshalb, weil jeder das Schlechteste oder das Beste von sich geben kann, man hat ja den anderen, der das Gegenteil tut. Oder sie kleben wegen irgendeines Missverständnisses aneinander oder leben wie in einem Gefängnis. Vielleicht sind sie sich aber auch ähnlicher, als man denkt, und teilen sich die Rollen, um die Langweile der Einheitsfront zu vermeiden. Das versteht man nicht immer auf Anhieb. Jedenfalls kann man nicht auf den ersten Blick sagen, er ist ein Sturkopf, sie eine zarte Seele, er ist grau wie Beton, sie schillernd wie tropische Farben. Hinter seiner Fassade hat auch der englische Professor etwas Unregelmäßiges, manchmal flackert auch in ihm Neugier auf. Carlo von der Bar oben sagt, dass er jahrelang bei den echten Wilden am Ende der Welt gewesen ist, irgendwie sieht man ihm das an. Er hat zwar die Rolle des nervigen, brillanten englischen Professors verinnerlicht, aber im Grunde ist er äußerst aufmerksam. Und ein paar Unsicherheiten, ein paar Risse hat er auch. Sie dagegen ist nach Carlos Aussage eine echte Künstlerin, sie meißelt riesige Katzen aus Stein. Aus Tuff, was ja kein wirklich harter Stein ist, jedenfalls verglichen mit Granit, zum Beispiel. Ein nur ansatzweise behauener Block liegt draußen auf dem Rasen. Was daraus wird, ist schwer zu sagen, aber im Haus stehen ein paar fertige Katzen rum, die gar nicht übel sind. Ziemlich kraftvoll. Sie hat diese Energie in Armen und Beinen, die Kraft der erfinderischen Frau. Sie hat auch Herz und ist ehrlich. Als ihr Mann gesagt hat, dass der Händedruck nicht als Vertrag gilt, hat sie gesagt, o doch!, selbst auf die Gefahr hin, ihn vor allen bloßzustellen. Das kommt nicht oft vor, erfinderische Frauen sind gewöhnlich nicht sonderlich aufrichtig. Unter dem Deckmantel des Erfindungsreichtums denken sie nur an sich. Sie weichen hierhin und dorthin aus, aber sie schaut einen geradewegs an. Und eine tolle Figur hat sie auch. Schön füllig, schöne Hüften. Zwar stark, aber nicht nur Muskeln und Nerven, sie ist auch weich. An Spannungen zwischen ihr und ihrem Mann fehlt es freilich nicht, das sieht man. Man müsste herausfinden, ob und inwieweit sie mit seinem Sturz durchs Dach zusammenhängen oder damit, dass sie seit vielen Jahren aneinanderkleben, oder mit ihrer verschiedenen Nationalität. Früher oder später wird sich das zeigen, es ist nur eine Frage der Zeit. Wie auch immer, es ist besser, sich da rauszuhalten. Eine im Flug erwischte Arbeit, die man im Flug erledigen muss. Gut und schnell, das Geld einstecken und weg. So weit weg wie möglich, hier in der Gegend ist er schon viel zu lang geblieben.

Ivo Zanovelli gibt Dragan, Goran, Mako und Djurd die nötigsten Anweisungen. Einer langsamer, einer schneller, haben sie kapiert, wie es läuft. Alles runter, alles neu machen. Das Dach ist so morsch, dass die Besitzer dankbar sein können, dass es ihnen nicht schon längst auf den Kopf gefallen ist, ehrlich. Man muss bei null anfangen, unter freiem Himmel. Besser so, dann wird's eine saubere Arbeit.

»Und die Genehmigungen?« Da ist er wieder, der Engländer, und starrt ihn an. Schon gestern hat er danach gefragt, aber er ist halt der Typ, der Fragen zweimal stellen muss. Nicht, damit die Antwort anders ausfällt, sondern um zu beweisen, dass er nicht lockerlässt.

»Hab ich dir doch gesagt.« Ivo Zanovelli ändert seine Antwort nicht, warum auch. »Wir legen los, und keiner merkt was.«

»Und wenn es doch jemandem auffällt?« Der Engländer ist groß und dick, ungefähr eins achtzig. Er hat einen Bauchansatz wie ein Biertrinker und ein leichtes Doppelkinn, aber nicht schlimm. Starke Arme hat er, breite Schultern. Wobei man sieht, dass er mittlerweile hauptsächlich mit dem Kopf arbeitet, auch wenn er früher bei den Wilden im Dschungel gelebt hat, die Muskeln sind schlaff geworden. Er kneift die Augen zu Schlitzen zusammen, wegen der Sonne, aber auch, um die Kommunikation auf ein Minimum zu beschränken.

»Wir sind fertig, bevor jemand was merkt.« Ivo Zanovelli hatte schon immer ein Problem mit großen Männern. Es stört ihn, wie viel Raum sie einnehmen, wie ungenau ihre Bewegungen sind. Sie stehen immer ein bisschen gebückt oder vorgebeugt da, nie wissen sie, wo sie mit ihrem Gewicht und ihren langen Gliedmaßen hinsollen. Beim Essen müssen sie diesen Sack von einem Magen füllen, kriegen nie genug. Sie verbrauchen so viel mehr Ressourcen, produzieren so viel mehr Kacke. Bei Millionen von Dickwänsten sieht er schwarz für den Planeten Erde. Außerdem dauert es, bis bei denen die Lymphe das Gehirn erreicht und von dort die Hände. Ein verlangsamter Kreislauf, die inneren Schläuche sind zu lang. Die Gedanken stagnieren, genauso die Gefühle. Vielleicht fällt ihnen mal was ein, oder sie müssen sich an was erinnern, wissen dann aber nicht mehr, wo sie es wiederfinden sollen. Alles, was sie in sich haben, wird trüb und faulig. Djurd ist noch viel größer und dicker als der Engländer, das stimmt, eins vierundneunzig und hundertvierzig Kilo, aber der ist ein Sonderfall. Er trägt diesen slawischen Wahnsinn in sich, dieses irre Feuer. Aber er ist bestimmt kein Denker und auch keiner mit großen Gefühlen. Dumm ist Djurd nicht, er mag ihn sehr. Seit fünf Jahren schleppt er ihn schon kreuz und quer durch ganz Italien, ein absoluter Rekord. Großartiger Arbeiter, schafft allein so viel wie zwei bis drei normale. Fast ohne jede Anstrengung hebt er hundert Kilo hoch, schiebt und drückt und zieht wie keiner sonst. Man muss nur aufpassen, dass er sich nicht betrinkt, dann rastet er aus, und die Schäden sind proportional zum Körperbau.

Der Engländer scheint gar nicht so langsam zu sein, er hat flinke Augen. Aber er besitzt auch die Hartnäckigkeit der Großen, der Dicken, das Gewicht der wenig beweglichen Ideen. Er insistiert, schüttelt den Kopf. »Vielleicht, in Italien habt ihr ja eine Unmenge Gesetze, und es stimmt, dass sie meistens nicht beachtet werden, aber wenn jemand dir Probleme machen will, hat er leichtes Spiel.«

»Tja, um außerhalb des Gesetzes zu leben, muss man

ehrlich sein.« Ivo Zanovelli weiß nicht, warum er das sagt, es rutscht ihm einfach so raus. Er will mit dem Kunden ja keine philosophischen Fragen erörtern, er will nur die Arbeit so rasch wie möglich hinter sich bringen.

Der Engländer verengt die Augen noch mehr, fixiert ihn noch aufmerksamer.

Ivo Zanovelli geht zum Terrassenstreifen hinüber und erklärt Goran, dass es besser ist, die Ziegel in drei oder vier Stapeln aufzuschichten statt in zwei, wenn sie nicht riskieren wollen, dass die Hälfte kaputtgeht. Goran stapelt natürlich nicht zum ersten Mal Ziegel, klar. Er packt auch zu, aber er ist träge im Kopf. So einem muss man jedes Mal alles von vorn erklären.

Der Engländer ist hinterhergekommen, hebt die Hand. Der Arm ist an der Innenseite ganz zerkratzt, bis zur Achsel. »Darf ich Sie was fragen?«

»Was denn?« Ivo Zanovelli denkt, wenn er sich jetzt die ganze Zeit mit dem Kunden unterhalten muss, kann's ja heiter werden.

Der Engländer nähert sich schwerfällig wegen seines kaputten Beins, er muss um sein Gleichgewicht kämpfen, wie alle großen dicken Männer. Rosa Haut, von der Sonne verbrannt. Hellblondes, schütteres Haar. Sicher hatte er mit zwanzig einen beneidenswert goldschimmernden Schopf, aber solche Haare dünnen nun mal später aus. »Dieser Satz, den Sie vorhin gesagt haben. War das ein Zitat?«

»Was habe ich denn vorhin gesagt?« Ivo Zanovelli denkt, dass er morgen mit Gehörschutz herkommen muss, echt jetzt.

»Von wegen außerhalb des Gesetzes leben.« Der Engländer hat diese spezielle Art, einen anzuschauen, er wirkt zerstreut, dabei registriert er alles. Vermutlich war es bei den Wilden im Dschungel genauso, er ist hinter ihnen hergelaufen und hat alles registriert. Bestimmt hat er einen Haufen ungewöhnliche Sachen gesehen und gemacht, sonst hätte er es doch nie geschafft, so eine Frau abzukriegen. Mit diesem Lächeln, diesem Elan der erfinderischen Frau. Er muss sie mit einer Mischung aus Kopf und Beinen erobert haben. Vor allem Kopf, aber auch Beine. Und Arme.

»Ja, und?« Ivo Zanovelli mag es überhaupt nicht, wenn ihm jemand Fragen stellt, und noch weniger, wenn ihn jemand in die Ecke drängen will. Sofort fühlt er eine Anspannung in seinen Nerven, seinen Muskeln und möchte zuschlagen, er kann's nicht ändern.

»Es gibt da ein Lied von Bob Dylan, *Absolutely Sweet Marie*.« Abgesehen von seinem Akzent spricht er ja gut Italienisch, aber sein Englisch klingt besser. Logisch. »Die wichtigste Strophe lautet: *to live outside the law you must be honest*. Ich habe mich gefragt, ob Ihre Bemerkung vorhin ein Zitat war oder reiner Zufall.«

»Ich weiß überhaupt nicht, wovon du redest.« Ivo Zanovelli muss sich zusammenreißen, um ihm nicht zu sagen, er solle damit aufhören und ja nicht noch mal versuchen, ihn in die Ecke zu drängen. Er geht zurück zum Lastwagen und weist Djurd an, die Pickel auszuladen, sie müssen dieses morsche Dach sofort abreißen, sobald Dragan und die anderen mit den Ziegeln fertig sind.

Acht

In dem kleinen Wohnraum, dessen Fußboden jetzt zum Großteil von der Doppelbettmatratze belegt ist, nimmt Craig Nolan sein Notebook vom Küchentisch und setzt sich in den Sessel. Verzweifelt versucht er, sich auf das zu konzentrieren, was er schreiben will, aber das Leben im Haus ist unmöglich geworden, wie dieser Ivo vorausgesagt hatte: Die Berserker vom Balkan hacken wie verrückt auf dem Dach herum, das Loch in der Schlafzimmerdecke vergrößert sich zusehends, Staub erfüllt die Luft, sogar hier im Erdgeschoss. Es ist gar nicht ausgeschlossen, dass Ivo seine Männer aufhetzt, so viel Lärm wie möglich zu machen, nur um den Hausbesitzern zu beweisen, dass sie besser daran getan hätten, für die Dauer der Bauarbeiten auszuziehen. Natürlich verstärkt diese Hypothese Craigs Entschlossenheit, um jeden Preis zu bleiben, doch dieser Preis steigt von Minute zu Minute ins Unerträgliche: Bald wird ihnen nichts anderes übrigbleiben. Im Laufe der Jahre hat er zwar einige Techniken entwickelt, um sich mental abzuschotten und sich auch unter keineswegs idealen Bedingungen zu konzentrieren (im Flugzeug oder im Zug oder sogar im Stimmengewirr einer Universitätsmensa), aber hier ist es, als befände man sich mitten im Bürgerkrieg. Die Schläge, die Erschütterungen und das Geschrei erinnern an die blutigen Konflikte in den Herkunftsländern dieser besessenen Arbeiter; die offenkundige Zerstörungslust, mit der sie das Dach abreißen, lässt eine Menge Zweifel an ihrer Fähigkeit (oder Absicht) aufkommen, es anschließend auch wieder aufzubauen.

Mara dagegen wirkt alles andere als verdrossen, da sie vermutlich jede Form von Chaos inspirierend und aufregend findet. Sogar als sie die Möbel im Obergeschoss mit Laken zudecken musste, um sie vor herunterfallendem Schutt zu schützen, war sie fröhlich, sogar als sie zusammen die Matratze ins Erdgeschoss bugsiert haben und er bei jeder Stufe Gefahr lief, zu stolpern und sich noch schwerer zu verletzen. Sie schob und zog wie eine Furie, bog sich ununterbrochen vor Lachen über ihre ungeschickten Manöver wie eine unverantwortliche Jugendliche. Doch ist das nicht genau das, was ihn am Anfang ihrer Beziehung so an ihr faszinierte, ihre Lebhaftigkeit, ihre überraschende Fröhlichkeit? Wieso stört ihn das jetzt? Hindert ihn die Gewohnheit daran, es weiter anregend zu finden? Oder ist er mit der Zeit einfach reizbarer, muffiger und pedantischer geworden? Oder hängt es mit dem körperlichen Unbehagen nach seinem Fall zusammen, mit einer Metamorphose, die man nicht rückgängig machen kann, mit einem Zustand allgemeiner Desillusion?

Die Ebenen seiner persönlichen Überlegungen und seiner theoretischen Betrachtungen überlagern sich ständig und verschwimmen, auch weil das wüste Getöse das gesamte klapprige Haus erschüttert; es fällt ihm immer schwerer, sie auseinanderzuhalten. Paradoxerweise versucht er gerade, über die Rolle der Illusion (und der zwangsläufigen

Desillusion) im privaten und sozialen Leben der Menschen zu schreiben: bezogen auf den Antrieb zum Erwerb von Eigentum, Konsumgütern, gesellschaftlichen Statussymbolen, politischen Überzeugungen, emotionalen Beziehungen. Nebenbei gesagt, ist das noch so ein Fall, in dem es den Anthropologen nicht im Geringsten kümmern darf, wenn er in die Gebiete der Psychologie, Soziologie oder Philosophie eindringt. Sollen sich doch die anderen Kanaillen über unbotmäßige Grenzüberschreitungen aufregen; er wird sich gewiss nicht aus Rücksicht auf sie zurückhalten. Oh, Verzeihung, das sind eure Fachbereiche. Von wegen!

Klar, zu behaupten, man sei »Opfer« einer Illusion, ist eine lächerlich ungenaue Art, die Dinge darzustellen, wenn man nicht bereit ist, zuzugeben, ein Opfer seiner selbst und seiner eigenen Erwartungen zu sein. Wenn es ihm mit Mara so gegangen ist, dann auch ihr mit ihm, genau wie Millionen von anderen Menschen, die überzeugt sind, in einem Partner die perfekte Vervollständigung der eigenen Existenz gefunden zu haben. Was nicht heißt, dass ihre Überzeugung jeder Substanz entbehrt: Im Übrigen ist nach dem *Vedanta* (dem Herzen der hinduistischen Philosophie) eine Illusion weder wahr noch falsch, sie besetzt einen Zwischenraum. In der Pali-Literatur und im Sanskrit gibt es ein spezielles Wort dafür: *māyā*. Westlicher ausgedrückt ist sie, im Unterschied zu einer Halluzination, eine Wahrnehmungsverzerrung, die aus dem Fehlen eines Anstoßes entsteht; eine Illusion ist also die verzerrte Deutung einer existierenden Empfindung. Ein Bild, das sich erweitert und dann wieder schrumpft, sozusagen. Man bildet sich ein, dass der andere genau das sei, was man sich wünscht, und nach einer

Weile kommt es einem so vor, als sei er das wirklich, auch wenn man anfangs gar nicht sicher war. Doch ab einem bestimmten Punkt kehren die Zweifel unweigerlich zurück und besetzen das Feld, trotz aller Bemühungen, sie wieder zu verscheuchen. Dieser Prozess gleicht dem 1832 von R. Addams beschriebenen »Wasserfallphänomen«, bei dem jeder, der lange genug Wassermassen fixiert, die von oben herunterstürzen, und den Blick dann auf die umliegenden Felsen richtet, den Eindruck haben wird, die Felsen wüchsen in den Himmel. Oder auch der von Kaufman, Rock und Tolansky erforschten, vom Mond erzeugten Illusion, wonach unser Trabant größer erscheint, wenn er am Horizont oder im Zenit steht. Das Feld der Illusionen ist sehr interessant, auch wegen der verheerenden Folgen, die sie tendenziell im Leben der Menschen haben.

Die Folgen? Auf die anfängliche spontane Abtretung von Souveränität und das Akzeptieren der fremden Verhaltensweisen, die sich daraus ergeben, auf die zeitweilige Mimesis, die willige Anpassung an andere Seinsweisen und Rhythmen, folgt eine Phase wachsenden Widerstands, eine zunehmende Ablehnung, in dem (häufig verzweifelten) Versuch, die eigene verlorene Identität zurückzugewinnen. Das geht beiden Seiten so, doch einer meist mehr als der anderen, da das Gleichgewicht der Gefühle ein Widerspruch in sich ist, es existiert nicht. Ist der Prozess einmal ins Rollen gekommen, verläuft er immer schneller, und die Partner beginnen, wie verrückt in entgegengesetzte Richtungen zu rennen, weil beide mit derselben Entschlossenheit versuchen, zu ihrem ursprünglichen Ich zurückzufinden. Für den entscheidenden Zündfunken kann es unendlich viele Auslöser geben, die so verschieden sind wie die Alltage der Menschen.

Dieses belagerte Haus in Canciale zum Beispiel: Je empörter er ist, umso amüsierter wirkt Mara, je mehr sie sich wie eine exzentrische Künstlerin verhält, umso mehr wird er in die hässliche Rolle des Griesgrams gedrängt, der sich ständig über alles beklagt. Daran ist keiner der beiden schuld, da weder er noch sie sich ausgesucht haben, mitten im Sommer ein kaputtes Dach reparieren zu müssen, doch kommt bei dieser Gelegenheit eine erstaunlich große Menge lang angestauten Frusts ans Licht. Sein Groll begann wohl schon, als er sich entschlossen hat, dieses Haus zu kaufen, um ihr eine Freude zu machen, oder sogar noch früher: als er zum ersten Mal mit ihr hier war und sich auf die Abtretung von Hoheitsrechten auf emotionalem wie geistigem Gebiet eingelassen hat. Was Mara betrifft, ist da diese verdammte Geschichte mit der Studentin, klar, aber wahrscheinlich gibt es noch tausend andere vorausgegangene oder nachfolgende Gründe: Missverständnisse, unausgesprochene Forderungen, unerkannte Impulse, im Leeren verpuffte Begeisterung. Auch unbegründete Ansprüche, wer weiß, wie viele, wer weiß, welche. Auch hier: Illusion/Desillusion. Hätte er nicht das Rüstzeug, um die Ereignisse rational zu analysieren, wäre er vermutlich schon längst ausgeflippt.

Jedenfalls ist seine Toleranzgrenze bezüglich des Gepolters, das vom Dach kommt, nun überschritten, irgendwann reicht's! Craig Nolan klappt das Notebook zu, nimmt Notizheft und Füller, zieht sich mühsam die Sandalen an, setzt seinen Strohhut auf und tritt zu seiner Frau, die, auf einem

Stuhl stehend, in den Fächern eines Schranks stöbert. »Ich gehe rauf ins Dorf, hier kriege ich nichts hin!«

Sie sieht ihn von oben an, als käme es ihr seltsam vor, dass man ein Haus verlassen will, das gerade von einer Handvoll wahnsinniger Vandalen verwüstet wird. »Ich gehe gleich zum Arbeiten raus.« Tatsächlich trägt sie schon ihre Latzhose, hat das Kopftuch umgebunden und die weiße Atemmaske umgehängt.

»Wie schön für dich!« Craig Nolan ist sich bewusst, dass er einen gehässigen Ton anschlägt, aber wegen seines Beins verdient er doch wohl mildernde Umstände.

»Danke!« Auch Mara klingt recht feindselig.

»Bitte!« Nicht zum ersten Mal regt Craig Nolan die Vorstellung auf, dass seine Frau unter Bedingungen arbeiten kann, unter denen er keinen klaren Gedanken fassen, geschweige denn einen Satz schreiben könnte: mitten unter durcheinanderquatschenden Leuten, bei lauter Musik aus dem Kopfhörer oder der Stereoanlage, unter sengender Sonne oder sogar im Regen. Gern gibt er das nicht zu, aber er empfindet es als Ungerechtigkeit, als eine Ungleichheit, die es ihr erlaubt, die Rolle der freien, leichtlebigen Frau ohne Bürden und Ketten für sich zu beanspruchen, wogegen er auf Stille, einen Schreibtisch, geregelte Zeiten angewiesen ist und manchmal sogar auf spezielle Räume, um seine Vorlesungen zu halten oder seine Fernsehsendung aufzunehmen! Sie dagegen könnte überall arbeiten: Das Werkzeug, das sie braucht, passt in ein Köfferchen, das Rohmaterial findet sie überall. Ortswechsel sind für sie kein Problem, im Gegenteil, manchmal entdeckt sie auf Reisen sogar irgendeine neue Gesteins- oder Holzart, die im Vergleich zum Gewohnten eine interessantere Beschaffenheit, Farbe oder Maserung aufweist. Genau das stört ihn am meisten: sich plötzlich in der Rolle des Sesshaften wiederzufinden, nachdem er tausendmal mehr in der Welt herumgekommen ist als sie und Abenteuer bestanden hat, bei denen sie vor Aufregung die Augen aufreißt, wenn er davon erzählt. Und diese Phase seines Lebens ist ja noch längst nicht abgeschlossen, o nein! Gerade diesen Monat hätte er zum Beispiel die Gelegenheit gehabt, mit Ben Wilkins, Timothy Harpton und einer Gruppe Studenten des Fachbereichs zu dem Nationalfest Naadam in die Mongolei zu reisen. Doch darauf hat er verzichtet, um mit Mara hierherzukommen. Gut, nicht *nur* ihretwegen, sondern auch weil er mit allem hoffnungslos im Verzug ist, mit seinem neuen Buch, der Arbeit für die Fernsehsendung und die Universität. In den letzten Jahren hat sich seine berufliche Tätigkeit immer weiter ausdifferenziert, weswegen er einen immer stabileren Lebenswandel braucht, um die Früchte zu ernten. Doch verheiratet zu sein, und noch dazu mit einer anspruchsvollen und unsteten Frau, die ermutigt, unterstützt und manchmal geführt werden muss, hat sein Gewicht; das lässt sich nicht leugnen.

Mara steigt mit einer Schachtel voller Meißel und Hohleisen, die sie aus dem Schrank geholt hat, vom Stuhl herunter und sieht ihn ungeduldig an: Sie kann es kaum erwarten, sich ungestört ihrer Skulptur zu widmen. Auch sie macht einen Haufen Krach, wenn sie mit ihrem Hammer so fest auf den Meißel schlägt, dass die Splitter fliegen; auch bei ihr schwingt neben dem kreativen Instinkt eine ganz schön destruktive Kraft mit. Vielleicht bleibt sie deswegen so gelassen gegenüber der Verwüstung, die über ihren Köpfen stattfindet. Oder eher wegen des wilden Teils ihres Wesens, der sich auch in den verdammten Katzen spiegelt, die sie hartnäckig aus dem Stein heraushaut.

Craig Nolan nickt ihr zu und verlässt das Haus; mühsam wandert er den Weg zur Staatsstraße hinauf und zwingt sich, das rechte Bein so zu bewegen, dass es nicht gleich nach einer Behinderung aussieht, falls einer der Barbaren, die das Dach demolieren, ihn voller Schadenfreude beobachtet.

Neun

Als sie im Garten auf dem vertrockneten Rasen vor ihrem Tuffsteinblock steht, wird Mara Abbiati bewusst, dass der Krach hier draußen fast noch irrer ist als drinnen, während Ivos Arbeiter mit Spitzhacken und schweren Rammhämmern das Dach zertrümmern und abreißen. *Stonk! Straaak! Sprank!* Außerdem brüllen sie sich ständig in ihrer Sprache Warnungen zu und feuern sich gegenseitig an, während der Riese, *wrrrrraskrrammm wrrrrraskrrra-tra-tra-trammmm*, mit einem Presslufthammer hantiert, als ob es ein Spielzeug wäre, und Holzstücke, Zementbrocken, altes Pressstroh und Putz durch die Luft wirbeln.

Unschlüssig schweift ihr Blick von den schwerarbeitenden Männern mit bloßen Oberkörpern oder durchgeschwitzten, am Leib klebenden Unterhemden auf dem Dach zu ihrer ansatzweise aus dem Tuffstein herausgemeißelten Katze. Sollte sie unter diesen Umständen wirklich arbeiten, oder wäre es nicht vielleicht doch besser, ins Dorf hochzugehen und sich mit einem Buch zu Craig zu gesellen? Vermutlich sitzt er unter einem Sonnenschirm an einem Tischchen vor Carlos Bar oder, falls er keine Lust auf Konversation hat, auf der öffentlichen Bank unter der schlecht gestutzten Platane: Sicherlich nerven ihn die Hitze und die Sonne, auch wenn er seinen Strohhut trägt, und der

Lärm der Mopeds und Autos auf der Straße weiter unten. Kein Auto und nicht einmal den Führerschein zu haben schränkt ihn jetzt doch ganz schön ein, da er nicht weit gehen und auch nicht den Bus nehmen kann. Nach dem Sturz durchs Dach war es eine Qual, ihn unter Holpern und Schwanken bis nach La Spezia zu bringen; und auf dem Rückweg musste sie ihn praktisch zwingen, ein Taxi zu nehmen, doch da konnte er auf dem ganz nach hinten geschobenen Beifahrersitz wenigstens das Bein ausstrecken.

Dabei hat sie es anfangs, als sie sich kennenlernten, faszinierend gefunden, dass er weder einen Führerschein noch ein Auto besaß: Alle Männer, die sie kannte, waren Autonarren, und damals dachte sie, das sei eine angeborene männliche Charaktereigenschaft. Und dann kam da plötzlich so ein freier, unabhängiger Reisender, der zu Fuß ging, auf den kurzen Wegen, und den Zug, das Flugzeug oder das Schiff nahm, wenn er weiter weg musste; einer, der kein Sklave einer blöden Blechkiste auf Rädern war, einschließlich all der Pflege, die sie erfordert. Sie empfand das als wundervolle Offenbarung, als Zeichen eines erhabenen Geists. Mit der Zeit ließ die Faszination dann aber etwas nach, vielleicht auch, weil sie bald entdeckte, dass er sich fast immer von seinen beflissenen Assistenten und Studenten kutschieren lässt, die nur zu gern bereit sind, ihn überall abzuholen und hinzubringen. Einen Leihwagen zu nehmen und sie fahren zu lassen gefällt ihm dagegen viel weniger, vermutlich fürchtet er, ihr eine Macht einzuräumen, die ihre Beziehung aus dem Gleichgewicht bringen könnte. Jede Freiheit hat ihren Preis, sagt er immer, auch die, keinen Führerschein zu besitzen: Das stimmt, aber häufig werden die Kosten dann einfach auf die anderen abgewälzt.

Jetzt weiß sie schon gar nicht mehr, warum sie eigentlich gesagt hat, sie wolle hierbleiben und arbeiten: wahrscheinlich weil er so aussah, als würde er ihr die Schuld geben für das ganze Tohuwabohu im Haus, für seinen Sturz durchs Dach, für die Sommerhitze, dafür, dass sie überhaupt in Italien sind, und für wer weiß was noch. Bei all dem Krach und Dreck ist ihr schon fast die Lust vergangen; außerdem ist es viel zu heiß, jede Bewegung strengt sie an. Doch als sie die Kopfhörer aufsetzt und das Album *Jazz Blues Fusion* von John Mayall voll aufdreht, scheint sich die Lage zu bessern: Der Lärm ist zwar noch da, rückt aber so weit in den Hintergrund, dass die Musik alles andere übertönt. Sie greift nach Hammer und Meißel und beginnt, Schlag für Schlag die Konturen der im Tuffstein verborgenen Katze herauszuarbeiten: *stonk, stonk, stonk, chip, chip, chip*. Anfangs macht sie noch langsam, doch dann richtet sie sich immer mehr nach der Musik, wird schneller, hält die Geschwindigkeit. Die Hitze nimmt mit jedem Schlag zu, der Schweiß rinnt ihr über die Stirn, den Hals hinab, Ströme von Schweiß, unter den Achseln, auf Brust und Bauch, an den Schenkeln. Hätte sie unter ihrer Latzhose nichts an, wie gewöhnlich, ginge es ihr bestimmt viel besser, da dann die Luft unter der rauhen Baumwolle über den nackten Körper streichen würde; aber mit den Arbeitern da oben auf dem Dach schien ihr das nicht angebracht, sie fühlt sich schon so unwohl genug, weil sie sie immer wieder beobachten.

Ab und zu wirft sie einen Blick zum Dach hinauf; es gibt diese rhythmischen Parallelen, dieses hartnäckige Hämmern, auch wenn das Ziel der Arbeiter ist, alles zu zertrümmern, während sie nur das abschlagen will, was die Katze gefangen hält. Doch es beeindruckt sie, wie ähnlich ihre Tätigkeiten sind, sogar was das Werkzeug betrifft: Am liebsten würde sie sich mal den Presslufthammer ausleihen und ihn auf dem Tuffsteinblock ausprobieren. Im Grunde genommen ist er ja nur etwas größer und stärker als der, mit dem sie in England arbeitet; schade, dass sie ihn nicht dabeihat, aber er ist zu schwer und zu sperrig. Außerdem hätten sie ihn ihr am Flughafen höchstwahrscheinlich abgenommen und sie womöglich noch als Terroristin verhaftet. Und eigentlich arbeitet sie hier ja ohnehin lieber mit der Hand, sei es, um die Nachbarn nicht zu stören, sei es, weil es die Arbeit kontemplativer macht. Im Moment allerdings nicht: Sie hämmert zu schnell, mit zu viel Schwung, fast als wäre es ein Wettlauf gegen die Arbeiter, die mit Pickeln und Bohrern das Hausdach auseinandernehmen.

Irgendwann schaut sie hinauf und sieht, wie Ivo mit einem seiner Männer streitet: Er gestikuliert wie wild, brüllt ihn an, reißt ihm den Pickel aus der Hand, stößt ihn grob beiseite, hackt wütend auf die dünne Zementschicht ein und reißt sie fast mit der gleichen Leichtigkeit auf, mit der der Riese seinen Presslufthammer bedient. Mit imponierender Kraft und Gewalt arbeitet er immer weiter, die Zementbrocken spritzen nach allen Seiten; einer davon knallt gegen ein Zitronenbäumchen, das sie und Craig vor sechs Jahren in Sarzana gekauft haben: *crack!* Ein Ast bricht ab. Sie macht vor Schreck einen Sprung zurück, schreit laut auf, auch wenn sie sich mit der Musik in den Ohren selbst nicht hören kann, denn es tut ihr leid um das verletzte Bäumchen.

Wieder blickt sie hinauf: Mit dem Pickel in der Hand hält Ivo inne und macht ein merkwürdiges Gesicht.

Sie schaut sofort weg, fühlt sich jetzt noch unwohler als zuvor, mit Hammer und Meißel in der Hand und den Kopfhörern, die ihre Trommelfelle mit *Good Time Boogie* malträtieren, mit Kopftuch, Atemmaske, Handschuhen und Schutzbrille, als wäre sie hier, um ihm und seinen Männern oder sich selbst irgendetwas zu beweisen. Aber was eigentlich? Doch dann kommt ihr auch das Wegschauen albern vor, also schaut sie wieder zum Dach hinüber und sieht, wie Ivo seinem Arbeiter den Pickel zuwirft und dieser ihn im Flug auffängt, wie er eine Handbewegung in ihre Richtung macht, ihr etwas zuruft, obwohl er eigentlich wissen müsste, dass sie ihn bei der Musik und dem ganzen Abrissgetöse gar nicht hören kann. Sie gestikuliert nun ebenfalls, um ihm zu signalisieren, dass sie ihn nicht versteht: ohne die Kopfhörer rauszunehmen, denn wegen des wummernden Presslufthammers würde das sowieso nichts ändern.

Noch gewandter als gestern springt Ivo vom Dach auf den Terrassenstreifen, von dort auf den Rasen und kommt mit seinem schwungvollen Schritt auf sie zu. Wegen des wütenden Pickeleinsatzes ist er ganz außer Atem; der Schweiß rinnt ihm über Stirn und Schläfen, bildet ein dunkles Dreieck auf dem verwaschenen grauen T-Shirt. Er zeigt auf das verletzte Zitronenbäumchen, bewegt die Lippen.

Sie zieht die Kopfhörer heraus und schiebt die Maske nach unten. »Was?!«

»Tut mir leid, habe ich gesagt!« Er scheint es ehrlich zu meinen: Er wirkt zerknirscht, was sie nie erwartet hätte, aus seinem Blick spricht echte Betroffenheit. Er nimmt den Zementbrocken vom Fuß des Bäumchens und hebt den abgebrochenen Ast auf. Es war schon vorher nicht sehr robust, doch jetzt sieht es noch mitgenommener aus.

»Macht nichts!« Sie schiebt die Schutzbrille auf die Stirn, sieht ihn aus zwei Metern Entfernung an; ihre Latzhose kommt ihr plötzlich vor wie ein Hobbyanzug. Dabei ist sie genauso verschwitzt, genauso staubbedeckt wie er: viel stärker, als es ein Hobbykünstler je sein könnte.

»O doch!« Unerwartet zart und andächtig streicht Ivo mit den Fingern über die Blätter des Bäumchens.

Es ist ihr peinlich, sich dem Schicksal des Zitronenbaums gegenüber gleichgültiger zu zeigen als er, doch sie weiß nicht, was sie tun soll; unentschlossen steht sie da.

Er hebt den Blick, scheint ebenso befangen wie sie: mit dieser Goldkette um den Hals und diesen abgeschnittenen Ärmeln, die die muskulösen Schultern und Arme mit den Stammestätowierungen zur Geltung bringen sollen.

Sie greift nach der Schutzbrille auf ihrer Stirn, weiß aber nicht, ob sie sie wieder herunterziehen soll.

»Kannst du denn überhaupt arbeiten bei diesem Chaos?!« In seinem Blick liegt keine Spur der Gewalt, die noch kurz zuvor auf dem Dach zum Ausbruch gekommen ist: Seine Aufmerksamkeit wirkt unverstellt, geradezu erschütternd verletzlich.

Sie weicht ein paar Zentimeter zurück.

»Eh, wie machst du das?« Seine vorige Sicherheit ist wie weggeblasen.

Sie schüttelt den Kopf, hat keinen blassen Schimmer, was sie darauf antworten soll. Wie macht sie was? Meißeln? Auf dem vertrockneten Rasen in der Sonne stehen? Atmen?

Er nickt langsam mit dem Kopf. Findet er sie komisch?

Sie fühlt ein Kribbeln auf der verschwitzten Haut, im Blut; die Sonne blendet sie, die Hitze nimmt ihr schier den Atem. Jetzt ist sie sicher, dass sie keine Lust hat zu arbeiten, während er und seine Männer sie beobachten; es ist ihr ein Rätsel, wieso sie das nicht schon früher erkannt hat.

»Wo hast du den her?« Er zeigt auf den Katzenkopf, der allmählich aus dem Tuffsteinblock auftaucht, berührt ihn aber nicht, als befürchtete er, ihm dadurch zu nahe zu kommen.

»Was?!« Meint er den Tuffsteinblock? Den Katzenkopf?

»Den Tuffstein!« Aus seiner Miene spricht Vorsicht: vielleicht eine Form von Befangenheit.

»Den habe ich mir aus Santo Stefano bringen lassen!« Sie macht eine unbestimmte Handbewegung.

»Wieso arbeitest du denn nicht mit Marmor?! Wie die echten Bildhauer?!« Ivo legt den Kopf schief, auf seine ganz eigene Weise.

»Weil ich Marmor nicht mag!« Sollte sie jetzt beleidigt sein wegen der Anspielung auf die echten Bildhauer? Oder einfach ignorieren, was da aus dem Mund eines unwissenden Banausen kam? Sollte sie erwidern, dass sie diesen Beruf bereits seit vielen Jahren ausübt und niemand daran zweifelt, dass sie eine echte Bildhauerin ist, auch wenn sie nicht mit Marmor arbeitet? Ihm erklären, dass sie Tuffstein und Sandstein gewiss nicht deswegen bevorzugt, weil sie leichter zu bearbeiten sind, sondern weil Marmor ihrer Meinung nach etwas für Grabsteine und neureiche Proleten ist, die das Schöne mit der Kopie der Kopie verwechseln? Sie überlegt, kann sich aber nicht entscheiden.

Auch er schweigt: steht vor ihr in der Mittagssonne, in dem teuflischen Krach, den seine Männer veranstalten. Er scheint wirklich verstehen zu wollen, bloß was? Sie?

Sie fühlt einen Druck auf der Lunge, auf dem Herzen, die Situation wird ihr langsam unangenehm: Mit einer Handbewegung dreht sie sich um, geht an der Wand entlang ins Haus und knallt die Tür zu. Drinnen ist der Lärm noch stärker als vorher, das ganze Haus dröhnt wie ein kaputter Lautsprecher. Unwillkürlich schaut sie aus dem Fenster: Ivo steht noch für einen Augenblick vor dem Tuffsteinblock, als wäre es auch ihm nicht gelungen zu entscheiden, was er wollte, oder als versuchte er, die Katze besser zu verstehen, oder wer weiß was. Doch gleich darauf ist er verschwunden.

Rasch geht sie vom Fenster in die Mitte des kleinen Wohnzimmers, verfolgt vom *wrrrrrraskrra-kraaa-kraaa-skrr-raaammm* des Presslufthammers und dem *stonk! stunk! straak! skabam!* der Hämmer und Pickel, dem *frrr-kskrrr* und dem *stip-stup-stip* der Bruchstücke, die im Obergeschoss auf die Plastikplane prasseln, die die Möbel schützen soll, auch wenn sie sowieso schon ziemlich ramponiert sind.

Sie reißt sich Handschuhe, Brille, Atemmaske und Kopfhörer herunter, wirft alles aufs Sofa, schleudert die Leinenschuhe weg, hustet wegen des Staubs in der Luft. Am Spülbecken füllt sie sich ein Glas mit Wasser, leert es auf einen Zug, schlüpft in ihre Sandalen und verlässt das Haus. Sie geht die schmale, abschüssige Straße entlang und entfernt sich so schnell wie möglich von der blindwütigen Hektik der Baustelle. Nach etwa fünfzig Metern nimmt sie das staubige, schweißnasse Kopftuch ab und schüttelt die Haare. Sie macht nun längere Schritte. Ob Ivo ihr wohl vom Dach aus hinterherschaut? Wie auch immer, sie wird sich auf keinen Fall umdrehen, um es zu überprüfen.

Zehn

Flott fährt Ivo Zanovelli auf seiner Bonneville die kurvige Straße entlang bis zu der Stelle, an der es in die Berge geht, erst in die Täler und dann hinauf in den Apennin, wo vom Meer nichts mehr zu sehen ist, selbst wenn man die Augen noch so sehr bemüht. Auch zur Küste hinunterzufahren ist schön, macht aber längst nicht so viel Spaß. Denn den wahren Genuss findet man nur auf einer Fahrt durch die Berge, wo man sich in jede Kurve legen kann, immer weiter, immer höher. Als würde man an einem unsichtbaren Seil von einer superschnellen, superresistenten Winde gezogen, angetrieben von reiner Ungeduld. Man will immer höher hinauf, und eine Sekunde später ist man schon da. Mit Vollgas fährt man in die Kurven, immer haarscharf am Straßenrand entlang. Je mehr man beschleunigt, umso heftiger schlägt einem der Wind entgegen, und das Röhren der Zwei-in-zwei-Auspuffanlage mit Edelstahlkrümmern wird zu einem Heulen. Man hat das Gefühl, nichts könne einen aufhalten, man könne alles machen und allein durch die Kraft der Gedanken jede Langeweile und Routine hinter sich lassen. Fast wie in einem Comic, in dem einer mit nach vorne gestrecktem Arm durch die Luft fliegt. Nur dass es hier um eine absolut messbare Sache geht, echte Geschwindigkeit auf echten Strecken. Tatsächlich gefühlt und erlebt, hier und jetzt. Hände an den Lenker geklammert, Arme angespannt. Knie an den Tank gepresst, Fersen fest auf die Fußstützen gedrückt. Mit der linken Stiefelspitze betätigt man die Gangschaltung, mit der rechten nur im nötigsten Fall die Schwimmsattelbremse. Die rechte Hand am Gasdrehgriff regelt die Benzinzufuhr zur sequentiellen Multipoint-Einspritzung in den parallelen Zweizylindermotor. Hubraum achthundertfünfundsechzig Kubik, Zylinderbohrung neunzig Millimeter. Mehrscheiben-Ölbadkupplung. Nur achtundsechzig PS bei einer Drehzahl von siebentausendfünfhundert, maximales Drehmoment achtundsechzig Newtonmeter bei fünftausendachthundert, doch bei einem Gewicht von zweihundertfünfundzwanzig Kilo kommt da schon Freude auf.

Natürlich muss man die Balance halten auf dieser Stahlwiege, es ist alles eine Frage von Intuition und Reaktion. Die Räder drehen sich, Vordergabel und hintere Stoßdämpfer federn alles ab. Was zu tun ist, entscheidet man eine Mikrosekunde, bevor man es tut, fast nahtlos gehen Denken und Handeln ineinander über. Man wird zum Tier, halb Mensch, halb Pferd, nur viel schneller. Auf einem echten Pferd hat er nur einmal gesessen, bei einem Kunden, unten in der Maremma, aber das war gar nichts für ihn. Viel zu hoch und viel zu schwer zu kontrollieren. Er hatte nicht die geringste Ahnung, was er mit Armen und Beinen machen sollte, und Geduld, es richtig zu lernen, hatte er auch keine. Und auch keine Lust. Sich auf ein Tier zu setzen, das ganz offensichtlich ohnehin nichts davon hält, einen zu tragen, wozu soll das gut sein? Er will selbst das Tier *sein*, eine Einheit aus Körper, Rädern, Fahrgestell, Motor. Rasen, rasen,

rasen. Fahren, fahren, fahren, auf einer echten Straße. Am meisten Spaß macht es, auf denselben Straßen zu fahren wie die Feiglinge, die Überheblichen, die Muttersöhnchen, die Angestellten und die Frauen in ihren Autos, nur eben vollkommen anders. Die sitzen in ihren Blechkisten, kerzengrade oder wie hingegossen, und klammern sich krampfhaft ans Steuer. Stumpfsinnig fahren sie von A nach B, weil sie müssen. Nie kämen sie auf die Idee, unterwegs von irgendwas zu träumen oder sich vorzustellen, dass eine Fahrt auch poetisch sein kann oder überraschend, oder kurzerhand zu vergessen, warum sie so dringend von A nach B müssen, um einfach mal woandershin zu fahren.

Motorrad ist nicht gleich Motorrad, logisch. Vor ein paar Jahren hatte er beispielsweise eine Kawasaki Z 750 mit allen Schikanen. Akrapovic-Auspuff mit db-Killer, BMC-Luftfilter mit modifizierter Box. Power Commander und so weiter. Hundertzehn PS, fast das Doppelte der Bonneville. Von null auf hundert in drei Komma neun Sekunden, da macht der Magen schon mal einen Satz. Einmal schaffte er es sogar, die Tachonadel bis auf zweihundertsechzig Stundenkilometer hochzujagen, auf dem letzten Abschnitt der Autobahn von Genua nach Mailand. Sicher, der Tacho der Z ist bekanntlich nicht besonders zuverlässig, da muss man immer noch was abziehen. Also waren es eher um die zweihundertdreißig Stundenkilometer bei achttausend Umdrehungen, so ungefähr. Da ist man am Limit und merkt, wie das Motorrad ins Schwimmen gerät. Fast als würde man auf der Luft treiben, da braucht es nicht viel, und man schießt weg wie eine menschliche Kanonenkugel. Da reicht ein Ölfleck auf dem Asphalt, ein Reifenfetzen von einem Lastwagen. Nur ästhetisch gefiel ihm die Z überhaupt nicht, null. Ein hässliches Stück Metall, ohne Seele, ohne Stil. Auch das Geräusch des Auspuffs hörte sich an wie eine Bohrmaschine mit Verstärker. Und auch die Sitzhaltung gefiel ihm nicht, da hing man zwangsläufig über dem kantigen Tank wie ein blöder Raser, kein echtes Vergnügen. Ohne schönen runden Tank, ohne becherförmigen Scheinwerfer. Ohne schön geschwungenen Auspuff, bei dem einem das Herz aufgeht, wenn man ihn nur ansieht, wie beim Anblick einer schönen Frau. Der Bildhauerin aus Canciale zum Beispiel. Wie ein wohlproportionierter Hintern, der einem den Atem raubt. Auf der Z war es, als hätte man eine Außerirdische im Arm, wie Sex mit einem Staubsauger. Gefühlskalt wie ein dämlicher zugekokster Manager auf Freigang. Als würde man eine bescheuerte vollautomatische Pistole abfeuern, anstatt ein elegantes Messer zu werfen. Zum Beispiel.

Jedenfalls verkaufte er dann die Kawasaki und schaffte sich die Bonneville an, weil ihm nach einer Emotion mit ansprechender Form zumute war. Denn damals, das spürte er genau, begann für ihn ein neuer Lebensabschnitt, auch wenn man ihn lieber nicht danach fragt, wie der denn aussieht, denn das weiß er selbst nicht. Irgendwie hat er sich verändert. Er hat begriffen, dass man nicht alles in Zahlen messen kann, bestimmte Dinge muss man spüren, sonst nichts. Es hat auch keinen Zweck, alles in Worte fassen zu wollen. Wozu auch, wem sollte er denn davon erzählen?

Die Bonneville kaufte er sich auch deshalb, weil er schon als Kind davon geträumt hat, einer dieser Wunschträume, von denen man nie geglaubt hätte, dass sie jemals in Erfüllung gehen. Sicher, manche Modelle werden inzwischen in Thailand gebaut, das weiß er. Ein Jammer, logisch. Aber das Design stammt immer noch aus England, das steht außer Frage. Viel entscheidender ist sowieso, dass diese Maschine mehr ist als ein seelenloses Stück Blech, denn sie vermittelt komplexere Gefühle und Gedanken. Und natürlich kann man damit auch langsam fahren, Spaß macht es trotzdem. Dann versinkt man voll und ganz im Augenblick und will, dass er nie vergeht.

Ivo Zanovelli gibt Gas, fährt und fährt. Er kommt aus der Kurve und nimmt die Steigung in Angriff, mit einer Beschleunigung, die so lang dauert, dass man meint, sie würde nie aufhören. Aber er weiß genau, dass es nicht so ist, noch hundert Meter, dann noch eine schöne weite Kurve, noch einmal hundert Meter, und schon kommt die langweilige Strecke mit Häusern, Bürgersteigen und parkenden Autos, die einen zwingen, langsamer zu fahren. Doch jetzt erst mal die schöne weite Kurve; das muss man auskosten, solange man kann.

Elf

Am Abend, als Ivos Männer sich (und ihre Zerstörungswut) endlich ausgetobt haben und samt Lkw und verbeulten Mopeds verschwunden sind, sitzen Craig Nolan und seine Frau mit ihren Macs im Wohnzimmer, das Dröhnen noch in den Ohren, den Abrissstaub noch in der Nase. Ziemlich erschöpft, weil sie den ganzen Tag außer Haus verbracht haben, checken sie jetzt ihre E-Mails und die Neuigkeiten aus den sozialen Netzwerken; jeder glaubt sich im Recht und schiebt dem anderen die Schuld zu.

Beide schweigen krampfhaft, würdigen sich keines Blickes, eine echt verfahrene Situation. Um da wieder rauszukommen, denkt Craig Nolan irgendwann, muss man sich einen Ruck geben. Für das morsche Dach kann man schließlich keinem die Schuld geben; oder vielmehr, wollte man tatsächlich einen Schuldigen finden, dann müsste man sehr, sehr weit zurückgehen, in die Zeit lange bevor sie sich kannten, als Mara sich unter sämtlichen Häuschen an allen möglichen Orten ausgerechnet in dieses hier verliebte. Doch selbst wenn man so weit zurückgeht, bleibt die Schuldfrage weiterhin ungeklärt, denn damals hat sie das Haus nur gemietet; gekauft wurde es erst, als er sich dazu entschloss, Miteigentümer zu werden, in der Absicht, sich den Ort anzueignen, an dem ihre Vergangenheit sich abgespielt hat (den wichtigsten Ort, wie ihm scheint). In Wahrheit war Mara damals von seinem Vorschlag alles andere als begeistert: Daran erinnert er sich noch genau. Wahrscheinlich hatte sie das Gefühl, damit einen Teil ihres Lebens zu verlieren, der zuvor nur ihr allein gehört hatte; zu Recht. Mit anderen Worten: Eigentlich ist er selber schuld. Folglich muss er jetzt körperlich, nervlich und finanziell dafür bezahlen, dass er es damals nicht geschafft hat, sich zurückzuhalten und den Impulsen zu widerstehen, die er eigentlich hätte kontrollieren müssen. Andererseits, das muss auch gesagt werden, hat er darin keinerlei Erfahrung: Es ist das erste Mal in seinem Leben, dass er echte Eifersucht, Unsicherheit und den Wunsch, etwas zu besitzen, erlebt. Aber was ist das eigentlich, was er da unbedingt besitzen will? Einen Zeitabschnitt, der unwiederbringlich vorbei ist? Zumal seine Vorstellung von dieser Vergangenheit vollkommen willkürlich ist und nur auf ein paar Fotos beruht sowie den elektroneuralen Entladungen in seinem Gehirn, die auf bruchstückhaften Erzählungen basieren, die er seiner Frau praktisch abgepresst hat.

Aber sind diese Überlegungen zur Vergangenheit nicht vollkommen sinnlos, sind sie nicht nur das Resultat seines gravierenden psychophysischen Unwohlseins infolge des Sturzes? Craig Nolan öffnet die italienische Seite eines jener Online-Wörterbücher, die er regelmäßig für seine Arbeit konsultiert.

Vergangenheit
Substantiv

der Gegenwart vorangegangene Zeit und das in ihr Geschehene. *Beispiel: In der Vergangenheit fielen ihr gewisse Berechnungen schwer.* Synonyme: Ferne, frühere Zeiten, Geschichte, Gestern, Vorzeit, Historie

vergangen
Adjektiv

zu Ende, vorüber. *Beispiel: Vergangene Abenteuer; vergangene Zeiten.* Synonyme: abgelaufen, beendet, begraben, dahin, erloschen, fertig, gestorben, lange her, vorbei, verblüht, verflossen, verstrichen, verrottet, aus, durch, gegessen, passé, rum, futsch.

Genau.

Allerdings ist die analytische Aufarbeitung der Vergangenheit keinesfalls nur eine müßige Übung für sentimentale Schwachköpfe, sondern spielt für das Überleben der Spezies eine entscheidende Rolle. Zwar sind die Menschen sich dessen nicht bewusst, doch jedes Mal, wenn sie ihre Erfahrungen durchgehen, ergibt sich daraus die Chance, positive Erfahrungen zu wiederholen und potentiell tödliche zu vermeiden. Wenn der Urmensch (und bis zu diesem muss man immer zurückgehen) bei seinen Streifzügen durch den Wald zufällig auf Sträucher mit wohlschmeckenden, essbaren Beeren traf, rekapitulierte sein Gehirn danach immer wieder die zurückgelegte Route: jede Kreuzung, jeden Baum, jede Wegwahl, so lange, bis der glückliche Sammler den Weg eigenständig wiederfand. Ein ähnlicher Prozess lief ab, wenn das Individuum von einem wilden Tier angegriffen wurde, es aber irgendwie schaffte, nicht gefressen zu werden; nur durch sorgfältiges Rekonstruieren sämtlicher Umstände vor und nach dem Angriff konnte das Individuum hoffen, auch in Zukunft davonzukommen. Kein Wunder also, dass der Mensch (immer wieder und aus unterschiedlichen Blickwinkeln) darüber nachdachte, was sich vor, während und nach dem Angriff ereignet hatte: ein verdächtiges Rascheln, das er hätte hören können, ein unverwechselbares Brüllen, das er eindeutig hätte zuordnen müssen, ein Aufblitzen gelber Augen, das er nicht hätte übersehen dürfen; dann seine völlig falsche Reaktion, die verzweifelten Fußtritte, das keuchende Springen und Hakenschlagen einer panischen Flucht. Mit jedem Schritt und mit jedem Perspektivwechsel ergaben sich daraus neue Elemente für eine immer genauere Rekonstruktion; dabei konnte die Menge der erinnerten Details nie groß genug sein. Mit anderen Worten, sinnlos ist nicht die dauernde Wiederholung des Vergangenen, sondern der Wunsch, das einmal Geschehene nachträglich zu verändern.

Genau, so ist es: Wäre er vor Jahren nicht auf die blöde Idee gekommen, sich am Erwerb dieses verfallenen Hauses zu beteiligen, könnten sie jetzt seelenruhig die Koffer packen und die Tür hinter sich zumachen; könnten frei entscheiden, ob sie lieber nach Cambridge zurückkehren oder ein anderes Ziel ansteuern wollten. Stattdessen sind sie in diesem gottverlassenen Canciale festgenagelt, müssen sich um ein blödes, schwerbeschädigtes Häuschen kümmern, und alles nur, weil sie irgendwann beschlossen haben, daraus nicht nur ein Feriendomizil zu machen, sondern auch die permanente Heimstatt unwiederbringlich vergangener Erfahrungen.

»Ich gehe jetzt duschen.« Mara klappt den Laptop zu, erhebt sich vom Sofa, steigt über die Matratze am Boden hinweg und wirft ihm einen Blick zu, während sie auf die Treppe zusteuert.

Craig Nolan gibt sich einen Ruck und reißt sich von den Gedanken los, in die er sich verstrickt hat. »Mara?«

»Ja?« Sie ist schon auf der Treppe: Es ist hier alles so eng, dass man, egal wohin man geht, in Sekundenschnelle den Raum durchquert hat.

»Hast du vielleicht Lust, im Dorf essen zu gehen?« Craig Nolan gibt sich alle Mühe, möglichst begeistert zu klingen, aber es klappt nicht recht, was eigentlich auch kein Wunder ist: Wenn man sich den ganzen Tag anschweigt, hat man abends auch keine besondere Lust, zusammen essen zu gehen. Außerdem, was die Sache nicht gerade vereinfacht, ist das Essen in der einzigen Trattoria-Pizzeria alles andere als berauschend (im Laufe der Jahre haben sie dort etliche Enttäuschungen erlebt, einige Male ist ihnen hinterher sogar schlecht geworden). Andererseits ist die Aussicht, im Erdgeschoss eines ramponierten Hauses eingesperrt zu sein, auch nicht gerade verlockend; die Idee, essen zu gehen, verspricht zumindest vorübergehend Erleichterung.

»Aber kannst du denn überhaupt laufen, mit deinem Bein?« Mara ist verblüfft, hat aber offenbar, auch wenn es bis eben gar nicht danach aussah, seine Behinderung nicht vergessen, wenigstens etwas.

»Klar, kann ich laufen, sonst hätte ich es nicht vorgeschlagen.« Diese patzige Antwort kann sich Craig Nolan nicht verkneifen, versucht aber, sofort mit einem Lächeln gegenzusteuern, wobei ihm auch das nicht besonders gelingt.

»Gut, einverstanden!« Es fällt ihr leicht, sich zu begeistern, wie immer, wenn es darum geht, irgendetwas zu unternehmen. »Ich gehe nur schnell duschen und bin gleich wieder da!«

»Okay.« Craig Nolan lächelt ihr erneut zu, diesmal vielleicht sogar ein wenig natürlicher als vorhin; nach so einem Scheißtag, den man eigentlich komplett vergessen kann, kann der Abend doch nur besser werden.

Zwölf

Um sieben Uhr morgens ist Mara Abbiati schon eine ganze Weile auf: Sie war schon im Bad, hat sich die Zähne geputzt, Kaffee gekocht, einen Pfirsich und eine ganze Schale frischgepflückte Brombeeren vertilgt und zum dritten oder vierten Mal die Erzählung *Concerning the Bodyguard* von Donald Barthelme gelesen. Deshalb macht es auf sie wenig Eindruck, als vom Dach die ersten Geräusche zu hören sind, dieses unregelmäßige *stok* und *skrak*. Craig hingegen lag bis eben noch auf der Matratze im Wohnzimmer und schlief: Ruckartig setzt er sich nun auf, versucht das Laken abzustreifen, verfängt sich aber darin und schlägt hektisch mit den Armen um sich. Aus dem Stoffknäuel blickt er sie an: japsend, mit geröteten Augen, geweiteten Nasenlöchern, die dünnen Haare zerzaust.

»Keine Panik, das sind nur die Arbeiter auf dem Dach.« Mara versucht, einen beschwichtigenden Tonfall anzuschlagen, obwohl ihr ziemlich mulmig zumute ist, weil er so entsetzt guckt, als tobte draußen ein Bürgerkrieg.

»Vergiss es!« Craig ist auf hundertachtzig und lässt sich nicht besänftigen. »Erst tut man die ganze Nacht kein Auge zu, und dann wird man auch noch unsanft geweckt, eine echte Zumutung.«

Prompt kommt vom Dach eine neue Knall- und Reißsalve: *skraaak! strataak! stunk! spank!* Die Krachmaschine kommt langsam auf Touren.

Wütend springt Craig aus dem Bett, zieht Shorts und T-Shirt über und humpelt die Treppe hinauf, um ins Bad zu gehen. Als er oben ist, donnert eine neue Salve los, noch lauter als zuvor: *sta-ta-krak! stump-pum-kunk! sbam-ska-ta-ta-ka-sbam!* Er dreht sich um und schaut zu ihr herunter, als wollte er sagen: »Siehst du?«

Mara Abbiati kümmert sich nicht darum, setzt noch einen Kaffee auf und füllt zwei Schalen mit Müsli. Allerdings ist auch sie alles andere als begeistert von der Aussicht auf einen weiteren Tag mit ohrenbetäubendem Lärm, verzweifelten Blicken, impliziten Vorwürfen, Gejammer, sinnlosen Versuchen zu arbeiten. Am liebsten würde sie alles stehen- und liegenlassen und ans Meer fahren, sich ein ruhiges Plätzchen auf den Felsen suchen, sich sonnen, schwimmen, an nichts denken und erst abends zurückkommen, wenn die Arbeiter schon weg sind. Oder eine lange Wanderung hinauf in die Wälder machen, um Himbeeren zu suchen, vielleicht ein Bad im eiskalten Wasser in dem kleinen See unter dem Wasserfall nehmen. Aber so einfach ist das nicht: Wenn sie das unumwunden zugäbe, würde Craig das garantiert als Verrat auffassen, auch wenn er sicher sagen würde, sie solle ruhig gehen, um ihn brauche sie sich keine Sorgen zu machen. Doch früher oder später würde er ihr das auf jeden Fall vorwerfen. Allerdings hat sie ohnehin viel zu viel Skrupel, ihn mit seinem lädierten Bein einfach hier sitzenzulassen, um sich allein einen schönen Tag zu machen; das käme ihr schäbig vor, sie könnte es gar nicht richtig genießen. Es gibt also keinen Ausweg, sie sitzen beide in der Falle.

Auf dem Rückweg humpelt Craig mühsam die Treppe hinunter. »Das ist doch das Letzte! Da muss man sich sogar beim Pinkeln von einer schreienden Affenhorde angaffen und sich auf dem Kopf herumtanzen lassen!«

»Aber Craig, die arbeiten doch für *uns*!« Seine Feindseligkeit gefällt ihr gar nicht, gleichzeitig jedoch ist die Vorstellung auch urkomisch, dass die Arbeiter ihm beim Pinkeln zusehen.

»Aber wie die arbeiten, das ist *barbarisch*!« Offensichtlich ist Craig weit davon entfernt, die Sache mit Humor zu nehmen. »Auf den Tagesablauf zivilisierter Menschen pfeifen die.«

»Ich glaube kaum, dass man ein Dach auch leise abreißen kann.« Vielleicht, so ihr Gedanke, sollte ich ihn gar nicht daran hindern, Dampf abzulassen, aber irgendwie schafft sie es nicht, die innere Stimme, die nach Gerechtigkeit verlangt, zum Schweigen zu bringen. »Und je früher sie anfangen, desto besser für uns, oder etwa nicht?«

Aber Craig hört ihr gar nicht zu: Er geht auf und ab wie ein Tiger im Käfig und zieht dabei sein kaputtes Bein nach.

»Wir müssen Ivo die erste Hälfte des Geldes geben. Viertausendfünfhundert Euro.« Sicher nicht der beste Augenblick, um das Thema anzusprechen, das weiß sie auch, aber wann denn sonst?

»Einfach so? Ohne zu wissen, ob er das Dach überhaupt wieder hinkriegt?« Craig brüllt, im Wettstreit mit dem *stank! strook!* und *spraak!* von oben.

»Das haben wir doch so ausgemacht.« Sie versucht, die richtige Lautstärke zu treffen, ohne zu brüllen. »Und dass wir ihm Bargeld geben.«

»Ich nicht, ich war von Anfang an dagegen!« Craig behandelt sie, als würde sie unannehmbare Forderungen stellen.

»Trotzdem, wir haben es ihm zugesagt.« Mara bemüht sich um einen ruhigen Tonfall, aber in ihr brodelt es. »Und durch Handschlag besiegelt.«

»Mara, ich bitte dich, wir sind doch hier nicht im Alten Ägypten! Sondern in einem zivilisierten Land des einundzwanzigsten Jahrhunderts, auch wenn es mitunter nicht danach aussieht!« Craig muss husten, weil er seine Stimmbänder überanstrengt hat und die Luft erneut voller Staub ist. »Dein Ivo kriegt einen Scheck, und damit ist er gut bedient.«

»Aber wir haben doch gesagt in bar.« Es missfällt ihr ungemein, dass er »dein Ivo« gesagt hat, nur um damit auch diese Verantwortung auf sie abzuwälzen, ebenso wie alles andere, was mit Canciale zu tun hat.

»Er wird den Scheck liebend gern annehmen, du wirst schon sehen!« Inzwischen ist seine Stimme heiser.

»Spinnst du? Bisher hat er doch alles gemacht, was er zugesagt hat!« Jetzt wird auch sie laut.

»Ach ja? Was denn? Bis jetzt hat er doch bloß abgerissen.« Vielleicht redet Craig nur so, weil es ihm schlechtgeht, aber schön ist es nicht.

»Er hat abgerissen, um wiederaufzubauen!« Mara Abbiati bleibt die Luft weg, wie jedes Mal, wenn Craig im Unrecht ist, aber weiterhin mit allen Mitteln auf seiner Position beharrt, um das nicht zugeben zu müssen.

»Weißt du was, mir reicht's, momentan habe ich wirklich andere Sorgen, als mich mit einem windigen Geschäftemacher herumzuschlagen.« Wieder hustet Craig und humpelt genervt durch das kleine, vollgestellte Wohnzimmer. »Ich muss das Buch zu Ende schreiben und mir dringend etwas einfallen lassen, womit ich die ersten Folgen des Fernsehprogramms bestreiten kann. Und all das bis zum zwanzigsten! Und die Frist für den Artikel im *Journal of Anthropology* ist auch schon seit einer Woche abgelaufen! Kannst du mir mal sagen, wie ich das alles schaffen soll?«

»Kannst du nicht bei Carlo in der Bar arbeiten, wie gestern?« Sie versucht, einen konstruktiven Ton anzuschlagen, was nicht einfach ist.

»Nein, unmöglich! Gestern habe ich so gut wie nichts zustande gebracht, alles Schrott!« Craig ist unheimlich in Rage: warum nur? »In so einer blöden Bar kann man sich einfach nicht konzentrieren, dauernd wird man von irgendeinem nichtsnutzigen Dorfbewohner angequatscht, und dann der Krach von diesen hirnrissigen Dödeln, die pausenlos auf ihren Motorrädern hin und her knattern!«

Oben geht es wieder los. *Stonk! sbam-sbam-sbam! stunk! skrak! skrok! ska-ta-pan-skan! braak! tum-tum-stum!* Die Wände zittern, das ganze Haus dröhnt.

Mara versucht, die Geräuschkulisse zu ignorieren, aber die Situation wird immer absurder. Sie gießt Sojamilch über die Haferflocken in den Schälchen, den Espresso in die Tassen. Warum führt Craig sich nur so auf? Liegt es an dem Bein? Daran, dass er nachts nicht schlafen kann? Kommt er sich womöglich vor wie im Gefängnis? Plagt ihn sein schlechtes Gewissen wegen der Sache mit der Studentin? Aber wieso richtet sein Groll sich dann ausgerechnet gegen sie? Weil sie der Auslöser für sein schlechtes Gewissen ist? Absurd, was soll diese totale Verdrehung der Ursachen?

Völlig verspannt trinken sie schweigend den Kaffee und essen ein paar Löffel Müsli; oben wird es immer lauter.

Als sie fertig sind, spült sie Schalen und Tassen, trocknet sie ab und geht dann nach oben. Als sie ins Schlafzimmer kommt, ist von der Decke fast nichts mehr zu sehen, ein paar Balkenreste noch, sonst nur blauer Himmel. Einer der Arbeiter guckt von oben herunter, grinst verlegen, verschwindet. Ein zweiter guckt von der anderen Seite herein, scheint verblüfft, sie zu sehen, hackt dann aber wie zum Ausgleich schnell wieder mit der Spitzhacke auf einen Balken ein. Wäre es immer so klar, warm und trocken wie heute, denkt sie plötzlich, könnte man es glatt so lassen: Sonne, Mond und Sterne, Licht, Dunkelheit, Wind könnten rein und raus, wie es ihnen gefällt. Bestimmt käme sie sich dann auch nicht mehr eingesperrt vor, das geht ihr manchmal so, dann muss sie unbedingt raus, was Craig ziemlich irritiert. Aber wieso eigentlich, wenn es ihm vermutlich doch genauso geht?

Die Arbeiter zertrümmern und entfernen die letzten Balken, Lärm und Dröhnen werden noch lauter; man könnte wirklich meinen, sie würden das ganze Haus abreißen. Mara geht wieder nach unten.

In der staubgesättigten Luft sitzt Craig auf dem Sofa, mit dem Mac auf dem Schoß und einem Notizblock neben sich. Er hustet, wirkt noch empörter als vorhin. »Das ist der pure Wahnsinn! Unter diesen Umständen ist es mir unmöglich, auch nur eine Zeile zu schreiben, geschweige denn zu *denken*!«

Eigentlich will sie etwas Besänftigendes oder Ermutigendes erwidern, aber sie ist so mit den Nerven runter und das Haus so eindeutig unbewohnbar, dass sie lachen muss.

»Wie gut, dass wenigstens du dich amüsierst!« Craig wird puterrot. »Hahaha, wirklich lustig! LOL, verdammte Scheiße!«

»Ich amüsiere mich ja gar nicht!« Sie versucht aufzuhören, aber es ist eine nervöse Reaktion, schwer zu bremsen.

»Das sehe ich!« Craig knallt den Laptop zu; aber es ist so laut, dass man gar nichts davon hört, eine stumme Geste ohne die geringste Dramatik.

Sie lacht immer noch, obwohl es ihr leidtut: um ihn, um sich selbst, um das Haus, um die Ferien. Ihr Sinn für Komik hat die Tendenz, sich zu verselbständigen; dagegen kann sie nichts tun, es geht einfach mit ihr durch. Das war schon immer so, früher auf dem Gymnasium zum Beispiel, als der Lehrer sie beiseitenahm, um ihr wegen ihrer schulischen Zukunft ernsthaft ins Gewissen zu reden; oder bei ihrem Vater, als er ausnahmsweise mal mit ihr reden wollte; oder bei ihrer Mutter, als die sie zum Essen einlud, um ihr mitzuteilen, dass sie sich von ihrem Vater scheiden lassen würde. Vielleicht hat es mit der Unangemessenheit der Worte zu tun, mit der Absurdität jeder menschlichen Erfahrung; mit ihrer Neigung, Details wahrzunehmen, die man besser gar nicht beachten sollte.

Sbam! Sbam! Ska-bam! Ska-skraaaak! Ska-sta-ska-skraaak! Bam! Bam! Bam! Von oben kommen erneut kräftige Schläge, die wie Stoßwellen durch das Gemäuer branden und die Wände bis zum Boden erschüttern.

»Das ist doch Wahnsinn! Hast du das gehört?« Craig

steht auf, zeigt nach oben, gestikuliert, dreht sich in einer Art unbeholfenem, wütendem Tanz um sich selbst, der bei ihr ein Gefühlskarussell aus Zärtlichkeit, Mitleid und Gereiztheit auslöst.

»Ja, hab ich, aber was soll ich machen?« Sie geht ans Fenster und sieht unschlüssig hinaus in den kleinen Garten. Soll sie ihm vielleicht anbieten, ihn ins Dorf zu begleiten? Lieber nicht, sicher fühlt er sich dann noch hilfloser und rastet nur noch schneller aus. Oder lieber wieder an die Arbeit gehen, zu ihrer Katze, die da draußen auf dem dürren Rasen auf sie wartet? Allerdings würde Craig auch das mit Sicherheit als Verrat empfinden, zumindest jedoch als erneuten Beweis dafür, dass er als Kopfarbeiter benachteiligt ist, während sie mit ihrer vorwiegend körperlichen Arbeit fein raus ist. Es ist nämlich so, dass er früher selbst körperlich viel aktiver war; am Anfang ihrer Beziehung erzählte er unglaublich lebhaft von seinen abenteuerlichen Reisen, vom Wandern, Klettern, Schwimmen, Paddeln im Dschungel, schilderte in leuchtenden Farben, wie er sich mit der Machete durchs Dickicht kämpfte, sich abends eine Hütte baute, ein Zelt aufschlug oder eine Hängematte aufhängte; er beschrieb ausführlich, wo er überall schon gewesen war und was er alles in Kauf hatte nehmen müssen, um die exotischsten Dinge zu sehen, zu hören, zu betasten, zu beschnuppern und zu schmecken. Dabei hatte sie seine Fähigkeit, sich auf die unterschiedlichsten geographischen und klimatischen Bedingungen einzustellen, genauso begeistert wie seine Fähigkeit zur Beschreibung, Analyse und Aufarbeitung. Ein unerschrockener Wissenschaftler und Abenteurer, der vor nichts Angst hatte, ein pragmatischer

Gelehrter, der sich für alles interessierte, das fand sie damals einfach umwerfend. Doch gerade in der Phase, als sie sich kennenlernten, verlagerte sich sein Arbeitsschwerpunkt, und das Verhältnis von aktiver Feldforschung und theoretischer Aufarbeitung veränderte sich grundlegend; in kürzester Zeit war er so sehr mit seiner akademischen Arbeit, seinen Büchern und der Fernsehsendung beschäftigt, dass für die versprochenen Abenteuer überhaupt kein Platz mehr blieb. Trotzdem ist sie jetzt, wo sie ihn so gut kennt, davon überzeugt, dass er selbst bei der riskantesten Expedition eisern an seinem krankhaften Kontrollwahn festgehalten und nichts dem Zufall überlassen hatte. Selbst bei den Yora im peruanischen Amazonas, den Pacahuara-Indianern in Bolivien oder den Biami in Papua-Neuguinea hatte er sich garantiert nie auf seinen Instinkt verlassen, war nie seinen spontanen Eingebungen gefolgt. Inzwischen weiß sie, wie er tickt: Sein Gehirn jagt jedes Ereignis durch einen superrationalen Kreislauf, wie ein Pilot, der noch beim Flug über das wildeste Gelände immer seine Instrumente im Auge behält und nie die Kontrolle verliert. Aber hätte es etwas geändert, wenn sie das von Anfang an durchschaut hätte und sich nicht durch die vielversprechenden, exotisch anmutenden Töne, Formen, Farben hätte blenden lassen? Wahrscheinlich nicht. Vermutlich ist sie sogar selber schuld, denn sie war es, die seine Worte mit Phantasien aufgeladen hat, seine Beschreibungen mit Gefühlen. Allerdings hat er auch von sich aus keinen Versuch unternommen, ihre Illusionen platzen zu lassen; bestimmt hat es ihm sogar ausnehmend gut gefallen, ihren Illusionen Vorschub zu leisten, an Stoff hat es ihm ja nie gemangelt.

»Mara?« Von draußen kommt eine Frauenstimme, die das allgemeine Getöse übertönt.

»Wer ist das denn schon wieder?« Genervt fuchtelt Craig herum und humpelt unwillig durch das vollgestellte Zimmer.

Mara gibt sich Mühe, sich nicht auch noch für diese Störung verantwortlich zu fühlen, und geht zur Tür, um aufzumachen.

Davor steht Launa, in der Hand einen Korb mit Eiern ihrer Hühner. »Heute früh gelegt.« Obwohl ihr Rücken durch Arthrose und Alter inzwischen ziemlich krumm ist, hat sie doch einen offenen, wachen Blick.

Mara nimmt ihr den Korb ab und umarmt sie vorsichtig. Sie ist unglaublich erleichtert: Die innere Anspannung lässt nach. Schrecklich, was mit einer Frau und einem Mann in so einer Schachtel passieren kann, auch wenn die Schachtel keinen Deckel mehr hat. Absurd.

»Werdet ihr nicht verrückt bei diesem Höllenlärm?« Launa deutet nach oben, wo es weiter kracht und donnert.

»Ein bisschen schon.« Mara lacht und stellt den Eierkorb auf den Tisch.

»In Wahrheit, Signora Launa, sind wir kurz davor, *vollkommen* verrückt zu werden!« Craig humpelt zur Tür und umarmt sie auf seine spezielle Art, als würde er eine lästige Pflicht erfüllen, ein unverzichtbares Ritual, um die Eingeborenen nicht zu beleidigen. Mara hat ihm zwar oft genug versichert, er könne, wenn er keine Lust dazu habe, es auch genauso gut lassen und die Signora könne er sich erst recht sparen, aber er hört nicht auf sie, so als kenne er sich auch darin besser aus als sie.

»Und wieso bleibt ihr dann hier?« Launa mustert angewidert den Staub in der Luft.

»Weil uns nichts anderes übrig bleibt.« Craig zeigt auf sein rechtes Bein und spielt das arme Opfer. »Aber im Grunde ist es ja auch nur mein Problem. Mara macht der Krach gar nichts aus, sie setzt sich einfach die Kopfhörer auf und kann dann hier im Garten wunderbar arbeiten. Meißeln kann sie überall, sogar mitten im Bürgerkrieg.«

»Dann kommst du eben zu mir.« Launa deutet auf ihr Haus.

»Im Ernst?« Mara Abbiati ist von dem überraschenden Angebot so gerührt, dass ihr die Tränen kommen, sie wischt sie mit dem Handrücken weg. Auch sie ist ziemlich gestresst, die Nerven liegen blank. Dabei sieht das Launa gar nicht ähnlich, sie ist doch sonst eher zurückhaltend und steht mit Craig auch nicht gerade auf vertrautem Fuß; dieses Angebot kommt wirklich überraschend.

Craig macht dagegen ein Gesicht, als wollte man ihm jetzt auch noch den letzten Rest Privatsphäre rauben. »Vielen Dank, aber ich kann genauso gut hier arbeiten.«

Von oben kommt eine neue Salve. *Ska-ta-bam-stam! stok! stok! stok! skata-ka-ta-stannk!*, wie um die Glaubwürdigkeit seiner Worte zu erschüttern.

»Jetzt zier dich mal nicht so, Krek.« Launa lässt sich nicht blenden.

»Tue ich doch gar nicht.« Craig versucht ein Grinsen, schafft es aber nicht. Anfangs hat es ihn köstlich amüsiert, wenn die Leute aus Canciale ihn »Krek« nannten, jetzt nicht mehr. Ehrlich gesagt, findet er mittlerweile *überhaupt nichts* mehr witzig, wenn sie hier sind, wenn sie *zusammen* sind. Als hätte sich sein Humor durch das gemeinsame Leben abgenutzt und käme nur noch gelegentlich zum Vorschein, wie bei einer Lampe mit Wackelkontakt, die nur noch leuchtet, wenn man sie schief hält.

Mara Abbiati fragt sich, woran das wohl liegt: an ihr, an ihm, an beiden? Ob man das noch reparieren kann, oder ist das endgültig? Als sie sich kennenlernten, war die Tatsache, dass Craig neben all seinen Fähigkeiten auch noch witzig war, für sie wie ein Geschenk des Himmels, nach all den Jahren mit dem chronisch depressiven Marco. Wieso, fragt sie sich, ist ihr diese Veränderung eigentlich entgangen, oder hat sie es doch gemerkt und einfach ignoriert? Monate-, ja jahrelang: praktisch bis zu seinem Sturz vor ein paar Tagen. Wieso hat sie nicht versucht, mit ihm darüber zu reden? Was hat diesen Automatismus zunehmender Gewöhnung bei ihr ausgelöst, und wann hat das angefangen? Zumal sein Sinn für Humor bei allen anderen offenbar nach wie vor bestens funktioniert, will man den Kommentaren in den sozialen Netzwerken glauben. Kann es sein, dass er sich bei allen anderen aufgekratzt gibt, weil er bei ihr den Langweiler spielt? Will er sich rächen? Aber wofür? Dafür, was sie ist oder nicht ist? Dass sie zu hohe Ansprüche stellt? Dass sie zu anstrengend ist, wie er mehr als ein Mal behauptet hat, um sogleich abwiegelnd hinzuzufügen, das sei nur ein Scherz?

Launa jedenfalls lässt sich so leicht nicht abwimmeln, und schon gar nicht bei einem Angebot, das ihr bestimmt nicht leichtgefallen ist: zu allem entschlossen, steht sie vor ihm und zeigt auf seinen Laptop, der auf dem Sofa liegt: »Wenn du noch länger hier bleibst, wird auch Mara ganz verrückt. Du nimmst jetzt das Ding da und kommst mit zu mir.«

»Tausend Dank, aber das ist wirklich nicht nötig.« Noch sträubt sich Craig, obwohl klar ist, dass er das Angebot nicht ablehnen kann, ihm bleibt gar nichts anderes übrig.

»Du kannst dich in Tinos Zimmer setzen, da steht ein Tisch und alles, was du brauchst. Da hast du deine Ruhe, keiner stört dich.« Launa wird langsam ungeduldig, zeigt wieder auf den Mac.

»Aber ich kann doch nicht einfach dein Haus belagern.« Hilfesuchend schaut Craig zu Mara, es ist ihm sichtlich unangenehm, dass Launa ihm das Zimmer ihres Sohnes anbietet: Doch je länger er nachdenkt, desto mehr ist er versucht, das Angebot anzunehmen, das sieht man.

Ska-ta-ska-ta-ta-ta-bam! Vrrrrammmmmvrrrroumm! Skop-stok-krrro-stok! Vrrrrrrrrrrrambrrrrrrrammm! Der Krach des Vorschlaghammers mischt sich mit dem des Presslufthammers, die Staubwolken werden immer dichter.

»Los jetzt, komm schon«, kommandiert Launa ungehalten. »Krek.«

»Geh nur.« Um ihn zu ermuntern, reicht Mara ihm den Mac und holt auch noch das Netzteil.

»Und was machst du?« Craig zieht ein Gesicht, als würde die Frage größer und größer werden: Was hast du jetzt vor, mit mir, mit dir, heute, morgen, im Leben?

»Mit Musik kann ich draußen sehr gut arbeiten.« Sie lächelt tapfer, auch wenn sich ihre Begeisterung in Grenzen hält und es ganz und gar nicht sicher ist, dass sie da draußen überhaupt etwas zustande bringt. Gestern zum Beispiel war ein totaler Flop.

Vrrraummmbrrrrammm! Vrrrgrrrouammskrrrammm!
Der Presslufthammer wütet weiter.

Craig hustet, während er auch noch seinen Notizblock vom Sofa holt.

Mit einer entschiedenen Geste geleitet Launa ihn zur Tür, schiebt ihn regelrecht nach draußen. Er dreht sich noch einmal um und wirft einen Blick zurück ins Haus: unglaublich verbiestert, ohne jede Spur von Ironie.

Mara Abbiati winkt den beiden hinterher und schließt die Tür. Wie ist es bloß möglich, fragt sie sich erneut, dass sie so lange überhaupt nicht bemerkt hat, wie ihr Mann zunehmend seinen Humor verlor, zusammen mit tausend anderen Dingen?

Dreizehn

Brav geht Craig Nolan hinter Signora Launa her, durch das Metalltor, durch den Gemüsegarten, wo diverse Tomatensorten rot leuchten und Kürbisse und Zucchini gelbe und grüne Farbtupfer in die Beete zaubern. Die Signora öffnet die Haustür und winkt ihn ungeduldig herein: Schlagartig treten sie aus dem gleißenden Licht in den Halbschatten, aus der Hitze in die feuchte Kühle, aus dem Höllenlärm in eine Stille mit fernen Hintergrundgeräuschen, aus dem aufdringlichen Geruch nach Bauschutt in einen schwachen Duft nach Schimmel, Gemüsesuppe und Kernseife.

Craig ist beeindruckt, denn in den sieben Jahren, die er nun mit Mara nach Canciale kommt, hätte er sich nie träumen lassen, jemals einen Fuß in eins der Nachbarhäuser zu setzen. Hätte man ihn nach der hervorstechenden Eigenschaft der Cancialesen befragt, hätte er noch bis vor zehn Minuten ihre Distanziertheit genannt, die sie einerseits dazu veranlasst, keinen in ihr Haus zu lassen, andererseits aber auch davon abhält, das Haus der anderen zu betreten. Tatsächlich stellt die Einladung von Signora Launa etliches von dem in Frage, was er sich im Laufe der Zeit über das Verhalten dieser Leute zurechtgelegt hat. Ist es etwa sein Zustand als Halbinvalider, in den er (buchstäblich) gestürzt ist, der diese spontane Hilfsbereitschaft auslöst? Auch in weniger entwickelten Sozialstrukturen trifft man nicht selten auf ein derartiges Verhaltensmuster: Zum Beispiel hat er selbst bei dem Stamm der Bukusu in Kenia beobachtet, dass Kranke oder Verletzte bis zur Genesung oder zum Tod in der eigenen Hütte gepflegt werden. Klar, aufgrund ihrer agropastoralen *Forma mentis* sind die Cancialesen dazu prädestiniert, dennoch wundert es ihn, dass sie ihn und Mara tatsächlich wie Stammesmitglieder behandeln. Wenn das stimmt, ist das aber eher Maras Verdienst: Sie pflegt freundschaftliche Beziehungen zu allen, ist immer freundlich und großzügig. Wieso ist er ihr dafür nicht einfach dankbar? Weshalb pflegt er stattdessen seine Ressentiments, gemischt mit Schuldgefühlen?

»Komm.« Signora Launa lotst ihn durch die Diele, vorbei an einer hässlichen Truhe, darüber ein Spiegel, in dessen Rahmen verschiedene Postkarten stecken, darunter auch einige von Mara (auch er hat sie unterschrieben, aber nur, weil sie ihn jedes Mal dazu nötigte). An der Haustür hat er (auf Maras Drängen hin) im Laufe der Jahre zwar schon mehrfach gestanden, entweder um nach elfmonatiger Abwesenheit bei der Ankunft guten Tag zu sagen oder um sich nach zwei, drei Wochen Sommerurlaub vor der Abreise wieder zu verabschieden, doch die Schwelle hat er noch nie übertreten: So weit hat er sich nicht getraut.

Jetzt hingegen geht Signora Launa mit resolutem Schritt den Flur entlang, öffnet eine Zimmertür, geht ans Fenster und stößt die Fensterläden auf. Das Zimmer ist ziemlich klein (was hat er denn erwartet?), mit einem schmalen Bett, einem Schrank und einem Tisch an der Wand. Wie in der

Diele riecht es auch hier ein bisschen muffig, doch sämtliche Oberflächen sind blitzsauber, nichts liegt herum, alles ist akkurat aufgeräumt.

»So, hier kannst du dich niederlassen.« Signora Launa zeigt auf den Tisch und gibt ihm zu verstehen, dass er dort seinen Computer und den Block ablegen kann. Ihr Sohn Tino lebt seit zwanzig Jahren mit seiner Familie in London, wo er in Stoke Newington ein kleines Restaurant betreibt; Mara hat ihn dort schon mehrfach besucht und offenbar ausgezeichnet gegessen (ihn mitzuschleppen ist ihr jedoch nicht gelungen).

Instinktiv macht Craig Nolan eine halbe Verbeugung, was eher zu geographisch und kulturell weit entfernten Orten gepasst hätte; eine Fehlleistung, die er sofort bemerkt und durch etwas Passenderes zu ersetzen versucht. »Danke, aber das war wirklich nicht nötig.«

»Schluss jetzt.« Der Impuls, einem verletzten Stammesmitglied zu helfen, schwächt die charakteristische Schroffheit der Signora nicht ab. Sie weist auf den halbdunklen, mit schwarzweißem Terrazzo gefliesten Flur. »Ich gehe jetzt rüber, ich habe zu tun.«

»Natürlich. Danke noch mal.« Craig Nolan versucht, bei seinen Dankbarkeitsbezeugungen nicht allzu dick aufzutragen, was ihm, ehrlich gesagt, nicht schwerfällt. Denn eigentlich ist er noch gar nicht so sicher, ob er es überhaupt gut finden soll, dass er jetzt hier ist, unter der Fuchtel einer höflichen, aber etwas barschen älteren Nachbarin, mit der er in sieben Jahren keine einzige ernstzunehmende Unterhaltung geführt hat, während seine Frau da draußen mit dem Schuttgewitter kämpft und physischen Mut, persönliche Autonomie und künstlerische Kreativität unter Beweis stellt. Craig mustert die Möbel, die blaue Bettdecke mit den gelben Fischen, die Nachttischlampe mit einem Glasschirm in Petunienform: Seit der Jugend ihres Sohnes hat die Signora hier nichts verändert, obwohl er doch aus Italien weggegangen ist und sie nur selten zu Weihnachten einmal besucht.

Craig setzt sich an den Tisch, schaltet den Computer ein und öffnet ein Word-Dokument, in dem er vorhin bei dem Höllenlärm vergeblich versucht hat, ein paar Gedanken zu formulieren. Anfänglich muss er sich tierisch anstrengen, um den Gedankenfluss zu reaktivieren, doch nach fünf, sechs Minuten hat er das Gefühl, es könnte klappen; als es ihm dann schrittweise gelingt, seine Gedanken zu ordnen, ändert sich allmählich auch seine Laune. Plötzlich empfindet er es als bemerkenswerte Errungenschaft, dass er Zutritt zu einem Zimmer hat, das für jeden Touristen absolut *off limits* ist, für einen Ausländer sowieso. Dafür hätte er in anderen Breitengraden wesentlich mehr Aufwand betreiben müssen, endloses Palaver, symbolische Gesten, nicht unerhebliche sprachliche Anstrengungen: Unter anderen Umständen hätte er das garantiert als großen Erfolg verbucht, warum also sollte er es nicht würdigen? Und was das Schreiben betrifft, das hat er auch schon unter weit widrigeren und gefährlicheren Bedingungen geschafft, mit durchaus beachtlichen Ergebnissen. Sich über die aktuelle Lage zu beschweren wäre da wirklich mehr als lächerlich: Im Grunde genügt ein x-beliebiger Raum, um Ideen zu skizzieren, die man dann später nach der Rückkehr in die Zivilisation weiter ausformuliert. Unter schwierigen Bedingungen zu arbeiten wirkt sogar stimulierend auf den Geist, das hat er schon oft genug erlebt: Anpassungsfähigkeit ist ein Kennzeichen von Intelligenz und ein entscheidender Faktor für das Überleben des *Homo sapiens* in den letzten zweihunderttausend Jahren.

War es nicht Charles Darwin, der geschrieben hat: »In der Geschichte der Menschheit (und auch der Tierwelt) haben sich immer die Individuen durchgesetzt, die am besten improvisieren konnten«?

Ja genau; daran besteht kein Zweifel.

Vierzehn

Ivo Zanovelli beobachtet die Arbeiter auf dem Dach. Tüchtig sind sie ja, können richtig ranklotzen. Nur allein lassen darf man sie nicht, muss ihnen immerzu alles haarklein erklären. Und sie möglichst schnell bezahlen, in bar, natürlich. Doch sobald man sie aus den Augen lässt, treten sie sich schnell gegenseitig auf die Füße oder stellen irgendeinen Blödsinn an. Dann kann es passieren, dass sie mit roher Gewalt vorgehen, um schneller fertig zu werden. Anstatt die alten Balken erst sauber abzusägen, reißen sie sie womöglich mit Gewalt heraus und ruinieren dadurch die Außenwände. Nur als Beispiel. Oder sie kriegen sich plötzlich wegen irgendeiner blöden Kleinigkeit in die Haare. Da reicht es mitunter schon, wenn einer dem anderen ein Werkzeug wegnimmt, mit dem der gerade arbeitet, oder einer den anderen an einer engen Stelle anrempelt. Oder einer macht einen dummen Spruch über das Land oder die Familie des anderen, und schon würde der ihn am liebsten umbringen. Alles eine Frage der Mentalität, immerhin haben ihre Heimatländer ja bis vor kurzem tatsächlich Krieg gegeneinander geführt. Serben gegen Mazedonier gegen Kroaten gegen Montenegriner, über Generationen ging das so. Das ist ihnen in Fleisch und Blut übergegangen. Dann wieder werden sie sentimental, sind manchmal richtig gerührt. Abends zum Beispiel, wenn sie getrunken haben und von zu Hause oder ihren Kindern erzählen, sieht man plötzlich, dass sie Tränen in den Augen haben. So sind sie eben, unberechenbar. Es ist auch schon vorgekommen, dass einer nach Abschluss eines Auftrags sein Geld nahm, von der Bildfläche verschwand und nie wiedergesehen wurde. Heute hier, morgen da. Aber italienische Bauarbeiter, wo soll man die heutzutage denn hernehmen? Vor allem wenn man dauernd weiterzieht und die Aufträge innerhalb weniger Tage erledigen muss.

Der Einzige, auf den er sich verlassen kann, ist Djurd. Der weiß, was Loyalität ist, und zeigt sich erkenntlich, seit Ivo die Operation seiner Tochter bezahlt hat, die mit einem Herzfehler zur Welt gekommen war. Was hätte er sonst tun sollen, etwa die Hilfe verweigern? Hätte er vielleicht tatenlos mit ansehen sollen, wie dieser Baum von einem Mann heulte wie ein Schlosshund, weil ihm das Geld fehlte, um seine fünfjährige Tochter zu retten? Da hat er doch lieber gleich das Geld für die Operation überwiesen und noch ein bisschen draufgelegt für die Frau, die ihre Arbeit verloren hatte, weil sie sich um das Kind kümmern musste. Und wiederhaben wollte er es natürlich auch nicht. Daraufhin hat Djurd feierlich geschworen, dass er für ihn durchs Feuer gehen würde, diese Leute glauben an so was. Djurd ist auch der Einzige, von dem die anderen sich mitunter etwas sagen lassen, vielleicht auch weil er doppelt so stark ist wie sie. Aber auch Djurd verliert manchmal bei Kleinigkeiten den Kopf und schlägt dann gleich so hart zu, dass der andere krankenhausreif ist. Das ist schon ein paarmal passiert, und es hat ewig gedauert, die Sache wieder in Ordnung zu bringen. Man fühlt sich ein wenig wie ein Raubtierdompteur im Zirkus, solange man den Augenkontakt hält und eine Peitsche hat, geht alles glatt. Eigentlich braucht er die Peitsche gar nicht, solange die Tiger nur wissen, dass er eine hat und sie bei Bedarf auch einsetzt. Er darf nur nicht vergessen, dass er es mit Tigern zu tun hat, denn sonst gute Nacht. Auch für anständiges Essen muss man sorgen, denn gibt man ihnen zu wenig, werden sie böse, gibt man ihnen zu viel, werden sie träge. Drei Hähnchen zum Mittagessen müssen es schon sein, davon eins allein für Djurd. Zum Trinken nur Limonade oder Wasser, auf keinen Fall Bier. Wenn sie erst mal anfangen, Alkohol zu trinken, gibt es kein Halten mehr. Bier deshalb nur abends und in Maßen, wenn sie am nächsten Morgen arbeiten sollen. Allgemein muss man dauernd hinter ihnen her sein und ihnen genaue Anweisungen geben, wann welches Werkzeug an die Reihe kommt.

Jetzt zum Beispiel steht Dragan oben an der Mauerkante und traktiert mit dem Presslufthammer die Balkenreste, obwohl kaum noch Holz vorhanden ist und er mit dem schweren Gerät womöglich mehr Schaden anrichtet als alles andere. Also muss Ivo Zanovelli sofort einschreiten und versuchen, ihn durch heftiges Gestikulieren und lautes Brüllen zu stoppen. Aber Dragan macht keine Anstalten aufzuhören, weil er wie auf Droge ist, berauscht von dem Gehämmer. Daher bleibt Ivo nichts anderes übrig, als den Kompressor abzuschalten. Als der TEX 12 PE ausgeht, sieht Dragan sich ungläubig um, weil er sich beim besten Willen nicht erklären kann, warum sein schönes Spielzeug plötzlich nicht mehr funktioniert. Ivo muss es ihm förmlich aus der Hand reißen und ihm zubrüllen, er solle gefälligst aufhören, er habe beinah das halbe Haus in Schutt und Asche gelegt. Vorsichtshalber nimmt er den Presslufthammer lieber mit, man kann nie wissen, es ist durchaus denkbar, dass dieser Schwachkopf einfach weitermacht, sobald er weg ist. Mit dem Presslufthammer muss man vorsichtig umgehen, der ist kein Ersatz für Handarbeit. Mit ihm geht es zwar schneller, gut und schön, aber die Arbeit muss fachgerecht ausgeführt werden.

Mit dem Presslufthammer auf der Schulter klettert Ivo Zanovelli vom Dach über die Oliventerrasse bis nach unten auf den Rasen. Lieber zurück auf den Lastwagen mit dem Ding, denn hier wird er nicht mehr gebraucht.

Unten im Garten steht Mara, die Hausherrin, und arbeitet mit Fäustel und Meißel an ihrem Tuffsteinblock. Mit Latzhose und Kopftuch, Motorradbrille, Mundschutz und Kopfhörern sieht sie nicht gerade aus wie der Inbegriff des Weiblichen. Aber sie hat Biss, und Schwung. Und auch Kraft. Beherzt schlägt sie mit dem Hammer zu, so kraftvoll, wie man es von einer Frau nicht erwarten würde. Entschlossen rückt sie dem Stein zu Leibe, so dass Steinsplitter und Staub nur so durch die Luft spritzen. Aggressiv attackiert sie den Block, erklärt ihm geradezu den Krieg, um die Katze daraus zu befreien. Doch unter der Latzhose verbergen sich üppige Kurven. Sie hat eine gute Figur, ist keine dieser Bohnenstangen aus der Stadt, die nur Haut und Knochen sind. Auch ihr Lächeln ist bemerkenswert, wenn sie denn mal lächelt. Kein Vergleich mit ihrem Mann, dem englischen Professor, der einen mit zusammengekniffenen Lippen anstarrt, um klarzumachen, dass er einen für den typisch italienischen Gauner hält. Dieser Unterschied, dieser starke Kontrast ist ihm gleich aufgefallen, als er zum ersten Mal hier war, um über den Auftrag zu reden.

Mit dem Presslufthammer auf der Schulter geht er dicht an ihr vorbei und winkt ihr zur Begrüßung mit der linken Hand zu.

Sie schreckt hoch, weil sie ihn nicht hat kommen sehen, und hört schlagartig auf zu hämmern. Sie sieht wirklich nicht schlecht aus, selbst mit dem Kopftuch und den hochgebundenen Haaren. Man sieht ihren Hals, lang, aber kräftig, ein schöner Hals. Nicht so ein dünner Giraffenhals, sondern fest verbunden mit Schultern und Rücken. Auch sie ist verschwitzt, das kommt von der Arbeit in der prallen Sonne. Das weiße T-Shirt unter der Latzhose ist klatschnass. Hinter der Schutzbrille sind die Augen kaum zu sehen, aber auch sie sind schön. Haselnussbraun, ein warmer Blick. Eine hübsche verschwitzte Frau, energiegeladen. Sie keucht vor Anstrengung, die Brust hebt und senkt sich. Voller Staub ist sie auch. Eine natürliche Frau, so was sieht man nicht oft. Die meisten sind aufgemotzt, manieriert. Sie kopieren irgendeine Berühmtheit, die sie im Fernsehen oder im Internet gesehen haben, und wissen selbst nicht, wer sie sind.

»Lass dich nicht stören!« Mit einer Geste gibt er ihr zu verstehen, dass sie weitermachen soll.

Sie nimmt die Kopfhörer raus und zieht die Maske runter. Sie hat einen schönen Mund, schöne Wangenknochen. »Was ist?«

»Nichts!« Er brüllt, obwohl es bei abgeschaltetem Kompressor gar nicht mehr nötig ist. Eigentlich will er schon weitergehen, wirft dann aber doch noch einen Blick auf den Tuffsteinblock. Vielleicht wäre sie ja lieber ungestört, schließlich ist das hier keine simple Maurerarbeit, aber woher soll man das wissen? Um besser zu sehen, schiebt er die Sonnenbrille nach oben. Gar nicht übel, diese Katze, auch wenn bisher nur die Schnauze und ein Ohr zu erkennen sind. Der Rest versteckt sich noch im Stein, ist nur in Ansätzen zu sehen. Aber die Figur ist schon jetzt ausdrucksstark, kein gewöhnliches Hauskätzchen. Die natürliche Katzenhaltung ist unverkennbar, auch der Blick. Diese Katze ist auf dem Sprung. Eine echte Wildkatze, eine, die sich nicht ohne weiteres streicheln lässt, da muss man vorsichtig sein.

Jetzt schiebt auch Mara die völlig verstaubte Motorradbrille auf die Stirn. Fragend sieht sie ihn an. Vielleicht auch um herauszufinden, ob ihm die Katze gefällt. Sie sagt zwar nichts, aber man sieht die Neugier in ihren Augen.

»Ein Schmusekater ist das aber nicht.« Das kommt ein bisschen schroff rüber, weil er keine Zeit hatte, nach den richtigen Worten zu suchen. Vielleicht hätte er lieber die technische Ausführung kommentieren sollen, das hätte sie sicher mehr interessiert.

»Wie meinst du das?« Angriffslustig steht sie da.

»Technisch gut gemacht, aber ganz schön aufsässig, der Kater.« Er fängt an zu erklären, obwohl ihm das normalerweise gar nicht liegt, kein bisschen.

»Das ist kein Kater.« Sie sieht ihn provozierend an.

»Sondern?« Ivo Zanovelli verspürt ein inneres Beben, ausgelöst durch ihre Nähe, als ginge von ihr eine Gefahr aus.

»Eine Katze.« Sie atmet immer noch heftig, wegen der Anstrengung und der Hitze.

»Ach ja?« Er braucht einen Moment, aber die Idee gefällt ihm. Eine starke Frau meißelt eine starke Katze. Eine Sache unter Frauen, nicht schlecht.

»Ja.« Sie nickt.

»Sie sieht aus, als würde sie einen gleich anspringen und kratzen.« Noch so eine überflüssige Erklärung, vor allem für sie, wo sie doch die Bildhauerin ist. Mit der freien Hand deutet er auf die Skulptur, was genauso überflüssig ist. Ihre Technik ist wirklich gut, sie weiß, wie man den Meißel ansetzt. Keine Fehler, auch wenn es nur eine Rohbearbeitung ist. Sie versteht ihr Handwerk, ist keine von denen, die das als Hobby betreiben, weil sie zu viel Zeit haben und sich mit ihrem Mann langweilen.

Lachend zupft sie ihr Kopftuch zurecht. Carlo von der Bar oben im Dorf hat ihm erzählt, dass sie in England ziemlich erfolgreich ist. Sogar in Italien, sagte er, gebe es Leute, die ihre Katzen kaufen. Offenbar macht sie nur Katzen. Das ist anscheinend ihre Spezialität.

Eigentlich, denkt Ivo Zanovelli, müsste er jetzt weitermachen und Djurd den Presslufthammer bringen, aber er kann sich nicht losreißen. Irgendetwas hält ihn hier, auch wenn es keine großartige Unterhaltung ist. Er spürt dieses Prickeln, diese elektrisierende, magnetische Anziehungskraft zwischen Mann und Frau. Hier rumzustehen, mit einem zwölf Kilo schweren Presslufthammer samt aufgerolltem Kabel auf der Schulter, ist allerdings auch nicht gerade der Hit.

»Ich habe auch so einen.« Sie deutet auf den TEX 12 PE.

»Du hast einen Presslufthammer?« Bei dem Gedanken muss er lachen.

»Einen Meißelhammer.« Sie sieht sich den TEX an.

»Na ja, auf jeden Fall auch ein Presslufthammer.« Tatsächlich ist es bei dieser Größe gar nicht so dumm, das Gröbste mit einem Presslufthammer zu machen, es sei denn, man ist erpicht aufs Meißeln.

»Ja, aber er ist viel kleiner.« Dazu malt sie mit den Händen ein Bild in die Luft, trotz der Handschuhe eine anmutige Geste.

»Mit Kompressor und allem Drum und Dran?« Zu seiner Verblüffung spricht er plötzlich mit ihr wie mit einer Kollegin. Noch dazu einer ungemein betörenden Kollegin. Und erst die Stimme, warm und auch ein bisschen rauh wie die einer Bluessängerin. Die Kombination macht's.

»Klar. Aber der ist natürlich auch viel kleiner als deiner.« Mara deutet auf den Kompressor an der Steinmauer.

Als Ivo Zanovelli nun den schweren Presslufthammer absetzt, fühlt er sich erleichtert, fragt sich aber, warum er das eigentlich macht: Wieso schwänzelt er um die Kundin herum, anstatt zu arbeiten?

»Aber wer weiß, vielleicht käme ich mit dem hier auch zurecht.« Dabei deutet sie auf den TEX 12 PE im Gras.

»Nie im Leben, der taugt nicht für dein Kätzchen.« Dabei schweift sein Blick zu der angefangenen Figur, die mit einem Kätzchen nicht das Geringste zu tun hat. Dafür ist sie viel zu kraftvoll. »Kätzchen« hat er nur gesagt, um sie zu provozieren, damit die Spannung nicht nachlässt.

»Warum denn nicht?« Wieder sieht sie ihn angriffslustig an.

»Der ist viel zu schwer, den kannst du gar nicht halten.« Tatsächlich macht es ihm großen Spaß, sie zu reizen.

»Wer sagt das?« Sie gibt nicht nach, bleibt knallhart. »Vielleicht schaffe ich damit in zwanzig Minuten das Pensum von mehreren Tagen.«

»Willst du ihn mal ausprobieren?« Warum sagt er das, wo er ihr doch gerade erst entschieden davon abgeraten hat? Dabei ist das die reine Wahrheit, ein Presslufthammer taugt nicht für die Bildhauerei, überhaupt nicht. Und schon gar nicht für weichen Tuffstein. Aber er ist wie im Rausch, ganz versunken in dieses Spiel sinnlicher Anziehung, dieses Spiel der Blicke, des Atems. Und dann diese Hitze, diese blendende Sonne, wie soll man da klar denken.

»Ja.« Obwohl sie sicher selbst Bedenken hat, lässt sie sich nichts anmerken und mimt die Entschlossene.

»Und wenn du die Skulptur dabei kaputtmachst?« Sie irgendwo am Rand des Blocks mal probieren lassen, das ginge vielleicht, irgendwo, wo man nicht viel Schaden anrichtet. Nur damit sie mal testen kann, wie es sich anfühlt, ohne gleich das ganze Kunstwerk zu gefährden.

»Werde ich nicht.« Die Gefahr besteht natürlich, das weiß sie genau, aber sie ist nun mal ein Dickschädel. Und sie liebt die Herausforderung.

»Na, dann schließe ich das Gerät mal an.« Das könnte lustig werden, so gut hat er sich schon lange nicht mehr amüsiert. Genau genommen, seit Jahren nicht mehr. Bei den Frauen, mit denen er sich sonst trifft, gibt es keine Überraschungen mehr, es ist immer dieselbe Leier. Ein Tauziehen, ein ewiges »Gibst du mir, geb ich dir«. Gekünstelt bis zum Abwinken. Dagegen ist die hier echt, unglaublich.

»Los.« Vor lauter Aufregung hat sie ganz rote Bäckchen. Sie wischt die Brille mit einem Handschuh ab, setzt den Mundschutz wieder auf. Vor lauter Ungeduld kann sie kaum stillstehen.

Ivo Zanovelli schaltet den Kompressor ein und schließt den Presslufthammer an. Der dient eigentlich zum Abreißen, nicht zum Meißeln. Und muss waagerecht gehalten werden, nicht schräg. Außerdem ist er für eine Frau ziemlich schwer. Aber wenn er aufpasst, kann eigentlich nicht viel passieren. »Ich habe aber keine Ohrenschützer!« Dragan benutzt sie nicht, weil er gern den Hartgesottenen gibt.

Sie zeigt ihm die Kopfhörer des MP3-Players, schiebt sie in die Ohren und dreht die Lautstärke auf. Dann versucht sie, ihm den Hammer aus der Hand zu nehmen, sie kann es kaum erwarten.

»Warte!« Er brüllt, auch wenn sie ihn bei dem Krach von Kompressor und Musik ohnehin nicht hört. Er hebt den Hammer hoch und setzt den Meißel auf eine Ecke des Blocks. Schlagzahl tausendsechshundertzwanzig pro Minute, Luftbedarf zwanzig Liter pro Sekunde. Schmaler Meißel, zweiundzwanzig mal zweiundachtzig Komma fünf Millimeter. Tuff ist weich, fliegt weg wie trockene Erde.

»Verstanden!« Sie streckt die Hände aus und lässt sich das Gerät geben. Während sie es zu zweit halten, setzt sie die Spitze an die angegebene Stelle.

Ein bisschen Skrupel, ihr den Hammer ganz zu überlassen, hat er schon, doch dann lässt er langsam los. Allerdings bleibt er direkt neben ihr stehen, so dass er sie fast berührt. Auch das genießt er, im ratternden, vibrierenden Lärm. Bei gut hundertfünf Dezibel spürt man das Hämmern bis in die Schläfen.

Anfangs hat sie sichtlich Mühe, das Ding zu halten, lernt aber schnell dazu, kräftige Arme hat sie ja. Sie ist hartnäckig und will auf keinen Fall aufgeben. Sie stemmt den Meißel in den Block und sprengt den Tuff weg. Der Stein löst sich in Staub auf, und man sieht, dass es ihr Spaß macht.

Er steht dicht neben ihr, um gegebenenfalls, sollte sie müde werden oder sich erschrecken, einzugreifen. Aber sie haut richtig rein. Bei dem geringsten Versuch vom ihm, das schwere Gerät abzustützen, rückt sie von ihm ab, sie will keine Hilfe. Ziemlich erstaunlich für eine Frau.

Je länger sie arbeitet, desto mehr kommt sie auf den Geschmack, traktiert den Block, als wollte sie ihn komplett demolieren. Wie eine Furie, die dem Tuff den Krieg erklärt hat. Genau derselbe Furor, der einen unversehens packt, wenn man ein Dach oder eine Mauer abreißt. Man spürt dann, wie einen die animalische Ungeduld erfasst, plötzlich hat man Bärenkräfte und will alles niedermachen. Sie ist jetzt voll in Rage, das sieht man ihr an.

»Hey, nicht so schnell!« Ivo Zanovelli schreit, obwohl er weiß, dass sie ihn nicht hören kann. Eigentlich hat er erwartet, dass sie nach ein paar Sekunden genug haben und ihm das Ding zurückgeben würde. Aber sie ist wie entfesselt, eine echte Naturgewalt. Damit hat er nicht gerechnet. Oder vielleicht doch, wenn er ehrlich ist. Irgendetwas ist da in ihrem Blick, in ihrer Art, sich zu bewegen. Wie besessen traktiert sie den Block, als wäre er ihr Feind. Inzwischen sehen auch die anderen zu, Dragan, Goran und Mako, ja sogar Djurd späht von oben herunter.

Vermutlich merkt sie gar nicht, dass alle sie beobachten, denn sie ist wie im Rausch. Mit dem ratternden Hammer stürzt sie sich auf den Steinblock wie ein Kamikazeflieger, Splitter, Steinbrocken und Staub spritzen nur so durch die Gegend. Und dabei schreit sie »Jaaah!« oder so etwas Ähnliches, genau verstehen kann man es nicht bei dem Krach. Sie ist wie in Ekstase, so etwas hat er bei einer Frau noch nie gesehen. Jedenfalls nicht in aller Öffentlichkeit und voll bekleidet. Sie hält das Gerät mit beiden Händen und geht völlig in dem Beben und Hämmern auf. Den Körper leicht nach vorne geneigt, um noch mehr Druck auszuüben. Über dem Kopf der Katze ist schon ein riesiges Loch, aber das reicht ihr noch immer nicht. Jetzt setzt sie weiter unten an, dicht über der Rückenlinie. Sie arbeitet mit aller Kraft und stößt weiter wilde Schreie aus. Schweiß strömt über ihr knallrotes Gesicht. Wie bei einer Furie eben.

Ivo macht sich erneut Sorgen, um die Skulptur und um sie. Bei mechanischen Werkzeugen muss man aufpassen, dass man nicht die Kontrolle verliert, das geht ganz schnell. Man muss das Werkzeug kontrollieren, nicht umgekehrt. Wenn das Werkzeug sich selbständig macht, ist man geliefert. Er tippt ihr auf die Schulter, damit sie aufhört oder wenigstens langsamer macht.

Aber sie macht kein bisschen langsamer, wird höchstens noch schneller. Waghalsig sprengt sie den Stein an den Flanken der Katze weg. Ohne den geringsten Sicherheitsabstand zu wahren, haut sie beinah Kerben in ihren Rücken.

»Hey, jetzt hör mal auf!« Er legt ihr die Hand auf den Arm, diesmal mit mehr Nachdruck.

Vielleicht wird sie dadurch abgelenkt oder aus dem

Gleichgewicht gebracht, jedenfalls verliert sie die Kontrolle. Sie rutscht nach vorne und nimmt dadurch einen falschen Winkel ein. Nur für einen Augenblick, aber schon ist es zu spät. Der Tuffsteinblock bricht auseinander. Einfach so, wie die zerbrechlichste Sache der Welt. In einer riesigen Staubwolke kracht ein Teil nach vorne, einer nach hinten. Der Block ist in der Mitte gespalten und damit auch die Katze.

Ivo Zanovelli schreit auf, aber der Schaden ist angerichtet.

Zum Glück hört sie schlagartig auf und lässt den TEX zu Boden fallen. Sollte man auch nicht machen, klar. Aber offensichtlich steht sie unter Schock. Fassungslos starrt sie auf die gespaltene Skulptur und prallt zurück. Ungläubig nimmt sie die Schutzbrille ab, um besser sehen zu können.

Ivo rennt los, um den Kompressor abzuschalten, und gibt seinen Männern durch Zeichen zu verstehen, dass sie weiterarbeiten und gefälligst aufhören sollen zu gaffen. Dieser Schwachkopf von Dragan grinst so breit, als wollte er sagen: »Siehst du, alles deine Schuld.« Doch als Ivo sich drohend mit der Hand über die Kehle fährt, verschwindet er umgehend.

Jetzt nimmt Mara auch die Maske ab und die Kopfhörer aus den Ohren. Sie ist so geschockt, dass sie vergisst, den MP3-Player auszumachen, aus den Kopfhörern dringt ein Bluessong von einer Elektrogitarre. Sie wirkt halb entsetzt, halb enttäuscht. Noch immer mit hochrotem Gesicht, noch immer keuchend. Wieder blickt sie auf die zwei Tuffsteinhälften, die mitten auf dem Schutthaufen liegen. Sie streift einen Handschuh ab, fährt sich mit der Hand über die Stirn.

Mit dem schmutzverschmierten Gesicht sieht sie aus wie eine Wilde, eine enttäuschte Wilde jedoch.

»Es tut mir leid.« Normalerweise sagt er das nie, weil es ihm sinnlos erscheint. Aber in diesem Fall tut es ihm wirklich leid.

Sie dreht sich zu ihm um. »Das ist deine Schuld, du hast mich aus dem Gleichgewicht gebracht.«

Zuerst will er entrüstet protestieren, kann sich aber gerade noch bremsen, weil er sich plötzlich blöd vorkommt. Sie hat ja recht, es ist eindeutig seine Schuld, weil er sie am Arm gepackt hat. Das abzustreiten wäre kindisch. Er sieht ihr in die Augen und nickt. »Das stimmt.«

»Es lief doch alles bestens, bevor du mich am Arm gepackt hast.« Sie wirkt eher enttäuscht als wütend, vielleicht weil ihre Stimmung so plötzlich gekippt ist, vom Rausch der Zerstörungswut in den deprimierenden Anblick der Trümmerstücke.

Ratlos sieht er sie an, weiß nicht, was er sagen soll. Klar, es war ihr Wunsch, aber er hätte auch genauso gut ablehnen können, eigentlich sogar ablehnen müssen, schließlich ist das Teil kein Spielzeug. Es mag ja sein, dass sie in England auch einen Meißelhammer hat, alles gut und schön, aber das Ding hier ist echt gefährlich, wenn man damit nicht umgehen kann. Das ist so, als würde man eine, die sonst nur Moped fährt, plötzlich auf eine Kawasaki Z 750 setzen, das musste ja schiefgehen. So ein Leichtsinn, und alles nur, um sie nicht zu enttäuschen, aber er konnte nicht anders. Nicht aus Höflichkeit, sondern weil ihn ihre körperliche Nähe völlig aus dem Konzept gebracht hat. Aber jetzt ist jede erotische Spannung verschwunden und die Enttäuschung groß. Da ist nur der deprimierende Anblick der Trümmer, sonst nichts.

Noch immer starrt sie unverwandt auf den zerstörten Block, wischt sich erneut mit der Hand über die schmutzverschmierte Stirn.

»Tuff ist einfach ein Scheißmaterial, das ist wie gepresster Sand.« Das sagt er nur, weil ihm nichts Besseres einfällt, aber im Grunde ist es pure Feigheit, dem Tuff die Schuld zu geben. Außerdem stimmt es gar nicht. Vor ein paar Jahren war er im Agro Nocerino, da wird noch immer fast alles aus Tuff gebaut. Den hat er damals aus einem Steinbruch in Fiano geholt, und kein Kunde hat sich je über mangelnde Solidität beschwert. Unten im Süden gibt es überall Ruinen antiker Städte, die voll und ganz aus Tuff gebaut wurden. Das würde er jetzt am liebsten sagen, vor allem um zu bekräftigen, dass ihre Tuffkatzen eine ganz eigene Würde ausstrahlen. Aber leider ist das jetzt auch kein großer Trost. Deshalb sagt er lieber gar nichts. Er hebt den TEX 12 PE auf und gibt ihr durch eine Handbewegung in Richtung Lastwagen zu verstehen, dass er ihn jetzt wegbringt.

Mara nickt, starrt aber immer noch auf die beiden Katzenhälften im Schutthaufen.

Als er mit Djurd zurückkommt, um den Kompressor zu holen, ist sie verschwunden, vermutlich ins Haus.

Fünfzehn

Mara Abbiati wäscht sich notgedrungen in der Küche, mit einem nassen Schwamm am Spülstein, denn oben im Bad bei offener Decke zu duschen kommt gar nicht in Frage: Das fehlte gerade noch, dass die Arbeiter, eben noch Zeugen ihres peinlichen Auftritts mit der zerstörten Skulptur, sie jetzt auch noch nackt sähen. Vielleicht liegt es ja an dem betäubenden Dröhnen in den Ohren, dass sie alles andere nur noch gedämpft wahrnimmt, aber es kommt ihr plötzlich so vor, als hätte der Lärm oben beträchtlich nachgelassen: nur noch ab und zu ein *stok! strak!* oder *sham!*, in ziemlich großen Abständen. Doch an der eigentlichen Situation ändert das überhaupt nichts. So was Blödes ist ihr selten passiert, vor allem aus einem derart banalen Grund. Ihre Hände und Arme zittern noch immer so stark, dass sie ihr kaum gehorchen, sie hat Mühe, den Schwamm auszudrücken. Wie ist sie bloß auf die Schnapsidee gekommen, einen Presslufthammer zum Meißeln zu benutzen? Aus Ungeduld? Aus Langeweile? Wegen der Hitze? Und was hat sie danach geritten? Nervosität? Eine Form von Exhibitionismus, weil sie wusste, dass die Arbeiter von oben zusahen? Wollte sie sich selbst etwas beweisen, oder Ivo? Wollte sie demonstrieren, wie knallhart sie ist, dass sie in dieser Männerdomäne durchaus mithalten kann? War es wirklich seine Schuld, weil er sie am Arm berührt hatte, oder hätte sie ein paar Sekunden oder Minuten später ohnehin alles zerstört? War es ungerecht von ihr, ihm die Schuld zu geben? Aber warum hat er sie dann auf sich genommen?

Nicht auszudenken, wenn Sarah, ihre Galeristin, davon Wind bekäme oder gar einer ihrer Sammler, dafür müsste sie sich noch Jahre in Grund und Boden schämen. Oder sollte sie das Ganze vielleicht als nette Anekdote verkaufen, wie einmal das künstlerische Genie mit ihr durchgegangen ist? Eine Menge Kollegen tun schließlich ständig so, als wären sie vom Furor getrieben und in kreativer Ekstase. Aber das ist alles Fake: Aus Mangel an echtem Talent oder auch nur einer halbwegs brauchbaren Idee spielen sie rund um die Uhr die Gequälten und Verfluchten. Mit fünfzigjähriger Verspätung kippen sie Farbtöpfe um, spritzen mit Farbe herum, zerschneiden, zerreißen oder versengen die Leinwände mit dem Bunsenbrenner oder verstümmeln sie mit dem Hammer; sie mimen den Primitiven, das Kind, das unverstandene Genie, das dann wundersamerweise doch Verständnis weckt. Oft genug kommen sie damit sogar durch: Fast immer findet sich irgendein Kritiker, der sie als Interpreten der unerträglichen Widersprüche der heutigen Welt hochjubelt, lange Artikel, ja ganze Aufsätze verfasst und ein Nichts zu einer hochkomplexen Sache voll tiefschürfender Botschaften aufbläst. So ein Getue fand sie schon immer abstoßend, geradezu widerlich. Sie verachtet die Tricks, die Lügen, das Wortgeklingel; sie vertraut auf die solide und von jedermann überprüfbare Substanz ihrer Werke, auf harte Arbeit und handwerkliches Können.

Das Debakel von vorhin wird ihr deshalb für immer peinlich sein.

Außerdem ärgert sie sich schwarz bei dem Gedanken daran, was Craig dazu sagen wird, wenn er die verhunzte Figur sieht: Seine ironischen Kommentare voll untergründiger Anspielungen kann sie sich nur allzu gut vorstellen. Wenn sie wenigstens alles wegschaffen und die Spuren des Desasters beseitigen könnte. Vielleicht kann sie Ivo bitten, die Tuffsteinbrocken mit dem Laster abzutransportieren; immerhin hat er ja die Schuld auf sich genommen. Aber stimmt das denn überhaupt, war es wirklich seine Schuld? Nein, war es nicht. Eigentlich hat er sie sogar ausdrücklich gewarnt, wollte ihr den Presslufthammer ursprünglich gar nicht geben, weil er seiner Meinung nach zum Meißeln völlig ungeeignet ist; nachgegeben hat er nur, weil sie darauf bestanden hat. Natürlich hätte er sich weigern können: Es war ja nicht so, als hätte sie ihm die Pistole auf die Brust gesetzt. Aber dann hat er doch ziemlich schnell eingelenkt, ein bisschen zu schnell vielleicht. Fand er es womöglich amüsant, sie ins offene Messer laufen zu lassen? War er vielleicht ein kleiner Sadist, ein Chauvi? Wollte er sie nur auf die Probe stellen, um sie zu demütigen? Womöglich macht er sich gerade mit seinen Kumpanen über sie lustig, kichert über die Hausherrin, die sich als Bildhauerin ausgibt, aber kein bisschen technische Kompetenz besitzt. Als das Desaster passierte, schien es ihm leidzutun, aber womöglich war sein Bedauern nur Fassade, während er in Wahrheit ihre Blamage genoss. Aber das ändert leider nichts daran, dass sie sich unglaublich blöd angestellt hat. Nicht das Geringste.

Was um Himmels willen war bloß in sie gefahren? So

etwas hat sie noch nie erlebt: diese blinde Zerstörungswut, die in ihr hochkochte, bis sie ganz von Sinnen war und keinen klaren Gedanken mehr fassen konnte. Angestrengt überlegt sie, ob ihr etwas Ähnliches früher schon einmal widerfahren ist, aber ihr fällt nichts ein. Sicher, der ein oder andere handfeste Krach mit einem Liebhaber über prinzipielle Fragen; ein paar Situationen mit leidenschaftlichem Sex, nachträglich ein bisschen peinlich; ein paar schwere Besäufnisse; als sie von Craigs Affäre erfuhr, hat sie mit Tellern und Gläsern nach ihm geworfen. Aber für all das gab es immer einen konkreten Grund, der aus dem jeweiligen Zusammenhang heraus nachvollziehbar war: ein kurzes Aussetzen der Vernunft aus gegebenem Anlass. Aber vorhin, das grenzte an Wahnsinn, ein Wutausbruch ohne jeden erkennbaren Grund, so heftig, dass sie dem nichts entgegenzusetzen hatte. Am erschreckendsten daran war aber die Lust, die sie erfasste, als sich die Vibration des Presslufthammers erst auf die Arme, dann auf den ganzen Körper übertrug: ein überwältigendes Gefühl von Grenzenlosigkeit und Uneingeschränktheit, von Exzess. Zugegeben, ein Quentchen Aggression ist immer im Spiel, wenn sie an ihren Skulpturen meißelt, die gehört einfach dazu und ist Teil des Kampfes mit dem Material, ist unverzichtbar, um die Bewegungen zu steuern und den eigenen Willen durchzusetzen; aber die Wut vorhin war tausendmal stärker, saß tausendmal tiefer.

Als sie mit dem Schwamm unter die Achseln und zwischen die Beine fährt, zittern ihre Hände wie die einer alten Frau; anschließend wäscht sie sich noch einmal das Gesicht. Während das Wasser läuft, hört sie ein *tok-tok-tok*, das sich von den Geräuschen auf dem Dach unterscheidet. Rasch huscht sie zum Sofa, holt Slip, T-Shirt und den dünnen Rock und zieht sich an, so schnell sie kann.

»Mara?« Das ist eindeutig Ivos Stimme. Das hört man auch schon an der penetranten Art zu klopfen.

Eigentlich will sie jetzt nichts hören, weder tröstende Worte, war doch sowieso gelogen, noch technische Erklärungen dafür, warum genau der Tuffsteinblock nun auseinandergebrochen ist. Sie überlegt kurz, ob sie einfach nicht aufmachen soll, sie könnte ans Fenster gehen und ihm sagen, er solle sie in Ruhe lassen.

»Mara?« Da steht er und denkt nicht daran, wieder zu verschwinden.

Also geht sie zur Tür, um ihm mitzuteilen, die Sache mit der Skulptur sei für sie erledigt, es sei ihr egal. Sie habe nur kurz daran gearbeitet, von Anfang an Zweifel an der Haltung der Katze gehabt, vor allem des Kopfes; ein misslungener Versuch, mehr nicht.

Aber Ivo macht nicht gerade den Eindruck, als wäre er gekommen, um sein Mitgefühl auszudrücken. Die Augen hinter der verspiegelten Sonnenbrille versteckt, steht er provozierend breitbeinig da.

»Hast du die viertausendfünfhundert Euro für die erste Rate?«

Sie taumelt zurück, als hätte sie einen heftigen Stoß mitten auf die Brust bekommen. Ein bisschen mehr Mitgefühl hätte sie schon erwartet: eine Bemerkung, ein Lächeln, irgendwas. Sie wollte es kurz machen, klar, aber hier auftauchen und nur das Geld verlangen, damit hat sie nun wirklich nicht gerechnet; und dann noch in diesem Ton.

»Die Hälfte am ersten Arbeitstag, das haben wir doch so vereinbart, nicht wahr? Heute ist schon der zweite.« Eiskalt, nur Fakten. Keine Spur von menschlichem Mitgefühl für die leidende Künstlerin, für die sensible Frau, die gerade etwas Schlimmes erlebt hat.

»Ja. Sicher.« Die Sache ist ihr doppelt peinlich: zum einen wegen ihrer Erwartungshaltung, für die es überhaupt keinen Grund gab, zum anderen, weil sie ihrer Zusage nicht nachgekommen ist. In ihren Augen gibt es nichts Schlimmeres auf der Welt, als seine Versprechen nicht zu halten; wenn andere das machten, war sie gewöhnlich maßlos enttäuscht; das widersprach ihrem Gerechtigkeitsgefühl und ihrem Loyalitätssinn.

»Na ja, ich frage nur, weil ich schließlich das Material bezahlen und den Arbeitern einen Vorschuss geben muss.« Obwohl er sieht, wie peinlich es ihr ist, ändert Ivo nicht den Tonfall.

»Du hast absolut recht.« Wenn es einen Ausdruck gibt, den sie zutiefst verabscheut, dann ist es »absolut«. Dass sie ihn jetzt trotzdem benutzt, ist ein Indiz dafür, wie sie sich gerade fühlt. Carlo von der Bar im Dorf zieht sie immer damit auf, dass sie nicht einmal die eins zwanzig für einen Cappuccino schuldig bleiben will; von so einer Summe ganz zu schweigen. Jetzt ärgert sie sich, dass sie auf Craigs Einwände gehört hat, sie hätte gleich heute früh nach Sarzana fahren und das Geld abheben sollen, ohne ihm etwas davon zu sagen. Es ist schließlich ihr Geld, das sie selbst verdient hat. »Ich stelle dir sofort einen Scheck aus.«

»Wie einen Scheck?« Ivo wird noch härter. »Wir haben doch gesagt, in bar.«

»Ach ja, stimmt.« Sie schämt sich, weil sie jetzt bestimmt so knallrot geworden ist, dass man es sogar durch die Bräune sieht, und ist so verlegen, dass sie nicht mehr weiß, wo sie hingucken soll. »Ich hab's nur noch nicht zur Bank geschafft. Aber ich nehme gleich den nächsten Bus.«

»Wo ist denn deine Bank?« Ivo stützt sich mit einer Hand an den Türsturz.

»In Sarzana. Ich fahre schnell hin und bin sofort zurück.« Sie will die Tasche von der Garderobe nehmen, ist aber so irritiert, dass sie sich in Craigs Jacke verheddert.

»Ich fahre dich nach Sarzana.«

»Nein, nicht nötig, ich nehme den Bus und komme sofort zurück.« Hektisch befreit sie sich von der Jacke, nimmt die Tasche und zieht die Sandalen an.

»Ich fahre dich. Das geht viel schneller.« Das sagt er nicht aus Freundlichkeit, sondern nur, um nicht noch mehr Zeit zu verlieren.

Mara Abbiati folgt ihm nach draußen, auf die Straße, in die Hitze und in das blendende Licht. Vom Dach dringt nur noch ab und zu Geschrei oder Krach nach unten; die Abrissphase ist vorbei, jetzt hört man das Schaben und Hämmern des Wiederaufbaus. Sie überlegt, ob sie Craig Bescheid sagen soll, dass sie jetzt nach Sarzana fährt, ist sich aber ziemlich sicher, dass er nur wieder anfangen würde, die Sache mit der Barzahlung in Frage zu stellen. Außerdem ist sie ziemlich ungehalten, weil er es wieder einmal geschafft hat, ihr die praktischen Folgen einer Sache aufzuhalsen, die ihn nicht interessiert. So geht sie auf dem kochenden Asphalt hinter Ivo her und versucht, sich weniger unbehaglich zu fühlen.

Ivo geht die Straße hinauf, ohne sich darum zu kümmern, ob sie ihm wirklich folgt, hält hinter der Kurve auf einen roten Pick-up mit verchromtem Kühlergrill und riesigen Felgen zu und steigt ein.

Das Auto ist völlig absurd, es sieht aus wie ein Riesenspielzeug für Erwachsene, sie ist sprachlos.

Ivo lehnt sich über den Beifahrersitz und öffnet ihr die Tür.

Sie setzt einen Fuß auf das verchromte Trittbrett, eine Hand am Griff, schwingt sich nach oben, wie sie es bei ihm gesehen hat, und landet auf einem großen braunen Ledersitz. Obwohl die Fenster auf sind, ist es drinnen heiß wie in einem Backofen.

Beim Anlassen gibt der Motor ein sattes Röhren von sich, Ivo wendet und fährt schnell die Straße hinauf. Dann drückt er eine Taste, und es ertönt *Early Roman Kings* von Bob Dylan, ziemlich laut.

Um ihn nicht anzusehen, guckt sie aus dem Fenster; sie ärgert sich über sich selbst, hätte sie doch bloß den Bus genommen, anstatt sich fahren zu lassen wie eine verwöhnte Göre, die immer irgendwas vergisst und sich dann von anderen kutschieren lässt, weil sie alleine nichts auf die Reihe kriegt. Das ist jetzt schon der zweite Angriff auf ihre Würde in kürzester Zeit, was ihre Wut auf sich selbst noch weiter anheizt: Was ist bloß in sie gefahren? Wieso hatte sie keine passende Antwort parat, um das Angebot abzulehnen? Ob sie jetzt wohl noch aussteigen könnte? Allein die Idee bringt sie noch mehr in Verlegenheit, ganz abgesehen davon, dass sie schon auf der Staatsstraße sind.

Die Musik in den Ohren, fahren sie, ohne zu reden, auf

der kurvigen Straße zur Küste hinunter. Angesichts der Größe des Pick-ups und der schmalen Straße fährt Ivo viel zu schnell: Er tritt aufs Gas, wo man besser langsam fahren sollte, schert ruckartig aus, bremst erst im letzten Moment, um einen Zusammenstoß mit entgegenkommenden oder langsamer fahrenden Autos vor ihnen zu vermeiden. Sein Fahrstil ist derart rücksichtslos, als habe er am Steuer dieses Monsterautos schlagartig verlernt, freundlich und verständnisvoll zu sein. Als *Early Roman Kings* zu Ende ist, spielt er den Song gleich noch einmal; dabei denkt er nicht einmal im Traum daran, sie zu fragen, ob sie vielleicht etwas dagegen hat. Er gibt den harten Mann: vorgerecktes Kinn, zur Schau gestellter tätowierter Bizeps, Stiefel, die die Pedale treten.

Sie klammert sich am Haltegriff fest, um nicht hin und her zu fliegen, spannt jedes Mal die Muskeln an, wenn er bremst oder das Steuer herumreißt.

Skoonk! Skoonk! Ab und zu spielt er die Hupe wie eine Kriegsfanfare, ohne jede Rücksicht.

Eigentlich, denkt sie plötzlich, hätte sie Craig und Launa doch lieber sagen sollen, dass sie mit diesem Verrückten nach Sarzana fährt; falls ihr was passierte, wüssten sie dann wenigstens, wo sie nach ihr suchen sollten. Natürlich könnte sie auch jetzt noch jederzeit anrufen, aber mit Sicherheit würde Craig sich tierisch darüber aufregen, dass sie sich von diesem windigen Bauunternehmer durch die Gegend fahren lässt, ohne ihm vorher Bescheid zu sagen. Da ist es doch besser, ihn erst zu informieren, wenn alles vorbei ist.

»Den hier, den musste ich mir für meine Tochter anschaffen!« Ivo brüllt, um die Musik zu übertönen.

»Wie bitte?« Auch sie schreit, nicht weil sie nichts verstanden hat, sondern weil es sie erstaunt, dass er eine Tochter hat und ihr davon erzählt.

Er stellt die Musik ab, aber es bleibt der Krach des dicken Motors, der großen Reifen auf dem Asphalt, der Luft, die durch die offenen Fenster hereinweht. »Der neue Lebensgefährte ihrer Mutter fährt nämlich einen gelben Porsche Carrera, alles klar?«

»Alles klar!« Sie mustert ihn von der Seite: Es kommt ihr absurd vor, sich mit so einem wie ihm zu unterhalten, zumal in einem Auto wie diesem. Sie kann sich seine Ex vorstellen, ihren neuen Lebensgefährten, seine Tochter. Man braucht ihn nur anzusehen, um zu wissen, was er für ein Typ ist, einer, der nicht davor zurückschreckt, sich ein dickeres supervulgäres Auto anzuschaffen als sein Konkurrent, und alles nur, um ein Kind zu beeindrucken.

Er schlägt mit der Hand aufs Lenkrad. »Fünftausendsiebenhundert Kubik, Achtzylinder-VR-Motor, dreihundertfünfundvierzig PS! Baujahr 2008, hatte aber nur hundertzwanzigtausend auf dem Tacho, als ich ihn gekauft habe. Ein Kunde hat ihn in Zahlung gegeben. Aber ich habe natürlich sofort eine LPG-Einspritzung einbauen lassen, sonst ist man bei dem Benzinverbrauch ja gleich ruiniert!«

Sie sieht ihn an: Ob er ernsthaft glaubt, sich mit ihr über Zylinder und PS unterhalten zu können?

Er zuckt die Schultern, beschleunigt erneut, *vrrroarrrmmm*.

»Aber, ehrlich gesagt, brauche ich ihn auch für die Arbeit!«

Sie guckt wieder aus dem Fenster: Je näher sie der Küste

kommen, desto mehr nimmt das Grün ab und wird durch Häuser ersetzt. Als sie spürt, dass er ihr immer wieder Blicke zuwirft, wendet sie sich ihm erneut zu. »Wie alt ist denn deine Tochter?«

»Die mit dem Pick-up? Neun!« Ivo angelt sein Handy aus einem Fach im Armaturenbrett und wischt mit dem Daumen über das Display, ohne die Geschwindigkeit zu drosseln; dann gibt er es ihr.

Sie sieht sich das ziemlich kontrastarme Farbfoto eines Mädchens im Indianerkostüm an: Jacke und Hose aus Wildleder mit Fransen, eine Feder auf dem Kopf, einen kleinen Bogen in der Hand, einen Köcher auf dem Rücken. Sie wirkt jünger als neun; hat ein blasses, empfindsames, ratloses Gesicht.

Ivo lehnt sich herüber, um selbst einen Blick darauf zu werfen, und streckt dann die Hand aus, um das Handy wieder an sich zu nehmen. »Nein, entschuldige, das ist die Große!«

»Wie, die Große?« Sie fragt sich, ob womöglich irgendwas mit ihr nicht stimmt, denn das Mädchen auf dem Foto ist mit Sicherheit nicht älter als neun.

»Sie ist jetzt schon sechsundzwanzig, das Foto ist alt!« Wieder scrollt er durch die Fotos, während er weiter viel zu riskant fährt, ruckartig beschleunigt und ebenso ruckartig wieder abbremst.

Am liebsten würde sie ihn auffordern, sich auf das Fahren zu konzentrieren, ist aber irgendwie abgelenkt durch die Fotos, die sich in ihrem Kopf unablässig zu neuen Bildern zusammensetzen, je nach den widersprüchlichen Informationen, die er dazu liefert.

Jetzt reicht er ihr wieder das Handy. »Das ist die Kleine!«

Auf dem Foto ist ein Mädchen zu sehen, das ganz anders aussieht, mit braunen, lockigen Haaren, angezogen und frisiert wie eine kleine Dame, in einer ausgesprochen künstlichen Pose.

»Ja, ihre Mutter verzieht sie!« Ivo redet, als könnte er ihre Gedanken lesen. »Und die Großeltern auch!«

»Und wo wohnt sie?« Das rutscht ihr einfach so raus, gegen ihren Willen.

»In Treviso! Leider sehe ich sie nur sehr selten!« Er streckt die Hand aus, um das Handy wieder an sich zu nehmen: Ihre Hände berühren sich kurz, seine Finger sind hart, aber warm.

»Und die Große?« Sie hat keine Ahnung, warum sie immer weiter fragt, obwohl sie genau weiß, dass es besser wäre, sich aus seinem Privatleben herauszuhalten und die Sache auf sich beruhen zu lassen.

»In Amsterdam!« Ivo reißt das Steuer herum, um einem älteren Mopedfahrer auszuweichen, dann gibt er sofort wieder Gas. »Sie hat einen Secondhandladen für Klamotten, zusammen mit ihrem Freund! Sie sehe ich noch viel seltener!« Grinsend wirft er ihr einen Blick zu. »Ich krieg immer nur Mädchen, keine Ahnung, warum!«

Jetzt grinst auch sie, aber aus reiner Verlegenheit. Ob er tatsächlich glaubt, er könne sie damit beeindrucken, dass er zwei Töchter von zwei verschiedenen Frauen hat? Legt er es womöglich darauf an, ihr den unwiderstehlichen Verführer vorzuspielen? Den hemmungslosen Serienschwängerer, der überall seine Nachkommen hinterlässt?

Er schüttelt den Kopf; eigentlich eher traurig als von sich

eingenommen. »Ich denke immer, früher oder später werde ich mir endlich mal Zeit für sie nehmen, aber irgendwie kommt es nie dazu!«

»Aber entschuldige mal, wieso hast du sie dann überhaupt gemacht?« Das kommt ziemlich pampig rüber, aber diese Frage kann sie sich nicht verkneifen.

»Um die Mütter nicht zu enttäuschen! Die wollten unbedingt ein Kind!« Wieder wirft er ihr forschende Blicke zu: Was will er nur? Zustimmung? Mitleid? Empörung?

Sie beschränkt sich darauf, ungerührt zurückzuschauen.

Immer wieder sondiert er ihren Gesichtsausdruck. »Und du?«

»Was ist mit mir?« Es war ja klar, dass er das fragen würde: Darauf hätte sie gewettet.

»Hast du Kinder?« Er bremst, weicht einem Hindernis aus, beschleunigt wieder.

»Nein!« Es wäre wirklich besser gewesen, mit dem Bus zu fahren.

»Weil du nicht wolltest?« Jetzt klingt er fast schüchtern, was angesichts dieser indiskreten Frage besonders paradox ist.

»Das ist ja wohl meine Sache!«, antwortet sie fast zu vehement, aber so ist es eben.

»Klar!« Gekränkt klingt das nicht, aber auch nicht verlegen, offenbar hat er keine Scheu, so ein intimes Thema anzuschneiden.

Sie schaut aus dem Fenster und lässt sich den warmen Wind ins Gesicht wehen, *wooooshhh*.

Für ihn ist das Thema jedoch noch längst nicht abgeschlossen, er macht unverdrossen weiter. »Es ist nur so, dass ich mich immer so verdammt verantwortlich fühle! Wenn ich einen Menschen mag, fühle ich mich automatisch für ihn verantwortlich! Angefangen hat das mit meiner Mutter und meiner Schwester, als mein Vater starb!«

Angestrengt versucht sie, weiter aus dem Fenster zu sehen, schafft es aber nicht.

»Er ist vom Gerüst gestürzt!« Es hört sich nicht so an, als wollte er damit ihr Mitleid erregen: Irgendwie klingt es eher ungläubig, so als könne er es immer noch nicht fassen.

»Wie alt warst du da?« Ob das wohl eine Falle ist? Sie glaubt nicht daran, aber sicher ist sie sich nicht.

»Siebzehn! Das war's dann mit der Schule, ich habe dann gleich auf der Baustelle angefangen!« Erneut sieht er sie an: Nein, es hat nicht den Anschein, als wollte er das Opfer spielen.

Mittlerweile haben sie schon die Ebene erreicht, in der Hälfte der Zeit, die der Bus oder jedes andere Transportmittel mit vernünftiger Geschwindigkeit gebraucht hätte. Er nimmt die Auffahrt zur Autobahn, bremst an der Mautstelle und tritt direkt hinter der Schranke wieder aufs Gas. Dann schließt er die Fenster, schaltet die Klimaanlage hoch und beschleunigt auf dem Viadukt Richtung Süden.

Sie streckt die Hand aus, um die eiskalte Luft abzuhalten, die ihr nun direkt ins Gesicht weht.

»Zu kalt?« Er sieht sie an und macht ein Gesicht wie bei dem Desaster mit dem Tuffsteinblock. Nur für einen Augenblick. Ein Eindruck, der richtig oder falsch sein kann.

»Ich mag keine Klimaanlagen.« Schützend hält sie sich die linke Hand vor die Kehle.

»Ich auch nicht!« Er lächelt, als wäre er froh, dass sie

wenigstens das gemeinsam haben, aber wer weiß, vielleicht ist da noch mehr. *Tac,* sofort stellt er die Klimaanlage ab und öffnet wieder die Fenster, um Wind und Krach hereinzulassen, *woooshhh.*

Sie hätte doch einfach sagen können, die Klimaanlage sei ihr unangenehm, ohne gleich davon anzufangen, was sie mag oder nicht mag. Im Grunde will sie das Ganze nur schnell hinter sich bringen und zurück nach Hause; und in den nächsten Tagen möglichst jeden Kontakt mit ihm vermeiden, bis das Dach fertig ist und die Arbeiter abziehen. Warum hat er ihr bloß diese Fotos seiner Töchter gezeigt? Warum hat er ihr vom Tod seines Vaters erzählt, von dem Verantwortungsgefühl, das ihn dazu drängt, für die Menschen zu sorgen, die er mag?

Rechts von der Autobahn taucht ein ausgetrocknetes Flussbett auf, Baumstämme und Abfälle liegen am Ufer; die Straße ist jetzt gerade, die Berge treten zurück, langsam öffnet sich die Ebene. Ivo fährt noch schneller, das Dröhnen des Motors und des Windes wird noch lauter. Sie passieren Reklametafeln, eine Raststätte, eine Abfahrt, Werkhallen, Kräne, Lkw-Parkplätze, riesige Türme aus bunten Containern. Endlich bremst Ivo auf seine gewohnt brüske Art ab und verlässt die Autobahn.

Wenige Minuten später sind sie schon am Stadtrand von Sarzana; schon vor der Bank, wo sie seit Jahren ein Konto hat. Ivo hält am Bürgersteig und gibt ihr ein Zeichen. »Geh nur, ich warte hier auf dich.«

Sie steigt aus, peinlich berührt von der Vorstellung, jemand könne sehen, wie sie aus diesem unsäglichen Pick-up aussteigt, mit einem solchen Mann am Steuer. Was, wenn jemand sie nun versehentlich für ein Gangsterpärchen hält, die Polizei alarmiert und sie plötzlich von Polizisten mit gezückten Maschinengewehren umringt werden?

Ivo winkt ihr erneut aufmunternd zu, als wollte er sagen: »Nun geh schon.« Ob er wohl tatsächlich glaubt, sie bräuchte seine Ermunterung, wie ein dummes Mädchen? Oder ist er nur erpicht auf sein Geld?

In der Bank ist es stickig, weder heiß noch kalt. Zum Glück sind nur zwei Kunden vor ihr dran: Ein älterer Herr lehnt am Schalter, am nächsten steht eine dicke Frau mit einem Haufen Formulare in der Hand, die der Bankangestellten irgendetwas immer wieder haarklein erklärt. Mara Abbiati versucht abzuschätzen, bei wem es wohl schneller geht und stellt sich schließlich hinter den älteren Herrn, auch wenn klar ist, dass er schlecht hört, weshalb er dauernd den Kopf vorstreckt, um überhaupt zu verstehen, was der Bankangestellte sagt. Während sie wartet, sieht sie hinaus auf die Straße: Dort steht Ivos roter, chromblitzender Pick-up in Wartestellung.

Schneller als gedacht ist der ältere Herr fertig; sie nimmt sofort seinen Platz ein. Sie nennt dem Bankangestellten die Kontonummer und sagt, dass sie Geld abheben möchte. Banken gehören zu den Orten, an denen sie sich normalerweise nicht besonders wohl fühlt, aber heute ist es noch schlimmer als sonst: Sie kommt sich vor, als würde sie etwas Illegales tun, und fürchtet, dass es jedem auffällt. Außerdem fragt sie sich, ob sie noch Staub im Gesicht hat, denn in der Eile hat sie vorhin gar nicht mehr in den Spiegel gesehen. Sie fährt sich mit der Hand über Stirn und Nase und schaut dann, ob Schmutz daran haften bleibt: eher nicht.

Der Angestellte tippt die Kontonummer ein, blickt auf den Monitor, nickt und sieht sie anschließend ohne jede Spur von Freundlichkeit an.

Tatsächlich kommt sie so gut wie nie hierher; das Konto hat sie nur, um die laufenden Rechnungen für das Haus in Canciale zu bezahlen und weil sie es für angebracht hält, für Notfälle eine Geldreserve in Italien zu haben.

»Wie viel wollen Sie abheben?«

»Viertausendfünfhundert Euro.« Sie klingt etwas unsicher, weil sie im Kopf ein Bild von sich hat, wie die anderen sie sehen, als eine Mischung aus ausgeflippter Künstlerin, Pennerin und Bankräuberin.

Schlagartig verwandelt sich die fehlende Freundlichkeit des Bankangestellten in Misstrauen. »Wollen Sie einen Verrechnungsscheck?«

»Nein, Bargeld.« Jetzt fühlt sie sich erst recht, als würde sie etwas Illegales tun; sie versucht zwar, sich nichts anmerken zu lassen, aber das macht die Sache nur noch schlimmer.

Augenblicklich schaltet der Angestellte von Misstrauen auf Feindseligkeit um. »Wozu brauchen Sie das Geld?«

»Ich brauche es eben.« Innerlich spürt sie eine leichte Empörung aufsteigen, wie sie sie immer bei einer unangebrachten Einmischung der Behörden in das Leben der Bürger empfindet, doch noch hat das Unbehagen die Oberhand.

Der Angestellte ist irritiert und wirft hilfesuchende Blicke um sich. »Bei einer solchen Summe dauert es normalerweise zwei Tage.«

»Aber ich brauche das Geld sofort, ich kann nicht warten.« Die Empörung steigt auf dasselbe Niveau wie das Unbehagen; ihre Stimme bekommt einen wütenden Unterton.

Der Angestellte schüttelt den Kopf. »Tut mir leid, diese Summe ist ohnehin schon an der Grenze.«

»Was soll das heißen?« Jetzt hat die Empörung das Unbehagen überflügelt; sie kocht innerlich, kann nicht glauben, dass an diesem Scheißtag wirklich noch mehr schiefgeht.

»Ab einem Betrag von fünftausend Euro besteht Meldepflicht.« Der Angestellte mauert, inzwischen ist es offensichtlich, dass er ihr das Geld nicht auszahlen will, heute auf keinen Fall, vielleicht nie.

Gerade will sie zu einer Entgegnung ausholen über das Recht des Bürgers, mit seinem Geld zu machen, was er für richtig hält, doch dann bemerkt sie Ivo, der auf sie zukommt.

Mit seiner verspiegelten Brille, den langen, zum Pferdeschwanz gebundenen Haaren, der Goldkette, den muskulösen tätowierten Armen, dem T-Shirt mit abgeschnittenen Ärmeln, den ausgebleichten Jeans und den Motorradstiefeln ist es ein Wunder, dass sie ihn nicht schon am Eingang gestoppt haben. Er bleibt dicht neben ihr stehen. »Alles okay?«

»Nein.« Absurderweise ist sie erleichtert, dass er da ist: Es ist ihr unerklärlich. Sie zeigt auf den Angestellten. »Er behauptet, sie könnten mir das Geld nicht auszahlen.«

»Und wieso nicht?« Ivo legt eine Hand auf den Schalter.

Wie es aussieht, versetzt das den Angestellten in Alarmbereitschaft. »Und wer sind Sie, wenn ich fragen darf?«

»Ivo Zanovelli, und du?« Kampfeslustig reckt er das Gesicht gegen die Schalteröffnung.

Der Angestellte antwortet nicht, stattdessen blickt er sich weiter hilfesuchend um.

»Ist das Geld auf dem Konto oder nicht?« Ivo lehnt sich noch weiter vor.

»Natürlich ist es das!« Mara Abbiati richtet ihre Empörung nun auf Ivo.

»Ja, das Geld ist da, aber ich habe der Signora gerade erklärt, dass es bei einer solchen Summe zwei Tage dauert.« Der Angestellte blickt erneut nach hinten.

Dort sitzt ein Mann an einem Schreibtisch und telefoniert: Endlich bemerkt er die hilfesuchenden Blicke, legt auf und sieht angespannt herüber.

»Ist das da dein Boss?«, fragt Ivo mit aller Härte.

»Ja, das ist der Filialleiter.« Der Angestellte scheint kurz davor, unter dem Tisch einen Alarmknopf zu drücken.

»Den kenne ich.« Ivo geht an den verglasten Schaltern entlang, bis er auf Höhe des Filialleiters ist, und winkt ihn heran. Der Mann zögert kurz, kommt dann aber doch an den Schalter. Sie reden erregt miteinander, gestikulieren, tänzeln nervös herum. Streiten sie? Machen sie Witze? Schwer zu sagen.

Mara Abbiati, der Bankangestellte, die dicke Frau am anderen Schalter und weitere Kunden, die mittlerweile eingetroffen sind, sehen gespannt in ihre Richtung, auch wenn sie nichts verstehen können. Die anderen Kunden geben Kommentare ab: neugierig, nervös.

Plötzlich hören Ivo und der Filialleiter auf zu reden; Ivo klatscht leise in die Hände. Sarkastisch? Provozierend? Wird jetzt jemand die Polizei verständigen?

Dann kommt der Filialleiter herbei und gibt dem Angestellten ein Zeichen. »Du kannst der Signora das Geld auszahlen.«

Der Angestellte sieht ihn skeptisch an, tut dann aber, wenn auch widerwillig, was man ihm gesagt hat. Aus einer Schublade holt er ein Bündel Fünfhundert-Euro-Scheine hervor, zählt die Summe mit der Hand ab, lässt sie von der Maschine kontrollieren und legt sie ihr dann vor.

Mara nimmt das Geld, voller Genugtuung, dass sie sich durchgesetzt hat, ist aber trotzdem irgendwie irritiert. Sie weiß auch gar nicht, wohin mit dem Geld. Soll sie einen Umschlag verlangen, das Geld einfach so in die Tasche stecken, soll sie es Ivo gleich hier geben oder erst draußen? Sobald er zu ihr kommt, streckt sie ihm das Geld entgegen, als würde es ihr die Finger verbrennen.

Die anderen Kunden glotzen, versuchen zu verstehen.

Ivo blättert, faltet die Noten zusammen, steckt den Stapel in die Hosentasche und dreht sich Richtung Ausgang. »Gehen wir.«

Sie folgt ihm, noch verunsicherter.

Auf der Straße öffnet er die Beifahrertür und reicht ihr sogar eine Hand, um ihr beim Einsteigen zu helfen. Soll das ein Witz sein? Ist er jetzt euphorisch, wo er das Geld hat?

Sie weiß es nicht; ihr Herz klopft noch immer zu schnell, ihre Wangen glühen.

Ivo startet den Wagen, fährt die Hauptstraße entlang, jetzt jedoch langsam, er wirkt gedankenverloren.

Indessen versucht sie immer noch, sich einen Reim darauf zu machen, was in der Bank passiert ist. War das ein gewöhnlicher Sieg über die Institutionen? Eine halbe Erpressung? Ein Abenteuer? Ein schlimmes Ereignis?

Wie auf der Herfahrt wirft er ihr nun wieder prüfende Seitenblicke zu, nur dauern sie jetzt länger.

»Was ist?« Irgendwann muss sie nachfragen, weil seine Blicke auf ihrer linken Gesichtshälfte und am Hals eine Art Prickeln auslösen.

»Ach nichts, ich dachte nur gerade, die Marmorbrüche sind hier ganz in der Nähe, oberhalb von Carrara.« Er deutet nach links oben.

»Ich weiß.« Ihre Berufsehre hat heute schon genug gelitten, jetzt fehlt bloß noch, wie eine dazustehen, die sich zwar als Bildhauerin ausgibt, aber nicht einmal weiß, dass die Marmorbrüche ganz in der Nähe sind. »Warst du schon mal da?« Er sieht immer noch zu ihr rüber, aber durch diese blöde Brille kann sie seine Augen nicht erkennen und sieht nur ihr eigenes verzerrtes Spiegelbild.

»Nein.« Plötzlich ist die Empörung wieder da, die sie in der Bank empfunden hat, es brodelt in ihr.

»Wieso nicht?« Jetzt fährt er so langsam, dass er den ganzen Verkehr aufhält, hinter ihnen wird schon eifrig gehupt, *beeep! booop! braaap!*

»Weil ich Marmor eben nicht mag, das habe ich dir doch schon erklärt.« Es gefällt ihr ganz und gar nicht, sich über ihr künstlerisches Empfinden ausfragen zu lassen; zumal von einem, der wie ein lebendes Manifest des schlechten Geschmacks rumläuft. »Ich arbeite einfach lieber mit Tuff, Sandstein und Holz. Das ist was ganz anderes.«

»Weil es leichter ist?« Schwer zu sagen, ob er sie nur provozieren will oder echtes Interesse hat.

»Weil sie wärmer sind!«, brüllt sie vor Wut. »Freundlicher! Schöner!«

»Aber hat es dich denn noch nie gereizt, dir mal einen schönen Marmorblock vorzunehmen, um zu sehen, was dabei rauskommt?« Jetzt schleicht er beinah, das Hupkonzert hinter ihnen ignoriert er komplett.

»Nein. Überhaupt nicht.« Außerdem ist das echt ein alter Hut: Schon seit Jahren reden die unterschiedlichsten Leute immer wieder auf sie ein, es doch mal mit Marmor zu versuchen, als sei das ein obligatorischer Schritt, den jeder Bildhauer früher oder später zwangsläufig tun müsste, wenn er ernst genommen werden will.

»So kraftvoll, wie du den Tuffsteinblock angegangen bist.« Ivos Grinsen kann man so und so interpretieren, aber sie hat keine Lust, es überhaupt zu interpretieren. »Den Marmor hättest du nicht so leicht zur Strecke gebracht.«

»Ich arbeite halt lieber mit weicherem Stein, okay.« Sie kann sich nicht zurückhalten, auch wenn es ihr eigentlich widerstrebt, sich auf derartige Diskussionen einzulassen.

Ivo sieht sie wieder an: Nein, das war keine Provokation, er sieht traurig aus. »Es war eine wunderbare, ausdrucksstarke Katze, soweit man sie schon erkennen konnte. Ich hätte dir nie den Presslufthammer geben dürfen.«

»Jetzt hör aber auf, ich bin kein kleines Kind, das mit Werkzeug für Erwachsene spielt!« Sie weiß nicht, ob sie womöglich überreagiert; Wut und Verlegenheit rauben ihr das Urteilsvermögen.

»Entschuldige! Tut mir leid!« Er stoppt den Pick-up und nimmt die Hände vom Steuer. »Es ist alles meine Schuld, ich war ein Idiot. Du weißt, was du tust, das habe ich gesehen. Fachkundiges Urteil eines Fastkollegen.«

»Vielen Dank auch.« Sie versucht, hart zu klingen, ist

aber wegen seiner Entschuldigung durcheinander, damit hat sie nicht gerechnet. Hinter ihnen schwillt derweil das Hupkonzert immer mehr an: *Biiip, beeep, buaap, pa-pa-pah!*

Als er die verspiegelte Brille absetzt, wirkt sein Gesicht eigenartig zerknirscht, fast schmerzverzerrt. »Darf ich dir wenigstens einen kleinen Marmorblock schenken, als Wiedergutmachung?«

»Auf keinen Fall.« Sie sieht ihn an, sie weiß nicht mehr, was sie glauben soll. Das Gehupe wird immer aggressiver: *Tuuu-tuuu-tuuu! Braaa-braaa-braaa! Hooo-hooo-huuu!*

»Ich kenne da einen aus dem Steinbruch, da kannst du dir aussuchen, was immer du möchtest.« Jetzt fleht er schon fast: beinah verzweifelt.

»Nein, danke, ich möchte das nicht. Wirklich nicht. Außerdem blockierst du gerade die gesamte Straße.« Sie wendet sich ab und sieht aus dem Fenster: Davor stehen Menschen, die herumbrüllen, mit den Armen fuchteln, ihnen den Mittelfinger entgegenstrecken.

»Dann zeige ich dir aber wenigstens den Steinbruch.« Es hört sich nicht aufgesetzt an, anscheinend ist ihm daran wirklich gelegen. »Von hier aus sind es nur zwanzig Minuten.«

»Nein, danke, ich möchte wirklich nicht.« Sie merkt, dass ihre Stimme nicht mehr besonders entschieden klingt, sie ist ratlos. In dem stehenden Auto ist es inzwischen sehr heiß, beide schwitzen.

»Das kannst du dir nicht entgehen lassen! Auch wenn du Marmor hasst, das gehört doch dazu, nicht?« Er streckt die linke Hand aus dem Fenster und macht eine Geste, die die anderen Autofahrer noch mehr in Rage bringt. Als weitere Leute aus ihren Autos aussteigen, ist klar, dass es gleich eine Schlägerei geben wird.

Ihr wird immer heißer, sie hat immer größere Zweifel, immer größere Schuldgefühle, weil sie der Grund dafür ist, dass der Verkehr in Sarzana zum Erliegen kommt. Eigentlich dürfte sie nicht nachgeben, aber die Situation auf der Straße ist inzwischen so unerträglich wie ihre eigene. Sie nickt. »Na gut, aber nur kurz, dann fahren wir nach Canciale zurück.«

»Natürlich. Ich muss ja auch nach den Arbeitern sehen, ich kann sie schließlich nicht den ganzen Tag allein lassen.« Ivo lächelt, setzt die Sonnenbrille wieder auf, ergreift das Steuer und drückt aufs Gas, *vrrroooammmm*!

Mara Abbiati klammert sich an den Haltegriff; der Pickup macht einen Satz nach vorn und lässt die schreiende, fuchtelnde Menge hinter sich.

Sechzehn

Ivo Zanovelli fährt in die Apuanischen Alpen hinauf, ohne das Gespräch zu suchen oder Musik aufzulegen; er zeigt nur auf die Berge mit den entblößten Flanken, die wie ein schwarzweißer Vorhang direkt hinter den flacheren Hügeln in Farbe steil aufragen. Aufgrund der Hitze ist es diesig, alles wirkt leicht verschwommen wie ein altes Fernsehbild. Klar, im Winter oder zu Frühlingsanfang ist es hier noch viel schöner. Wenn alles weiß glitzert und man den Schnee auf den Gipfeln kaum noch vom Marmor unterscheiden kann. Doch auch jetzt ist es ziemlich eindrucksvoll, solche Berge gibt es nicht oft.

Sie sieht aus dem Fenster. Angespannt, aufmerksam. »Ist es noch weit?«

»Nein.« Er gibt Gas, jagt den Dodge in hohem Tempo durch die steilen Kurven, die von Stiaccione nach Piedecapra hinaufführen. Sie passieren die Baumgrenze, jetzt ist der Fels nur noch eine einzige weißschimmernde Marmorader.

Sie hält sich am Griff fest und legt sich in jede Kurve. Ein schönes Spiel der Muskeln, sie ist bereit.

Rasch erreichen sie den großen Wendeplatz vor der Galleria Rampiati n° 92. Er parkt den Dodge, schaltet den Motor aus. Rundherum Staubwolken, die den Pick-up einhüllen. Ivo springt aus dem Auto, um erneut den Gentleman zu spielen, ist aber nicht schnell genug.

Sie steigt aus, sieht sich um. Kein besonders erhebender Anblick, klar. Nichts als nackte, abgeräumte Berge, tiefe Löcher, Stufen, Spalten. Riesige Rampen, auf denen Bagger und Raupen herumfahren. Überall liegen Steinblöcke, Schutt, Abfall und Staub. Sie dreht sich zu ihm um, als wollte sie sagen: »Und jetzt?«

Er zeigt auf den Eingang, ist aber befangen, irgendwie blockiert.

Auch sie wirkt gehemmt, bewegt sich nicht ganz ungezwungen. Auf dem Weg hierher haben sie kaum ein Wort gewechselt, fast die ganze Zeit geschwiegen. Doch vorhin, beim Verlassen der Bank, da sind sie sich kurz unglaublich nahe gekommen. Erst da ist ihm die Sache mit dem Steinbruch eingefallen. Eine spontane Eingebung, so eine, bei der man sofort ahnt, dass sie tausend andere nach sich zieht. Eine dieser seltenen Überraschungen, bei denen es einem den Atem verschlägt.

Immer noch schweigend, steuert Ivo Zanovelli auf die Besucherbaracke zu. Bloß keine Panik, jetzt muss er cool bleiben, denn wenn er erst mal den Gedanken zulässt, er könnte etwas falsch machen, wird alles nur noch schlimmer. Da hilft nur eins, Ruhe bewahren und tief durchatmen. Sich aufs Gehen konzentrieren, das Wippen der Schritte spüren. Das Gesicht entspannen, denn sonst kann er gleich wieder einsteigen und nach Canciale zurückfahren.

Sie folgt ihm, betrachtet eingehend die aufgerissene Bergflanke. Aus der Nähe wirkt der Fels gar nicht mehr so weiß, sondern eher grau oder gelblich. An manchen Stellen auch bräunlich. Durch die Einschnitte im Fels, die vielen zerbrochenen Platten und die ganze Erde, den ganzen Staub macht der Ort eher einen deprimierenden Eindruck, wie alle Steinbrüche.

Der Besucherschalter ist verwaist, Betrieb herrscht hier nur im August. Richtig voll wird es hier zwar nie, aber jetzt gerade ist alles wie ausgestorben. Das sah man schon an dem leeren Wendeplatz. Auch gut, dann sind sie eben nur zu zweit und müssen wenigstens nicht mit einer Horde von fotografierenden Idioten herumlaufen. Er tritt an das Fenster. »Dario!«

Es vergeht eine volle Minute, bis endlich eine superaufgetakelte Frau auftaucht, mit blondierten Haaren und dick geschminkt. Typ unsympathische Verkäuferin in einem unsympathischen Laden oder Geliebte des Besitzers eines unsympathischen Ladens. »Wir haben geschlossen.«

»Wie geschlossen?« Ihn überkommt eine maßlose Enttäuschung, sie steigt in ihm hoch wie Gift. Verzweifelt versucht er, sie zu vertreiben, aber es klappt nicht. Seit einer halben Stunde hat er sich ausgemalt, wie er mit Mara durch den Marmorstollen geht, wie sie in die Kühle eintauchen, die prickelnde Enge.

Die blonde Hexe streckt die Hand aus. Mit ihren weißen Kunstfingernägeln, die ihn erschauern lassen, trommelt sie auf das Schild mit den Öffnungszeiten, hinter den Wochentagen steht wahlweise *Geöffnet* oder *Geschlossen*. Und heute ist natürlich geschlossen.

»Tu mir den Gefallen und hol mir mal den Chef.« Ivo Zanovelli versucht die Enttäuschung abzuschütteln, versucht ruhig zu reden.

»Der ist nicht da.« Dabei kaut sie Kaugummi, ekelhaft.

»Sag ihm, dass Ivo hier ist, mach schon.« Er gibt sich wahnsinnige Mühe, gelassen zu bleiben, nicht zu schreien.

»Er ist nicht da.« Ihre Augen sind stumpf wie Knöpfe, ohne jedes Leuchten.

Mara steht ein paar Meter hinter ihm und verlagert das Gewicht von einem Bein aufs andere. Klar, dass auch sie jetzt frustriert ist. Aber sie zuckt nur die Schultern, als wollte sie sagen: »Da kann man nichts machen.«

Er spürt, wie die Enttäuschung wieder vom ihm Besitz ergreift, gleich wird er die Fassung verlieren.

Die Blonde kaut weiter und mustert ihn ungerührt.

»Hör mal, ich möchte der Signora hier den Steinbruch zeigen, sie ist nämlich Bildhauerin.« So, wie er sich gerade fühlt, grenzt es an ein Wunder, dass er das relativ normal herausbringt.

Doch statt höflich zu antworten, schaltet die Blonde auf stur und wird sogar richtig unverschämt. »Wenn die Signora den Steinbruch besichtigen möchte, muss sie eben an einem anderen Tag wiederkommen.« Offenbar macht es ihr einen Heidenspaß, Leute abblitzen zu lassen.

Mit Frust kennt Ivo Zanovelli sich aus, sein halbes Leben hat er damit zugebracht, weil die Dinge am Ende nie so liefen, wie er es sich vorgestellt hatte. Entweder das Gewünschte trat überhaupt nicht ein oder zu spät. Oder die Dinge nahmen eine ganz andere Wendung, als er es sich vorgestellt hatte, aber immer nur zum Schlechteren. Bei diesem Gedanken kommt sein Blut in Wallung, steigt ihm die Zornesröte ins Gesicht. Wutentbrannt stürzt er sich auf die Tür der Baracke und rüttelt an der Klinke. Die Tür ist zwar zu, aber genauso fipsig wie das Schloss. Er geht einen Schritt zurück und tritt mit dem Stiefelabsatz dagegen. Mit einem Knall fliegt sie auf, Holzsplitter fliegen durch die Luft.

Blondie kreischt auf. »Ich rufe jetzt die Polizei!«

»Nur zu.« Er geht hinein, wirft sich mit der Schulter gegen die Bürotür, die daraufhin gegen die Wand kracht.

Drinnen sitzt Dario Arrighi an seinem Schreibtisch und hat Papiere vor sich. Der Computer läuft, er hat sein Handy in der Hand. Als er Ivo erblickt, wird er kreidebleich, fast fällt er vom Stuhl. Blondie erscheint an der Tür, auch sie ist ziemlich blass.

»Hey, du Pfeife, wieso willst du uns nicht guten Tag sagen?« Eigentlich widerstreben ihm schlechte Manieren, zumal in Anwesenheit einer Frau, aber der Frust ist einfach zu groß. Je mehr er dagegen ankämpft, desto mächtiger wird er, das ist wie beim Autofahren, gibt man Gas und lässt dann zu schnell die Kupplung kommen, macht das Auto einen Satz nach vorn. Er packt Dario am Ohr und reißt ihn hoch. Viel heftiger, als er eigentlich wollte.

»Aua! Ich konnte doch nicht wissen, dass du das bist!« Um sich loszureißen, hebt er einen Arm.

Ivo ergreift das Handgelenk und dreht ihm den Arm auf den Rücken. »Na gut, aber jetzt weißt du es.«

»Lass mich los! Ich komm ja schon.« Dario mimt das arme Opfer, krümmt sich schmerzverzerrt zur Seite. Er ist zwar groß, hat aber dünne Ärmchen und einen Schlabberbauch, wie einer, der nur Brot isst.

Ivo schubst ihn aus dem Büro in Richtung Ausgang. Er versucht, sich zu beruhigen, aber er war noch nie gut im plötzlichen Umschalten von Wut auf Gelassenheit. »Ich will meiner Freundin hier den Steinbruch zeigen, sie ist nämlich Bildhauerin.«

»Aber das geht nicht, heute wird dort gearbeitet.« Er leistet Widerstand, wie ein Mehlsack. »Wenn ihr morgen kommt, kann ich euch alles zeigen, was ihr wollt.«

»Aber morgen können wir nicht.« Schlagartig lodert der Zorn wieder auf, nicht so sehr gegen Dario als gegen alles, was sich immer schon zwischen Wunsch und Wirklichkeit gestellt hat. »Wir haben nur heute.«

Als Mara die beiden aus der lädierten Tür kommen sieht, Dario in gebückter Haltung, weil Ivo ihm den Arm verdreht, macht sie ein ziemlich kritisches Gesicht.

Sofort lockert Ivo den Griff und versetzt Dario einen Schubs. Er schlägt einen freundlicheren Ton an, auch wenn sein Zorn noch nicht verflogen ist. Und die Enttäuschung erst recht nicht. »Das ist Dario, er zeigt uns jetzt den Steinbruch.«

Um wenigstens ein Minimum an Würde zu bewahren, zupft Dario sein Hemd zurecht. »Guten Tag, Signora.« Sein Lächeln wirkt dabei allerdings ziemlich verkrampft.

Mara schüttelt missbilligend den Kopf, als hätte sie gerade irgendein Vergehen beobachtet. »Ich will gar nichts besichtigen.«

In höchstem Maße alarmiert, kommt die Sekretärin an die Tür, das schnurlose Telefon in der Hand. Ein Arbeiter, der mit einer Raupe auf der Stollensohle herumfährt, schaltet den Motor aus, zwei weitere schauen von oben herunter, noch einer steht mit seinem Bobcat-Lader am Stolleneingang und sieht ebenfalls herüber. Alle ziemlich auf dem

Quivive. Mit einer Handbewegung gibt Dario ihnen zu verstehen, dass alles in Ordnung ist und sie an die Arbeit zurückgehen sollen. Zum Glück, denn bei einem Kampf mit mehreren weiß man nie, wie das ausgeht. Vor vielen Jahren hat er mal ein Interview mit Bruce Lee gelesen, wo der gefragt wurde, welche Kampftechniken aus dem *Jeet Kune Do* geeignet seien, um es mit drei oder vier Gegnern aufzunehmen. Darauf hat Bruce Lee geantwortet: »Vergiss die Techniken und nimm eine Pistole.«

Die Arbeiter und die Sekretärin lassen ihn nicht aus den Augen, unternehmen aber nichts. Statt der Enttäuschung macht sich jetzt lähmende Unschlüssigkeit breit. Ein Meer aus Unschlüssigkeit, unsichtbar, aber doch zu spüren. Sie blockiert die Beine, die Arme, die Gedanken.

Doch damit will Ivo sich nicht abfinden; damit es überhaupt irgendwie weitergeht, muss er jetzt die Initiative ergreifen. Aufmunternd klopft er Dario auf die Schulter. »Na, wie sieht's aus, zeigst du uns jetzt den Steinbruch?«

»Kommt mit.« Dabei deutet er, schon etwas motivierter, auf den Stolleneingang. Wenigstens etwas.

Forschend sieht Ivo Zanovelli zu Mara hinüber, in der Hoffnung auf ein Lächeln oder wenigstens eine entspannte Miene. Darauf, dass sie sich in Bewegung setzt. »Bitte sehr.« Das sagt er nie, aber jetzt ist ihm danach. Er kann es selbst nicht glauben.

Sie lächelt nicht, macht auch kein entspanntes Gesicht, setzt sich aber zum Glück in Bewegung.

Dario geht voran und bleibt am Eingang stehen. Drinnen ist es ziemlich laut, zahllose Maschinen sind im Einsatz, kreischen und knirschen unablässig: Seilsägen, Bagger,

Kompaktlader, Teleskoplader, Kompressoren, ein vollbeladener knickgelenkter Dumper Caterpillar D300E. Doch der Stollen ist so riesig, dass er trotzdem leer wirkt, überall sind quadratische Flächen aus hellglänzendem Stein zu sehen.

Dario ruft den Vorarbeiter und gibt Anweisung, im vorderen Teil sämtliche Maschinen abzuschalten. Dann lässt er sich drei gelbe Schutzhelme bringen, einen behält er für sich, die anderen gibt er an sie weiter.

Obwohl sie ein ernstes Gesicht macht, sieht Mara mit dem gelben Schutzhelm ziemlich komisch aus. Aber sie ist beeindruckt, schwer beeindruckt.

Tatsächlich bietet der Stollen einen imposanten Anblick. Boden aus Marmor, Wände aus Marmor, Decke aus Marmor. Ein weitläufiger, hoher, heller Raum, in dem es überall glitzert. Außerdem ist es kühl, die Kühle des Marmors, tief im Berg. Jetzt, wo die Maschinen abgeschaltet sind, hört man den kleinsten Laut, jeden Schritt, jeden Tropfen, der von der Decke fällt.

»Erzähl doch mal die Geschichte des Namens.« Ivo Zanovelli redet in erster Linie, um ein Minimum an Wärme zu bewahren, damit nicht jegliche Kommunikation vom Marmor eingefroren wird.

»Piedecapra?« Dario ist zwar noch nicht ganz auf Touren, legt dann aber doch los. »In einem Steinbruch in Luna wurde ein Basrelief aus römischer Zeit gefunden, das ursprünglich Diana als Jägerin mit einem Hirschkalb darstellte. Irgendwann jedoch wurde die Figur der Diana abgeschlagen, und es blieb nur ein Fuß und das Hirschkalb. Da die Leute hier ziemlich ungebildet waren, dachten sie, es handele sich um eine Ziege, daher der Name: Fuß *und* Ziege.«

Mara hört aufmerksam zu, sieht sich interessiert um, auch wenn sie immer noch unschlüssig wirkt. Vielleicht wegen der Sache mit Dario vorhin, vielleicht weil es sie einschüchtert, den Berg über sich zu wissen. Vielleicht weil sie Marmor nicht mag, vielleicht weil es ihr missfällt, mit ihm hier zu sein.

Inzwischen ist Dario nicht mehr zu bremsen; wenn er erst mal redet, hält ihn keiner mehr auf. Er erzählt von den alten Römern, wie sie mit Sklaven den Marmor abbauten und ihn dann übers Meer bis zum Hafen von Ostia verschifften. Dann von Michelangelo, der sich monatelang hier aufhielt, um sich die besten Blöcke auszusuchen, die er dann mit Ochsenkarren über die Aurelia nach Rom bringen ließ, um ihnen dann seine Meisterwerke wie den *David* zu entlocken.

»Aber den Marmor für den *David* hat doch nicht Michelangelo ausgesucht.« Mara sagt das spontan, nicht um die Besserwisserin zu spielen.

»Doch.« Entsetzt dreht Dario sich um, wie ein Priester, der in der Kirche jemanden fluchen hört. »Der Block stammt hundertprozentig von hier.«

»Das schon, aber er war schon vierzig Jahre vor Michelangelo in Florenz.« Jetzt ist sie ganz bei der Sache, ihre Stimme steht unter Spannung. »Ursprünglich hatte man ihn Agostino di Duccio gegeben, der die Beine und ein Stück des Rumpfes schuf, vermutlich unter Aufsicht von Donatello. Denn als Donatello starb, hat Agostino das Vorhaben aufgegeben.«

»Nicht dass ich wüsste, Signora.« Dario ist erschüttert, traut sich aber nicht, offen zu widersprechen. Die Arbeiter sitzen oder stehen reglos neben ihren Maschinen und hören zu, zwischen Licht und Schatten.

»Und hört endlich auf, mich mit Signora anzureden!«, empört Mara sich.

Ivo muss lachen, reißt sich aber gleich wieder zusammen. Es erscheint ihm wie ein Wunder, dass sie plötzlich Interesse zeigt.

»Dann hat man den Block an Antonio Rossellino weitergegeben, der aber nicht viel daran gearbeitet hat.« Auch wenn sie Marmor nicht mag, die Geschichte der Skulpturen hat sie drauf, wieder eine Seite von ihr, von der er bisher nichts gewusst hat.

»Und dann?« Ivo Zanovelli will hören, wie es weitergeht, er ist wie verzaubert.

»Dann stand der Block weitere fünfundzwanzig Jahre rum, bis man ihn schließlich Michelangelo gab.« Da hat er geglaubt, sie mache alles instinktiv, mache diese ausdrucksstarken Katzen, ohne nachzudenken. Aber von wegen, sie denkt lange nach und weiß eine Menge über Bildhauerei.

»Und er hat dann ein Meisterwerk daraus gemacht?« Ivos Stimme klingt brüchig, das passiert ihm sonst nie. In manchen Fällen erkennt er Schönheit auf Anhieb, in anderen überhaupt nicht. Bei einer Frau sieht er sofort, ob sie schön ist, keine Frage. Bei Mara zum Beispiel. Diese weiblichen Formen, diese Kraft, dieser künstlerische Geist, dieses Wissen. Bei einem Motorrad natürlich auch, da achtet man auf ein harmonisches Design. Genauso bei einem gutgemachten Dach, einem soliden Mauerwerk oder einem formschönen Schornstein. Da erkennt man die Schönheit sofort, das spürt man. Aber bei einem schneeweißen Monumentaljüngling, den einer irgendwann vor Hunderten von Jahren aus dem Stein gehauen hat? So einer steht auch im Garten einer Villa, die er modernisiert hat, in der Nähe von Arezzo. Ein bisschen kleiner natürlich, aber sonst identisch, mit CNC gemacht. Riesenkopf und Riesenhände, genau wie beim Original. Aus hiesigem Marmor, nicht etwa aus Gips. Aber ist der nun schön?

»Mir gefällt der *David* überhaupt nicht.« Mara sieht ihn kaum an, schlägt aber einen nachdenklichen Ton an. »Ein einfacher Hirtenjunge, der gerade im Begriff ist, den furchterregenden Riesen niederzustrecken, der zuvor die gesamte Bevölkerung, ja ganze Heere in Angst und Schrecken versetzt hat, und dabei eiskalt bleibt und überhaupt kein Fünkchen Gefühl zeigt. Er steht einfach da, mit vollkommen leerem Blick. Er ist weder wütend noch erschrocken, weder berauscht noch verblüfft, weder erschöpft noch deprimiert. Nichts. Er steht einfach nur da wie ein Aktmodell, das selbstverliebt seine perfekt trainierten Muskeln spielen lässt, seine Schenkel, seine Waden.«

»Aber Signora!« Dario weiß gar nicht mehr, was er sagen soll, jetzt, da sich all seine Gewissheiten in Wohlgefallen auflösen. »Das ist doch die schönste Statue der Welt!«

»Weil sie so berühmt ist?« Mara lacht, meint es aber ernst. »Weil man sie millionenfach kopiert hat, aus jedem erdenklichen Material und in allen erdenklichen Größen?«

»Genau. Das wird schon seinen Grund haben.« Dario wirft Ivo hilfesuchende Blicke zu, doch der denkt nur an die Leidenschaft in ihrer Stimme.

»Das liegt am Marmor, der löscht jedes Gefühl aus.« Sie lässt sich weiter von ihren Assoziationen mitreißen. »Wenn man sich nämlich Michelangelos David-Figur im Deckenzwickel der Sixtinischen Kapelle ansieht, sieht man etwas ganz anderes, man sieht einen zornigen jungen Mann mit zerzaustem Haar und hochrotem Gesicht, der Goliath wütend am Schopf packt und mit überbordender Kraft das Schwert schwingt, um ihm den Kopf abzuschlagen.«

»Das habe ich momentan leider nicht vor Augen.« Dario schüttelt den Kopf.

Mara will etwas erwidern, wendet sich dann aber ab.

Dario hat sich im Handumdrehen berappelt, darin ist er gut. Schon bald taucht er wieder in die ruhmreiche Geschichte ein, gibt unverhohlen damit an, dass sie hier, speziell in der Galleria Rampiati, seit zweitausend Jahren den besten Marmor überhaupt abbauen, ein absolutes Spitzenprodukt, auf das arabische Scheichs, chinesische Milliardäre und russische Oligarchen gleichermaßen versessen sind. Deshalb gebe es auch immer wieder Leute, die in betrügerischer Absicht Marmor aus anderen Steinbrüchen anbieten und behaupten, er wäre von hier, auch wenn die Qualität natürlich nicht dieselbe ist. Dann erzählt er, dass Audi hier letztes Jahr einen Werbespot gedreht hat, Ende August stehe zudem eine Modeschau der Haute Couture auf dem Programm. Dann spult er noch eine Liste berühmter Besucher ab und hofft wohl, damit seinen früheren Fauxpas zu kompensieren.

Mara hört jedoch nur mit halbem Ohr zu und mustert stattdessen eingehend den glänzenden Marmorboden, der jeder Kathedrale gut zu Gesicht stehen würde. Ein bisschen verschmutzt durch Kettenfahrzeuge und die Abfälle an den Seitenwänden, aber trotzdem sehr eindrucksvoll. Sie blickt nach oben und sieht die quadratischen Einschnitte, die aussehen wie die Kassettendecke im Palast eines Riesenkönigs, allerdings halbfertig, weil der König tot ist.

Dann führt Dario sie weiter in den Stollen hinein, wo die Sägemaschinen bei Scheinwerferlicht arbeiten. Ein absolut sehenswertes Spektakel, auch wenn man ein bisschen Gewalt anwenden musste, um dabei zu sein, und auch wenn die Realität nie so ist wie die Vorstellung. Nie.

Siebzehn

Sie geben ihre gelben Helme ab, verlassen den Stollen und treten wieder hinaus in die Hitze und das gleißende Licht, das bei all dem Weiß noch aggressiver wirkt. Dieser Dario, von dem man nicht weiß, ob er nun der Verwalter oder der Besitzer ist, begleitet sie zur Straße und redet dabei unaufhörlich weiter. Er zeigt hierhin und dorthin, erzählt die Geschichte des Marmors und des Steinbruchs: Er erwähnt Bildhauer und Werke, manches ist richtig, anderes nicht, weist mit dem Zeigefinger auf den aufgerissenen Berg, wo sich die Zickzacklinie der abgebauten Steinblöcke in großen Stufen bis fast zum Gipfel hinaufzieht.

Bei diesem Anblick muss Mara Abbiati plötzlich wieder an die Beschreibungen denken, die Charles Dickens nach seinem Besuch in den Steinbrüchen Mitte des neunzehnten Jahrhunderts in *Reisebilder aus Italien* notiert hat. Je länger ihr Blick auf der verunstalteten Landschaft ruht, desto deutlicher meint sie zu sehen, wie die schrecklichen Bilder aus diesem Text um sie herum erneut Wirklichkeit werden. Wie eine Ansicht der Hölle.

Mit schuldbewusster Miene, die Hände tief in den Hosentaschen vergraben, sieht Ivo sie immer wieder stumm an. Wahrscheinlich weiß er genau, dass sein aggressives Verhalten Dario gegenüber sie verärgert hat, deshalb versucht er jetzt, den Ball flach zu halten. Wieder auf Tauchstation hinter der verspiegelten Brille, tut er nicht einmal so, als würde er zuhören; wer weiß, woran er denkt.

Dario schildert gerade, wie es früher war, als man die Blöcke noch mit der Hand sägen musste, mit einer Säge, die mit einer Mischung aus Wasser und Sand gekühlt wurde, und zwei Männer unter unendlichen Anstrengungen an einem Tag höchstens sieben, acht Zentimeter vorankamen. Dann erzählt er von der Lizzatura, einem speziellen Transportsystem, bei dem fünfundzwanzig bis dreißig Tonnen schwere Marmorblöcke auf eine Art Holzschlitten verladen und dann auf eigens dafür gebauten Gleit- und Rutschbahnen mit einem Gefälle von siebzig bis achtzig Grad zu Tal gelassen wurden. Damit der Schlitten besser glitt, wurden die als Kufen dienenden Kanthölzer geseift. Gehalten wurde die Ladung durch Hanfseile, die man zur Sicherung um Holzpfosten, die sogenannten *piri*, schlang, welche in regelmäßigen Abständen an der Seite der Gleitbahn in den Boden eingelassen und durch Keile gesichert wurden. Er erzählt von den Keilen aus gewässertem Feigenbaumholz, die die Sklaven vor zweitausend Jahren benutzten, den Metallkeilen der Römer, vom Schießpulver, das oft mehr Schaden anrichtete, als es nutzte, vom Drahtseil-Flaschenzug im neunzehnten und vom Diamantseil-Flaschenzug im zwanzigsten Jahrhundert, der anfangs mitunter riss und manchem Arbeiter Arme oder Beine abschnitt; von all den primitiven, genialen und verzweifelten Methoden, die die Menschen sich im Laufe der Jahrhunderte ausdachten, um hier in diesen Bergen Marmor abzubauen. Es macht ihm sichtlich Spaß, die traditionellen Dialektwörter und die neuen technischen Fachbegriffe zu verwenden: Er scheint überzeugt, dadurch suggestive, anschauliche Bilder heraufzubeschwören, als sei der Marmorabbau eine Art Volksfest, das von Generation zu Generation weitervererbt wird, zum Vergnügen aller Beteiligten.

Ihr hingegen kommen ganz andere Assoziationen: Schreie, Schläge, verzweifelte Gesten, Schweiß, Blut, Quetschungen, Abstürze, Explosionen, Steinsplitter, Staub, Schlamm, Menschen und Ochsen, die durch Peitschenhiebe und Überanstrengung ihr Leben verloren; und all dieses Elend nur wegen eines weißen Gesteins, aus dem man dann Säulen oder hässliche Statuen machte, damit irgendwelche reichen, mächtigen Arschlöcher ihre Paläste damit ausstaffierten, um der Welt zu zeigen, dass sie es sich leisten konnten. Ihr wird schwindelig, ihr Magen krampft sich zusammen; schnell versucht sie, an etwas anderes zu denken, aber es gelingt ihr nicht.

Ivo hat etwas gemerkt, er sieht sie besorgt an und gibt Dario ein Zeichen. »Stopp. Das reicht, wir haben verstanden.«

Dario verstummt, ein bisschen gekränkt, denn inzwischen ist er auf den Geschmack gekommen. Er bietet ihnen etwas zu trinken an, ein kaltes Bier, ein kühles Glas Weißwein.

»Nein, danke, wir müssen los.« Ivo denkt nicht daran, sich zu bedanken, mustert ihn durch seine Sonnenbrille. »Aber mal was anderes, hast du vielleicht einen schönen Block für uns, zum Ausprobieren für die Signora?«

»Die Signora ist keine Signora und will überhaupt nichts ausprobieren!« Sie ist wütend, ihr steigt die Zornesröte ins Gesicht.

Dario aber scheint sich zu freuen und nickt begeistert. »Auf jeden Fall! Wie groß soll er denn sein?«

»Keine Ahnung, eins zwanzig mal fünfzig mal fünfzig vielleicht?« Ivo sieht sie fragend an.

»Ich will überhaupt keinen Marmorblock, ganz egal, wie groß!« Mara stampft mit dem Fuß, wirbelt eine kleine Staubwolke auf. Sie ist außer sich, weil Ivo nicht lockerlässt und sie zu nötigen versucht.

Ivo wendet sich an Dario. »Welche Größen habt ihr denn auf Lager?«

»Gebt mir fünf Minuten, ich sehe mal nach!« Dario geht rasch auf einen Arbeiter zu.

»Aber schön muss er sein! Ohne Risse oder Einschlüsse!«, ruft Ivo ihm hinterher.

»Logisch!« Dario überschlägt sich fast vor Eifer: Vermutlich will er sich erkenntlich zeigen, wofür auch immer.

Aufgebracht bearbeitet Mara weiterhin den Platz mit Fußtritten. Sie ist wütend: auf sich, weil sie sich darauf eingelassen hat, auf Ivo, weil er seine Macht missbraucht, auf Dario, weil er dabei mitmacht, auf unzählige Generationen von Tyrannen, weil sie ihrerseits unzählige Generationen von Sklaven dazu genötigt haben, ohne Unterlass diese Berge auszuweiden.

Aus der Distanz späht Ivo forschend zu ihr herüber und kommt dann mit seinem schwungvollen Gang auf sie zu. Jetzt wirkt er erneut verunsichert; auch wenn es schwierig ist, seine Miene zu deuten, vor allem wegen der Sonnenbrille. »Was ist denn los?«

»Ich will keinen Marmor, das ist los.« Sie hat die Spielchen satt, will nur noch weg von hier.

»Warum denn nicht?« Er schiebt die Brille in die Stirn, sieht sie unschuldig an. »Das ist doch eine gute Gelegenheit, wo wir schon mal hier sind. Und Dario, der freut sich, das hast du doch gesehen.«

»Von wegen! Der macht das nur, weil er sich genötigt fühlt, das ist ja wohl offensichtlich!« Obwohl sie die Blicke der Arbeiter spürt, die zu Fuß oder auf ihren Maschinen unterwegs sind, gelingt es ihr nicht, leise zu reden.

Als wollte er sich verteidigen, hebt Ivo besänftigend die Hände. »Er glaubt, mir etwas schuldig zu sein, okay?«

»Ist mir scheißegal!« Sie hadert unter anderem auch deshalb mit sich, weil sie nun doch der Faszination dieser imposanten Hallen erlegen ist, sogar den grauenhaften Lichtern und Geräuschen.

»Hey, hörst du mir vielleicht mal zu?« Ivo packt sie am Arm und sieht ihr aus nächster Nähe direkt in die Augen. Da ist ein dunkler, warmer Strom, rigoros, unnachgiebig. »Willst du dir nicht wenigstens mal anhören, weshalb er sich verpflichtet fühlt, bevor du ein endgültiges Urteil fällst?«

»Nein! Kein Interesse!« Sie macht sich los und wendet den Blick ab. Damit will sie auf keinen Fall behelligt werden, mit seinen dunklen Machenschaften, seinen Mauscheleien will sie nichts zu tun haben. Aber hat sie das nicht von Anfang an gewusst? Das war doch klar, mit so einem musste es ja so kommen. Wie der schon aussieht, die Haare, die Klamotten, die Goldkette, die Tätowierungen, was sollte man von so einem schon anderes erwarten? Brauchte man da wirklich noch eine Bestätigung? Warum in aller Welt ist sie bloß mitgekommen? Aus Neugier? Worauf denn?

»Aber den Steinbruch zu besichtigen, das hat dich schon

interessiert, oder?« Ivo tut so, als wäre gar nichts gewesen, als hätte er keine Tür eingetreten und einem Mann den Arm verdreht.

»Aber nicht *so*.« Es kommt ihr lächerlich vor, so etwas zu sagen, ihm überhaupt etwas zu erklären.

Ivo sieht sie an wie ein seltsames Wesen, dem man gerade aufgrund seiner Seltsamkeit eine Sonderbehandlung zugesteht. »Ich habe seiner Mutter das Leben gerettet, bei einem Brand, alles klar?«

»Wie bitte?« So was Absurdes, allein schon die Vorstellung. Sie kann nicht glauben, was er da sagt, aber noch weniger, dass er die Unverfrorenheit besitzt, ihr eine derart haarsträubende Geschichte aufzutischen, und dann auch noch glaubt, dass sie darauf hereinfällt.

»Doch, so war's.« Jetzt ist er verlegen, steckt wieder die Hände in die Taschen und sieht weg. »Ich habe ihr Haus modernisiert, unten in Carrara. Als ich eines Nachmittags dort vorbeiging, um eine Regenrinne zu überprüfen, war sie mit einer brennenden Zigarette auf dem Sofa eingeschlafen. Das Sofa und die Vorhänge brannten schon lichterloh, alles war voller Rauch. Die Tür war abgeschlossen, doch zum Glück hatte ich Dario dazu überredet, auf Gitter zu verzichten, so konnte ich sie durchs Fenster rausholen.«

Fassungslos sieht sie ihn an. Ist es doch wahr, was er da sagt? Hört sich ganz danach an, denn er erzählt in aller Bescheidenheit, ohne sich damit zu brüsten.

»Deshalb war ich so maßlos enttäuscht, verstehst du?« Ivo macht eine Handbewegung, als wollte er ihr um jeden Preis erklären, warum er das getan hat. »Mit Enttäuschungen umzugehen war schon immer mein Problem.«

Derweil kommt Dario zurück und strahlt noch mehr als vorher. »Ich habe einen herrlichen Block gefunden, eins zwanzig mal siebzig mal vierzig. Spitzenqualität, schneeweiß und ohne Einschlüsse.«

Ivo setzt die Brille wieder auf und nickt: als nehme er nur, was ihm zusteht, als gehöre das Gespräch mit ihr auf eine andere Ebene.

»Ich will ihn nicht.« Mara Abbiati spricht leise, aber entschlossen. Doch was will sie eigentlich nicht? Dass Ivo seinen Anspruch auf sie überträgt? Oder kann sie nur nicht akzeptieren, dass er vielleicht doch ein besserer Mensch ist, als sie bis gerade eben noch gedacht hat?

Da kommt auch schon ein gelber Gabelstapler mit einem Marmorblock angerauscht. Dario zeigt auf den roten Pick-up.

Mara spurtet los und baut sich mit verschränkten Armen vor der Ladefläche auf. »Ich will ihn nicht! Danke, aber ich will ihn wirklich nicht!« Sie kommt sich albern vor: weil sie auf einer Ablehnung beharrt, die eigentlich ganz andere Gründe hat und auf Annahmen beruht, die sich als unbegründet erwiesen haben. Wieso tut sie das? Um sich selbst treu zu bleiben? Um nicht ganz durcheinanderzukommen?

Ivo geht zum Wagen, halb amüsiert, halb konsterniert. »Aber wieso denn?«

»Ich habe dir doch schon zehnmal gesagt, wieso!« Sie ist kurz davor auszuflippen: zu viel Licht, zu viel Hitze, zu viel Staub, zu viel Marmor. Immer wieder muss sie an den Text von Charles Dickens denken; endlose Greuel für etwas, das weder nötig noch unverzichtbar war.

Dario dirigiert den Gabelstapler in Richtung Pick-up,

doch als er nur noch ein paar Meter entfernt ist, stoppt er ihn und sieht fragend zu Ivo hinüber.

Ivo beugt sich vor und flüstert ihr ins Ohr. »Passt es dir nicht, dass du nichts bezahlen musst?«

»Das auch, klar!« Am liebsten würde sie sich zu Fuß davonmachen, aber dafür ist es einfach zu weit bis ans Meer, und außerdem fürchtet sie sich vor der Schroffheit dieser seit zweitausend Jahren geschundenen Berge.

Ivo nickt, als hätte er erst jetzt verstanden, wo das Problem liegt. Er zieht das Geldbündel aus der Hosentasche, das sie ihm in der Bank gegeben hat, nimmt zwei Fünfhundert-Euro-Scheine und hält sie Dario hin. »Hier, nimm. Für den Marmor.«

Dario wird kreidebleich, als richtete Ivo eine Pistole auf seine Brust. »Soll das ein Scherz sein?«

»Sehe ich aus, als würde ich scherzen?« Ivo ist ungehalten. »Nimm das Geld, damit wir fertig werden.«

Verblüfft verfolgt der Gabelstaplerfahrer die Szene, während der Motor leise tuckert.

Mara Abbiati ist mindestens genauso verblüfft, sie ist wie gelähmt angesichts dieser absurden Situation.

Entrüstet weist Dario die Scheine zurück und schiebt Ivo, der noch mehrmals versucht, ihm das Geld in die Hand zu drücken, immer wieder weg. »Jetzt hör mal, Ivo, von dir nehme ich kein Geld, auf gar keinen Fall! Ein kleines Geschenk von mir, das kannst du ja wohl annehmen, oder nicht?«

»Nein, kann ich nicht! Weil die Signora hier kein Geschenk will!« Obwohl Ivo ihm mit derselben Kraft zu Leibe rückt, mit der er zuvor die Tür eingetreten hat, schafft er es nicht, Dario auszutricksen; schließlich steckt er das Geld wieder ein und sieht zu Mara herüber, als wollte er sagen: »Siehst du?« Dann klappt er die Heckklappe des Pick-ups runter und winkt den Arbeiter mit dem Gabelstapler heran.

Der nähert sich, fährt die Gabel hoch, rückt dicht an den Pick-up heran, stellt langsam den Marmorblock auf der Ladefläche ab und fährt zurück, dirigiert von Dario, der umso erleichterter wirkt, je weiter die Operation voranschreitet.

Als der Gabelstapler weg ist, holt Ivo ein Spannseil mit Sperrklinke aus dem Pick-up, schlingt es um den Block und befestigt es auf der Ladefläche. *Vrrrap, skrrriak,* schnell und sicher. Dann schließt er die Klappe, *clank,* und hakt sie ein. Er hebt die Hand zum Gruß in Darios Richtung, klettert auf den Fahrersitz und lehnt sich hinüber, um ihr die Tür zu öffnen. »Fahren wir?«

Mara steigt ein, so konfus und frustriert, dass sie kein Wort herausbringt. Woher kommt dieses Misstrauen? Wieso hat sie hinter Darios Hilfsbereitschaft geradezu zwanghaft das Allerschlimmste vermutet? Und wieso konnte sie ihr Verhalten selbst dann nicht ändern, als sie den wahren Grund für Darios Geste erfuhr? Ist sie selbst womöglich genauso voller Vorurteile wie Craig? Oder war diese Form der Selbstverteidigung unter den gegebenen Umständen vielleicht sogar berechtigt? Sie legt den Sicherheitsgurt an und nickt Dario zu, der ihnen zum Abschied winkt.

Ivo fährt ruckartig an, *skrrrammm,* die großen Räder schrappen über die festgestampfte Erde und hüllen Dario in eine Staubwolke.

Achtzehn

Im Zimmer von Signora Launas Sohn Tino sitzt Craig Nolan auf einem unbequemen Stuhl an einem ebenso unbequemen Tisch und denkt angestrengt darüber nach, wie er die Folge über Entscheidungsunfähigkeit durch zu große Optionsvielfalt am besten aufbauen soll. Der Arbeitstitel, ein Geniestreich des Regisseurs und seiner ebenso genialen Autoren, lautet *Zu viel Auswahl*: Das sagt schon alles darüber, wie weit sie in der Banalisierung zu gehen bereit sind, nur um ein möglichst großes Publikum anzusprechen. Das Exposé, das sie zusammengeschustert haben, ist so jämmerlich wie ausgelutscht, weil es lediglich noch mal in aller Plattheit die an sich schon banalen Thesen von Barry Schwartz zusammenfasst (natürlich ohne die Arbeiten von Herbert A. Simon, Daniel Kahneman und Amos Tversky auch nur zu erwähnen, von denen Schwartz zu großen Teilen abgeschrieben hat). Aber eigentlich war das nicht anders zu erwarten, da weder der Regisseur noch die Autoren wissen, wovon sie reden, und ihre Weisheiten aus ein paar flüchtig durchgeblätterten Taschenbüchern und ein paar vagen, wenig zuverlässigen Wikipedia-Einträgen beziehen.

Hier also der sagenhafte Einfall des Regisseurs (abgekupfert aus einer Studie von Sheena Iyengar von der Columbia und Mark Lepper aus Stanford, natürlich ohne jegliche Quellenangabe): Ein Schauspielerpaar (sie eine pseudonaive Sexbombe, er ein gewöhnlicher Schwachkopf mit dicker Brille und lächerlicher Frisur) kommt in einen Laden, der sechs verschiedene Marmeladensorten zum Probieren anbietet, von denen man sich für eine entscheiden soll. So weit, so gut. Doch dann wird das Angebot auf zwölf Sorten erhöht, was den beiden die Entscheidung zusätzlich erschwert, und dann noch einmal auf *vierundzwanzig*, wodurch dem Zuschauer gezeigt werden soll, dass die wachsende Unschlüssigkeit jede sinnvolle Entscheidung unmöglich macht. Fragt sich ohnehin, wie die eigentlich auf vierundzwanzig verschiedene Marmeladensorten kommen wollen. Sollte da wohl gar auf Rambutan, Sternfrucht, Drachenfrucht und Mangostan zurückgegriffen werden? Oder reicht ein bisschen Farbstoff, weil die Schauspieler sich ja ohnehin ans Drehbuch halten und ihre Geschmacksknospen überhaupt nicht ins Spiel kommen?

Wäre es nicht wesentlich spannender, sich mal mit der Flut an Sexoptionen zu beschäftigen, die durch die Dominanz der sozialen Netzwerke, die Aushöhlung realer Beziehungen und den unaufhaltsamen Verfall moralischer Werte ausgelöst wurde? Oder mit der Selbstverständlichkeit, mit der man sich heute in unserer auf Pornokonsum getrimmten Gesellschaft im Netz einen Partner ordert, so mühelos und unverbindlich wie irgendein Gadget bei Amazon, um ihn dann bei der erstbesten Gelegenheit durch den nächsten, vermeintlich besseren zu ersetzen? Oder mit dem naiven Glauben, in diesem jederzeit abrufbaren Riesenangebot garantiert den passenden Partner zu finden, was jedes Gefühl für unverhoffte, schicksalhafte Begegnungen zerstört? Es gibt keine Zufälle mehr, keine Überraschungen, man muss auf nichts mehr warten, weil jeder Wunsch umgehend erfüllt wird, so dass am Ende sogar jedes Begehren versiegt. Außerdem werden damit zwangsläufig völlig unrealistische Erwartungen geweckt; aber das Schlimmste ist, dass der bloße Gedanke, bei jeder Entscheidung tausend Möglichkeiten zu verpassen, die Menschen zusätzlich in Angst und Schrecken versetzt. Doch das sind einfach zu viele unbequeme Implikationen, die man nur schwerlich im leichten Plauderton abhandeln kann.

Das Problem beim Fernsehen ist ohnehin immer dasselbe: Wie kann man ein annehmbares Maß an wissenschaftlicher Präzision in einem Format unterbringen, das von Inkompetenten gemanagt wird und sich an Menschen mit mittlerem bis niedrigem Bildungsgrad richtet, ohne dabei faule Kompromisse zu machen, ohne dauernd auf die Einschaltquoten zu schielen und um jeden Preis »leicht verständlich« oder gar »unterhaltsam« sein zu müssen? Wenn es nach ihm ginge, würde er die einfachste und effektivste Lösung wählen, das heißt eine Vorlesung; das würde auch viel weniger kosten als jede blöde Spielhandlung. Man bräuchte nur einen Schreibtisch, eine Tafel und ein Publikum aus möglichst unterschiedlich aussehenden und sich unterschiedlich verhaltenden Zuschauern. Zudem bräuchte er sich auch nicht den Kopf zu zerbrechen, wie er die Leute ansprechen sollte, könnte es einfach so machen wie in seinen Kursen an der Uni: Er weiß nämlich, wie man sein Publikum fesselt und eine ganze Stunde bei der Stange hält, ohne irgendwelche Tricks. Aber das geht nicht, die Produzenten haben denselben Horror vor der einfachen Form wie vor der begrifflichen Komplexität; und da sie ihre mentale Beschränktheit nicht zugeben können (vermutlich sind sie sich deren gar nicht bewusst), behaupten sie nachdrücklich, eine derart nüchterne Form sei unattraktiv, das sei Fernsehen alter Schule und würde die Einschaltquoten unweigerlich zum Absturz bringen. Da ihnen grundsätzlich die Mittel fehlen, intelligente Ideen zu entwickeln, klammern sie sich an bestimmte Standardvorgaben, zu denen bestimmte Dogmen gehören, darunter die Überzeugung, man brauche unbedingt gleißende Scheinwerfer und hämmernde Musik, um narrative Spannung zu erzeugen (und Stereotype wie die pseudonaive Sexbombe und den Typ mit der dicken Brille), damit die Zuschauer sich unterhalten fühlen und nicht abgeschreckt werden. Da kann man nichts machen: So sind nun mal die Spielregeln, es hat keinen Sinn, gegen ein kulturell und intellektuell durchgehend dekadentes Fernsehsystem ins Feld zu ziehen. Hauptsache, sie lassen ihm seine Kernkompetenz (um mal einen Ausdruck ihrer schrecklichen Sprache zu benutzen), immerhin setzt er dafür seinen Namen, sein Gesicht und seine Reputation ein; sollen sie doch mit ihrem Zirkus weitermachen, solange die Einschaltquoten stimmen.

Allerdings muss man dazu auch sagen, dass inzwischen fast alle seiner Professorenkollegen nicht mehr davor zurückschreckten, den Schmierenkomödianten, mitunter gar den Clown zu geben und das einschlägige Repertoire an dummen Sprüchen, Witzchen, falschem Gelächter und Augenzwinkern einzusetzen, wobei es sie nicht im Geringsten juckte, dass sie dadurch ihre eigenen Aussagen entwerteten, ihre noblen Fächer in den Dreck zogen und der ohnehin schon beängstigend gesunkenen Konzentrationsbereitschaft vollends den Garaus machten. Natürlich ließen sie keine Gelegenheit aus, ihn wegen seiner Sendung und seiner damit unweigerlich steigenden Popularität (bei gleichzeitigem Einbruch der Buchverkäufe wie der Studentenzahlen) zu kritisieren, würden jedoch zugleich alles dafür geben, selbst ins Fernsehen zu kommen: Sie wären sich nicht einmal zu blöd, sich als Bär oder Affe zu verkleiden, eine Papierperücke oder eine falsche Nase aufzusetzen, mit Schellen und Trompeten herumzurasseln, bis jeder Kinderanimateur vor Neid erblassen würde.

Wenn er es dagegen geschafft hatte, in einem Format zwischen Populärwissenschaft und Unterhaltung eine Spur von wissenschaftlicher Ernsthaftigkeit beizubehalten, dann nur deshalb, weil er durch seinen legendären Status einen Handlungsspielraum hatte, der seinen Konkurrenten natürlich abging: Das war eben der Unterschied zwischen einem, der im Feld war (nämlich im Dschungel), und denen, die ihr Leben zwischen Hörsälen und Bibliotheksregalen fristen. Wie sollte man sich da noch wundern über den Neid vieler Kollegen (die sich im Übrigen bei persönlichen Begegnungen gern als Freunde aufspielen), über die zumeist anonymen Querschüsse, mit denen sie immer wieder versuchen, an seiner akademischen Reputation zu kratzen oder gar an seinem privaten Image? Lag es da nicht auf der Hand, dass sie aus reiner Selbstverteidigung kurzerhand Lehrsätze aufstellten, wonach ein ernsthafter Anthropologe eigentlich keine eigene Fernsehsendung haben dürfte? Und wer eine hatte, verlor automatisch an Autorität. Wie hieß noch gleich der Spruch von diesem schwachköpfigen Antievolutionisten Harold Coffin: »Neid ist die Kunst, die Begabungen anderer zu zählen anstatt die eigenen.« Das war der Preis, den man zahlen musste, um hin und wieder ein bisschen Anerkennung zu bekommen, von einer hinreichenden Menge von Leuten bewundert zu werden (darunter auch ein paar zwanzigjährige Studentinnen), sich unter anderem ein Ferienhaus in Italien leisten zu können und ein im Allgemeinen zufriedenstellendes Leben zu führen.

Dafür reicht es, wenn man sich von den bissigen, als Ironie getarnten Tweets nicht allzu sehr beeindrucken lässt, die Giftigkeit mancher Bemerkung ignoriert und sich nicht verpflichtet fühlt, jede Lüge oder jedes absichtlich gestreute haltlose Gerücht zu dementieren. Im Übrigen war die Anthropologengemeinde auch schon lange vor dem Aufkommen der sozialen Netzwerke alles andere harmonisch; ganz zu schweigen von heute, wo man für einen gezielten Dolchstoß in den Rücken nicht einmal mehr ein bitterböses, brillantes Manifest verfassen musste. Heute genügt es, sich einen zündenden Hashtag auszudenken, die eigenen Texte so zu verstümmeln, dass sie nicht länger sind als die vorgegebene Anzahl an Zeichen, jegliche Zeichensetzung zu meiden wie die Pest und dem konditionierten Reflex der Massen zu vertrauen. Es ist ein Zeichen der Zeit, dass man nun anstelle leidenschaftlich geführter intellektueller Debatten lieber den kindischsten, mit Stammtischparolen gewürzten Vorwürfen frönt: Aber leider gibt es kein Zurück. Im Gegenteil, denn es ist noch keineswegs ausgemacht, ob uns nicht noch viel schlimmere Rückfälle bevorstehen. Da kann man nur nostalgisch auf die leidenschaftliche Polemik zwischen Diffusionisten und Unilinealisten zurückschauen, auf den feurigen Briefwechsel von William Rivers und E. B. Tylor; aber das ist nun mal die Realität des einundzwanzigsten Jahrhunderts, es hat keinen Sinn, darüber zu jammern.

Plötzlich klopft es an der Tür, und das lange, schmale, zerknitterte Gesicht der Signora Launa taucht auf. »Möchtest du vielleicht einen Teller Minestrone?«

Eigentlich wollte Craig Nolan gerade sagen, das sei sehr nett, aber er möchte lieber weiterarbeiten, da merkt er, dass er tatsächlich Hunger hat (kein Wunder, wo er doch heute Morgen wegen der Barbaren und der Spannungen mit Mara gar nicht richtig frühstücken konnte). Außerdem schmeichelt ihm die Vorstellung, dass eine eher schroffe Einheimische ihm anbietet, ihr Mahl mit ihm zu teilen: ein untrügliches Zeichen des Respekts, den er sich im Laufe der Jahre erworben hat und der sich nun, nach dem Unfall, der ihn sozusagen menschlicher, zugänglicher machte, endlich frei äußern kann.

»Ich habe für mich gekocht, aber wenn du möchtest, komm zu Tisch.« Signora Launa verzichtet nicht auf ihre schroffe Art: ein kulturelles und charakterliches Erbe, das in diesem Fall dazu dient, diesen weiteren Akt der Gastfreundschaft zu relativieren.

Eigentlich hatte Craig Nolan den Impuls, zu fragen, ob die Einladung auch für Mara gelte, schafft es aber gerade noch, sich zurückzuhalten. Nach den zahllosen ironischen Bemerkungen seiner Frau über seine Unfähigkeit (oder gar Unwilligkeit), eine Beziehung zu den Cancialesen aufzubauen, was für jemanden, der die teilnehmende Beobachtung zu seinem Credo erhoben hat, besonders verwerflich ist, hat er jetzt das Gefühl, sich eine kleine Revanche durchaus verdient zu haben. Außerdem ist Mara bestimmt noch vollkommen versunken in ihre Arbeit an dem Tuffsteinblock, unter den wilden Blicken der Slawen, zu besessen vom Rausch der Kreativität, um daran zu denken, dass ihr Mann vielleicht Hunger haben könnte. Mit einer gewissen Anstrengung wegen des verdammten Beines erhebt er sich vom Stuhl, zwingt sich, Signora Launa anzulächeln, und folgt ihr über den gefliesten Flur.

Neunzehn

Ivo Zanovelli fährt den Dodge jetzt so langsam wie möglich, späht zu Mara hinüber, die völlig apathisch dasitzt. Kein Wort, kein Blick, totale Funkstille. Anscheinend ist ihr alles scheißegal, sogar der Block aus bestem Marmor, aus dem besten Steinbruch in den Apuanischen Alpen. Vielleicht sollte er sich endgültig geschlagen geben, direkt auf die Autobahn und ab nach Canciale. Gegen den Strom zu schwimmen war ohnehin noch nie sein Ding. Trotzdem bringt er es nicht über sich, so eine Verschwendung, zumal die Bedingungen geradezu ideal sind. Superwetter, heiß, aber nicht so feucht wie unten in der Ebene, dazu eine leichte Brise. Superlandschaft, ein bisschen trist vielleicht, aber dennoch was ganz Besonderes, wann kommt man schon mal auf einen Marmorberg. Ein Mann und eine Frau, in einem Abstand von vierzig Zentimetern. Kerngesund und allein. Praktisch kennen sie sich ja kaum, der Zauber des Unbekannten ist ungebrochen. Aber immer, wenn er zu ihr rübersieht, wendet sie sich demonstrativ ab. Gleich muss er sich entscheiden, wohin es gehen soll, er fährt immer langsamer.

»Ich kann auch zu Fuß nach Hause gehen. Du musst mich nur aussteigen lassen.« Mara versucht, jede Farbe aus der Stimme, aus dem Blick zu nehmen. Warum ist sie nur so stur und weigert sich, den Marmor anzunehmen, wo er ihr doch erklärt hat, dass Dario ihm den Block mit Vergnügen überlässt? Wieso ist sie so misstrauisch? Was passt ihr nicht? Könnte er sie vielleicht noch umstimmen, oder ist die Sache gelaufen?

»Zu Fuß bist du zu Hause, wenn es dunkel wird.« Damit will er ihr klarmachen, wie absurd diese Idee ist, kommt sich aber sofort schäbig vor. Natürlich will er sie nicht nötigen, so ist er nicht. Aber das Gefühl von Verschwendung wird immer stärker, es ist zum Verzweifeln. So eine Schande, so eine Enttäuschung. Abrupt bremst er den Dodge und zieht die Handbremse an.

Sie sagt nichts, ist aber ziemlich verdutzt, das sieht er. Sie trommelt mit den Fingern an die Tür, mustert krampfhaft den Berghang.

Er macht die Tür auf und steigt aus. Das hat er nicht geplant, er folgt einer spontanen Eingebung. Er hat das Bedürfnis zu laufen, alles hinter sich zu lassen. Es ist dieses Gefühl von Verschwendung, das ihm zu schaffen macht, die Vorstellung, den Moment verpasst zu haben.

»Hey! Wo gehst du hin?« Sie lehnt sich aus dem Fenster.

»Ich drehe eine Runde, okay?« Noch so ein blöder Spruch, aber er fühlt sich einfach nur beschissen. »Du kannst ja schon mal losfahren.«

»Hör auf mit dem Quatsch!« Halb erschrocken, halb wütend. »Ich kann dieses Ding doch gar nicht fahren!«

»Ist doch bloß ein Auto, was soll daran so schwer sein?« Ivo Zanovelli setzt sich wieder in Bewegung. In seinem Inneren vermischen sich Verschwendung und Enttäuschung zu einem gefährlichen Gebräu. Er will nur noch die Straße entlanggehen. Bis hinunter ans Meer, so weit er kommt. Laufen kann er ja, da hat er schon ganz andere Wanderungen gemacht.

»Hey! Komm sofort zurück!« Mara gefällt es augenscheinlich ganz und gar nicht, hier allein am Abgrund. Außerdem kommt von oben gerade ein schwerbeladener Laster angefahren, der mit Sicherheit nicht vorbeikommt, weil der Dodge mitten auf der Straße steht.

Aber Ivo ist so außer sich, dass er nicht mehr klar denken kann. Er hat diese bittere Süße in der Lunge, im Hals. In den Gedanken. Er geht weiter die Straße hinunter, auch wenn er im Hinterkopf weiß, dass er das nicht tun sollte. Er läuft noch ein Stück, dann bleibt er stehen und sieht sich um.

Mara sitzt jetzt am Steuer und versucht, den Dodge zur Seite zu fahren, damit der Laster vorbeikann. Doch womöglich kennt sie sich mit der Automatik nicht aus oder verwechselt Bremse und Kupplung, die es gar nicht gibt, jedenfalls bewegt sich das Auto nur ruckartig vorwärts. *Stop and go, stop and go.* Der mit Marmor beladene Laster ist ein alter vierachsiger MAN und furchtbar verbeult. Der Fahrer hupt ungeduldig, weil er möglichst schnell unten im Lager in Carrara ausladen will, um dann die nächste Fuhre zu holen. Die Reifen kratzen und rutschen auf dem Asphalt, der durch die schweren Laster, die von morgens bis abends darüberfahren, stark abgenutzt ist. Außerdem eignen sich die Super Swamper eher für matschiges Gelände als für so eine Straße.

Plötzlich bekommt er einen gehörigen Schreck: Hat er eine riesige Dummheit begangen und sie ernsthaft in Gefahr gebracht? Klar, der Dodge ist leicht zu fahren, aber hier reicht der kleinste Fehler, und schon fliegt man ein paar hundert Meter die Böschung hinunter. Mit einem Schlag sind die Gedanken an Verschwendung und Enttäuschung wie weggeblasen, und er spurtet wie ein Irrer die Straße hinauf. Die Entfernung ist nicht groß, kommt ihm aber wegen der Angst enorm vor. Je schneller er rennt, desto weiter scheint ihm der Weg. Der Dodge hoppelt vorwärts, der MAN hupt ihm hinterher. Am Straßenrand die Böschung, wo es Hunderte von Metern senkrecht runtergeht.

»Hey! Sofort anhalten!« Ivo Zanovelli brüllt und fuchtelt mit den Armen. In Richtung Mara, in Richtung des Lkw-Fahrers, der ihr immer noch auf die Pelle rückt. »Idiot! Hör auf damit!«

Verbissen klammert Mara sich ans Steuer, kann aber weder bremsen noch weiterfahren, offenbar ist sie völlig durch den Wind. Sie hält auch nicht an, als er direkt vor dem Kühler steht, verzweifelt herumspringt und mit den Armen wedelt, fast fährt sie ihn über den Haufen. Noch zwanzig, dreißig Zentimeter, und sie hätte ihn plattgemacht.

Ohne lange nachzudenken, springt er auf die Beifahrerseite und greift nach dem Türgriff. Er zieht sich daran hoch, doch die Tür geht auf, und er wird Richtung Berg geschleudert. Beinah wäre er am Felsen entlanggeschrammt und hätte sich den ganzen Rücken aufgerissen, schafft aber gerade noch einen Überschlag, mit der Kraft der Verzweiflung. Jetzt ist er auf der richtigen Seite der Tür und macht einen Satz ins Innere. Er rutscht über den Sitz und beugt sich vor, um das Steuer zu ergreifen. Er versucht, den Wagen an die Bergseite zu lenken, doch Mara hält dagegen, weil sie geradeaus fahren will oder panisch ist oder beides. Für eine Frau hat sie erstaunlich viel Kraft, das weiß er, seit er gesehen hat, wie sie mit dem Presslufthammer umgegangen ist. Er muss alles geben, muss Gewalt anwenden, um das Steuer rumzureißen. Dann rammt der Dodge den Berg, und vor Schreck oder wegen des Aufpralls nimmt sie den Fuß vom Gas. Er streckt das linke Bein aus und tritt mit aller Kraft auf die Bremse. Sofort bleibt der Dodge stehen, eingehüllt in eine Wolke aus Staub und Erde, die durch die weitgeöffneten Fenster hereinzieht.

Kaum sieht der Fahrer, dass er freie Bahn hat, beschleunigt der MAN, überholt laut hupend und lässt eine schwarze Abgaswolke hinter sich, die sich mit dem Staub vermischt.

Ivo Zanovelli stellt den Automatikhebel auf P und zieht die Handbremse bis zum Anschlag. Beide bleiben schweigend und reglos sitzen, Atem und Herzschlag in doppelter Geschwindigkeit. Abgekämpft, verschwitzt. Sie husten, brauchen mehrere Minuten, bis sie sich einigermaßen beruhigt haben. Mit dem linken Fuß tritt er noch immer die Bremse durch, sein Bein an ihr rechtes gepresst.

»Ich habe mich schon im Abgrund gesehen.« Mara mauert nicht mehr, sie ist locker und lächelt. Ein Wunder.

Er weiß nicht, was er sagen soll, sieht sie an und zieht langsam sein Bein weg. Kaum ist der Kontakt gelöst, vermisst er ihn, am liebsten würde er das Bein wieder zurückstellen.

»So wie im Traum, weißt du, wenn man in einen Abgrund stürzt. Nur dass es kein Traum war.« Sie lächelt wieder, hustet.

»Das war wirklich dumm von mir.« Endlich findet Ivo

Zanovelli die Sprache wieder, obwohl es ihm schwerfällt, weil er wie verzaubert ist von ihrem Anblick.

»Na ja, macht ja nichts.« Sie ist nicht sauer auf ihn, überhaupt nicht. Irre.

»Doch, du hättest dich umbringen können.« Plötzlich fühlt er sich wie beflügelt, unendlich leicht.

»Ich war aber auch ziemlich dämlich, mit so einem Ding komm ich doch gar nicht klar.«

»Nur weil du den Hebel auf 1 eingestellt hast statt auf D.« Sicher nicht der richtige Augenblick für technische Erklärungen, das weiß er, aber es rutscht ihm einfach so raus.

»Sobald ich das Gaspedal gedrückt habe, hat er einen Satz nach vorn gemacht!« Wieder lacht sie, unglaublich.

Wenn er daran denkt, was alles hätte passieren können, wird ihm immer noch heiß und kalt. Halb fühlt er sich wie der größte Depp, halb wie der glücklichste Mensch der Welt. »Mich hätte fast der Schlag getroffen.«

»Wegen mir oder wegen des Pick-ups?« Sie strahlt ihn an, einfach umwerfend.

»Wegen *dir*, Äffchen.« Vielleicht ist es unvorsichtig, so mit ihr zu reden, aber Vorsicht war noch nie seine Stärke. Und hier und jetzt erst recht nicht. Das ist vorbei.

Sie sehen sich an, noch immer etwas außer Atem. Noch immer erhitzt und geblendet. Erschrocken und erleichtert. Noch immer verschieden und doch ähnlich.

Ivo Zanovelli spürt wie sein Herz immer schneller klopft, wie sein Denken aussetzt. Plötzlich sind alle Gründe, alle Erklärungen weg. Nur noch Empfindungen auf der Haut, unter der Haut. Langsam nähert er sich, hält kurz inne, dann küsst er sie auf den Mund.

Sie weicht ein wenig zurück, aber nur für einen Augenblick, dann öffnen sich ihre Lippen und kommen auf ihn zu. Er drückt sie an sich. Sie küssen sich, mit Zungen, die nicht stillstehen, mit Händen, die den Körper des anderen vermessen. Bald sind sie schweißüberströmt, die äußere Hitze ist identisch mit der inneren. Sie umarmen sich, küssen sich, klammern sich verzweifelt aneinander.

Zwanzig

Eigentlich könnte es ewig so weitergehen, doch dann erschallt plötzlich ein derart ungestümes BRRRAAA!, dass sie erschrocken auseinanderfahren: Direkt hinter ihnen steht ein gigantischer Laster, der nicht vorbeikommt und faucht wie ein prähistorisches Ungetüm.

»Fahr du.« Breit grinsend gibt Ivo ihr zu verstehen, sie solle den Motor anlassen.

Doch Mara Abbiati zögert; sie überlegt, ob sie sich das wirklich zutraut. Und wenn nun die beflügelnde Wirkung des Kusses verfliegt und die Angst plötzlich wieder auftaucht?

»Erst die Bremse treten und dann starten.« Ivo deutet auf das Bremspedal und den Hebel für die Automatik.

Sie tritt kräftig auf die Bremse.

»Okay, jetzt starten.« Er wirkt vollkommen ruhig. Seltsam, dass er so kurz nach dem Vorfall von vorhin kein bisschen besorgt ist. Schließlich hat sich seither nichts Wesentliches verändert, sie ist noch genauso ungeübt im Fahren von riesigen Pick-ups, die Straße ist nicht breiter geworden und der Abgrund nicht weniger erschreckend.

Mara Abbiati atmet einmal tief durch und dreht den Zündschlüssel. Mit einem tiefen Röhren, *grrrooommm*, springt der Motor an.

»Den Schalthebel auf D stellen, den Fuß von der Bremse nehmen und dann langsam Gas geben. Und einschlagen.«
Ivo löst die Handbremse, lässt aber die Hand darauf liegen. Vermutlich wäre er auch jederzeit in der Lage, das Steuer zu übernehmen, falls es notwendig würde. Er strahlt eine seltsame Ruhe aus, die sich nun auch auf sie überträgt. Aber wie ruhig kann man sein, nach so einem Vorfall, nach so einem Kuss?

Und sie, ist sie wirklich dazu in der Lage, dieses Ungeheuer zu fahren, auf dieser Straße? Sie nimmt den Fuß von der Bremse, gibt langsam Gas und schlägt das Steuer ein; *skrrakrrarr*, der Pick-up schrammt am Berghang entlang, die großen Reifen wirbeln Staub und Erde auf. Doch er löst sich vom Felsen und rollt auf die Straße: Er ist gar nicht so schwer zu fahren, im Gegenteil.

»Siehst du, geht doch alles wunderbar.« Ivo lächelt aufmunternd, lässt aber vorsichtshalber seine Linke auf der Handbremse liegen.

Sie nickt, während sie im Rückspiegel den Riesenlaster beobachtet. Sie kann es immer noch nicht glauben, aber je länger sie fährt, desto einfacher scheint es ihr, ein Kinderspiel.

Sie erreichen eine Kreuzung zwischen zwei Berghängen, auf beiden Seiten Felswände: weißschimmernder Stein, Raupen in Bewegung, der Krach großer Dieselmotoren, Abgase, Staub, Gefälle in unterschiedliche Richtungen. Eigentlich muss sie ja nach Hause, will aber weiter durch diese Berge fahren, hat den kindlichen Wunsch, dass es noch nicht zu Ende geht, dass die beschwingte Leichtigkeit des Kusses nicht abflaut.

»Hier geht's nach oben, wir fahren durch die alten Eisenbahntunnel.« Ivo hat eine warme Stimme, zeigt ihr die Richtung.

Mit größter Leichtigkeit biegt sie ab; BRRRRAAAP!, der Laster, der bisher hinter ihnen hergefahren ist, hupt laut und rast mit hoher Geschwindigkeit ins Tal hinunter.

»Du machst das sehr gut!« Ivo nimmt die Hand von der Handbremse, lässt sich in den Sitz zurückfallen und legt die Stiefel auf das Armaturenbrett.

»Vorhin war ich in Panik.« Sie schämt sich nicht, das freimütig zuzugeben. Denn mittlerweile fällt ihr das Fahren leicht: Man muss bloß lenken und mit der Fußspitze Gas geben, den Rest macht die Automatik. Die Straße ist zwar noch immer ziemlich schmal, aber es gibt keinen Gegenverkehr; und wenn man nicht in den Abgrund sieht, erschrickt man auch nicht. Vor der Einfahrt in den Tunnel stehen ein paar Warnschilder, die sie nicht mehr ganz lesen kann, vielleicht *Achtung Steinschlag!*, vielleicht sogar irgendwas mit *Verbot*. Sie wirft Ivo einen fragenden Blick zu, tritt aber nicht auf die Bremse.

»Fahr weiter.« Er wirkt vollkommen gelassen, lässt die Füße auf dem Armaturenbrett.

»Bist du sicher?« Doch schon sind sie im Tunnel, jetzt gibt es kein Zurück mehr.

»Absolut sicher.« Ivo beugt sich vor, um die Scheinwerfer einzuschalten. Beim Zurücklehnen streift er sie, was ihr einen Schauer den Arm hinaufjagt, über die Schulter, bis in den Nacken.

Der Tunnel ist alt, er sieht aus wie von Hand gepickelt: Im Scheinwerferlicht sieht man die Spuren der Spitzhacken.

Auch die an der Decke hängenden Lampen sind alt; manche erlöschen genau in dem Moment, in dem sie darunter hindurchfahren, es gibt ein merkwürdiges Flackern zwischen Licht und Schatten. Die Luft, die durch die Fenster hereinströmt, ist kühl und feucht, es riecht nach Fels. Von den Wänden tropft Wasser, *plik, plik, plik,* das auf den Pick-up trommelt, *stuk, stuk, stuk,* auf der Straße stehen Pfützen aus trübem, mit Marmorstaub versetztem Wasser.

Sie fährt mit konstanter Geschwindigkeit, gedankenverloren und achtsam zugleich; sie denkt an den Kuss, rechnet jeden Augenblick mit einem weiteren Schreck, wie in einer Geisterbahn. Hin und wieder sieht sie zu Ivo hinüber, um zu prüfen, ob er alarmiert aussieht.

Aber er hat die Hände hinter dem Kopf gefaltet und wirkt noch immer vollkommen entspannt. »Ist es nicht toll?«

»Hm.« Sie hält das Steuerrad fest, ihr Herz klopft schneller als sonst.

Als sie den Tunnel verlassen, ist das Sonnenlicht noch gleißender als zuvor. Zwei Männer in gelben Warnwesten stehen an einer Felslaibung und schauen durch ein dreibeiniges Messgerät. Als sie den Pick-up kommen sehen, springen sie erschrocken zur Seite. Vielleicht winken sie auch oder rufen ihnen etwas zu.

Sie ist nicht sicher, fährt aber einfach weiter, ohne abzubremsen, als würden sie fortgetragen von einem Fluss der Unvermeidlichkeit. Wieder schaut sie prüfend zu Ivo hinüber.

Er lächelt. »Du fährst wie eine Göttin.« Wer ist dieser Kerl, der hier neben ihr sitzt? Ein Krimineller, wie Craig meint? Ein Held, der alte Frauen aus dem Feuer rettet? Ein Leichtsinniger? Ein gefährlicher Draufgänger?

Noch ein Tunnel, wieder rauschen die Warnschilder so schnell vorbei, dass sie sie nicht lesen kann. Sobald sie im Tunnel sind, erkennt sie sofort, dass er viel länger ist als der erste und viel schummriger, weil hier noch mehr Lampen kaputt sind und noch mehr Wasser von den Wänden tropft; die Luft ist noch feuchter und kühler, riecht noch stärker nach Fels. Das *vrrroammm* des Motors hallt von den behauenen Wänden wider und durch die offenen Fenster herein. Ihre Empfindungen sind widersprüchlich: Ruhe und Anspannung, Spaß und Furcht, Stabilität und Vergänglichkeit. Gern würde sie ein Licht sehen am Ende des Tunnels, gern stundenlang so weiterfahren.

Sie fahren und fahren, der Tunnel scheint keinen Ausgang zu haben. Schweigend geben sie sich dem weichen Schaukeln der Stoßdämpfer und der großen Reifen hin: Sie reisen durch den dunklen Bauch der Marmorberge, ohne zu wissen, wohin.

Dann sind sie plötzlich draußen. Es ist unglaublich hell, die Landschaft verschwimmt im gleißenden Licht. Und zusammen mit dem Licht kehrt auch die Unsicherheit zurück, überflutet sie wie eine Welle; sie bremst ab, weiß nicht mehr, was sie tun soll.

Noch eine Kreuzung, wieder Schilder, die sie nicht lesen kann, nackter weißer Fels, Schuttberge, eine alte verrostete Raupe.

Ivo weist die Richtung. »Dort oben ist ein Restaurant, wo man gut essen kann.«

Obwohl sie nicht weiß, ob das ein Vorschlag ist, ein Angebot oder eine Frage, biegt sie in die Straße ein; sie weicht einem Auto aus, das ihnen entgegenkommt, und fährt dann weiter den Berg hinauf. Kurve um Kurve lässt sie sich wieder von der Bewegung verzaubern, konzentriert sich ganz aufs Lenken und dosiert den Druck aufs Gaspedal.

Ivo sitzt immer noch bequem zurückgelehnt auf dem Beifahrersitz, aber jetzt meint sie, eine zunehmende Anspannung bei ihm zu bemerken.

Sie fahren an ein paar Häusern vorbei, den letzten Ausläufern eines Dorfes, das sich steil den Berg hinaufwindet. Die Straße endet auf einem planierten Platz, auf dem ein Auto und eine Ape parken, daneben steht ein verfallenes Gebäude mit verblichenem Schild und kaputten Fensterscheiben, früher vielleicht einmal ein Geschäft oder eine Werkstatt. Sie stellt den Motor ab: Sobald das Vibrieren aufhört, überkommt sie eine große Erleichterung, es bis hierher geschafft zu haben, und eine ebenso intensive Ratlosigkeit aus genau demselben Grund.

Ivo sieht sie an. »Gehen wir was essen, bevor wir zurückfahren?«

Schnell steigt sie aus, um keine Antwort geben zu müssen: Das Auto ist so hoch, dass sie regelrecht springen muss. Als sie es nun von unten sieht, kann sie kaum glauben, dass sie dieses Monstrum wirklich gefahren ist, am Abgrund entlang und durch die Tunnel, bis hierher nach oben. Doch noch viel merkwürdiger erscheint ihr, dass sie Ivo wirklich geküsst haben soll, so merkwürdig, dass sie sich kurz fragt, ob sie sich das vielleicht nur eingebildet hat. Aber die Gefühle sind alle noch da: berauschend, warm, pulsierend.

Auch Ivo springt heraus und weist auf eine Treppe mit

rostigem Geländer, die ins Dorf hinaufführt. Er sagt nichts: Jetzt, wo sie wieder festen Boden unter den Füßen haben, scheint es ihm schwerer zu fallen, sie anzusehen, als in dem vibrierenden Pick-up, wo sie sich so nahe waren.

Während sie hinter ihm hergeht, hält sie es für ratsam, ihm mit seinem schwungvollen Gang, der jetzt jedoch langsamer wird, ein paar Meter Vorsprung zu lassen. Dabei muss sie plötzlich an Craig denken und an sein verletztes Bein: Ob er wohl noch bei Launa ist und arbeitet, ob er wohl bemerkt hat, dass sie nicht mehr im Garten an der Skulptur arbeitet; ob er sich Sorgen macht oder wütend ist? Sie überlegt, was sie ihm bei ihrer Rückkehr sagen soll: dass es ein sachlich motivierter Ausflug war, weil sie das Geld von der Bank holen musste? Und wo sie schon mal unterwegs war, auch gleich noch Material für ihre Arbeit besorgt hat? Ob der Kuss sichtbare Spuren hinterlassen hat? An ihrem Äußeren oder ihrem Verhalten? Warum hat sie ihn überhaupt geküsst? Um seinen Kuss zu erwidern? Weil sie so erleichtert war, dass sie mit dem Pick-up nicht in den Abgrund gestürzt war? Wieso hat sie es als unvermeidlich empfunden? Und jetzt? Warum ist sie hier? Wieso hat sie nicht darauf bestanden, sofort nach Hause zu fahren?

Oben an der Treppe liegt ein kleiner, mit alten, vergilbten Marmorplatten gepflasterter Platz, umgeben von unterschiedlich hohen Häusern. Es ist unheimlich still, keine Menschenseele zu sehen. Woran das wohl liegt? An der Uhrzeit, am Wochentag, an der Hitze, an der übertriebenen Helligkeit, an der Abgelegenheit, an irgendeinem Ereignis im Tal oder in den Bergen? Ist womöglich einer der Tunnels eingestürzt, durch die sie gefahren sind? Oder ist im Steinbruch eine Dynamitladung hochgegangen? Sie hat das Gefühl, irgendeine Katastrophe sei gerade passiert oder stehe unmittelbar bevor.

Ivo deutet auf die eng zusammenstehenden Häuser.

»Ursprünglich war das hier mal das Dorf der Sklaven.«

»Der Sklaven aus den Marmorbrüchen?« Plötzlich ist alle Euphorie wie weggeblasen, mit einem Mal wird alles schwer wie Blei: ihre Gedanken, Schritte, Blicke, ihr Herz; ihr Schatten.

Ivo nickt, vielleicht spürt auch er, wie sich etwas Schweres langsam auf sie herabsenkt. Als wollte er die Last abschütteln, beschleunigt er den Schritt und geht zielstrebig auf ein schmales, flaches Haus zu, an dem ein Holzschild mit dem verblassten Schriftzug *Ristorante* hängt. Er hält ihr die Tür auf und macht eine einladende Geste.

Durch die weißen Gardinen fällt Licht in den kleinen Saal, das jedoch schon auf halber Strecke stark gedämpft wirkt. Die wenigen Tische sind erstaunlich sorgfältig gedeckt, mit spitzenbesetzten Tischdecken, hübsch gemusterten Mitteldeckchen und kleinen Keramikvasen mit blauen Disteln und Salbei. An den Wänden hängen alte Schwarzweißfotos: Arbeiter posieren vor weißen Adern in einem Steinbruch, vier Ochsen ziehen einen Wagen mit großen Marmorblöcken, Männer, die auf dem Platz draußen in Reih und Glied stehen, alles vor fünfzig oder vor hundert Jahren.

In dem Spiel aus Licht und Schatten sieht sie sich um und fragt sich, ob das Restaurant schon existierte, als die Fotos aufgenommen wurden, wie damals wohl die Einrichtung aussah, wer hier gegessen hat und was. Sie fragt sich auch, ob es nicht besser wäre, wenn sie Ivo bäte, sie nach Hause zu bringen. Und wäre es nicht auch besser, ganz schnell zu vergessen, was in dem Pick-up passiert ist, vorausgesetzt, es ist tatsächlich etwas passiert? Ist denn wirklich etwas passiert? Allein die Idee ist absurd, genauso absurd wie ihre Verwirrung, ihre widerstreitenden Gefühle und Gedanken. Erneut fragt sie sich, was Craig jetzt wohl gerade macht: ob er nach ihr sucht, ob er sich noch auf seine Arbeit konzentriert, ob er sich mit Launa unterhält, ob er Hunger hat. Ihre Fragen hängen in der stillstehenden Luft des kleinen leeren, sorgfältig aufgeräumten Restaurants, in das kein einziger Laut dringt, weil sich draußen nichts bewegt.

Ivo klatscht in die Hände, *klapp, klapp,* wie Peitschenhiebe, die die Stille zerreißen. »Aleardo?« Auch seine Stimme dröhnt so laut, dass er offenbar selbst erschrickt und ein betroffenes Gesicht macht, ein Gesicht zwischen Schuldbewusstsein und Provokation.

Sie weiß nicht, was sie von ihm halten soll, ist er nun ein guter Reiseführer, dem man sich unbesorgt anvertrauen kann, oder ein Fremder, vor dem man sich in Acht nehmen sollte? Hat er irgendetwas an sich, das ihr vertraut vorkommt? Indirekt vielleicht? Aus einem Roman, den sie gelesen hat, oder aus einem Song, den sie irgendwann mal gehört hat? Haben sie überhaupt irgendetwas gemeinsam? Dass sie beide einem Handwerk nachgehen vielleicht und dabei sogar ähnliches, wenn auch nicht identisches Werkzeug einsetzen? Oder ist das alles nur ein peinliches, womöglich gar gefährliches Missverständnis? Ist da nicht doch eine unüberbrückbare Distanz? Und ihre Absichten, wie unterschiedlich sind die? Generell und auch jetzt in diesem Moment?

Aus dem tiefen Schatten hinten im Lokal taucht plötzlich ein kleiner, rundlicher Mann auf, der sich flink auf sie zubewegt. »Ivo! Was für eine Überraschung!«

»Tag, Aleardo.« Ivo umarmt ihn und klopft ihm dabei kräftig auf die Schulter. Dann deutet er förmlich auf Mara. »Die Signora wollte etwas Gutes essen.«

Am liebsten hätte sie gesagt, er solle endlich damit aufhören, sie Signora zu nennen, und das mit dem Essen sei doch überhaupt nicht ihre Idee gewesen, sondern seine.

Der flinke Typ, der anscheinend Aleardo heißt, verbeugt sich mit professioneller Geschmeidigkeit.

»Natürlich.«

Ivo wirft ihr einen Blick zu. Komplizenhaft? Herausfordernd? Dann zeigt er auf die Tische rundherum. »Wo möchtest du sitzen?«

Nach kurzem Zögern weist sie auf einen Tisch am Fenster. Sie versucht sicher aufzutreten, fragt sich aber weiterhin, was zum Teufel sie hier eigentlich macht.

Aleardo ist äußerst zuvorkommend, was nach den Vorfällen im Steinbruch besonders ins Auge sticht. Seine Bewegungen haben nicht dieses Widerwillige, Übereifrige von Dario, er wirkt völlig ungezwungen.

Ivo schiebt einen Stuhl an die Wand. »Macht es dir was aus, wenn ich mich hierhin setze? Ich habe gern die Wand im Rücken.«

»Nein, schon okay.« Ist das nun ein Mangel an Manieren oder das Eingeständnis einer Schwäche? Sofort ärgert sie sich, so eine blöde Frage; sie ist wütend auf sich selbst.

»Was darf ich bringen?« Aleardo trippelt um den Tisch herum: schnell und leichtfüßig.

»Deine Spezialitäten, was denn sonst.« Ivo spricht freundschaftlich mit ihm, wenn auch vielleicht mit einem leichten einschüchternden Unterton. Wieso denkt sie so was? Aus Angst, es könnte stimmen? Oder ist Aleardo auch Nutznießer einer von Ivos wundersamen Rettungsaktionen?

»Natürlich.« Aleardo ist schon unterwegs, bleibt aber nach zwei Schritten stehen. »Und zu trinken?«

»Den Roten aus Luni, den du sonst immer versteckst.« Sie wird gar nicht erst gefragt.

»Ich doch nicht.« Ehrlich gesagt, wirkt Aleardo überhaupt nicht eingeschüchtert: Es kann gut sein, dass sein Eifer nicht von einem Schatten herrührt, der über ihrer Beziehung liegt. Wieso kommt sie bloß immer auf die Idee, es könnte anders sein? Und wieso beschäftigt sie sich so eingehend mit der Interaktion eines fast Unbekannten mit dem Rest der Welt? Wieso hat sie ihn so leidenschaftlich geküsst, in diesem albernen amerikanischen Pick-up, auf dieser grauenhaften Straße? Ist es Wunschdenken, dass sie ihn für besser hält, als er sich gibt, oder ist er tatsächlich besser? Und vor allem: Ist es nicht gerade dieser *Anschein*, der sie von Anfang an so fasziniert hat?

Aleardo kommt mit einer Flasche zurück, zeigt das Etikett, entkorkt sie fachmännisch, riecht am Korken und gießt Ivo einen Schluck zum Probieren ein.

Ivo nippt nur und stellt das Glas sofort wieder ab. »Her damit, wir sind so ausgetrocknet wie zwei Meerbarben auf dem Fischmarkt.«

Aleardo lächelt, füllt ihre Gläser und zieht sich zurück. Als Nächstes bringt er einen Brotkorb. »Toskanisches Brot, geröstet.« Dann verschwindet er wieder im Dunkel des Restaurants.

Ivo hebt das Glas. »Auf uns.«

Sie stößt mit ihm an, ohne nachzudenken: *klink*. Doch was gibt es eigentlich zu feiern? Dass sie gemeinsam hier sind? Ein Mann und eine Frau, die sich kaum kennen und, wie es aussieht, auch nichts miteinander gemeinsam haben?

Ivo trinkt einen Schluck, lehnt sich zurück. Seine Augen glänzen vor Freude, wie bei einem Kind. »Nun?«

»Was nun?« Auch sie trinkt einen Schluck: Der Wein ist weich, samtig, hat Zimmertemperatur. Sie hält seinem Blick stand, spürt ein Prickeln auf der Haut, ein Pulsieren im Blut.

»Wer bist du?« Es ist kein Spiel, offenbar will er es wirklich wissen.

»Wer bist *du*?« Anstatt zu antworten, schafft sie es nur, zurückzufragen. Was soll sie auch antworten? Womit beginnen?

Er schlägt sich mit der Faust auf die Brust, als wollte er sagen: »Ich bin, was du siehst.«

Aber was sieht sie? Was glaubt sie zu sehen? Einen Gesetzlosen mit Gentleman-Manieren? Einen Abenteurer mit Herz?

Wieder trinkt er. »Warum sind wir uns begegnet?«

»Weil es ein Dach zu reparieren gab.« So eine dumme Antwort. Auch sie nimmt noch einen Schluck: Ihr Glas ist schon fast leer, keine gute Idee.

Er gießt ihr nach: Sein Blick erwartet eine Antwort, offen, beinah verletzlich.

»Es war ein Zufall, nicht wahr?« Sie trinkt, als könnte sie damit die Zweifel verscheuchen, die in ihr toben.

»Es gibt keine Zufälle.« Er hat diesen Akzent, den sie nicht eindeutig zuordnen kann, ursprünglich aber vielleicht aus dem Norden stammt: wie einer, der viel rumgekommen ist, wie einer mit unklarer Herkunft. Und mit welchen Absichten?

Sie hofft nur, dass er jetzt nicht mit pseudophilosophischen Bemerkungen anfängt, nicht versucht, sie mit Worten zu verzaubern. Von Wortkünstlern hat sie genug, die haben sie nirgendwo hingebracht.

»Wie hoch war die Wahrscheinlichkeit, dass wir uns begegnen würden?« Er gießt sich nach, nimmt noch einen Schluck, starrt sie weiter an. Kann es sein, dass seine Verwunderung echt ist? Und wieso legt er so viel Wert auf die Tatsache, dass sie sich begegnet sind? Was soll das?

Auch sie nimmt einen Schluck, wendet den Blick ab. Was hat es für einen Sinn, über Wahrscheinlichkeiten nachzudenken? Wozu hat das bisher geführt? Zu einem unerklärlichen Kuss und diversen unkontrollierten Gefühlen, nach einigen alles andere als vielversprechenden Wortwechseln. Reicht das, um darin eine Vorsehung des Schicksals zu erkennen?

Aleardo taucht aus den Tiefen des Restaurants auf, bringt ein Tablett aus Olivenholz und stellt es auf den Tisch. Er deutet auf ein paar dünne weiße Scheiben mit rosa Streifen, drei Schüsselchen mit grüner, violetter und gelber Crème. »Fetter Speck von Mauro Vandino, Zucchini-Crème, Auberginen-Crème und Kichererbsen-Crème.« Eine kleine Verbeugung, und schon ist er wieder weg.

»Hier, koste mal.« Er angelt mit der Gabel eine Speckscheibe und legt sie auf ihren Teller.

»Nein, danke, ich bin Vegetarierin.« Sie skandiert das Wort wie ein Glaubensbekenntnis.

»Aha.« Er macht ein Gesicht, als hätte sie eine unheilbare Erbkrankheit.

In ihren Augen geradezu ein Paradebeispiel dafür, dass zwischen ihnen Welten lagen, ethisch wie intellektuell. So etwas kann leicht zu einem unüberwindlichen Hindernis werden, zu einer Mauer, die so hoch ist, dass selbst ein gelenkiger Typ wie Ivo sie nicht erklimmen kann.

»Aber koste doch wenigstens mal.« Er gibt nicht auf, wie ein Wilder, der die Bedeutung des Wortes in der zivilisierten Welt nicht anerkennen will, aus Ignoranz oder Gleichgültigkeit, weil er glaubt, im Namen seiner Wildheit darüber hinweggehen zu können.

»Nein.« Sie schüttelt den Kopf, zuckt zurück.

Er streckt die Hand aus und holt sich den Speck zurück. Er gießt ihr nach und auch sich selbst, blickt sie an. Im Handumdrehen ist er wieder der Alte: Seine Augen leuchten warm und eindringlich.

Sie trinkt noch einen Schluck, spürt, wie der Wein ihr zu Kopf steigt. Mit dem Messer nimmt sie sich von der Zucchini-Crème: Das süße Aroma breitet sich in ihrem Mund aus, begleitet von einer feinen, kaum wahrnehmbaren erfrischenden Pfefferminznote.

Er hebt die Speckscheibe hoch und lässt sie in den Mund gleiten; er kaut langsam, genießt mit geschlossenen Augen.

Jetzt nimmt sie sich von der Kichererbsen-Crème, ihre Handbewegung ist unsicher, zögernd.

Er lässt seine Hand über die Tischdecke gleiten und legt die Finger auf ihr linkes Handgelenk: warm, kräftig, rauh.

Sie lehnt sich zurück, schluckt; ihr Herz schlägt schneller.

Einundzwanzig

Langsam, aber sicher macht Craig Nolan sich Gedanken, was mit seiner Frau los ist. Jetzt sitzt er schon eine Ewigkeit hier, und sie meldet sich einfach nicht; weder hat sie sich erkundigt, ob er bei Signora Launa überhaupt arbeiten kann, noch nachgefragt, ob er vielleicht Hunger hat. Andererseits hat er ihr schon Gott weiß wie oft eingeschärft, dass er bei der Arbeit nicht gestört werden will. Einmal, fällt ihm gerade wieder ein, ist sie, ohne anzuklopfen, mit einem Guacamole-Sandwich in sein Arbeitszimmer gekommen und hat ihn dadurch aus seinen hochkomplizierten Gedanken gerissen; aus Frust hatte er daraufhin die Überlegenheit des Geistes über die niedrigen Bedürfnisse des Körpers postuliert: »Glaubst du etwa, ein grundlegender Begriff sei bei seiner Entstehung auf ein Sandwich angewiesen?« Darauf hatte sie auf ihre temperamentvolle Art erwidert: »Von mir aus kann dein grundlegender Begriff an Hunger krepieren!« Trotzdem kann er einer sporadischen Interessensbekundung durchaus etwas abgewinnen, vor allem jetzt, wo er körperlich so eingeschränkt ist und noch dazu in einem fremden Haus arbeiten muss.

Die Frage ist also, soll er sich beschweren, weil sie ihn sich selbst überlassen hat, und behaupten, er wäre vor Hunger fast umgekommen, bis Signora Launa sich seiner erbarmt und ihr frugales Mahl mit ihm geteilt habe? Oder sollte er lieber warten, bis die Barbaren ihr zerstörerisches Tagwerk absolviert haben, und dann schweigend nach Hause gehen und so tun, als sei er wunderbar allein zurechtgekommen? Beide Möglichkeiten haben Vor- und Nachteile, wegen der Auswirkungen auf die bestehenden Machtverhältnisse in ihrer (und jeder anderen) Beziehung. Wie immer muss man potentielle Gewinne und Verluste sorgfältig gegeneinander abwägen. Weitere Vorwürfe würden Mara mit Sicherheit irritieren; verlegte er sich hingegen aufs Jammern, würde das seine Schuldgefühle verschärfen, wodurch er noch mehr als Opfer seiner eigenen Dummheit dastünde; wenn er so tat, als käme er allein gut zurecht, könnte sie hingegen denken, es sei nichts dabei, wenn sie ihn mit seinem lädierten Bein einfach bei einer halbverrückten Nachbarin abstelle. Was soll er also tun?

Wenn er ehrlich zu sich ist, fühlt er sich bei Signora Launa eigentlich ganz wohl. Na ja, ein bisschen muffig riecht es schon in Tinos Zimmer, und die Einrichtung ist wahrlich deprimierend, aber dafür ist es herrlich ruhig, selbst der Krach der Vandalen kommt nur noch ziemlich gedämpft an. Außerdem ist da die unverkennbare Genugtuung darüber, dass er nach Jahren des Misstrauens endlich bei einer angesehenen Vertreterin dieser wortkargen Gemeinschaft Aufnahme gefunden hat. Zwar kann man die Konversation während der kurzen Mahlzeit nicht gerade als lebhaft bezeichnen (auch das Essen war nichts Besonderes, dafür aber gesund), aber das eine oder andere über ihre Familie und die ihres verstorbenen Mannes hat die alte Dame, stimuliert durch die richtigen Fragen, dann doch erzählt.

Erinnerungen an eine Randexistenz, die nunmehr vom raschen Aussterben bedroht ist, Episoden aus dem harten Leben in den Bergen, die man unbedingt aufschreiben muss. Vielleicht hat Mara ja doch recht, wenn sie ihm immer wieder vorwirft, dass er sich nicht genügend bemühe, mit den Nachbarn in Kontakt zu kommen, geschweige denn mit den Cancialesen im Allgemeinen. Womöglich hat er aufgrund der Tatsache, dass es hier um Menschen geht, die zwar relativ isoliert leben, aber immerhin einer westlichen Gesellschaft des einundzwanzigsten Jahrhunderts angehören, das Engagement unterschätzt, das es braucht, um mit ihnen einen mehr als oberflächlichen Umgang zu pflegen. Es könnte auch sein (aber das würde er nur sich selbst eingestehen), dass sein Widerwille, zu den Einheimischen eine Beziehung aufzubauen, auch daher rührt, dass er sich ausgeschlossen fühlt, ausgeschlossen von einer Vergangenheit, die seine Frau als ihr ganz persönliches, unteilbares Eigentum betrachtet. Jahre voller Begegnungen, Beziehungen, Geschichten, erlebt von einer jungen Frau, die damals vom Leben noch nicht sehr viel wusste: Bestimmt war sie nicht sehr vorsichtig, wollte alles ausprobieren und war deshalb nur allzu bereit, sich emotional (und sexuell) vom erstbesten Gauner einwickeln zu lassen, der ihr schöne Augen machte.

Doch wie ist Mara heute, als erwachsene Frau (und anerkannte Künstlerin)? Ob sie inzwischen wohl gelernt hat, Menschen (und Männer) realistisch einzuschätzen, ohne auf jedes billige Schmierentheater hereinzufallen? Ist sie weniger verführbar, weniger unbesonnen, weniger unvorsichtig? Eher nicht; grundlegende Charakterzüge verändern sich nicht mit dem Alter, jedenfalls nicht auf Dauer, werden höchstens durch Erfahrung abgemildert. Da braucht man sich nur anzusehen, wie sie mit diesem Ivo umgeht: jederzeit bereit, ihm die Rolle des ehrlichen Gesetzlosen, die er unentwegt spielt, abzunehmen, die Rolle des Freigeistes, der sich nicht an gesellschaftliche Konventionen hält, die Rolle des sensiblen Halbgebildeten, die Rolle des ungehobelten Intelligenten. Da braucht man sich nur anzusehen, wie sie sich schlagartig anders bewegt, sobald dieser Typ auftaucht; wie sich Miene und Tonfall verändern.

An diesem Punkt ist der Hinweis angebracht, dass Craig Nolan in seinem Leben niemals eifersüchtig war. Wenn die Frauen, mit denen er zu tun hatte, ihm etwas vorwarfen (und zwar wiederholt), dann höchstens das genaue Gegenteil: In Herzenssachen sei er zu kalt, zu distanziert, zu rational. Dabei war er es doch, der den Begriff »wildes Herz« geprägt und daraus eine inzwischen allgemein anerkannte Theorie abgeleitet hat. Er war der Erste, der unumwunden einräumte, dass die menschliche Spezies, wie hochentwickelt sie auch sein mochte, noch immer mit diesem uralten, weitgehend unkontrollierbaren emotiv-reaktiven Muskel zu kämpfen hat, trotz aller kulturellen und sozialen Fortschritte: diesem Empfänger und Sender von Signalen, die schon zu den Menschen gehörten, als sie noch in Höhlen lebten. Da können sie sich noch so anstrengen, diesen Muskel zu ignorieren oder wenigstens in den Hintergrund zu schieben, sie tragen ihn in sich, gehorchen seinen Impulsen und Gegenimpulsen und müssen mit den Schatten leben, die er unweigerlich auf das Hinterland ihres Denkens wirft.

An dem, was Menschen empfinden oder instinktiv tun,

ist wirklich überhaupt nichts mysteriös; allein die Erklärung ist mitunter so peinlich, dass sie lieber darauf verzichten, allzu intensiv danach zu suchen.

Zweiundzwanzig

Auf Mädchen stand er schon, als er noch ziemlich klein war, mit drei oder vier. Mit ihnen spielte er hundertmal lieber als mit Jungs. Schon damals fand er Geschmack am Entdecken der Unterschiede. Am Anpirschen, auf der Suche nach dem richtigen Blickwinkel. Am Necken, am Lachen. Am Nachvollziehen der Gedanken, dem Kombinieren von Wörtern. Am Erforschen der Formen, dem Genießen von Details. Am Beobachten von Gesten und Ausdrucksweisen. Am Auskundschaften, am geduldig Auf-der-Lauer-Liegen. Am Kitzeln mit Augen und Händen. Am Spekulieren, am Aufspüren von Geheimnissen. Am Versteckspiel, am Überraschungseffekt. Daran verlor er nie die Lust, nahm sich unendlich viel Zeit. Genüsslich dachte er sich dann zwei Figuren aus, stellte sich vor, wie sie sich zueinander hingezogen fühlten und irgendwann zusammenfanden. Darin bestand für ihn der Sinn des Lebens, mehr als in allem anderen.

Inzwischen kennt er die Frauen. Trotzdem gibt es immer wieder etwas, das im Verborgenen bleibt, etwas, das sie für sich behalten. Etwas Verwirrendes, Geheimnisvolles. Genau das macht die Magie aus. Natürlich nicht bei allen, klar. Nur bei den Interessanten, von denen es jedoch immer weniger gibt. Je älter er wird, desto weniger interessante Frauen gibt es. Dabei ist ihm nicht ganz klar, ob er sich verändert hat oder sie. Mit zwanzig fand er fast alle verlockend, mit vierzig noch gut die Hälfte. Inzwischen sind die Interessanten so selten wie ein weißer Rabe. Wenn er jetzt einer fremden Frau begegnet, verfliegt sein Interesse im Verlauf einiger Wochen oder Tage, manchmal sogar Stunden.

Er hat noch nie verstanden, warum manche Männer auf einen ganz bestimmten Frauentyp abfahren, auf ein ganz bestimmtes Aussehen. Den Modeltyp aus der Werbung zum Beispiel, in den Zwanzigern, mit endlos langen Beinen und knabenhafter Figur. Alle anderen Frauen sind ihnen schnuppe. Ein zwanzigjähriges Model ist für sie das Nonplusultra, und wenn sie kein echtes Model finden, nehmen sie halt eine, die sich wenigstens genauso aufführt. Das ist so, als würde man sich beim Motorrad auf eine Z 750 kaprizieren und eine Bonneville von vornherein ausschließen. Sicher, zwischen einem Motorrad und einer Frau besteht ein gewaltiger Unterschied, aber nur mal so als Beispiel. Davon abgesehen, kann so ein blödes Model mit einer Z 750 sowieso nicht mithalten; wenn man da Gas gibt, geht einem das Herz auf, dagegen ist so ein Model wie eine müde Elektro-BRD ohne Batterie, damit kommt man nicht einmal aus der Garage. Immer nur ich, ich, ich. So beschränkt, so leer, dass man befürchten muss, vor Langeweile zu sterben, und direkt Mitleid bekommt. Um sich zu schminken und anzuziehen, steht so eine stundenlang vorm Spiegel. Außerdem isst sie nichts und schleppt immer eine Flasche Mineralwasser mit sich herum. Alle zehn Minuten nimmt sie einen Schluck, ist dauernd damit beschäftigt, den Schraubverschluss auf- und wieder zuzudrehen. So eine weiß gar nichts, nicht einmal den Namen der Wohnanlage, in der sie wohnt. So eine ist immer nur darauf aus, Geschenke abzugreifen, immer nur Shoppen, eine endlose Konsum-Arie. So was von öde. So eine hat nichts zu erzählen, keine Meinung, keine Leidenschaft. Keinen Orgasmus, als wäre sie eine Gummipuppe. Alles nur Fake, und der zermürbt einen auf Dauer. Fährt man mit so einer ans Meer, um bei Sonnenuntergang einen Aperitif zu trinken, macht sie sofort ein Selfie und stellt es ins Netz, damit ihre Freundinnen sie beneiden. Da muss man höllisch aufpassen, nicht mit aufs Bild zu kommen, wenn man nicht will, dass die ganze Welt erfährt, wo man gerade ist.

Aber was, wenn einem plötzlich eine Dreißig-, Vierzig- oder auch Fünfzigjährige über den Weg läuft, mit ein paar Komplikationen, ein paar leidvollen Erfahrungen im Gepäck; womöglich hat sie einen Job, über den man nichts weiß; womöglich wohnt sie an einem Ort, wo man noch nie gewesen ist; womöglich hat sie ein paar Falten im Gesicht, dazu richtige Kurven und auch ein paar Macken. Was dann, würdigt man so eine keines Blickes, bloß weil sie nicht mehr zwanzig ist? Eigentlich muss man doch dankbar sein, dass so viele Männer unterwegs sind, die sich eine freiwillige Selbstbeschränkung auferlegen, so bleibt wenigstens genügend Spielraum für einen echten Kenner wie ihn. Wichtig ist nur, die zermürbende Alltagsroutine zu vermeiden. Denn der Reiz besteht ja gerade im Unbekannten, in dem, was man sich ausmalen kann. Ist es erst einmal mit der Phantasie vorbei, bleibt nur noch ein gewöhnlicher Mensch zurück, mit gewöhnlichen Sorgen wie Familie, Arbeit, Wohnung, Geld, Krankheit. Dann verliert man unweigerlich den Blick für die Qualitäten, sieht nur noch die Fehler. Nur noch Pantoffeln, nur noch Arbeitsklamotten. Dann fühlt man sich ausgebremst, alles wird zur Belastung. Geh langsamer, mach die Musik leiser. Nicht so laut, nicht so schnell. Mach das Fenster zu, mach die Tür zu. Du bist nicht aufmerksam genug, du bist nicht hübsch genug. Mir ist kalt, mir ist heiß. Mir tun die Füße weh, mir ist langweilig. Das sagst du mir nie, das zeigst du mir nie. Und so weiter.

Für Ivo ist das keine allgemeine Aussage über das Verhältnis von Mann und Frau. Für ihn verdeutlicht dies nur, dass so eine wie Mara einem anderen womöglich Angst eingejagt hätte. Weil sie verheiratet ist, weil sie Künstlerin ist, weil sie kompliziert ist. Weil sie durch ihre Arbeit als Bildhauerin ziemlich viel Kraft in den Armen hat und auch im Kopf, sonst könnte sie den Stein gar nicht bearbeiten. Doch gerade deshalb gefällt sie ihm, sehr sogar. So eine interessante Frau ist ihm noch nie untergekommen. Sie hat Format, spielt in einer ganz anderen Liga als die Frauen, die er sonst so kennt. Auch als er selbst. Angst hat er nicht, aber besorgt ist er schon. Man kann leicht etwas falsch machen und alles ruinieren. Im Steinbruch wäre ihm das beinah schon passiert.

Jetzt serviert Aleardo die hausgemachte Pasta, Borretsch-Ravioli mit Thymian und Salbei, ohne Fleisch, also kein Problem für eine Vegetarierin.

Trotzdem sieht sie forschend auf ihren Teller und riecht daran.

»Ist was? Du guckst so skeptisch.« Er muss lachen. Wegen der erotischen Spannung, aber auch weil ihm der Wein zu Kopf gestiegen ist, beim Mittagessen trinkt er sonst nie.

»Ich gucke halt. Ist das vielleicht verboten?« Sie lässt sich nichts vormachen, will die Dinge mit eigenen Augen sehen. Hat ihre eigene Meinung, ihren eigenen Kopf.

Er legt ihr die Ravioli vor, immer nur ein paar, damit sie nicht sofort sagt, danke, nicht so viel, auch wenn es nur drei oder vier sind.

Aber sie lässt sich den Teller vollmachen und streut anschließend ganz schön viel Parmesan darüber. Sie nimmt eine ordentliche Gabel voll; sie ist keine, die nur so tut, als äße sie, sie weiß gutes Essen zu schätzen. Das sieht man allein schon daran, wie sie nun schmunzelt, und natürlich an ihren Kurven. Außerdem braucht sie für ihre Arbeit viel Energie. Und auch beim Wein hält sie sich nicht zurück.

Sie essen und trinken, heben ab und zu den Blick und sehen sich an. Auge in Auge, jedes Mal ein paar Sekunden länger. Im Rausch sinnlicher Anziehung.

Aber ein ganzes Essen nur mit Blicken, das funktioniert nicht, auch wenn es das schönste Spiel der Welt ist. Natürlich braucht man auch irgendein Gesprächsthema. Aber welches? Zu so einer kann man ja schlecht sagen: »Du bist wunderschön«, da würde sie sich totlachen. Und Motorräder kommen auch nicht in Frage, dann steht sie womöglich auf und geht. Und Kunst? Das geht gar nicht, davon versteht sie mehr als er.

»Wieso hast du mich eigentlich hierhergebracht?« Weil er nichts sagt, ergreift sie das Wort.

»Wie meinst du das?« Wo er einmal die Initiative verloren hat, riskiert er, sich selbst das Grab zu schaufeln, das weiß er.

Sie nimmt eine Gabel Ravioli und wartet weiter auf eine Antwort.

»Ich wollte dir bloß helfen, einen Marmorblock zu besorgen, das ist alles.« Er versucht es mit Ironie, aber es klingt irgendwie falsch.

»Und warum?« Sie trinkt einen Schluck, dann sieht sie ihn wieder an.

Als Aleardo in seiner superdiskreten Art an den Tisch kommt, um zu fragen, ob er noch etwas bringen soll, bestellt Ivo eine weitere Flasche Wein und sieht ihm gedankenverloren hinterher.

Doch sie lässt die Sache nicht auf sich beruhen, starrt ihn noch immer fragend an.

»Weil die Katze, die du heute Morgen geschlachtet hast, wunderschön war. So kraftvoll, nicht?« Eigentlich will er noch hinzufügen, ihre Katze habe ihn an ein altägyptisches Kunstwerk erinnert, das er einmal bei einem Kunden gesehen hat, sagt es dann aber doch nicht. Bei Künstlern muss man vorsichtig sein, da kann es leicht passieren, dass sie ein Kompliment als Beleidigung auffassen oder umgekehrt.

»Und ich blöde Kuh habe sie geschlachtet.« Wieder nimmt sie eine Gabel Ravioli; klar, dass sie sich ärgert.

»Aber das war doch meine Schuld, oder nicht?« Wieso dauernd dieses blöde »oder nicht«, das sagt er doch sonst nie. Bestimmt eine Art Verzauberung. Ihm fällt der Kuss wieder ein, er spürt ihn noch immer auf den Lippen. Im Herzen.

»Nein.« Sie schüttelt den Kopf.

Aleardo bringt die neue Flasche und entkorkt sie schweigend. Dann gießt er ein und verschwindet wieder.

»Was guckst du so?« Sie sieht ihn auf eine Weise an, dass es ihm kalt über den Rücken läuft.

»Ich sehe dich an. Hast du was dagegen?« Wie elektrisiert erforscht er alles aus nächster Nähe, sammelt Indizien, sucht nach Hinweisen.

»Hängt davon ab, was du dabei denkst.« Ihre Augen blitzen vor Neugier.

»Ich glaube, ich weiß jetzt, warum du diese Katzen machst.« Das kommt ganz spontan, jetzt ist es ohnehin schon egal.

»Und warum?« Sie sieht ihn gespannt an.

»Die Katze, das bist *du*.« Dabei schnellt er nach vorn, mit der Stimme, mit dem Gesicht. Totale Offenheit, völlig absurd.

Sie neigt leicht den Kopf, sieht ihn aber weiterhin an. Eindringlich und doch weich.

»Du willst dich selbst aus dem Stein herausarbeiten. Daher auch die unbändige Wut.«

Sie trinkt einen Schluck Wein, ein Tropfen rinnt ihr am Kinn hinunter.

»Wow, du bist ja ein richtig sensibler Psychologe.«

»Na ja, war ja nur so eine Idee.« Er versucht zu lachen, schafft es aber nicht. Wahrscheinlich, weil es gar nicht stimmt, was er sagt, er meint es nämlich ernst.

Sie nimmt sich ein Stück Käse vom Brett, probiert. Konzentriert oder mit den Gedanken ganz woanders?

Inzwischen weiß er überhaupt nicht mehr, was er von all dem halten soll. »Sensibler Psychologe« ist bestimmt kein Kompliment. Im Übrigen ist ihm völlig entgangen, dass Aleardo zum Wein auch Käse gebracht hat, daran kann man gut sehen, wie geistesabwesend er ist. Ein alter Pecorino, süß und scharf, der auf der Zunge zergeht und einem die Tränen in die Augen treibt.

Sie kaut langsam und guckt dabei ein bisschen schief. Vielleicht ist sie beleidigt, vielleicht auch nicht. Vielleicht hält sie ihn für einen Idioten, schwer zu sagen.

Und was nun? Unschlüssig sitzt er da. Nicht aus Unsicherheit, er weiß, wie man mit Frauen umgeht, das ist nicht das Problem. Egal, ob verheiratet, superschön oder superreich, ob mit einflussreichen, gefährlichen Freunden oder selbst einflussreich und gefährlich, das ist für ihn noch nie ein Problem gewesen. Aber die hier, die hat etwas an sich, das er nicht kennt. Etwas ganz Eigenes, Unergründliches. Bei so einer, das ist ihm klar, kann man sich leicht blamieren. Da läuft man schnell Gefahr, als vulgär, ignorant, ungeduldig und penetrant dazustehen, als einer, der den Wert der Dinge nicht zu würdigen weiß und schnell aufdringlich wird. Eine riskante Sache. Aber er hat sich doch noch nie ins Bockshorn jagen lassen, warum also ausgerechnet jetzt? Langsam schiebt er die Hand über den Tisch und greift sanft nach ihrem Handgelenk.

Sie bewegt die Lippen, als wollte sie etwas sagen, sagt aber nichts. Doch die Hand lässt sie liegen, zieht sie nicht weg.

Er hebt ihre Hand und betrachtet eingehend den Unterarm.

»Was ist denn an meinem Unterarm so interessant?«, fragt sie halb amüsiert, halb eingeschüchtert.

»Er sagt alles über dich.« Das stimmt, das weiß er aus Erfahrung. Der Unterarm verrät alles über eine Frau, über ihre Einstellung, ihre inneren Qualitäten, am Unterarm lässt sich ablesen, ob sie ein sonniges oder ein trauriges Gemüt hat. Sogar noch mehr als am Knöchel. Natürlich nicht daran allein, man muss dabei schon aufs Ganze achten. Es ist ihm schon mehrmals passiert, dass er mit einer redete, die er im ersten Moment unglaublich faszinierend fand, doch als er dann ihren Unterarm sah, wusste er schlagartig, dass sie affig war, schweinisch oder dröge. Wirklich wahr.

»Und was zum Beispiel?« Sie wirft ihm einen Blick zu, der alles bedeuten könnte.

»Dass du natürlich bist.« Er dreht den Arm, um die Innenseite zu betrachten, die erzählt mehr. »Sensibel. Intelligent.«

»Und weiter?« Sie trinkt einen Schluck.

»Dass du künstlerisch veranlagt bist. Großzügig. Sinnlich.« Schöne, treffende Worte, die ihm nur so zufliegen, während er mit den Fingerspitzen ihre zarte Haut streichelt. Das liegt nicht am Wein, das ist Magie. Ziemlich erschreckend, wenn man erst mal darüber nachdenkt.

Lachend fährt sie sich mit der Hand durch die lockigen Haare. Sie strahlt so sehr, dass er aufhört zu denken und verstummt.

Er spürt, wie sein Herz immer schneller schlägt, so laut hämmert, dass es ihm in den Ohren dröhnt. Er beugt sich vor und küsst ihren Arm, wandert bis zum Inneren des Ellbogens, dann wieder zurück zum Handgelenk. Selbstvergessen, hingebungsvoll.

Auch sie beugt sich nun vor, so plötzlich, dass sie mit der Stirn zusammenstoßen. Ihre Hände sind jetzt überall, auf den Armen, den Schultern, dem Kopf, dem Nacken. Sie recken sich, drücken sich, reiben sich aneinander. Schläfe an Schläfe, Haar an Haar. Körper an Körper. Dann wieder Stirn an Stirn, Mund an Mund. Als sie ihre Lippen öffnet, fährt er mit der Zunge hinein. Ihre Zungen begegnen sich, spielen miteinander. Feucht und heiß. Ungeduldig und lebhaft. Immer weiter.

Es dauert eine Ewigkeit, bis ihm irgendwann der Gedanke durch den Kopf schießt, dass sie nicht ewig hier sitzen können. Kein richtiger Gedanke, eher der Schatten eines Gedankens. Aber ihm fehlt die Kraft, eine Entscheidung herbeizuführen, sogar die Kraft zu einer bloßen Geste.

Offenbar spürt sie sein Zögern, löst sich aus der Umarmung und sieht ihm in die Augen. »Was ist?«

Plötzlich ergreift ihn ein Schaudern, und er bekommt Angst, den Augenblick zu verderben.

Sie weicht zurück, zum Glück nur ein paar Zentimeter.

Er hat überhaupt keinen Plan, nicht den Hauch eines Plans, unglaublich. Dass es so weit kommen könnte, damit hat er absolut nicht gerechnet. Oder insgeheim vielleicht doch, aber das ist nicht das Hauptproblem. Schon verrückt, da hat er in seinem Leben schon so viele Frauen abgeschleppt, und jetzt das. Aber bei ihr geht es um ein allmähliches Annähern, ein spielerisches Entdecken, aus purer Neugier, ziellos, planlos. Was ist nur mit ihm los? So eine Gelegenheit kann er sich doch nicht entgehen lassen, auf gar keinen Fall.

Mara setzt sich wieder gerade hin. Was bedeutet das? Steht sie gleich auf und erklärt, sie wolle jetzt nach Hause? Wenn er keine weiteren Pläne habe, könne man auch genauso gut gehen?

Krampfhaft versucht er, sich etwas einfallen zu lassen, doch nichts, rein gar nichts.

Da dreht sie sich zu Aleardo um, der immer irgendwo auf der Lauer liegt, auch wenn man ihn nicht sieht. »Entschuldigen Sie?«

»Womit kann ich dienen?« Sofort ist er zur Stelle.

»Vermieten Sie auch Zimmer?«, fragt sie ohne Umschweife, vielleicht ein bisschen lallend.

Aleardo reagiert prompt. »Ja, drei. Aber nur von Juni bis September.«

Jetzt kommt Ivo Zanelli sich wirklich ausgesprochen dämlich vor. Das ist ja so, als würde man sich auf dem Motorrad genüsslich in die Kurve legen, dabei aber Gas, Bremse, Lenker und Neigungswinkel ignorieren und mit Karacho gegen den Berg donnern. Wie ist es bloß möglich, dass er noch nie von den Zimmern gehört hat, obwohl er doch mindestens schon fünf- oder sechsmal hier essen war? Er kommt sich vor wie eine menschliche Schnecke, unglaublich. Mit einer ungelenken Geste versucht er zu retten, was zu retten ist. »Wir nehmen das beste.«

Aleardo lässt sich nichts anmerken, steht da mit seinem gewölbten Bauch wie ein braver Soldat. »Gewiss.«

Zweifelnd sieht Ivo Mara an, womöglich hat sie sich nur aus Neugier nach den Zimmern erkundigt. Um sich Gewissheit zu verschaffen, greift er nach ihrer Hand.

Sie überlässt ihm die warme, leicht verschwitzte Hand. Auch ihr Blick strahlt Wärme aus, jedoch gemischt mit einem Anflug von Unsicherheit.

Er versucht sich zusammenzureißen, auch wenn es nicht leicht ist. Das hier ist kein blödes Mädchen, das man in der Disco abgeschleppt hat, und auch keine gelangweilte Signora, die in Viareggio ein Wäschegeschäft führt. Das ist eine, die mit Hammer und Meißel kraftvolle Katzen aus dem Stein herausschlägt. Aus weichem Tuff zwar, aber immerhin aus Stein. Sie kennt die Geschichte der Bildhauerei und auch der Malerei. Sie hat klare Vorstellungen von Schön und Hässlich und kann sie auch erklären und verteidigen. Sie macht sich eine Menge komplizierte Gedanken, lebt in England mit einem englischen Universitätsprofessor. Allein das Ferienhaus ist schon voller Bücher, wie muss da erst die Wohnung aussehen, wo sie den Rest des Jahres lebt. Doch jetzt müssen sie in die Gänge kommen, sonst ist die Gelegenheit bald vorbei. Die Wirkung des Weins vergeht, die erotische Anziehung vergeht. All das ist nicht sehr beständig. Wieder macht er eine missglückte Geste. »Gehen wir?«

Sie nickt, trinkt noch einen letzten Schluck.

Auch er trinkt einen letzten Schluck und steht auf. An diesem Punkt ist doch ohnehin nichts mehr zu retten. Wie oft würde er noch hierher zurückkommen? Nie wieder, das ist endgültig vorbei.

Beide sind nun auf den Füßen, stehen aufrecht, wenn auch ein bisschen wackelig. Niemand würde auch nur einen Euro darauf verwetten, wie das Ganze endet.

Er gibt ihr einen Kuss aufs Ohr und legt ihr den Arm um die üppige, feste Hüfte. Ein herrlicher Körper, ergreifend. Unabhängig, begeisternd. Es ist nur eine Hüfte und doch so viel mehr. Es ist all das, was man mit größter Intensität erspüren, sich ausmalen und erträumen kann und was früher oder später vergeht und einem das Herz bricht.

Als sie sich ihm zuwendet, sind ihre Augen voller Fragen. Alle schwierig und einfach zugleich.

Aleardo geht voran durch den dunklen Teil des Restaurants und die Treppe hinauf zu den Zimmern. Schweigend folgen sie ihm. Er gibt ihr noch einen Kuss auf die Haare, aber er hat Angst. Plötzlich erscheinen ihm die beiden, die da die Treppe hinaufgehen, wie Fremde.

Dreiundzwanzig

Leicht schwankend sieht sich Mara Abbiati in dem Zimmer um, das mit derselben erstaunlichen Anmut eingerichtet ist wie das Restaurant unten: weißes Doppelbett, weiße Nachttische, weißer Schrank, Spitzengardinen an den Fenstern. Unglaublich, so ein Ort hier oben in den Marmorbergen. Für wen bloß? Die warme Luft steht, es riecht ein bisschen nach Kernseife, Zitronellgras, Bohnerwachs. Oder bildet sie sich das nur ein? Im Mund hat sie noch immer den Geschmack nach Wein, den Geschmack des Kusses. Was für ein Kuss. Die Bettdecke ist mit Lilien bestickt, weiß auf weiß. Auch das eiserne Kopfteil ist weiß gestrichen. Jedes Detail wirkt wie in einem Vexierspiel aus durchscheinend und opak. Wie ist sie bloß in dieses Zimmer geraten? War das unvermeidlich, oder ist alles nur ein Missverständnis? Und jetzt? Wer ist dieser Mann neben ihr mit den langen grauschwarzen, zu einem Pferdeschwanz gebundenen Haaren und den tätowierten Armen? Wieso hat er sie noch einmal geküsst, nach einem Wortwechsel und Gesten unter Weineinfluss? Was will er von ihr? Wieso wirkt er jetzt auf einmal so unschlüssig, nachdem er den ganzen Vormittag so wild entschlossen war?

Er fängt ihren Blick auf, errät vielleicht ihre Gedanken; doch anstatt näher zu kommen, öffnet er das Fenster und schaut interessiert hinaus, als hätte er den mit Marmor gepflasterten Platz noch nie gesehen. Es dringt keine Luft herein, auch keine Geräusche: gar nichts. Er dreht sich zu ihr um, lächelt sie an, wirkt aber irgendwie traurig. Weshalb? Ist das hier nicht der krönende Abschluss seines Plans, den er unbeirrt verfolgt hat, seit er ihr unbedingt den Steinbruch zeigen wollte?

Vor lauter Unsicherheit ist sie wie benommen und hat das Gefühl, kaum noch Luft zu bekommen. Tatsächlich ist es hier wesentlich wärmer als unten: Die Luft ist so warm wie ihr Körper. Stammt der Vorschlag mit dem Zimmer tatsächlich von ihr? Was in aller Welt hat sie sich dabei bloß gedacht? Kam das vielleicht vom Alkohol? Ist sie denn so betrunken? Ja, klar, das ist es: Sie ist so benebelt, dass sie nicht mehr klar denken kann und auch die Beine ihr nicht mehr gehorchen. Aber vorher, als sie sich im Pick-up geküsst haben, war sie stocknüchtern. Stand sie da unter Schock wegen des Schrecks, der ihr in die Glieder gefahren war? Oder hat er sie manipuliert? Ist er ein Schlitzohr, das darauf spezialisiert ist, vorübergehend unzurechnungsfähige Frauen zu verführen? Aber wieso bleibt er dann jetzt am Fenster stehen, anstatt herzukommen und erneut ihre Sinne zu verwirren? Warum lässt er ihr Zeit, es sich anders zu überlegen? Weiß er denn nicht, dass er damit riskiert, alles zu verlieren? Und sie außerdem bitter zu enttäuschen?

Apropos Risiko, was würde Craig wohl dazu sagen, wenn er wüsste, wo sie jetzt ist und mit wem? Ob er mittlerweile bemerkt hat, dass sie gar nicht mehr an ihrer Skulptur arbeitet? Ob er sich Sorgen macht? Eifersüchtig ist er ja nicht, nur auf ihre Vergangenheit, vielleicht weil es der einzige Teil ihres Lebens ist, der sich seiner Kontrolle und damit jedem direkten Vergleich entzieht. Allerdings hat sie ihm auch noch nie Anlass zur Eifersucht gegeben: Selbst dann nicht, als Pat O'Shea, der Sänger der Conundrum, nachdem er einmal eine ihrer Vernissagen besucht und eine ihrer Katzen erworben hatte, sie anschließend mit enthusiastischen SMS bombardierte und sie in einer Tourneepause zu sich nach Barcelona einlud. Als sie, anstatt zu antworten, Craig die Nachrichten zeigte, beschränkte er sich auf ein paar ironische Bemerkungen über die mangelnden Grammatikkenntnisse und die Überheblichkeit dieses superreichen Rockstars, der sich offenbar für unwiderstehlich hielt. Tatsache ist jedenfalls, dass sie schon immer einen ausgeprägten Sinn für Loyalität hatte und einen Widerwillen gegen dunkle Machenschaften. Im Übrigen war sie noch nie promisk, auch nicht als junge Frau. Impulsiv vielleicht, das schon; als sie zwanzig war, stürzte sie sich manchmal Hals über Kopf in Affären, weil sie der Verlockung nicht widerstehen konnte, sich getäuscht hatte, zu großzügig oder zu ungeduldig war, weil sie immer davon ausging, dass andere genauso empfanden wie sie. Aber das ist lange her. Hat sie denn in der Zwischenzeit nichts dazugelernt, sich nicht weiterentwickelt und grundlegend verändert? Aber selbst im jugendlichen Leichtsinn einer Zwanzigjährigen hätte sie sich nie mit einem eingelassen, für den sie sich schämen musste, mit dem sich nie und nimmer die kleinste Gemeinsamkeit ergeben würde. Wieso hat sie ihn bloß geküsst? Und dann zu allem Überfluss noch selbst vorgeschlagen, ein Zimmer zu nehmen? Ist das nicht absurd?

»He.« Jetzt kommt er auf sie zu, wieder mit diesem federnden Gang, diesem entschlossenen Leuchten in den Augen. Musste er noch überlegen? Wollte er begehrt werden? Die Eroberung hinauszögern, die Vorfreude steigern? Er legt ihr die Hand auf die Hüfte: Sie ist warm, schwer, stark.

Sie schaudert, sieht in seine dunklen Augen, auf die goldene Kette; dann zur Tür. Ja, sie ist alarmiert, spürt aber auch ein namenloses Gefühl in sich aufsteigen: Ihr Herz klopft schneller, *dumdum, dumdum*.

Er umfasst ihre Taille, zieht sie an sich: Er ist muskulös, hart, unheimlich. Schmierig? Nein. Einschmeichelnd? Nein. Er hat diese natürliche, ein bisschen grobe Männlichkeit, er kennt sich mit den Gesten aus, weiß, was sie bewirken. Aber was war vorhin mit ihm los? Wieso guckte er so traurig? Oder projiziert sie nur ihre eigenen Gefühle auf ihn?

Sie fühlt sich wie auf einem schmalen Grat zwischen Fluchtimpuls und Hingabe: Mal schlagen die Gedanken zur einen, mal zur anderen Seite aus. *Dumdum, dumdum*, ihr Herz klopft, *wrrrum*, ihr Blut kocht, ihre Haut glüht. Sie könnte sich auch für keine der beiden Möglichkeiten entscheiden, ihm die Verantwortung überlassen; das hat er doch so gewollt. Aber wäre das nicht feige, und selbstzerstörerisch noch dazu? Will sie diese Entscheidung wirklich einem anderen überlassen? Und was in aller Welt findet sie an ihm eigentlich so anziehend? Ist das der Urinstinkt, die Frau als Beute, der Mann als Jäger? Aber ist das nicht ein völlig inakzeptables Klischee und, ehrlich gesagt, auch noch vollkommen lächerlich?

Er drückt sie an sich, sieht ihr aus nächster Nähe in die Augen, presst seine Lippen auf ihren Mund, versucht mit der Zunge einzudringen. Ist das nur ein animalischer Impuls, diese Dringlichkeit, oder ist da noch etwas anderes? Eine Verzweiflung, eine panische Angst davor, etwas zu verlieren oder womöglich schon verloren zu haben?

Rasch gibt sie nach, öffnet die Lippen, lässt zu, dass seine Zunge ihren Mund erkundet. Er schmeckt gut: nach Wein, Harz, schwach geräuchert, natürlich. Doch wie konnte es dazu kommen? *Dumdum, dumdum,* ihr Herz hämmert, in der Brust, im Hals, in den Schläfen, in den Ohren. Sie spürt, wie seine Hand über ihren Po, ihre Hüfte fährt, den Bauch streichelt, zur Leiste hinunterwandert, an die Innenseite des Schenkels, langsam, aber entschlossen. All das löst eine heftige, fast schmerzhafte Reaktion in ihr aus; einen siedend heißen, rauschenden Sturzbach. Sie ist feucht, verschwitzt, zerfließt. Warum ist sie nur so überwältigt? Keine beschauliche Sommernacht an einem bezaubernden Strand, kein Duft nach Marzipan in der Luft, keine süßliche Hawaii-Musik im Hintergrund; nur ein Hotelzimmer in einem ehemaligen Sklavendorf, am frühen Nachmittag bei brennender Sonne und erbarmungsloser Hitze. Was soll das?

Er schiebt sie Richtung Bett: Seine Hände, Arme und Beine sind stark, die Muskeln angespannt. Er bewegt sich wie ein durchtrainierter Karatekämpfer, präzise und skrupellos. Er lässt sich nach hinten fallen und zieht sie an sich, küsst sie, streicht wieder mit den Händen über Hintern, Taille, Hüften, dreht sie auf die Seite, dann auf den Rücken. Er legt sich nicht auf sie, erdrückt sie nicht, streichelt nur über ihre Arme, ihren Bauch, ihre Brust, über die Schulter bis zum Nacken. Er weiß, was er tut, das ist offensichtlich, weiß, wie man Druck macht, ohne zu übertreiben, weiß, wie lange er innehalten und wann er weitermachen muss, versteht es, Anmaßung und Sanftheit geschickt zu mischen. Aber ist das schön oder eher das Gegenteil? Macht die Tatsache, dass er aufgrund einer offenbar bewährten Praxis vorgeht, die Sache nicht noch schäbiger? Und überhaupt, was sie hier machen, entspricht das nicht dem klassischen Stereotyp der vernachlässigten, betrogenen Ehefrau, die mit jedem nichtsnutzigen Schürzenjäger ins Bett geht? Im Grunde sind seine Verführungskünste doch einfach und durchschaubar: kleine Unzufriedenheiten aufspüren, schlafende Instinkte wecken, angeborene Phantasien befeuern, für geeignete Umstände sorgen und im richtigen Moment zuschlagen, *bam*. Der Rest ist reine Mechanik, man braucht bloß Augen, Mund, Hände und andere Körperteile richtig einzusetzen und bestimmte Stellen mit einer wohldosierten Mischung aus Nachdruck und Leichtigkeit zu berühren. Alles eine Frage sensibler Fingerkuppen, sorgfältig abgewogener Reibung, maßvoller Wiederholung, von Unbefangenheit und Überzeugung. Geschickt ist er ja. Aber wäre nicht einer hundertmal besser gewesen, der schlecht improvisierte oder Fehler machte, weil er es ehrlich meinte? Nicht in körperlicher Hinsicht vielleicht, aber doch wenigstens in moralischer?

Auch jetzt, wo sie sich küssen, berühren und von einer Seite des Bettes auf die andere rollen, scheint er keine Eile zu haben, er beschleunigt nichts. Im Gegenteil, er scheint das langsame Anwachsen der Erregung zu genießen, während seine Hände gedankenverloren die verborgenen, unschuldigen Kurven entlangfahren, kitzeln, abschweifen. Mit größter Vorsicht gleitet seine Hand unter ihr T-Shirt, schiebt es langsam nach oben, küsst die nach und nach zum Vorschein kommende Haut; als er bei den Brustwarzen ankommt, streift er sie mit den Lippen, umkreist sie mit der Zunge, ganz langsam. Regelmäßig hebt er den Kopf und sieht sie mit leuchtenden Augen an; sein Lächeln wirkt erstaunt. Aber ist er das wirklich? Oder gehört das auch nur zu seiner Rolle? Falls er seine Macht missbraucht, ist davon jedenfalls nichts zu merken, seine Eroberungsstrategie ist überzeugend durch Leidenschaft getarnt. »He, he.« Immer wieder bringt er diese Laute hervor, die nichts bedeuten, diese undurchdringlichen Blicke. Dennoch vermittelt er ihr den Eindruck, dass sie mit derselben Einstellung dasselbe Spiel spielen, schuldig und schuldlos zugleich, dass sie beide von den Ereignissen überrollt werden, denselben Instinkten folgen, mitgerissen von derselben Strömung, ein Spielball desselben unergründlichen Schicksals. Doch zwei oder drei Sekunden später kommen ihr wieder Zweifel: Eine kurze Ungereimtheit, ein Zögern, und schon ist sie wieder unsicher. Je mehr sie versucht zu verstehen, was mit ihnen geschieht, desto unklarer wird es. Klar sind nur die Empfindungen: das Rauschen des Blutes, die Hitze, das lauter werdende Keuchen, die Dringlichkeit, die Beharrlichkeit, die sich aus der Wiederholung speisen. Es ist eine immer undurchsichtigere Mischung aus Begehren, Leidenschaft, Stress, Gier, Sorge, Überschwang, Erregung, Aufruhr, Anteilnahme, Trennung, Misstrauen, Vertrauen, Hellsichtigkeit, Panik, Hingabe.

Er küsst sie, schiebt das T-Shirt noch weiter nach oben, gleich hat er es geschafft. Sie könnte sich weigern, einfach die Arme nicht heben, aber sie macht mit und lässt sich ohne den geringsten Widerstand das T-Shirt ausziehen. Er küsst ihren Hals, die Kuhle am linken Schlüsselbein, drückt die Nase unter ihre Achsel, küsst sie auch dort, erkundet die Achsel mit der Zunge. Da fällt ihr ein, dass sie nicht einmal ins Bad gegangen ist, um sich frisch zu machen, und fragt sich, ob sie sich entziehen oder ihn einfach machen lassen soll. Sie lässt ihn machen. Wie ihr Schweiß wohl schmeckt: sauer, salzig? Die Haut unter der Achsel ist bestimmt ziemlich rauh: Seit drei Tagen hat sie sich dort nicht mehr rasiert, seit das Dach weg ist. Wie sich das wohl auf der Zunge anfühlt? Unangenehm? Angenehm? Kann es sein, dass es ihm gefällt, sie in Verlegenheit zu bringen? Kann es sein, dass es ihr gefällt, in Verlegenheit zu *sein*? Oder ist die Grenze zwischen Angenehm und Unangenehm inzwischen ohnehin hinfällig, weil die Ereignisse sich überschlagen und sie beide nicht mehr klar denken können?

Er zieht sich das T-Shirt mit den abgeschnittenen Ärmeln aus und schleudert es von sich. Er nimmt auch die Goldkette ab und legt sie auf den Nachttisch. Sein Oberkörper ist muskulös, wie bei einem, der körperlich arbeitet, nicht wie bei einem, der ins Fitnessstudio geht. Er hat eine Narbe, die von der Schulter bis zur linken Brust reicht. Woher er die wohl hat? Schämt er sich dafür? Oder ist er stolz darauf? Doch sie hat keine Zeit, die Narbe eingehend zu studieren, weil er jetzt ihre Brüste küsst: Vorsichtig saugt er an den Brustwarzen, umkreist sie mit der Zunge, pustet darauf.

Sie fasst ihn an den Armen, zuerst ein bisschen zögerlich, dann entschiedener; sie fühlt die beweglichen Muskeln, die unerwartete Weiche seiner Haut. Seine Arme sind ganz anders als die von Craig, genauso wie alles andere. Craigs Arme sind lang und dünn, die Muskeln arbeiten viel langsamer: wie bei einem Mann, der vor Jahren körperlich aktiv war, jetzt aber nicht mehr, und sie immer aufzieht, sobald sie Gymnastik macht. Dasselbe gilt für die Beine: Craig hat die Beine eines früheren Wanderers, ein bisschen träge, gut geeignet für ein konstantes Tempo. Ivos Beine dagegen sind viel kürzer, aber energiegeladen und kräftig wie Sprungfedern. Sein ganzer Körper ist kompakter, mit höherer Dichte, konzentrierter Spannung. Auch seine Bewegungen sind kraftvoller, verursachen bei ihr gleichermaßen Erregung wie Furcht. Und die Haare? Als sie das Gummiband löst, fallen sie ihm über Schultern und Rücken, kräftig, dick, viele; Craigs Haare dagegen sind sehr dünn und vorn an der Stirn schütter; manchmal fuhr sie ihm früher mit der Hand über den Nacken, um an den Fingerspitzen die Stoppeln des ausrasierten Nackens zu spüren. Aber das ist lange her, bestimmt zwei Jahre, vielleicht sogar drei. Trotzdem weiß sie noch genau, wie es sich anfühlte.

Ivo hebt den Kopf, lächelt sie an: Nein, das Staunen in seinen Augen ist nicht gespielt, dafür ist es zu fragil, zu schwankend. Doch woher will sie das eigentlich wissen? Kennt sie ihn denn überhaupt? Doch wenn er sich tatsächlich so sehr dem Augenblick hingibt, wieso steuern seine Gesten dann unverkennbar auf ein Ziel zu? Warum legt er dann mit solcher Sicherheit den Arm um ihre Taille, warum findet er dann zielsicher sofort den Knopf des Rockes, schiebt ihn durch das Knopfloch und öffnet mit einer einzigen fließenden Bewegung den Reißverschluss? Warum zieht er genauso vorsichtig an dem Rock wie zuvor an dem

T-Shirt und bedeckt jedes frei werdende Stückchen Bauch mit Küssen? Warum kehrt er mit solcher Leichtigkeit zum Bauchnabel zurück, bohrt seine Zunge hinein und rutscht dann wieder abwärts bis zum Rand des Slips, überspringt den kritischen Bereich und gleitet die Schenkel hinunter bis zum Knie, zu den Waden, zu den Knöcheln? Wieso hat er diese ungewöhnlich sanfte Art, ihre Beine anzuheben, um ihr den Rock auszuziehen, so dass sie nun bis auf ein lächerliches Baumwolldreieck nackt ist? Wieso bedeckt er erneut ihren Unterkörper mit Küssen, ganz langsam, und verharrt dann nur ein paar Millimeter vor dem Zentrum der Schenkel, bläst zart, aber ausdauernd auf den inzwischen feuchten Stoff? Wieso legt er zwei Finger direkt neben die feuchteste Stelle und übt einen behutsamen, aber anhaltenden Druck aus? Woher weiß er so genau, dass er dadurch das gewünschte Resultat erzielen wird? Wieso hat er nicht die geringste Eile bei dieser erwartungsvollen Kontemplation? Wieso saugt er ihren intimsten Geruch ein, als wäre es das berauschendste Parfüm? Wieso steckt er jetzt den Zeigefinger unter das Gummiband, als wäre es in ihrem gemeinsamen Spiel die natürlichste Sache der Welt? Wieso zieht er ihr auch den Slip millimeterweise aus?

Im Übrigen gibt es da noch ein weiteres Problem: Wenn man mit so einem Sex hat, riskiert man nicht nur, sich das Leben durch drohende Katastrophen schwerzumachen, sondern setzt sich auch ganz konkreten Gefahren aus. Mit wem geht er sonst noch ins Bett? Achtet er auf seine Gesundheit und die seiner Partnerinnen? Wie viele Partnerinnen hat er? Wo kommen die her? Welche Krankheiten kann man sich dabei einfangen? Je länger sie überlegt, desto leichter fällt es ihr, Vernunft walten zu lassen, sich gegen die Hitze, die Verwirrung, das Unvermeidliche zu wehren; sie stemmt ihm die Hände gegen die Brust, die Knie gegen die Beine und stößt ihn zurück.

Er versteht sofort und scheint weder verärgert noch ablehnend, lächelt verständnisvoll. Er wühlt in der Hosentasche, zieht ein Kondom heraus und streckt es ihr auf der geöffneten Handfläche entgegen. »Du brauchst dir keine Sorgen zu machen.«

»Nicht?« Sie quält sich ein Lächeln ab, doch statt erleichtert fühlt sie sich in neue Zweifel gestürzt. Soll sie das als Zeichen des Respekts interpretieren oder als Kränkung? Hätte er sie auf jeden Fall geschützt, auch wenn sie sich nicht widersetzt hätte? Ist das der Beweis dafür, dass er von Anfang an darauf spekuliert hat? Der Beweis dafür, dass sie mit einem Frauenjäger im Bett gelandet ist, der keine Gelegenheit auslässt? Plötzlich fühlt sich alles falsch an, deprimierend, peinlich; am liebsten würde sie sich auf der Stelle wieder anziehen, das Zimmer verlassen, schon weg sein.

Jetzt lächelt er nicht mehr, sondern sieht sie an, als könnte er mit ernüchternder Klarheit ihre Gedanken lesen. Er ist nicht einfach nur traurig: Er hat Tränen in den Augen, dreht sich weg, damit sie es nicht sieht. Mit zitternder Hand weist er zum Fenster. »Oder ich stürze mich da hinunter. Aber ich fürchte, es ist nicht hoch genug.«

Das ist überhaupt nicht komisch, nicht einfach so dahergeredet, um sie zum Lachen zu bringen oder Sympathie und Mitleid zu erregen: Es ist die nackte, ungeschützte Wahrheit. Plötzlich hat sie Verständnis: für sich, für ihn, für ihre verzweifelten Bedürfnisse, für den krampfhaften Versuch, sie zu erfüllen, für die irreparable Unvollkommenheit des Lebens. Jetzt kommen auch ihr die Tränen, sie ist ratlos.

Er sieht sie an, neigt leicht den Kopf. Endlos lange sitzen sie auf dem Bett, halbnackt, schweißüberströmt, sehen sich an, dann wieder weg, mit klopfendem Herzen. Atmen die stickige Luft, unfähig, ein Wort hervorzubringen. Einander zu nah, zu weit weg von allem anderen, in lähmender, unerträglicher Ungewissheit.

Dann streckt sie die Hand aus, streicht über seine Narbe bis zur Brust. Sie spürt, wie er von einem Beben erschüttert wird, während im gleichen Moment auch sie ein Beben erfasst: Der Bann ist gebrochen, erneut fallen sie übereinander her. Sie küssen sich noch leidenschaftlicher, keuchen noch heftiger, klammern sich noch verzweifelter aneinander. Sie reißen sich die restliche Kleidung vom Leib, erforschen ihre unbekannten und doch so vertrauten Körper. Sie umarmen sich, reiben sich aneinander, schieben sich übereinander wie tropische Tiere, sie schwitzen, ihre Körperflüssigkeiten vermischen sich. Sie schnappen nach Luft, entschlossen, ihre Feuchtigkeit um jeden Preis zu erhalten, weit weg von der Welt der Worte außerhalb dieses Zimmers, weit weg von der rigiden Trockenheit der mineralischen Welt. Mit Lippen und Händen suchen sie nach Bestätigung, die sie finden und gleich wieder verlieren, sie empfangen unklare Eindrücke, senden widersprüchliche Signale. Sie haben keine Ahnung, wie sie den Atem, die unartikulierten Geräusche des anderen deuten sollen. Sie haben keine bewährte Routine, keine vertraute Abfolge von Gesten. Wo war der Anfang? Und auch das Ende ist nicht absehbar; sie wissen so wenig voneinander, wissen nicht, wie sie das Ziel erreichen sollen. Aber welches Ziel überhaupt? Spielen sie wirklich beide dasselbe Spiel? Sie hat das Gefühl, dass nichts dem entspricht, was sie kennt, und doch erscheint er ihr unsagbar vertraut. Die Bettdecke mit den gestickten Lilien schiebt sich zu Falten zusammen, die Laken zerknittern, die Kissen fallen zu Boden. All das registriert sie, ohne wirklich daran zu denken; sie ist zu sehr beschäftigt mit der atemlosen Durchdringung von Absichten und Formen, mit der heißersehnten, abgewehrten, willkommenen Invasion.

Eine Weile versucht sie noch, für all das einen Namen zu finden, ist aber zunehmend abgelenkt. Und die Bilder? Die überlagern sich, sobald sie die Augen schließt: Ein galanter, grausamer Ritter steigt aus dem Sattel und verbeugt sich vor ihr, dann packt er sie, wirft sie quer über sein Pferd und galoppiert mit ihr davon. Ein Verehrer, der ihr zurückhaltend den Hof macht, aber immer fordernder wird, ein schmachtender Angreifer, ein empfindsamer Pirat, der sie zunächst streichelt und um Hilfe anfleht, dann aber seinen Besitzansprüchen freien Lauf lässt und über sie herfällt. Woher kommen nur all diese Bilder? Werden sie von ihm übertragen, zusammen mit seinem Schweiß, seinem Speichel, der steigenden Hitze und dem immer schnelleren Herzschlag? Oder kommen sie aus einem versteckten Teil ihrer selbst, wie Geheimnisse, die man nicht mehr für sich behalten kann?

Und die Worte? Was flüstert er da, in dieser dauernden Wiederholung, in diesem endlosen Aufschub? Und sie, was erwidert sie, mit grunzenden Lauten, die tief aus der Kehle, aus dem Bauch kommen? Äußert sich darin ein tiefes Wissen, eine vage Übersetzung grundlegender Ängste und Bedürfnisse? Oder sind es nur Laute, die sich spontan bilden, je heftiger es zur Sache geht, kleine leere Hülsen, dem Sturm ihres Atems abgerungen? Was wollen sie? Wonach suchen sie? Was beanspruchen sie?

Solche Fragen schießen ihr immer wieder durch den Kopf, bis sie schließlich aufgibt. Sie lässt sich mitreißen von dem unaufhaltsamen Strom aus Geben und Nehmen, Widerstehen, Insistieren, Weitergehen, Nachgeben, Offenbarungen, Missverständnissen, Verdunkelung, scheinbar endlosem Sich-Mitziehen-Lassen, langsamem Anstieg, schwindelerregendem Absturz.

»Aaah.« Mit einem Ruck schnellt er nach vorn, ein letztes Aufbäumen, ein totaler Verlust von Kontrolle, Maß, Vernunft, Sinn.

Dann wird auch sie von diesem Beben erfasst, gewaltsam nach hinten geschleudert, von einer Welle mitgerissen, die sie immer wieder durchläuft, dann nach und nach abebbt und sie augenblicklich wehmütig werden lässt.

Verloren rollen sie zur Seite. Heftig keuchend liegen sie auf dem Rücken, schweigend, reglos; es dauert lange, bis sie sich zueinander drehen und sich ansehen.

»He.« Er lächelt, doch sein Lächeln ist noch trauriger als vorher, noch unsicherer.

Sie erkennt ihn und erkennt ihn nicht: seine Augen, sein Gesicht, seine Haare, seine Arme, seine Tätowierungen, seine Narbe. Sie weiß genau, wer er ist, und doch ist er ihr ein Rätsel; sie hat nicht die leiseste Ahnung, was zwischen ihnen geschehen ist, warum es geschehen ist und was daraus folgt.

Doch die Konsequenzen zeigen sich unmittelbar, anfänglich zwar noch schwer zu identifizieren, dann aber zunehmend alarmierend. Sie macht sich Sorgen, und diese Sorgen wachsen so schnell, dass sie bald schon jeden anderen Gedanken verdrängen; rasant dehnen sie sich aus, bis zum Rand des Bettes, schlüpfen durchs Fenster, überziehen den mit Marmor gepflasterten Platz, klettern über die am Berg klebenden Häuser, wandern weiter, immer weiter bis hinunter an die Küste, aufs Meer hinaus, bis zum Horizont.

Vierundzwanzig

Als es sechs Uhr ist und der Krach der Barbaren von der anderen Straßenseite schon seit einer Weile verstummt ist, beschließt Craig Nolan, dass er für heute genug davon hat, den Invaliden zu spielen, der auf die Gastfreundschaft anderer angewiesen ist; er klappt den Mac zu, sammelt seine Stifte und Notizhefte ein und humpelt durch den Flur, um sich bei Signora Launa zu bedanken.

Die Signora ist gerade in der Küche beim Gemüseputzen, frisch geerntete dunkelviolette Auberginen, Zucchini, Tomaten und gelbe sowie rote Paprika liegen in einem geflochtenen Weidenkorb bereit. Wenn man ihr bei der Arbeit zusieht, bekommt man sofort eine Vorstellung davon, dass die Einheimischen in puncto Lebensmittel lange Selbstversorger waren, mal abgesehen von ein paar sporadischen Tauschgeschäften mit den Küstenbewohnern oder den Bergbewohnern aus dem Apennin. Na gut, die Aubergine kommt aus Indien und wurde von den Arabern im vierten Jahrhundert nach Christus eingeführt, die Paprika hat Kolumbus 1493 von seiner Amerikareise mitgebracht, die Tomate kam 1540 durch den Völkermörder Cortés nach Europa, selbst wenn man sie in Italien erst ein paar Jahrhunderte später als Lebensmittel nutzte, so verwunderlich es auch scheinen mag. In dieser Gegend ernährten sich die Bewohner früher vermutlich von einer großen Vielfalt an Wurzeln, Knollen und heute vergessenen Beeren; Oliven wurden hier schon in römischer Zeit angebaut, beim Brotbacken streckten sie das Mehl, wenn der Weizen nicht reichte, mit Kastanien, Eicheln und Kichererbsen, in den Wäldern hielt man halbwilde Schweine, fing hin und wieder einen Hasen, eine Drossel oder einen Fisch. Hungern mussten die Protocancialesen im Gegensatz zu den Stadtbewohnern nie, obwohl ihre charakteristische Genügsamkeit zweifellos mit der beschränkten Verfügbarkeit von Ressourcen zusammenhing. Bei älteren Menschen wie Signora Launa finden sich noch heute Spuren davon, natürlich mit tausend unvermeidlichen Kontaminationen: Das beste Beispiel dafür ist der Fernseher in der Küche, in dem gerade, nach den Gesichtern der Schauspieler und der hölzernen Spielweise zu urteilen, eine deutsche Serie läuft.

Als sie ihn mit seinen Sachen in der Hand erblickt, macht Signora Launa ein enttäuschtes Gesicht. »Ist das kein guter Platz zum Arbeiten?«

»Doch, sehr gut, danke.« Er versucht, jeden rechtfertigenden Ton zu vermeiden; möglichst gerade zu stehen, trotz der Beschwerden am Bein. »Aber ich glaube, die Arbeiter sind jetzt weg, und bestimmt wartet Mara schon auf mich.«

»Willst du ein bisschen Gemüse mitnehmen?« Signora Launa deutet auf den Korb.

»Nein, danke. Mara hat sicher schon mit dem Kochen angefangen. Noch mal tausend Dank für die Gastfreundschaft.« Er verabschiedet sich mit einer leichten Verbeugung (das kann er nicht unterbinden) und geht, möglichst ohne zu humpeln, zur Tür.

Draußen hat die Hitze kaum nachgelassen, die Sonne brennt noch immer gnadenlos, die Zikaden setzen ihr nervenaufreibendes Zirpen unbeirrt fort. In Wahrheit ist es eher unwahrscheinlich, dass seine Frau schon mit dem Essen auf ihn wartet: zum einen, weil die Barbaren gerade erst gegangen sind, zum anderen ist es dafür noch viel zu früh, zumindest nach italienischen Gepflogenheiten, die sie jedes Mal automatisch wieder übernimmt, sobald sie einen Fuß nach Canciale setzen (obwohl sie genau weiß, dass er eigentlich gern spätestens um halb sieben zu Abend isst). Vermutlich jedoch, und das ist der Hauptgrund, steht sie immer noch draußen im Garten, ganz in ihre Arbeit vertieft, und hört dabei laut Musik: Albert King, Buddy Guy, Mozart oder Vivaldi, je nachdem was sie gerade am meisten inspiriert. Maßlos wie sie ist, wird sie den Hammer erst aus der Hand legen, wenn sie vollkommen erschöpft ist; dann geht sie duschen, zieht sich saubere Klamotten an, holt ein paar Tomaten und ein Stück Käse aus dem Kühlschrank und deckt den Tisch. Dabei ist es keineswegs so, dass sie nicht kochen kann: Im Gegenteil, wie in allem, was sie engagiert betreibt, ist sie darin sogar ziemlich gut. In den ersten Jahren machte sie oft eine herrliche Frittata mit Zucchini oder Zwiebeln, bunte Reissalate, sehr kreativ; oder Vollkornpennette mit Kirschtomaten, Olivenöl extra vergine und feinen Kräutern, von denkwürdiger Schlichtheit. Und zauberhafte, malerisch aussehende Obstsalate mit gelben und roten Melonenkugeln, Trauben, Zitronensaft, Honig und Joghurt. Tatsache ist allerdings, dass sie in letzter Zeit (das heißt in den letzten Jahren) zunehmend die Lust verloren hat; vielleicht auch, weil sie immer weniger Muße hat.

Andererseits, und das kann man nicht oft genug betonen: Was wäre sie ohne ihn? Ist es nicht so, dass er ihr Selbstvertrauen gestärkt, ihr gut zugeredet und sie mit Nachdruck dazu ermuntert hat, an ihre Arbeit zu glauben, nach all den Jahren, in denen ihr depressiver Ex ihre Selbstsicherheit systematisch untergraben hatte? Er hat sie doch mit Sarah Levine bekannt gemacht, die dann bald zu ihrer engagiertesten Förderin wurde, nach all den Jahren bei irgendwelchen italienischen Pseudogaleristen, die ihr höchstens mal eine mickrige Gruppenausstellung in der Provinz vermittelten (was sie aber nicht daran hinderte, auch bei Stücken, die Mara selbst verkaufte, auf ihrem Anteil von fünfzig Prozent zu bestehen). Wie kann man ihm da vorwerfen, er habe kein Verständnis dafür, dass sie immer stärker in ihrer Arbeit aufgeht? Ausgerechnet ihm, der mit Begriffen wie Freizeit, Urlaub, Wochenende noch nie was am Hut hatte? Klar, es wäre schon schön, wenn sie hin und wieder eine kurze Auszeit von ihrer kreativen Ekstase nähme und ihm so zuhörte wie früher; ihn vielleicht sogar wieder ein bisschen bewunderte, ohne sich von ihren eigenen Sorgen ablenken zu lassen. Ist das denn zu viel verlangt? Wahrscheinlich schon, denn Bewunderung kommt und geht und verträgt sich schlecht mit Vertrautheit.

In der glühenden Hitze des Spätnachmittags scheint der brüchige Asphalt der kleinen Straße regelrecht zu brutzeln, und die hohe Luftfeuchtigkeit tut ein Übriges, um die Sache noch zu verschlimmern; eine magere Katze huscht bei seinem Anblick davon und verschwindet in einer Hecke aus Kirschlorbeer.

Ein Feinschmecker ist er jedenfalls nicht, jedes kulinarische Getue ist ihm ein Graus, und es ödet ihn zu Tode, beim Essen stundenlang am Tisch zu sitzen, es sei denn, es handelt sich dabei um Willkommensriten, wie bei den sich endlos hinziehenden Banketten, an denen er vor zwanzig Jahren auf den Salomon-Inseln teilgenommen hat: Die Highlights waren Yamswurzeln, Taro, Fisch, Meeresfrüchte, Aal, gebratenes Opossum, grüne Kokosmilch und zum Abschluss Betelnüsse. Normalerweise aber will er einfach nur seinen Hunger stillen, mehr verlangt er nicht. Er wäre auch damit zufrieden, sich einfach irgendwas reinzuschieben, im Stehen, vor dem Computer oder mit einem Buch in der Hand, ohne das ganze Brimborium einer italienischen Familienmahlzeit. Aber das kann er sich abschminken: Immer wenn er so etwas Gewagtes vorschlägt, reagiert sie so eingeschnappt, als würde die kalte Gleichgültigkeit eines angelsächsischen Fast-Food-Essers ihr gesamtes kulturelles Erbe bedrohen. Das ist einer der vielen Widersprüche bei den Frauen von heute: Sie sind nicht mehr bereit, all das zu machen, was ihre Mütter für ihre Väter gemacht haben (und wer will es ihnen verübeln), trotzdem möchten sie aber auch nicht auf alles verzichten, was mit dieser Rolle verbunden ist. Was die Männer betrifft (er hätte sich gern ausgenommen, aber das ist unmöglich), so haben sie zwar die meisten traditionellen Aufgaben gerne abgegeben, auf keinen Fall aber den Wunsch, versorgt (oder gar bedient und verehrt) zu werden. Folglich ist es kein Wunder, dass beide Seiten unzufrieden sind, frustriert durch das Auseinanderdriften von Anspruch und Wirklichkeit, voller Groll wegen der enttäuschten Erwartungen. Ein interessantes Thema für Forschungsprojekte, Seminare und Veröffentlichungen, wovon sich seine Studenten und Leser bereits hinlänglich überzeugen konnten. Mit Sicherheit auch ein wunderbares Thema für seine Sendung auf BBC, wäre da nicht das Problem, dass die Produzenten, sobald das Verhältnis der Geschlechter ins Spiel kommt, nichts Eiligeres zu tun haben, als ihm so einen bescheuerten Psychologen mit seinen verharmlosenden Allgemeinplätzen zur Seite zu stellen, die nur dazu dienen, die Unruhe zu kompensieren, die zweifellos ausbrechen würde, wenn er zu tief in der Vergangenheit schürfte und die Beweggründe der menschlichen Spezies ans Licht brachte.

Jedenfalls muss Mara heute so schwer gewütet haben wie ein Michelangelo, denn im Garten liegt eine Menge Schutt und darauf der zerbrochene Tuffsteinblock. Direkt daneben das Werkzeug, als hätte sie es nach dem Desaster achtlos fallen gelassen. Aber warum? War es der Schock? Die maßlose Enttäuschung? Oder was sonst?

»Mara?« Wenn ein Haus kein Dach mehr hat, ist das Aufschließen der Haustür, so schießt es Craig Nolan plötzlich durch den Kopf, nur noch ein rein symbolischer Akt: Man betritt eine offene Schachtel, im wahrsten Sinn des Wortes. Das gibt Anlass, über den emotionalen, sozialen und ökonomischen Stellenwert der Wohnung nachzudenken. C. G. Jung beschreibt in seiner Traumdeutung einmal ein Haus als Abbild der Psyche: Die tiefsten Schichten des Unbewussten liegen im Keller (zwischen Menschenschädeln und antiken Keramikscherben), die weniger tiefen im Erdgeschoss und so Stockwerk um Stockwerk ansteigend bis zum Dachboden. Eine lineare Vorstellung, das schon, aber ehrlich gesagt doch ein bisschen zu simpel. Wie hätte

Jung wohl den Traum von einem Haus ohne Dach gedeutet? Und was hätte er wohl dazu gesagt, dass Mara so an diesem Haus hängt, nicht an einem Traumhaus, sondern an einem ganz realen? Oder vielleicht ist es erst zum Traumhaus geworden, *nachdem* es real geworden war? Als guter Mythologe hat Joseph Campbell (der im Übrigen auch eine Fernsehsendung hat) zu Recht die These vertreten, Träume seien private Mythen, deren Symbolik sich in allen Mythologien der Erde wiederfinde: Eigentlich wüssten wir das auch, so seine Behauptung, zögen es aber vor, es nicht zur Kenntnis zu nehmen, auf eigenes Risiko.

»Ma-ra?« Craig Nolan streift die Sandalen ab; der Staub vom Boden klebt an seinen feuchten Fußsohlen. Oben ist alles still, nicht einmal das Rauschen der Dusche ist zu hören: Ob Mara sich vielleicht gerade aus- oder wieder anzieht, unmittelbar vor oder nach der Dusche, auf die sie, vor allem nach der Plackerei, an so einem heißen Tag bestimmt nicht verzichten würde?

Wie dem auch sei, jedenfalls ist die eigene Wohnung der einzige Ort, über den man eine gewisse Kontrolle hat, der einzige, von dem man behaupten kann, ihn Zentimeter für Zentimeter, Winkel für Winkel zu kennen; schließlich verbringt man dort einen Großteil seiner Zeit und steckt eine Menge Energie hinein. Die eigene Wohnung ist etwas, worauf man stolz ist, etwas, das man anderen gerne zeigt, etwas, das man der Nachwelt überliefert als konkretes Abbild der eigenen Fähigkeiten und des eigenen Geschmacks. Die eigene Wohnung ist eine Zuflucht, ein Bau; von ihren Fenstern aus guckt man auf die Welt, die einem nicht gehört und die einem Angst macht. Nur in der eigenen Wohnung fühlt man sich sicher vor der Gleichgültigkeit und den Anfeindungen anderer, hier kann man sein, wer man ist, sagen, was man denkt, ohne seine Gefühle und Meinungen verstecken zu müssen. In der eigenen Wohnung schläft man und wacht auf, man frühstückt und isst zu Abend, man zieht sich an und wieder aus, man wäscht sich, hat Sex und stirbt. In der eigenen Wohnung verwahrt man die unterschiedlichsten Gegenstände: Werkzeuge, Kunstwerke, Gemälde, Fotos von sich selbst und von Orten, an denen man einmal gewesen ist und von denen man (fälschlicherweise) annimmt, sie seien einem vertraut. In der eigenen Wohnung sammelt man die Bücher, die alles enthalten, was man vom Leben und sich selbst weiß, sich vorstellt oder erträumt. Doch es kann passieren, dass das Haus plötzlich abbrennt oder man das Dach abdecken lassen muss, weil man hindurchgestürzt ist und sich dabei fast den Hals gebrochen hat, und alles, was bleibt, sind vier nicht einmal besonders stabile Wände und ein paar Dutzend eigentlich unbedeutende Gegenstände.

»Ma-ra-a?« Während Craig Nolan sich die Treppe hinaufquält, wächst seine Empörung, weil bei jeder Stufe das Bein schmerzt und seine Frau noch immer nicht antwortet. Als er ins Schlafzimmer kommt, ist er sprachlos, da, wo man heute Morgen noch in den offenen Himmel blickte, sind jetzt Balken, Dachsparren und Bretter. Gerade eben hat er den Lärm noch ausschließlich mit der Zerstörungswut der Arbeiter gleichgesetzt; einen derart rasanten Wiederaufbau hätte er ihnen nie und nimmer zugetraut, und schon gar nicht mit diesem anscheinend doch recht soliden Ergebnis. Nun ist das Haus keine offene Schachtel mehr, wie er noch beim Hereinkommen gedacht hat: Es hat jetzt wieder einen Deckel, einen nagelneuen. Allerdings muntert ihn das kein bisschen auf: Im Gegenteil, aus Gründen, die er momentan selbst nicht durchschaut, wächst seine innere Unruhe, die er schon draußen beim Anblick des gespaltenen Tuffsteinblocks empfunden hat, weiter an.

»Ma-ra-aaa?« Keine Ahnung, wieso er weiter nach ihr ruft, wo sie doch eindeutig nicht da ist. Im Grunde hat er das schon beim Reinkommen geahnt, denn in so einem Häuschen sieht man auf einen Blick, ob jemand da ist.

Als er sich die Treppe wieder runterquält, was noch anstrengender ist als rauf, wächst seine Empörung, weil es kein Geländer gibt, an dem er sich festhalten könnte. Auch dafür würde er, um ehrlich zu sein, am liebsten seiner Frau die Schuld geben: Dabei war sie es, die mehrfach den Wunsch nach einem Handlauf geäußert hat, was er jedoch immer wieder ablehnte, weil er es für überflüssig hielt. Andererseits hat es schon seinen Grund, warum er Mara für alles verantwortlich macht, was in Canciale passiert: Denn wäre er ihr nicht begegnet, hätte er nie von der Existenz dieses Hauses erfahren, hätte sich also auch nie verpflichtet gefühlt, den Zustand des Daches zu überprüfen, wäre nicht abgestürzt, hätte jetzt kein kaputtes Bein und keinen Grund, sich über das fehlende Geländer aufzuregen. Glasklare Logik; auch wenn diese Übung eigentlich etwas mehr geistige Klarheit verlangt hätte, als ihm im Moment zur Verfügung steht.

Schwer keuchend humpelt er durchs Wohnzimmer, wobei ihm Vorstellungen durch den Kopf rasen, die von pessimistisch bis katastrophal reichen. War Mara wegen der zerstörten Skulptur womöglich so deprimiert oder wütend, dass sie ins Dorf gegangen ist oder in den Wald, ohne ihm eine Nachricht an der Tür oder auf dem Küchentisch zu hinterlassen? Ist sie womöglich einfach ans Meer gefahren, weil ihr piepegal ist, was aus ihm wurde? Oder ist sie verletzt? Hat sie sich vielleicht die Finger gequetscht oder am Meißel geschnitten? Hat einer der Barbaren sie vielleicht ins Krankenhaus nach La Spezia gebracht, notdürftig verbunden und blutend, schreiend vor Schmerzen oder gar ohnmächtig? Oder hat einer von ihnen sie am Ende entführt und Gott weiß wohin verschleppt, während er seelenruhig bei Signora Launa saß und verzweifelt um ein paar gute Ideen rang?

Craig Nolan zieht seine Sandalen wieder an, stolpert zur Tür und reißt sie vor lauter Wut so heftig auf, dass sie fast aus den Angeln springt. Nervös lässt er den Blick schweifen: über den kleinen, von der Sonne verbrannten Garten, über die Straße, die Gemüsegärten der Nachbarn, die primitiv zusammengezimmerten Garagen aus Wellblech. Dann humpelt er um das Haus herum und schaut zur Oliventerrasse direkt dahinter: die Brücke aus Brettern, die gestapelten Dachpfannen, die Rollen aus Dachpappe, die Zementsäcke, Blechkanister, eine Schubkarre, zwei Eimer. Die Luft steht, die Zikaden zirpen ohne Unterlass; noch nie ist ihm das Gelände so in sich ruhend vorgekommen, so unverrückbar, voller bedeutungsloser Geräusche. Er geht zur Straße, mustert den rissigen Asphalt voller Schlaglöcher, kann aber die Bilder in seinem Kopf nicht stoppen: Sie macht eine falsche Bewegung, das Blut spritzt, sie stürzt zu Boden, windet sich vor Schmerz, jemand kommt, um sie zu retten oder zu überfallen, sie wird weggeschleift, hochgehoben, ein Laster fährt los, rast erst den Berg hinauf, dann die Kurven runter. Es ist einer dieser seltenen Momente, wo er es wirklich bedauert, dass er weder ein Handy hat, um seine Frau anzurufen, noch ein Auto, um sie zu suchen. Doch wo überhaupt? Er fühlt sich machtlos in diesem fremden Land, dem er im Grunde misstraut, wo er keinen kennt, an den er sich im Notfall wenden könnte. Sicher, er ist schon an weit abgelegeneren Orten gewesen, wo er die Sprache noch viel weniger beherrschte; aber da war er allein oder mit einer Gruppe unterwegs, die ihm bedingungslos folgte. Seine Verantwortung hatte keinerlei sentimentale Implikationen (na ja, mit einer Ausnahme vielleicht), und vor allem musste er emotional wie intellektuell kein Quentchen Souveränität abgeben. Egal ob im Regenwald von Lubang auf den Philippinen oder in den Mangrovensümpfen am Muni in Gabun, er war immer er selbst, sogar *noch mehr* als in Cambridge. Sein mentales Gelände blieb intakt, geschützt durch verstärkte Grenzen, klima-, temperatur- und distanzresistent. Hier hingegen hat er vor sieben Jahren freiwillig das Handtuch geworfen, Tür und Tor geöffnet und zugelassen, dass Mara an den Stützpfeilern seines inneren Gerüstes rüttelt, und das ist jetzt das Ergebnis: Sein inneres Gleichgewicht, das er für unerschütterlich gehalten hat, ist derart aus den Fugen, dass sich die Panik ungehindert ausbreiten kann.

Er humpelt vor dem Haus auf und ab, schweißgebadet, kurzatmig, und überlegt krampfhaft, ob er vielleicht bei Signora Launa klopfen und fragen soll, ob er mal telefonieren darf; aber dann fällt ihm ein, dass er die Handynummer seiner Frau gar nicht auswendig weiß. Die hat er sich nie gemerkt. Wozu auch? Ein Leben ohne Handy war für ihn eine prinzipielle Entscheidung, und wie bei jeder prinzipiellen Entscheidung geht damit zwangsläufig eine Reihe von Nachteilen einher, die ihm normalerweise auch gar nichts ausmachen. Im Gegenteil, allein die Tatsache, nicht rund um die Uhr erreichbar zu sein, gibt ihm ein unschätzbares Gefühl von Freiheit, auf das er um keinen Preis verzichten will, weder in beruflicher noch in privater Hinsicht. Hier in Canciale genügt sein Laptop, um mit der Welt in Kontakt zu bleiben, an der Uni haben seine Assistenten jede Menge elektronische Geräte zur Verfügung, und zu Hause ist Maras Handy vollkommen ausreichend, um die notwendigen sozialen Kontakte zu halten, auch die, auf die man eigentlich liebend gern verzichten würde. Aber jetzt, in dieser verzwickten Lage, mit der niemand rechnen konnte, ist er plötzlich aufgeschmissen: isoliert, von allen Informationen abgeschnitten, umzingelt von Signalen, die das Schlimmste befürchten lassen, und zu allem Überfluss noch schwer gehandicapt. Damit konnte doch wirklich keiner rechnen. Oder hätte er darauf vorbereitet sein müssen? Bloß wie?

Da fällt ihm plötzlich wieder ein, dass Mara ihre Handynummer ja irgendwo aufgeschrieben hat, speziell für solche Notfälle: Den Zettel muss sie irgendwo in der Küche deponiert haben, oder im Schlafzimmer, in einer Schublade? Okay, er weiß ihre Nummer nicht und auch nicht, wo sie den Zettel deponiert hat, aber das bedeutet noch lange nicht, dass sie ihm gleichgültig ist. Da braucht man ihn nur anzusehen: hochrot im Gesicht, die Bewegungen völlig verkrampft, das T-Shirt durchgeschwitzt, dazu beschleunigter Herzschlag und unkontrollierte wilde Phantasien. Kann es wirklich sein, dass sie so rücksichtslos ist und einfach weggeht, ohne ihm Bescheid zu sagen? Oder ist sie tatsächlich gegen ihren Willen verschleppt worden, ohne dass jemand was gesehen oder gehört hat? Hier sind doch sonst überall Augen und Ohren, denen nicht die kleinste Kleinigkeit entgeht. Was soll er jetzt bloß machen? Überall nachfragen, um als törichter Ausländer dazustehen, der gleich ausflippt, wenn seine Frau mal nicht zu Hause ist? Aber was, wenn ihr nun wirklich etwas Schlimmes passiert ist? Wenn rasches Handeln womöglich die einzige Rettung bedeutet?

Als Craig Nolan vermutlich zum zwanzigsten Mal ängstlich die Straße absucht, sieht er plötzlich Ivos roten Pick-up mit überhöhter Geschwindigkeit auf das Haus zurasen. Schlagartig überlagern sich spontane Erleichterung und erneute Alarmstimmung; seine Muskeln spannen sich an, neue Bilder überfluten seinen Kopf. Bringen sie Mara jetzt nach einer summarischen Notversorgung nach Hause? Oder liegt sie schwerverletzt im Krankenhaus? Oder kommen sie jetzt, um über das Lösegeld zu verhandeln?

Der Pick-up dröhnt immer lauter; auf der Ladefläche liegt ein weißer Block, der bei jeder Unregelmäßigkeit des Straßenbelags hochhüpft und ziemlich ins Wanken gerät, als der Pick-up vor dem Haus scharf abbremst.

Craig Nolan hechtet zur Seite (oder was man bei einem kaputten Bein so hechten nennt), um nicht überfahren zu werden. Ängstlich starrt er durch die Windschutzscheibe, Gott sei Dank, Mara sitzt auf dem Beifahrersitz und sieht kein bisschen leidend aus.

Sie steigt sofort aus (angesichts der Höhe des Autos muss man eigentlich eher von springen sprechen) und sieht ihn an. Normale Gesichtsfarbe, Arme und Hände unverletzt, keine Verbände, keine Blutspuren.Unversehrt steht sie da, wenn auch ein bisschen schief, vielleicht aus Verlegenheit.

»Wo zum Teufel warst du? Ich dachte schon, du wärst schwer verletzt oder sonst was!« Craig Nolan weiß, dass er eine jämmerliche Figur abgibt, nicht nur Mara, sondern auch diesem Ganoven von Bauunternehmer gegenüber, aber er kann sich einfach nicht beherrschen.

»Tut mir leid.« Maras Tonfall hat nichts von der gelassenen Beiläufigkeit, die sie vermutlich auszustrahlen hofft: Ihre Stimme ist farblos, unnatürlich.

»Wirklich?« Wieder weiß Craig Nolan genau, dass er besser still sein und ins Haus zurückgehen sollte, aber es ist einfach stärker als er.

Sie deutet auf den weißen Block hinten auf dem Pick-up, dann auf den gespaltenen Tuffstein im Garten. »Wir waren unterwegs, um einen Marmorblock zu besorgen, weil mir der andere kaputtgegangen ist.«

Ivo der Ganove lehnt sich aus dem Fenster seines lächerlichen Pick-ups: zeigt demonstrativ seinen muskelbepackten Arm mit den Pseudomaori-Tattoos. »Deine Frau wollte eigentlich nicht, aber ich habe ihr erklärt, dass sie es verdient hat, mal erstklassige Qualität zu bearbeiten.«

Craig Nolan muss sich zusammenreißen, am liebsten würde er ihn am Arm aus dem Wagen zerren und mit Fäusten traktieren. Was genau ihn dazu veranlasst, weiß er nicht zu sagen: das Verhalten seiner Frau, der Blick des Ganoven, die blinde Panik, die ihn immer noch nicht loslässt, der Verlust an innerer Souveränität, die unerträgliche Zweideutigkeit der Umstände?

Ivo steigt aus und sieht sich das Dach an.

Zweifellos erleichtert, die Aufmerksamkeit von sich ablenken zu können, hebt auch Mara den Blick: Sie traut ihren Augen nicht; als sie den Arbeitsfortschritt sieht, ist sie begeistert. »Unglaublich, was sie in den paar Stunden alles geschafft haben!«

Ivo ist dagegen überhaupt nicht zufrieden und schüttelt den Kopf. »Ja schon, aber eigentlich müssten sie noch arbeiten. Morgen werde ich denen was erzählen.«

Verzweifelt sucht Craig Nolan nach einer zündenden sarkastischen Bemerkung, aber ihm fällt partout nichts ein, nicht einmal etwas Mittelmäßiges.

Jetzt deutet Ivo von dem Marmorblock auf den Garten. »Ich setze mal zurück, damit wir den abladen können.«

Mara dirigiert ihn mit Gesten und Zurufen (»Weiter rechts! Stopp! Jetzt einschlagen!«), auch wenn das völlig überflüssig ist. Vermutlich, um etwas zu tun zu haben und nicht völlig schutzlos dazustehen in dem grellen Licht, unter den wachsamen Augen ihres Mannes.

Der Wendekreis des Pick-ups ist so groß wie bei einem Laster, doch Ivo wendet geschickt, mit kleinen schnellen Bewegungen, scheinbar ohne Furcht davor, die riesigen Reifen könnten im Straßengraben stecken bleiben. Dann steuert er endlich auf den Garten zu, bremst, steigt mit seinen affenartigen Bewegungen aus, öffnet die Heckklappe, löst den Spanngurt und steigt wieder ein, um den Knopf zu bedienen, mit dem man die Ladefläche kippt. Der Marmorblock rutscht über die schräge Fläche und fällt mit einem dumpfen Geräusch, das seinem Gewicht entspricht, auf das verdorrte Gras.

Craig Nolan beobachtet seine Frau, die Ivo beobachtet, der den Marmorblock beobachtet: Das Einzige, woran er denken kann, ist, dass sie den Block aufrichten müssen, wenn sie daraus eine sich aufrichtende Katze machen will.

Ivo lässt die Ladefläche wieder herunter, hakt die Heckklappe ein, wirft einen Blick auf den Marmorblock, dann auf Mara. »Morgen sagst du mir, wie du ihn haben möchtest, dann stelle ich ihn dir richtig hin.«

»Vielen Dank, *ciao*.« Maras Stimme klingt zu neutral, um glaubhaft zu sein; die beiden sehen sich kaum in die Augen.

Ein bisschen zu eilig winkt Ivo zum Abschied und setzt sich hinters Steuer; der rote Pick-up entfernt sich die Straße hinauf, wieder mit überhöhter Geschwindigkeit.

Craig Nolan und seine Frau bleiben noch kurz vor dem Haus stehen, im Abstand von ein paar Metern, in der Abgaswolke, die der Pick-up hinterlässt. Wie statisch die aufrechte Haltung eines Menschen auch erscheinen mag, genaue Messungen belegen, dass es dauernd ein leichtes, mit bloßem Auge kaum zu erkennendes Schwanken zwischen Knöchel und Mittelachse des Körpers gibt. Keiner der beiden sagt etwas; die Luft ist erfüllt vom unermüdlichen Zirpen der Zikaden. Grauenhaft.

Fünfundzwanzig

Ivo Zanovelli fährt ruckartig, er spürt, wie ihn ein Gefühl überkommt, das man in solchen Fällen unbedingt vermeiden sollte. Ein Verlustgefühl, das ihm den Atem verschlägt und den Magen zuschnürt. Plötzlich fühlt er sich so verloren wie ein Hund, den man ausgesetzt hat. Noch dazu ohne jede Vorwarnung, keine Alarmglocke hat geschrillt, weder beim Verlassen des Restaurants noch auf der Fahrt von den Apuanischen Alpen hinunter ins Tal. Auch nicht auf der Autobahn, als sie an der Küste entlangfuhren, auch nicht auf dieser verdammten kurvenreichen Landstraße.

Klar, nach dem, was in dem Zimmer über dem Restaurant geschehen ist, waren sie beide ziemlich durcheinander. Noch immer aufgewühlt von der Welle, die sie mitgerissen und dann rat- und wortlos zurückgelassen hat. Halb am Ziel, halb verloren. Halb befriedigt, halb erschöpft. Eine gewisse Verlegenheit ist da unvermeidlich. Zwei, die sich praktisch überhaupt nicht kannten, keine Zeit hatten, sich gegenseitig irgendetwas voneinander zu erzählen. Gerade noch wildfremd und dann schlagartig einander so nah, wie es näher nicht mehr geht, alles von einem Moment auf den anderen. Wie soll man da nicht durcheinander sein, selbst wenn man daran gewöhnt ist? Aber sie, sie ist kein bisschen daran gewöhnt, das war offensichtlich. Künstlerin hin oder her, auf jeden Fall ist sie keine, die wild in der Gegend herumvögelt. Nicht etwa, weil sie verheiratet ist, das hat überhaupt nichts zu bedeuten. Im Gegenteil. Sondern weil es einfach nicht zu ihr passt, es widerspricht ihrem Charakter. Sie springt nicht mit wildfremden Männern ins Bett, ja nicht einmal mit solchen, die sie kennt.

Aber auch für ihn ist es keine dieser gewöhnlichen Affären, keine von denen, wo es nach dem Sex normalerweise nur noch darum geht, die Frau möglichst schnell nach Hause zu fahren. Hat sie selbst ein Auto, umso besser, ein Küsschen zum Abschied, und das war's dann. Nach einer Stunde weiß man nicht mehr, wie es eigentlich war, und am nächsten Tag hat man sie schon vergessen. Diesmal jedoch hat es ihn, ehrlich gesagt, ganz schön erwischt. Das hat ihn selbst am meisten überrascht. Dass sie etwas Besonderes ist, das hat er gleich gewusst, als er sie zum ersten Mal sah. Genau genommen schon vorher, als er mit Carlo von der Bar über sie geredet hat. Wichtig war dabei nicht, was Carlo über sie sagte, sondern eher, was er nicht sagte, am Klang seiner Stimme konnte man erkennen, dass er heimlich in sie verliebt ist. Ist ja auch klar, sie ist eben was ganz Besonderes. Nicht bloß das Aussehen, sondern alles an ihr. Das Aussehen auch, klar. Die Augen, das Lächeln. Die Haare, die Figur. Dieser unvergleichliche Körper, fest und weich zugleich. Die Art, wie sie sich bewegt, wie sie einen ansieht. Beim Reden fährt sie mit den Händen durch die Luft, als wollte sie Figuren malen. Eine echte Künstlerin eben. Ernsthaft, energiegeladen. Frei, aber konzentriert. Leicht, aber nicht leer. Sensibel, aber nicht empfindlich. Sie kann aufmerksam zuhören, hat aber ihre eigene Meinung, fällt ihr eigenes Urteil. Sie hat ein Gespür für die Dinge, aber auch Wissen. Dem Stein ringt sie diese kraftvollen Katzen ab, daran arbeitet sie mit ungeheurer Hingabe. Mit ungeheurer Hartnäckigkeit. Sie ist anspruchsvoll, aber auch unkompliziert. Keine Angeberin, die dauernd allen beweisen muss, wie unglaublich begabt sie ist. Dabei ist sie wirklich ausgesprochen begabt, und zwar in mehrfacher Hinsicht. Er kann es selbst nicht glauben, aber sie ist die Frau seiner Träume. Allerdings ging dann alles so unglaublich schnell, dass er gar keine Zeit hatte, sich das klarzumachen. Erst jetzt wird es ihm langsam bewusst. Sein Kopf ist voller Bilder, sein Körper voller Empfindungen. Aber auf die Folgen, auf diese Leere, auf dieses unsägliche Gefühl von Verlust war er nicht im Geringsten vorbereitet.

Klar, er hätte mehr mit ihr reden müssen, ihr mehr Fragen stellen sollen, solange noch Zeit war. Aber wie denn? Mit welchen Worten?

Dabei hatte er doch schon zu viel gesagt. An die genauen Worte kann er sich zwar nicht mehr erinnern, aber an den Inhalt schon. So genau will er gar nicht mehr daran denken, denn sonst überkommt ihn die Angst, schon viel zu viel gesagt zu haben. Viel zu viel und viel zu früh, als er noch gar nicht wusste, was sie dachte. Aber er spürte, was sie dachte. Oder hat er sich das nur eingebildet? Ganz schön verrückt jedenfalls, so was zu sagen, bevor man zu hundert Prozent sicher ist, was sie davon hält. Hat er wirklich gesagt, der Sinn der Welt bestehe darin, dass sie beide in diesem Zimmer zusammen sind? Dass er jede Sekunde, jede Minute, jede Stunde seines Lebens darauf gewartet hat, ihr zu begegnen? Frühling, Sommer, Herbst und Winter, Jahr um

Jahr aufs Neue? Dass sie jetzt, wo sie sich endlich gefunden haben, zusammen bis ans Ende der Welt gehen müssten, um einen Platz zu finden, wo sie sich ansehen, küssen, unterhalten könnten und sich nie wieder trennen müssten? Absurd, aber das waren seine Worte. Er kann es selbst nicht fassen, aber es ist die Wahrheit. Die reine Wahrheit. Er ist absolut euphorisch und absolut verzweifelt. Wie können sich zwei so unterschiedliche Gefühle nur vermischen? Keine richtige Mischung, aber sie existieren nebeneinander. Euphorie-Verzweiflung, Sichfinden-Sichverlieren. Das ist nicht bloß so ein Gefühl des Augenblicks, das ist viel umfassender, geht viel tiefer. Grenzenlos.

Und sie, was hat sie darauf geantwortet? Keine ganzen Sätze, nicht einmal vollständige Worte. Ein »eh« hier, ein »ja« dort, zwei-, dreimal. Aber das war ja normal. Was hätte sie auch sagen sollen? Das war ja schließlich kein Wettbewerb, wer die verrücktesten Bemerkungen macht. Bestimmt ist sie ziemlich erschrocken, als sie ihn so reden hörte, hat sicher überlegt, ob er nicht übertreibt. Und doch spürte er, dass auch sie so empfand, dass sie auf der gleichen Welle schwammen.

Als die Welle dann abebbte und sie vollkommen benommen dalagen, wollte er ihr unbedingt etwas Nettes sagen, aber ihm fiel einfach nichts ein. Rein gar nichts. Erst viel zu früh, dann gar nichts mehr. Zwischen den Falten des Lakens lag sie auf der Seite, blickte mal zu ihm, dann wieder weg. Sie wartete auf ein Wort von ihm, eine Bekräftigung. Aber ihm fiel nichts ein, absolut gar nichts. Dann bemerkte er, wie sich ihre Miene langsam veränderte, bis sie schließlich den Kopf von ihm abwandte und zur anderen Seite sah.

Und er brachte keine drei Worte zusammen, nicht einmal zwei. Es war zum Verzweifeln, am liebsten hätte er vor Wut den Kopf an die Wand geschlagen. Alles, was ihm einfiel, war, aufzustehen, sich anzuziehen und zu sagen, es sei an der Zeit, nach Canciale zurückzufahren, er müsse nach den Arbeitern sehen. Dann verließ er das Zimmer, um bei Aleardo die Rechnung zu bezahlen. Kaum war sie unten, gingen sie hinaus, in das blendende Licht auf der Piazzetta.

Auch unterwegs, auf der Fahrt zur Küste hinunter, fand er nicht die richtigen Worte. Ihm fiel absolut nichts ein, auch kein blödes Kompliment, keine x-beliebige Nettigkeit. Keine Frage. Nicht einmal die kleinste Zärtlichkeit brachte er zustande, schaffte es nicht einmal, ihre Hand zu streicheln, als kleine Geste der Zuneigung. Um zu bekräftigen, dass er vorher alles ernst gemeint und nicht übertrieben hatte. Damit sie nicht auf die Idee kam, bei einem gelandet zu sein, der über die schönsten Dinge schwadroniert, ohne selbst daran zu glauben. Aus lauter Verzweiflung fing er dann, um überhaupt etwas zu sagen, irgendwann von dem Speck an, der nur deshalb so gut sei, weil sie ihn hier oben mit grobem Meersalz, frischgemahlenem Pfeffer, Knoblauch, Rosmarin, Salbei und Koriander marinierten und mindestens sechs Monate in den Marmorgrotten lagerten. Was für ein Schwachsinn, Herrgott noch mal! Wie kann man nur so blöd sein, ausgerechnet mit dem Speck anzufangen? Nach all dem, was zwischen ihnen geschehen war, nach all den magischen Momenten, nach all den namenlosen Empfindungen. Und das, wo sie doch Vegetarierin ist und es schon als Zumutung empfand, an dem Speck auch nur zu riechen. Wo sie doch Marmor schon nicht mag, hat er es damit sicher endgültig verdorben. Da hat er mit aller Kraft die Situation zu retten versucht und alles nur noch schlimmer gemacht. Geradezu sprichwörtlich: voll rein ins Fettnäpfchen.

Und sie? Nach der Sache mit dem Speck herrschte zehn Minuten Schweigen, dann fing sie plötzlich von den römischen Bildhauern an, davon, wie sie die griechischen Statuen ohne jedes Feingefühl kopierten. Sie machten Gipsabdrücke der Originale und verschickten sie ins ganze Römische Reich, und schon ging's los. Statt sorgfältig mit Meißel, Zahneisen, Raspel und Körner zu arbeiten wie die Griechen, benutzten sie auch Bohrer, damit es schneller ging. Praktisch so, als würde man heute eine Statue an der CNC-Drehbank fräsen. In der Antike wurden die Statuen bemalt, vergoldet oder mit bunten Holzteilen verziert, sie hatten nicht diese leeren Augen, waren nicht vollkommen weiß, wie wir sie heute kennen und wie sie die Kopisten tausend oder zweitausend Jahre später herstellten. Interessant, aber was hatte das mit ihnen zu tun? Wollte sie ihm damit klarmachen, dass er ein Ignorant ist und ihr nicht das Wasser reichen kann, trotz allem, was zwischen ihnen geschehen war? Oder fühlte auch sie sich genötigt, etwas Positives zu sagen, nachdem der Rausch abgeebbt war und sie nun auf dem Trockenen saßen?

Hinter Sarzana schwiegen sie beide erneut betreten, wie nach einem missglückten Unterfangen. Er fuhr noch schneller als gewöhnlich, um den Dodge wenigstens auf diese Art mit Geräuschen zu erfüllen. Auf der restlichen Fahrt sahen sie sich dann gar nicht mehr an, starrten beide nur wortlos vor sich hin. Echt romantisch, diese Rückfahrt.

Aber war es letztendlich nicht besser so? War das Ganze nicht von vornherein zum Scheitern verurteilt? Mit einer Künstlerin, die eigentlich in England lebte und zudem verheiratet war, wie sollte das gehen? Verheiratet zu sein war kein Hinderungsgrund, solange es nur darum ging, dem Ehemann Hörner aufzusetzen; sobald es aber darum ging, ihn zu verlassen, bekam das Ganze ein völlig anderes Gewicht. Und abwarten, wie die Dinge sich entwickeln, kann er auch nicht. Sobald das Dach fertig ist, muss er weg, und zwar so weit wie möglich. Selbst wenn ein Wunder geschieht und sie mitkommt, wie soll das gehen mit einer, die ihren Mann aus einer Laune heraus verlassen hat? Zumal einen, der nicht bloß ein großer Forschungsreisender und Professor ist, sondern sogar eine eigene Fernsehsendung hat? Da kann man sich leicht ausmalen, was bei denen so geredet wird, was für Leute dort aus- und eingehen. Was kann er so einer schon bieten? Soll er sich vielleicht von morgens bis abends ein Bein ausreißen, um ihr zu beweisen, dass es sich gelohnt hat, mit ihm zu gehen?

Aber wie um Himmels willen soll er jetzt bloß dieses beklemmende Gefühl wieder loswerden? Diese Angst, die sein Herz zum Rasen bringt? Diesen Film aus Blicken, Gesten, Augen, Lippen, Händen, Haaren, der unablässig in seinem Kopf abläuft und nicht eine Sekunde innehält? Diesen Klangteppich aus Tönen, Atmen, Rascheln, der ihm in den Ohren dröhnt, obwohl er jetzt *If Trouble Was Money* von Albert Collins voll aufdreht, bis jede Scheibe, jedes Blech, jedes Plastikteil des Dodges zittert?

Er kennt die leise Wehmut, die einen mitunter befällt, kurz nachdem man mit einer tollen Frau zusammen war.

Dann ist man traurig, weil das Spiel vorbei ist. Doch das dauert nie lange. Bald denkt man an eine andere, an ein Motorrad oder an die Arbeit, und schon ist es vorbei. Wenn man sie wiedersehen will und kann, sieht man sie wieder, wenn nicht, auch egal. Für eine, die man verliert, gibt es hundert andere, mitunter sogar bessere. Aber einen solchen unsäglichen Schmerz, wann hat er so etwas zuletzt erlebt? Mit siebzehn, in einem anderen Jahrhundert? Ihn packt eine Mischung aus Angst und Wut. Ist sie denn tatsächlich so anders als alle anderen? Ist sie wirklich so viel interessanter? Intelligenter? Natürlicher? Authentischer? Hat sie wirklich ein größeres Herz?

Er kommt ans Meer, doch anstatt weniger wiegt sein Verlust mit der wachsenden Entfernung von Canciale nur noch schwerer. Er wird immer wütender wegen all der Fragen, die ihn unablässig bestürmen, wegen der Leere, die ihm den Atem verschlägt und sein Herz fast zerspringen lässt. Verzweifelt schlägt er mit der Faust aufs Lenkrad, mit dem Ellbogen gegen die Tür. Er brüllt »Aaaaaarrr!«, so laut, dass ihm danach die Kehle weh tut.

Sechsundzwanzig

Im Bad, wo nun die neue Decke den Himmel verdeckt, betrachtet Mara Abbiati sich im Spiegel: Forschend sucht sie nach Spuren dessen, was mit Ivo in dem Zimmer über dem Restaurant passiert ist, oben in den Marmorbergen. Die Haare sind zerzaust, nach dem Sex nur notdürftig mit einer Spange geordnet, dann im Fahrtwind erneut zerzaust. Aber eine richtige Frisur hat sie auch sonst nicht, dafür sind ihre Haare zu widerspenstig. T-Shirt und Rock sind zerknittert, aber auch das ist normal: Wegen ihrer Arbeit und mangelnder Geduld ist sie ohnehin nie perfekt angezogen, daran ist Craig gewöhnt. Geschminkt war sie nicht, deshalb gibt es auch keinen verschmierten Lidschatten, Eyeliner oder Lippenstift. Es ist eher ihr *Gesicht,* das Verdacht erregen könnte: dieser Ausdruck einer Diebin, die erwischt wurde und jetzt erkennungsdienstlich fotografiert wird.

Aber wieso Diebin? Weil sie sich heimlich davongeschlichen hat, weil die liebe Launa so nett war, ihren vorübergehend behinderten Mann zu beherbergen? Aber als sie in Ivos Pick-up stieg, hatte sie überhaupt nicht das Gefühl, sich davonzuschleichen: Sie fuhr ja bloß mit ihm nach Sarzana, um das Geld für den Abschluss der Bauarbeiten zu besorgen, nicht etwa wegen einer romantischen Eskapade. Und trotz prinzipieller Einwände war der vorübergehend behinderte Ehemann sicherlich nur allzu froh, diese lästige Angelegenheit auf sie abzuwälzen, um sich ungestört seiner Arbeit widmen zu können. Was dann passierte, kam vollkommen unerwartet; von ihrer Seite jedenfalls gab es keinerlei Vorsatz.

Und von Ivos Seite? Hatte er etwa von Anfang an darauf spekuliert? Sie mit Geschick und richtigem Timing in die Falle gelockt wie ein schäbiger Verführer? Und sie? Sie tappt prompt hinein und bestätigt auch noch sämtliche Stereotypen über verheiratete Frauen, die er zweifellos im Kopf hat? Aber stimmt das denn überhaupt? Ist es nicht scheinheilig, ihm alle Schuld zuzuschieben? Hat sie im Grunde nicht genau gewusst, dass sie sich auf ein Spiel einließ, als sie dem Ausflug in die Steinbrüche zustimmte, statt gleich wieder nach Hause zu fahren? Ganz genau vielleicht nicht, aber ist es wirklich so schwer zu durchschauen, dass so einer bestimmt nichts Gutes im Schilde führt? Allein wie er sich schon in der Bank aufgeführt hat? Und dann im Steinbruch? Bei dieser seltsamen Besichtigung, die durch Gewalt erzwungen schien, sich in Wahrheit jedoch etwas ganz anderem verdankte? Aber wieso hat er sie dann auf dieser grässlichen Straße so leidenschaftlich geküsst? Und dann noch einmal, noch leidenschaftlicher, in diesem seltsamen Restaurant? Wieso hat sie selbst vorgeschlagen, ein Zimmer zu nehmen, und damit womöglich sogar seine kühnsten Erwartungen übertroffen? Weil sie es drauf ankommen lassen wollte? Weil sie dachte, er sei viel besser, als alle Welt glaubt? Aus Neugier? Aus Langeweile? Aus Frust über die Zerstörung einer nicht mal halbfertigen Skulptur? Um wenigstens einmal im Leben ihre heimlichen Phantasien mit einem Mistkerl auszuleben, wie in einem schlechten Liebesroman? War da womöglich einer dieser Urinstinkte am Werk, von denen Craig immer redet und die eine fortschrittliche Frau eigentlich überwunden hat? Oder die zweifelhafte Wechselwirkung von Eroberung und Nachgeben? Trauert sie vielleicht um ein Selbst, das nicht mehr existiert? Trauert sie einer Zeit nach, die unwiederbringlich vorbei ist? Hat sich da ein unstillbares Bedürfnis nach dem Überraschenden, dem Aufregenden, dem Unvorhersehbaren geregt? Um nach einer Ewigkeit mal wieder die fast schmerzhafte Erregbarkeit der Haut zu spüren, dieses verwirrende Herzklopfen? Aus Enttäuschung über eine zu eingefahrene, zu intellektuelle, zu blutleere Beziehung? Aus Rache an Craig wegen seiner Affäre mit der Studentin? Wollte sie sich nur bestätigt fühlen, attraktiv und begehrt?

Aber war es nicht so, dass es da noch etwas gab, das unendlich viel tiefer ging als all diese belanglosen Nichtigkeiten? Etwas, das wesentlich wichtiger war? Hatten sie nicht bloß getan, was unvermeidlich war? Und die unglaublichen Dinge, die er ihr gesagt hat? Hat er das ernst gemeint, oder war das nur Teil einer Rolle, die mit ihm durchgegangen ist? Und hat er das wirklich gesagt, oder hat sie sich das womöglich nur eingebildet, durch die total verzerrte Wahrnehmung in diesem Moment?

Je länger sie in den Spiegel schaut, desto rätselhafter erscheint ihr das Gesicht, das ihr da entgegensieht. Ist das nun das Gesicht einer Ehebrecherin? Einer Naiven? Einer Lügnerin? Einer Gaunerin? Einer hoffnungslos Sentimentalen?

Schluss jetzt! Sie reißt sich die Kleider vom Leib und wirft sie in den Wäschekorb; kramt sie wieder raus und riecht daran, stopft sie schließlich hektisch unter die bereits vorhandenen Wäschestücke. Sie pinkelt, dreht die Dusche auf und stellt sich unter den dünnen Strahl, der dauernd die Temperatur wechselt. Seit drei Jahren redeten Craig und sie nun schon davon, endlich einen neuen Boiler anzuschaffen, kamen aber jedes Mal wieder zu dem Schluss, dass es sich nicht lohnt, weil sie so selten hier sind und sowieso immer nur im Sommer. Tatsächlich ist vor allem Craig dagegen, vielleicht weil er fürchtet, dadurch einen Ort aufzuwerten, den er eigentlich verachtet. Aber wenn sie das doch so genau weiß, warum versteift sie sich dann eigentlich darauf, ihn jeden Sommer wieder mit hierher zu schleppen? Könnte sie nicht einfach allein herkommen und ihn machen lassen, was er will? Hat sie etwa Angst davor, er könnte sich anderweitig amüsieren, mit einer Studentin oder einer seiner Assistentinnen oder sonst einer seiner vielen Bewunderinnen? Ist es die Angst vor Veränderung, die sie zusammenhält? Das Wechselspiel aus Drohung und Ermutigung? Geben sie sich gegenseitig Sicherheit und Vertrautheit, um die Angst vor dem Ungewissen zu bekämpfen? Haben sie sich durch die Ehe das Recht eingeräumt, sich gegenseitig das Gefühlsleben lahmzulegen? Aber ist die Alternative, wie die Ereignisse des heutigen Tages gezeigt haben, nicht noch viel schlimmer? Bedeutet das nicht totale Verunsicherung, noch mehr Zweifel und generellen Sinnverlust? Wozu? Für ein paar konfuse emotionale Stunden, die nichts als Leere nach sich ziehen?

Alle zehn Sekunden wird das Wasser kalt, dann wieder heiß, dann wieder kalt. Die Temperatur ist ihr egal, sie hat genügend Hitze in sich, sie bräuchte nur einen viel kräftigeren Strahl, um die Spuren all dessen abzuwaschen, was geschehen ist: Tatsachen, Blicke, Worte, Gründe, Gedanken, Konsequenzen.

Doch mit diesem dünnen Rinnsal ist das unmöglich, das kalte Wasser verschärft die Ängste, das warme heizt die innere Unruhe an. Wie soll sie sich Craig gegenüber verhalten, wenn sie das Bad verlässt und nach unten geht? Soll sie ihm detailliert schildern, wo sie überall gewesen sind, und dabei den Tagesablauf so frisieren, dass die Stunden, die sie mit Ivo im Restaurant und im Zimmer verbracht hat, wegfallen? Wie lange waren sie überhaupt in diesem Zimmer? Weder Ivo noch sie hatte eine Uhr dabei; eine weitere Gemeinsamkeit, in der fieberhaften Sortierung von Übereinstimmungen und Unterschieden. Und was sind die anderen Gemeinsamkeiten? Dass sie beide ein kindliches Wesen haben? Beide instinktiv und impulsiv reagieren? Aber was sie getan haben, war nicht nur ein triebhaftes Abreagieren: Da ist sie sich sicher. Sie haben ein Kommunikationsniveau erreicht, wie sie es noch nie zuvor erlebt hatte, eine intensive spirituelle Dimension. Und was bedeutete diese Traurigkeit in seinem Blick, davor und danach? Was bedeutete diese Offenbarung seiner Sensibilität, die er sonst hinter einer arroganten Fassade versteckt, wie ein Ritter, der unter seiner Rüstung, mit der er in die Schlacht zieht, ein Hemd aus feinster Seide trägt? Entspringt das alles nur ihrer Phantasie, oder ist es wirklich so gewesen? Sind das diese Archetypen, von denen Craig in seiner vollkommen unromantischen Analyse des Geschlechterverhältnisses immer spricht? Doch selbst wenn man davon ausgeht, dass jede individuelle Entscheidung immer auf biologischen Ursachen gründet, die mit der Sicherung des Überlebens und der Arterhaltung zu tun haben, welchen Sinn hat es dann, dauernd auf die Spielregeln hinzuweisen und darauf zu pochen, dass das Spiel nur ein Spiel ist und die Mitspieler nur Mitspieler sind? Sollte man nicht lieber daran glauben, solange man drinsteckt, anstatt dauernd einen Schritt zurückzutreten und Notizen zu machen?

Und Ivos Worte? Diese vollkommen unerwartete Verletzlichkeit, dieses verzweifelte Verlangen, mit dem er sich an sie geklammert hat? War das nicht ein authentisches Wiederfinden? Aber ein Wiederfinden von was? Eines Teils ihrer selbst, den sie verloren oder nie gehabt hatten? Oder ist das alles nur ein illusorischer Versuch, etwas zu rechtfertigen, was nicht zu rechtfertigen ist?

Mit Nachdruck seift sie sich am ganzen Körper ein, spült den Schaum ab, sieht zu, wie er zum Abfluss fließt, sich in einem Strudel dreht, bevor er im Rohr verschwindet. Eigentlich will sie das Wasser abdrehen, den Vorhang beiseiteschieben und sich abtrocknen; doch stattdessen bleibt sie einfach stehen, unter dem dünnen Rinnsal aus warm-kaltem Wasser, als könnte sie für immer hierbleiben.

Aber das geht nicht: Je länger sie wartet, desto peinlicher wird das Zusammentreffen mit Craig. Wie soll sie sich verhalten? Soll sie die Heitere spielen, die nichts zu verbergen hat? Die nach einem anstrengenden Tag Erschöpfte? Die Missmutige wegen der ruinierten Skulptur? Die Genervte, weil sie nach Sarzana fahren musste, um das Geld für Ivo zu holen? Soll sie dringende künstlerische Gründe vorschützen, sich eine zeitraubende Suche nach dem Marmorblock ausdenken? Oder lieber schweigen und das Abendessen machen, als sei nichts gewesen? Einfach abwarten, bis er nachfragt? Und für sich selbst, was soll sie sich da zurechtlegen? Dass in diesem blöden Zimmer über dem Restaurant etwas nicht Wiedergutzumachendes geschehen ist? Oder war das nur ein dummer Ausrutscher, im Grunde bedeutungslos und folglich ohne Konsequenzen? Ein blöder Fehler, den man sich merken sollte, um ihn zukünftig zu vermeiden? Und Ivo, wie wird er ihr wohl morgen begegnen? Mit der großen Vertrautheit einer verwandten Seele? Mit der augenzwinkernden Zweideutigkeit eines Geheimnisträgers? Mit der Gleichgültigkeit eines Don Juan, den nichts mehr überraschen kann? Wird er lächeln, mit ihr reden wollen, versuchen, sie zu erpressen? Wird er noch einmal versuchen, sie zu verführen? Wird er sie mit Wünschen und Beteuerungen bestürmen? Wird er wie selbstverständlich davon ausgehen, dass zwischen ihnen nun ein besonderes Band besteht? Oder wird er so tun, als sei nichts gewesen?

Mara Abbiati bleibt im Bad, unter dem schwachen Strahl des abwechselnd kalten und warmen Wassers, und wie sie es auch dreht und wendet, sie findet keine abschließende Antwort.

Siebenundzwanzig

Gereizt stochert Craig Nolan in dem Reis mit Zucchini herum, den seine Frau in allerletzter Minute gekocht hat. Zwar ist er sich nicht ganz sicher, was es ist, aber irgendwas an ihrem Verhalten geht ihm tierisch auf die Nerven. Und zwar mit gutem Grund: Erstens hat sie ihn den ganzen Tag bei Signora Launa alleingelassen; zweitens hat sie ihm nicht gesagt, dass sie mit Ivo dem Ganoven nach Sarzana und anschließend in die Apuanischen Alpen fährt; drittens sitzt sie jetzt völlig abwesend hier mit ihm am Tisch; und viertens sind die Zucchini miserabel gekocht und völlig ungesalzen.

Eigentlich könnte er warten, bis sie sich bemüßigt fühlt, etwas zu sagen, aber er hält es nicht mehr aus: »Und woher kommt deine plötzliche Bekehrung zum Marmor?«

»Was denn für eine Bekehrung?« Mara sieht ihn mit zusammengekniffenen Augen an, als verstünde sie gar nicht, wovon er redet.

»Warst du nicht den ganzen Tag mit unserem großen Baumeister im Steinbruch, um dir diesen herrlichen Marmorblock auszusuchen?« Craig Nolan weiß genau, wie provozierend das klingt, aber er kann nicht anders.

»Da war ich doch bloß ein paar Stunden.« Ihre Stimme schlingert zwischen Irritation und Rechtfertigung, der Körper ist halb abgewandt und abweisend, der Blick ausweichend: alles klassische Indikatoren für Schuldgefühle. Nach Jean Dalfont dienen Schuldgefühle dazu, die Beziehungen innerhalb einer Gruppe zu festigen, weil sie die Gruppenmitglieder zu Altruismus motivieren. Tatsächlich braucht man kein belgisches Genie der Entwicklungspsychologie zu sein, um zu verstehen, dass die Wahrscheinlichkeit von Racheakten seitens der anderen Stammesmitglieder sinkt, wenn ein Individuum Reue zeigt, weil es etwas falsch gemacht hat. Also ein rein opportunistisches Verhalten zum Zweck der Arterhaltung, das nichts mit Gewissensbissen zu tun hat, sondern ausschließlich mit dem Bewusstsein, dass jede Regelverletzung ein Risiko mit sich bringt. Nur ein weiterer Beweis dafür, dass Egoismus der Vater aller Gefühle ist: und folglich auch des Altruismus.

»Na ja, dafür aber bestimmt sehr intensiv.« Craig Nolan weiß genau, dass er mit dem Umschalten von Sarkasmus auf Gejammer Gefahr läuft, seinen moralischen Vorteil einzubüßen, aber er kann sich nun nicht mehr bremsen. »Wo du doch nicht einmal die Zeit gefunden hast, bei Signora Launa anzurufen, um mir Bescheid zu sagen.«

»Ich dachte, du würdest bei Launa bestimmt gut arbeiten können.« Mara nimmt eine Gabel von dem geschmacklosen Reis mit Zucchini, die teils roh, teils verbrannt sind, und schaut weg. Dass sie in der Defensive ist, daran besteht nicht der geringste Zweifel, aber Anzeichen von Reue sind immer weniger zu erkennen. Im Gegenteil, ihre Worte klingen zunehmend verärgert.

»Klar, sehr gut.« Craig Nolan versucht, zum Sarkasmus zurückzukehren, was ihm nicht leichtfällt. Seine Distanziertheit wackelt, seine Fähigkeit, eine bestimmte Perspektive einzuhalten, ist ernsthaft gefährdet. »Aber einen schönen Block hast du dann doch noch gefunden, oder?«

»Ja.« Ihre Mimik empört ihn genauso wie ihr Verhalten. Zu Beginn ihrer Beziehung fand er ihr Mienenspiel so hinreißend, dass er mitunter minutenlang irgendein Detail anstarrte, ihre Stirn, ihre Nase, ihr Kinn, das rätselhaft Weibliche, das sie ausstrahlten. Diese Ausstrahlung zu erforschen reizte ihn genauso wie ein anspruchsvolles Forschungsprojekt; sie zu verstehen erschien ihm wie eine Aufgabe, die das Schicksal ihm gestellt hatte. Aber jetzt besiegeln dieselben Züge nur noch die unüberwindbare Distanz zwischen ihnen; mit jedem Wortwechsel schwindet die alte Vertrautheit zusehends dahin, wie eine Illusion.

»Und woher kommt der plötzliche Sinneswandel?« Je unverständlicher ihm ihr Verhalten erscheint, desto stärker verspürt er den Impuls, Erklärungen zu verlangen, sie unter Druck zu setzen und in die Enge zu treiben.

Sie schüttelt den Kopf. »Es gibt keinen.«

»Aber bisher warst du doch immer grundsätzlich gegen Marmor, weil er kalt ist, ohne Seele.« Er lässt nicht locker, will sie unbedingt festnageln und auf keinen Fall zulassen, dass sie sich herauswindet. »Du hast doch immer behauptet, du würdest ihn nie benutzen. Daraus hast du eine regelrechte Ästhetik gemacht. Sogar eine ziemlich überzeugende, um ehrlich zu sein.«

»Ich glaube nicht, dass ich jemals *nie* gesagt habe.« Mara angelt mit der Gabel nach den Zucchinischeiben im Reis und spießt sie mit kurzen, schnellen Stößen auf. Keiner von beiden erwähnt die Tatsache, dass die Zucchini nicht nur schlecht gekocht, sondern auch ungesalzen sind, keiner greift nach dem Salzstreuer. Zumindest ein lösbares Problem, aber sie tragen zu viele unlösbare mit sich herum.

»Doch, das hast du, mit voller Überzeugung. Darin warst du völlig unbestechlich.« Sein Sarkasmus lässt ihn im Stich, da ist nur noch ätzende Verbitterung, ohne jede Spur von Ironie. Kommt das Wort »Sarkasmus« nicht von dem griechischen *sarkazein*, was so viel heißt wie »zerfleischen«, »vor Wut mit den Zähnen knirschen«? In diese Richtung geht es jedenfalls.

Sie schüttelt den Kopf, ohne etwas zu sagen, schiebt die Gabel über den Tellerrand und produziert damit ein leises metallisches Kreischen, wie ein Echo inneren Kreischens.

»Wenn du willst, können wir uns im Netz ein paar deiner Interviews ansehen.« Diese fatale Verbissenheit führt nirgendwohin, das weiß er, aber er kommt nicht davon los. »Da erklärst du ausgezeichnet, warum dich die eiskalte Glätte und die makabre, an Knochen erinnernde Porosität von Marmor abschrecken, im Gegensatz zur organischen Wärme des weichen Steins.«

Sie reckt das Kinn; es wird immer deutlicher, dass die Strategie, sie mit ihren eigenen Worten zu konfrontieren, unweigerlich zum Streit führt. »Ja und?«

»Nichts weiter. Ich wollte nur erklären, warum deine Bekehrung mich so verblüfft.« Er schämt sich für seinen dummen Zirkelschluss, ist aber inzwischen so geladen, dass er ihr unbedingt eins auswischen will.

»Hör endlich auf, von Bekehrung zu reden.« Sie wird rot, wie immer, wenn sie aufgebracht ist. »Ich will es einfach nur mal ausprobieren. Keine Ahnung, ob etwas daraus wird.«

»Na ja, an diesem Punkt kann ich dir wohl bloß wünschen, dass es klappt.« Craig Nolan antwortet automatisch. Woher rührt dieser Eifer, ist er vielleicht neidisch? Aber worauf? Auf ihre Freiheit als Künstlerin, weil sie im Gegensatz zu ihm, dem Wissenschaftler, einfach ihre Meinung ändern kann? Oder geht es um etwas viel Konkreteres? Zum Beispiel um den Ausflug in den Steinbruch mit Ivo, diesem Ganoven? Um den Ausflug an sich oder eher darum, was auf dem Ausflug vielleicht passiert ist? Um den möglichen Austausch von Worten, Blicken, Gedanken? (Apropos Eifer und Eifersucht, ist es nicht interessant, dass sie in *zelus* etymologisch dieselbe Wurzel haben? Lässt sich, rein biologisch gesehen, in der Eifersucht nicht dieselbe verbissene, hartnäckige Hingabe beobachten, eine Existenz *a priori*?)

»An was für einem Punkt denn?« Als Mara ihn anblickt, zittert sie vor Wut. Wenn er jetzt noch ein bisschen nachbohrt, hat er sie so weit, mit potentiell verheerenden Folgen.

»Keine Ahnung, sag du es mir.« Plötzlich, kurz vor der Wahrheit, obsiegt die Feigheit: Auch dafür schämt er sich. Doch um welche Wahrheit geht es hier überhaupt? Darum, dass sie ihm irgendwie suspekt vorkam, als sie aus dem Pick-up stieg? War da eine Vertrautheit, vielleicht sogar eine Spur von Enttäuschung in den Gesten und Worten, mit denen sie Ivo beim Abladen des Marmorblocks assistierte? Hatte es Ivo danach nicht auffallend eilig? War diese Eile nicht verdächtig? Ist zwischen ihnen vielleicht tatsächlich irgendwas gelaufen? Aber was und wo und wie? Am helllichten Tag im Steinbruch? Das ist doch absurd, allein die Vorstellung, doch je mehr er darüber nachdenkt, desto plausibler erscheint es ihm.

»Was denn?« Sie hält seinem Blick stand und nimmt ohne jeden Grund eine provozierende Haltung ein; aber so endet es zwangsläufig, wenn man in die finsteren Abgründe der Gefühle hinabsteigt. Da unten gibt es nichts Elegantes mehr; nur ein wildes Herz, das hämmernd seine Regeln durchsetzt.

Craig Nolan zuckt die Schultern, mit einem groben, präverbalen Ausdruck auf dem Gesicht, der selbst bei einem wie Ivo nicht aus dem Rahmen fallen würde. Ja, so weit sind sie nun, schrecklich nah an einem Punkt, ab dem jedweder kulturelle Überbau sich auflöst und man zu Beschimpfungen greift, zu Drohungen, zu Gewalt.

»Was willst du von mir hören?« Maras Augen blitzen herausfordernd, sie bebt vor Zorn: Jetzt stehen sie kurz vor dem offenen Schlagabtausch, es fehlt nicht mehr viel.

»Nichts.« Er reißt sich zusammen und macht einen Rückzieher.

Als sie spürt, dass er nachgibt, entspannen sich ihre Muskeln im Gesicht, in den Armen, in den Händen. »Ich hatte einfach Lust, es mal auszuprobieren, okay?«

»Klar.« Er versucht sogar zu lächeln, auch wenn er bis in die Knochen voller Zorn und Verbitterung ist. »›Die wahre Methode des Wissens ist das Experiment‹, wie William Blake sagt.«

Mara nickt: Ihre Miene ist nun nicht mehr so leicht zu deuten. Ärger? Langeweile? Vielleicht Erleichterung?

Craig Nolan kratzt sich am Kopf. Zu Beginn ihrer Beziehung flocht er gern ab und zu ein Zitat ein, um ihre Neugier zu wecken, manchmal auch ihre Bewunderung. Doch die Zeiten sind längst vorbei; im Übrigen hat er das Zitieren eigentlich schon immer für eine ärgerliche Unsitte gehalten, die nur von Pedanten praktiziert wird, die unfähig sind, selbst einen originellen Gedanken hervorzubringen. Doch in diesem Augenblick hat er das verzweifelte Bedürfnis, auf das vertraute Terrain hochentwickelter Gedanken und Verhaltensweisen (und seien es Unsitten) zurückzukehren, wie illusorisch sie auch sein mögen.

Achtundzwanzig

Um sieben Uhr dreißig ist Ivo Zanovelli auf der Baustelle in Canciale, mit seiner ganzen Bande. Er steigt auf die Terrasse hinterm Haus und von da aufs Dach, um sich die Arbeit anzusehen, die sie gestern gemacht haben. Gestern war er stinksauer, weil sie um sechs schon weg waren, deshalb ist er heute Morgen in ihre Unterkunft nach Brugnato gefahren, um sie höchstpersönlich aus dem Bett zu werfen. Vor allem Djurd war ziemlich angefressen, weil er theoretisch für alle die Verantwortung trägt. Doch gestern Abend haben ihn die anderen überredet, etwas trinken zu gehen, weil sie wussten, dass er da nicht widerstehen kann. Es ist immer dasselbe, wenn man nicht dauernd hinterher ist, machen sie einfach, was sie wollen. Sicher, eine feste Beschäftigung kann er ihnen nicht garantieren, dafür aber prompte Bezahlung. Und das Doppelte von dem, was andere zahlen. Er gehört nämlich nicht zu denen, die Menschen ohne Aufenthaltserlaubnis schamlos ausnutzen, seine Leute ordentlich zu bezahlen ist für ihn Ehrensache. Doch außer Djurd würde er keinen von ihnen behalten, geschweige denn durch ganz Italien mitschleppen. Unter anderem auch weil er sich jetzt langsam sputen muss, in dieser Gegend ist er inzwischen schon viel zu lange. Und mit der ganzen Bagage ist man viel langsamer als zu zweit.

Das Dach ist bald fertig, sie sind schon ziemlich weit. Der Schornstein ist gut geworden, viel schöner als der alte. Balken, Dachsparren und Deckenplatten sind schon verlegt, jetzt fehlen noch die Korkdämmung, die Regenrinne, die Fallrohre, die Schutzfolie aus Polyethylen, Traglattung und Konterlattung. Dann kommen noch die Dachpfannen drauf, das war's. Und dann nichts wie weg, so weit wie möglich.

Und Mara? Wie sie heute drauf sein wird, kann er sich schon lebhaft vorstellen. Im besten Fall behandelt sie ihn wie einen Unbekannten, schlimmstenfalls wie einen Verbrecher. Sicher ist sie hin- und hergerissen zwischen Verlegenheit und Wut und bereut, was gestern geschehen ist, hundertpro. Garantiert gibt sie ihm die Schuld. Bestimmt wirft sie ihm vor, sie erst unter einem Vorwand in die Berge gelockt und betrunken gemacht zu haben, um danach ihre Verwirrung auszunutzen. Was soll man da noch sagen? Dass sie beide völlig den Kopf verloren haben? Das war nämlich keine dieser harmlosen Geschichten, wo man hinterher sagt, es war schön, es hat Spaß gemacht, und das war's. Wo man sagt, das haben wir beide gewollt, bewahren wir das Geheimnis und die schöne Erinnerung für uns. Nein, so war's diesmal nicht, vielmehr ist in diesen vermaledeiten Marmorbergen eine echte Katastrophe passiert, eine von der Art, die einem leicht das Leben ruinieren kann, wenn man nicht aufpasst. Wo kein Stein mehr auf dem anderen bleibt und alles so gründlich durcheinandergerät, dass man keine Ordnung mehr hineinbringt. Wenn man so etwas nicht ganz schnell abhakt, ist man geliefert. Die ganze Nacht hat er kein Auge zugetan, sich dauernd hin und her gewälzt und alles wieder vor sich gesehen, die Blicke, die Gesten, die Worte. Was hat er da bloß alles gesagt, ohne sich im Geringsten zurückzuhalten? Ohne vorher zu überlegen? Und die Gefühle? Wieso war er von der Situation bloß so überwältigt, dass er keinen klaren Gedanken mehr fassen konnte? Noch immer blitzt es in seinem Kopf, wie bei einem kaputten Videospiel. Ausgerechnet jetzt, wo schon genügend andere Bilder auf ihn einstürmen.

Da hilft nur eins: sich mit gesenktem Kopf in die Arbeit stürzen, um sämtliche Gedanken und Gefühle auszuschalten. Ranklotzen, fertig werden. Vor allem die Korkplatten, je schneller er die verschwinden lässt, desto besser. Geklaut sind sie zwar nicht, aber er hat sie von einem, der sie von einer Baustelle oberhalb von Livorno hat, wo schon seit Monaten nicht mehr gearbeitet wird, vielleicht weil ihnen das Geld ausgegangen oder sie nach Südamerika getürmt sind oder sonst was. Der Typ hat ihm ein Angebot gemacht, das er nicht ausschlagen konnte, spottbillig wie bei einer Geschäftsauflösung. So kommt es, dass Mara und ihr englischer Professor nun die beste Dämmung erhalten, die es gibt, und das zu einem lächerlichen Preis. Zum Teil, weil er die Platten nicht ewig behalten konnte, zum Teil, weil er bei der Bildhauerin eine gute Figur machen wollte. Er wollte nämlich auftreten wie einer, der nicht nur günstige Preise im Angebot hat, sondern auch luxuriöse Baustoffe, die für reiche, umweltbewusste Kunden. Wenn er jetzt darüber nachdenkt, hätten bei ihm damals schon die Alarmglocken schrillen müssen. Darauf hätte er hören sollen. Tatsache ist aber, dass sie ihm ziemlich gut gefiel, vom ersten Moment an. Schon als sie ihm die Tür aufmachte, hatte sein Herz einen Satz gemacht. Eigentlich war damals schon alles klar, er hat sie nur ansehen müssen und wusste es sofort. Nicht wegen irgendeiner Einzelheit, sondern wegen ihrer Gesamterscheinung. Dieses Lächeln, diese Art, sich zu bewegen. Diese Augen. Wie sie einen ansieht, halb aufmerksam, halb verträumt. Betörend weiblich, aber zugleich auch energisch. Hände, die Kunstwerke erschaffen. Er hat sofort gemerkt, dass sie ein sicheres Gefühl für Schön und Hässlich hat und auch für Richtig und Falsch. Und dann noch dieser Mund, diese Haare. Diese unglaublichen Unterarme. Diese Stimme.

Jetzt ist sie bestimmt schon wach, bei dem Lärm vom Dach und allem anderen. Bestimmt sitzt sie gerade beim Frühstück, zusammen mit ihrem englischen Professor. Womöglich halb nackt, bei dieser Hitze. Ihre Haut ist wie Seide, so unglaublich glatt. Die ganze Nacht spürte er sie an den Fingerspitzen, und auch jetzt noch. Vielleicht ist sie aber auch noch ziemlich verschlafen, womöglich hat sie auch kein Auge zugetan. Oder hat sie ausgezeichnet geschlafen und keinen Gedanken mehr daran verschwendet, was in diesem Zimmer mit ihnen passiert ist? Womöglich hat sie all seine Worte augenblicklich gelöscht, vielleicht sogar nicht einmal gehört, was er gesagt hat. Womöglich war alles nur ein Spiel für sie und seine Worte nichts anderes, als was man halt so sagt. Womöglich war das Ganze für sie so bedeutungslos, dass es ihr jetzt leichtfällt, so tun, als sei überhaupt nichts passiert. Und wenn er an die schreckliche Rückfahrt denkt, danach ist es ihr sicherlich noch viel leichtergefallen, alles sofort zu vergessen. Wieso ist ihm ausgerechnet da überhaupt nichts Nettes eingefallen, wo er doch vorher wie ein Wasserfall geredet hatte? Wieso ist ihm nichts Besseres eingefallen als der blöde Speck? Vor lauter Angst, etwas Falsches zu sagen, hat er wie gelähmt dagesessen, wie das Kaninchen vor der Schlange. Ausgerechnet er, der doch sonst nicht auf den Mund gefallen ist. Mit zwanzig hatten ihm seine Freunde oben im Val Brembana den Spitznamen Kamikaze gegeben, weil er so unbekümmert war und sich leichtfertig in alles Mögliche hineinstürzte, ohne an morgen zu denken. Und jetzt ist er plötzlich ein richtiges Weichei? Aber wieso hat er dann vorher so viel geredet? Und wieso weiß er nicht, was sie davon hält? Am liebsten würde er sich in den Arsch treten. Doch jetzt ist Schluss mit dem Thema, endgültig! Hundertmal hat er schon alles hin und her gewendet! Schluss mit dem Grübeln und dem Gefühlswirrwarr, einfach nicht mehr daran denken!

»Na, worauf wartest du noch?!« Er brüllt so laut, dass Dragan, der gerade am Dachrand sitzt, die Beine baumeln lässt und gemütlich eine Zigarette raucht, erschrocken hochfährt. Wo er schon mal dabei ist, brüllt er auch Goran und Mako an, die gerade die Korkplatten abladen. »Bringt mir die Nagelpistole und den Kompressor rauf, aber ein bisschen zackig!«

Unschlüssig sehen die beiden zu ihm rüber, denn schließlich ist es nicht so, als würden sie hier herumgammeln. Doch dann legt Goran die Korkplatte, die er gerade in der Hand hat, ab, um die Nagelpistole und den Kompressor zu holen. Zumindest sind sie, nach der unsanften Weckaktion heute früh, nun endgültig wach.

Eine halbe Stunde später sind sämtlich Korkplatten ausgepackt, liegen an ihrem Platz und warten darauf, befestigt zu werden. Jetzt gilt es, die Plastikverpackung möglichst schnell loszuwerden, denn Kork ist Kork, aber die Verpackung enthält womöglich Hinweise, die auf die Herkunft schließen lassen. Deshalb sammelt Ivo das Plastik ein und bringt es selbst nach unten. Darauf, dass seine Arbeiter es ordentlich entsorgen, will er sich lieber nicht verlassen, bei denen kann es durchaus sein, dass sie es aus Faulheit irgendwo am Straßenrand abladen. Wenn man dann Pech hat und zufällig eine Polizeistreife vorbeikommt, die sich, bevor sie einen Strafzettel wegen unerlaubter Müllentsorgung schreibt, erst mal die Aufschriften genauer ansieht und nach entsprechenden Lieferscheinen, Rechnungen und Genehmigungen fragt, um sich danach zu erkundigen, wo denn die Baustelle ist, dann gute Nacht.

Im Garten legt er das Plastik auf einen Haufen, das Gras ist sowieso tot, und Wind weht auch keiner. Ein paar Meter von Maras Marmorblock entfernt, damit der nicht verrußt. Wer weiß, womöglich fängt sie heute mit dem Meißeln an oder sieht sich den Block wenigstens mal aus der Nähe an. Vielleicht sieht sie dabei ja auch mal zum Dach hoch und gibt ihm ein Zeichen. Oder sie spricht ihn an, wenn sie sich hier unten zufällig über den Weg laufen. Oder aber es läuft überhaupt nichts, kein Blick, kein Wort. Vielleicht bleibt sie sogar den ganzen Tag im Haus und kommt erst abends raus, wenn er schon weg ist. Doch früher oder später würden sie sich wiedersehen, spätestens bei der Übergabe und der Bezahlung der Restsumme. Wahrscheinlich würde sie sich dabei jedoch eher geschäftsmäßig geben, die kühle, kontrollierte Hausherrin, die die Rechnung zahlt und sich von dem Bauunternehmer verabschiedet. Ein Umschlag, ein Handschlag, danke und auf Wiedersehen. So wird es vermutlich ablaufen, ziemlich sicher.

Schluss jetzt, nicht schon wieder, er hat sich doch fest vorgenommen, nicht mehr daran zu denken! Er lässt sich von Goran ein Feuerzeug geben und zündet das Plastik an. Eine echte Umweltsünde, klar. Damit schickt man Dioxide und andere chemische Giftstoffe in die Luft. Aber was soll er sonst machen? Er sieht keine Alternative, denn auf die Müllkippe kann er das Plastik schlecht bringen. Zum Glück fängt es sofort Feuer, brennt mit dieser für Plastik typischen gelb-blauen Flamme. Auch mit dem typischen Gestank, mit dem typischen schwarzen Qualm. Das Feuer heizt die Luft noch mehr auf, an diesem ohnehin schon glühend heißen Tag.

»Was machen Sie da?« Da steht der englische Professor an der Hausecke zur Straße hin. In seinen kurzen Hosen voller Taschen, mit den grauen Plastikschienen an Knie und Knöchel. Gelbes T-Shirt, Gummilatschen. Hochrot im Gesicht, fuchtelt er mit den Armen. »Sie verbrennen Plastik! Hab ich's doch gerochen!«

»Zwei Minuten, dann ist alles vorbei.« Ivo Zanovelli versucht ruhig zu bleiben, auch wenn der Ton des anderen ihm gar nicht gefällt. Klar, mit dem Plastik hat er recht, aber die Gründe kann er ihm schlecht erklären. Mit einer Schaufel stochert er im Feuer herum, damit es besser brennt.

Die Hälfte der Arbeiter sieht vom Dach aus zu, die andere vom Lastwagen.

»Der Qualm ist furchtbar giftig, dass müssten Sie doch wissen!« Der Professor hebt die Stimme und kommt mit seinen Humpelschritten langsam näher. »Erst erzählen Sie uns Gott weiß was über natürliches Dämmmaterial aus Kork, und dann verbrennen Sie Plastik in unserem Garten!«

»Ganz ruhig, okay!« Auch Ivo Zanovelli ist leicht angespannt. Es passt ihm nicht, auf diese Art angeschrien zu werden, erst recht nicht vor den Augen seiner Männer. Zudem geht ihm der Professor schon von Anfang an auf den Geist.

»Nein, das ist nicht okay. Sie machen jetzt sofort das Feuer aus! Plastik zu verbrennen ist strafbar!« Der Professor ist außer sich, vor Wut treten seine Adern hervor. Ob er beim Sex auch so ist? Wer weiß, womit Mara es da zu tun hat?

»Pass auf, was du sagst, in Ordnung?« Ivo Zanovelli muss schwer an sich halten, denn am liebsten würde er ihm einen Kopfstoß verpassen, ihn umnieten wie einen Kegel. Allerdings will er auf keinen Fall riskieren, dass die gesamte Nachbarschaft zusammenläuft, um sich die blutige Nase des Professors anzusehen, und dabei auf die halbverbrannte Verpackung aufmerksam wird. Oder dass Mara aus dem Haus kommt, ihren Mann niedergestreckt auf der Wiese vorfindet und womöglich denkt, er hätte das aus Eifersucht getan. Und überhaupt wäre es mies, einen umzuhauen, der sein Bein nicht benutzen kann, dafür hätte er sich bis in alle Ewigkeit geschämt.

»Wie bitte? Wollen Sie mir etwa drohen?« Der Professor kommt näher, bläst sich auf, um noch größer zu erscheinen, als er ohnehin schon ist.

»Ich habe nur gesagt, du sollst ruhig bleiben!« Ivo Zanovelli schafft es nicht, leise zu sprechen, er hat schon genug damit zu tun, seine Wut so weit zu zügeln, dass sie ihm nicht in die Arme steigt.

Und dann, das musste ja so kommen, steht Mara plötzlich da, um nachzusehen, was das Geschrei zu bedeuten hat. Halb verstört, die lockigen Haare eilig hochgebunden. Sie trägt einen anderen Rock als gestern, ein anderes T-Shirt.

Klar, das war ja zu erwarten. Nicht dass er darauf gehofft hätte, im Gegenteil. Eigentlich hat er gehofft, sie überhaupt nicht mehr zu sehen, bis zum Abschluss der Arbeiten. Doch bei dem Gebrüll des Ehemanns war es klar, dass sie herauskommen würde.

Sie streift ihn mit einem flüchtigen Blick, so schnell, dass man nicht weiß, was sie denkt. Ist sie alarmiert? Wütend? Verlegen? Sie schaut auf das brennende Plastik, dann zu ihrem Ehemann. »*What's going on?*«

Dass sie untereinander Englisch reden, hat er schon mitbekommen, als er zum ersten Mal hier war, das ist natürlich Absicht, damit kein anderer versteht, was sie sagen. Vielleicht machen sie das aber auch immer so, schließlich leben sie in England. Dadurch erscheint sie ihm noch unerreichbarer, als er erwartet hat.

»*He's burning plastic on our bloody lawn! I told you I could smell it!*« Der Professor zittert am ganzen Leib und fuchtelt aufgeregt mit den Händen. Er ist puterrot im Gesicht, steht ganz krumm mit seinem verletzten Bein.

»*Calm down, okay? Craig?*« Um ihn zu besänftigen, schlägt sie einen ganz speziellen Ton an und fasst ihn am Arm. In dieser Engelsgeduld ist sie geübt, das kann man sehen. Bei diesem Anblick kommt auch sie ihm wie eine Ausländerin vor, wie eine Wildfremde. Wie ist es bloß möglich, dass er sie geküsst und mit ihr geschlafen hat? Dass er sich ihr anvertraut hat? Dass er die ganze Nacht immer wieder an sie gedacht hat?

»*I'm not calming down! This is totally unacceptable!*« Der Professor macht weiterhin abwehrende Gesten, aber im Wesentlichen für sie, das kann man sehen. Das Feuer ist mittlerweile ohnehin so gut wie runtergebrannt, das Plastik verschwunden.

»Das war's.« Ivo Zanovelli deutet auf die letzten gelbblauen Flämmchen. Er sieht Mara und ihren englischen Professor an, und obwohl er krampfhaft versucht, nicht daran zu denken, versetzt es ihm einen Stich, als er sieht, wie vertraut sie miteinander umgehen. Eheliche Vertrautheit oder wie man das nennt. Die Gewohnheit in den Blicken, den Gesten, dem Tonfall, in der Art, sich nah zu sein. Unzählige Male gemeinsam frühstücken, gemeinsam schlafen gehen, gemeinsam aufwachen.

Wie benommen starrt sie in die verbliebenen Flammen. Auch wenn es giftig, kriminell und sonst was ist, ein Feuer bleibt ein Feuer.

»Das ist unakzeptabel.« Inzwischen hat sich der Professor beruhigt, ein bisschen weil ihm seine Frau zur Seite steht, ein bisschen weil das Feuer aus ist. Dennoch muss er unbedingt das letzte Wort haben, als guter Professor, der immer alles besser weiß, als guter Engländer, der zwar nach Italien in Urlaub fährt, aber glaubt, es dort nur mit Wilden zu tun zu haben. »Das können Sie nicht machen, wenn Sie für uns arbeiten wollen.«

»Ich arbeite für niemanden.« Der unverschämte Ton ist Ivo Zanovelli inzwischen herzlich egal, was ihm viel mehr zu schaffen macht, ist die Tatsache, den Professor an Maras Seite zu sehen. Da gibt der wie selbstverständlich den Ehemann an der Seite seiner Frau, als hätte er dazu alles Recht der Welt.

»Ach nein?« Jetzt baut er sich wieder auf, dem Hinkebein zum Trotz. »Wenn ich mich nicht irre, haben wir die Hälfte schon bezahlt!«

»Wenn du willst, gebe ich dir das Geld zurück und reiß alles wieder ab.«

Eigentlich hätte er sogar große Lust, das wirklich zu tun, auch wenn er das Geld, das er den Arbeitern schon ausbezahlt hat, nicht zurückverlangen kann.

»Jetzt ist aber Schluss!« Mara schaut vom einen zum anderen wie eine Erwachsene, die zwei streitende Kinder zu trennen versucht.

»Er hat angefangen.« Wie ein Kleinkind, o Gott, wie konnte er nur so blöd sein.

»*This is a barbaric country.*« In seinem Aufzug mit Shorts und Flipflops sieht auch der Professor nicht gerade wie ein Erwachsener aus.

Sie sieht Ivo Zanovelli an, mit einem merkwürdigen Leuchten in den Augen. Ist das ein Flehen? Um was?

Er nickt, was so viel heißt wie einverstanden. Aber womit? Geht es hier im Grunde mehr darum, was gestern in den Bergen passiert ist, als um diesen kindischen Streit wegen des Verbrennens von Plastik? Geht es darum, die Sache abzuschließen und für immer zu vergessen? Reden sie womöglich miteinander, ohne ein einziges Wort zu sagen?

Jetzt nickt auch sie, doch dann wendet sie den Blick ab. Sie fasst ihren Mann am Arm und führt ihn zurück ins Haus.

Ivo Zanovelli spürt, wie ihm das Herz bricht, genau wie der Tuffsteinblock, der immer noch auf der Wiese liegt. Um sich wieder zu fassen, winkt er unwirsch seinen Arbeitern zu, die ihn ansehen, als säßen sie vor dem Fernseher. »Was gibt's da zu glotzen? Können wir jetzt bitte weitermachen, damit wir endlich fertig werden?«

Augenblicklich fahren sie fort, zu schneiden, zu klopfen, zu verlegen, und Djurd wirft die Rolle mit dem transparenten Polyäthylen von der Ladefläche.

Neunundzwanzig

Mara Abbiati ist mit dem Abwasch fertig und sieht sich in dem kleinen Wohnzimmer um. Craig hat sich Laptop und Notizbücher geschnappt und ist schmollend zu Launa abgezogen, immer noch beleidigt, weil sie ihn in dem Streit mit Ivo angeblich nicht genügend unterstützt hat. »Du hattest eine unbegreifliche *Äquidistanz*.« Aber natürlich war das bei weitem nicht alles: Beide haben die ganze Nacht so getan, als würden sie schlafen, tatsächlich jedoch kein Auge zugemacht. Es stand so viel Unausgesprochenes zwischen ihnen, so viele Spannungen, die eigentlich unbedingt thematisiert werden mussten, so aber unter der Oberfläche weiterschwelten und alles beeinträchtigten, was sie gemeinsam taten. Schon seit Jahren sprachen sie nichts mehr offen an: zumindest nichts von dem, worüber sie eigentlich hätten reden müssen.

Aber natürlich waren die Spannungen mit Craig nicht der einzige Grund, warum sie nicht schlafen konnte. Viel wichtiger war das Erlebnis mit Ivo: In ihrem Kopf flammten unablässig Bilder auf wie jähe Blitze, *stam, stam, stam*, elektrische Schläge durchzuckten Herz, Bauch, Beine und Arme, *krrrz, krrrz, krrrz*. All diese Empfindungen, die sie immer wieder durchliefen, all die Worte, die ihr in den Ohren klangen, verunsicherten sie zutiefst. Dazu noch Craig, der sich schlafend stellte und möglichst weit von ihr abrückte auf der Matratze, die sie in den oberen Stock zurückgeschleppt hatten. Das Bett war nicht besonders breit; schon seit Jahren sprachen sie davon, ein neues anzuschaffen, aber auch dazu ist es nie gekommen. Craig lag reglos auf seiner Seite, trotzdem hatte sie dauernd das Gefühl, er würde ihre Gedanken lesen, um herauszufinden, was genau mit Ivo passiert war. Es kam ihr so vor, als könne er ihre Erinnerungen sehen: und so akribisch gegen sie ermitteln, Thesen aufstellen und Schlüsse ziehen, zeitliche Abläufe und Wege, Blicke und Gesten rekonstruieren. Absurderweise fürchtet er sich vor Vergeltung, seit sie von der Affäre mit der Studentin weiß. Das ist keine richtige Eifersucht, oder vielleicht doch, wenn auch unter einem anderen Namen. Ein paarmal hat er ihr sogar vorgeworfen, sie würde die Entdeckung seines Betrugs dazu ausnutzen, mehr Macht über ihn zu bekommen: als hätte sie sich absichtlich betrügen lassen, um daraus einen Vorteil zu ziehen! Schon verrückt, dabei klang es sogar ziemlich überzeugend, wie fast immer, wenn er eine neue Theorie aufstellt; beinah hätte er es sogar geschafft, dass sie sich schuldig fühlte, weil sie ihm Schuldgefühle eingejagt hat.

Mara Abbiati wischt den Boden mit einem feuchten Lappen, um den Staub zu entfernen, der sich durch die Arbeiten am Dach angesammelt hat: Wenn der Lappen dreckig ist, wringt sie ihn im Eimer aus und beobachtet, wie das Wasser immer trüber wird. Jede Bewegung kostet sie unendliche Mühe, bei dieser Hitze und in dieser mentalen Verfassung; sie ist schon völlig verschwitzt, außer Atem und zunehmend verwirrt.

Als sie die Tür aufmacht, wird sie geblendet von dem Licht, erhitzt von der Sonne, betäubt von dem *zagzagzag* der Zikaden. Sie schüttet das schmutzige Wasser auf die Straße und verscheucht die drei oder vier Katzen und Kater, die weder richtige Wild- noch echte Hauskatzen sind und gewöhnlich vor dem Haus herumlungern, weil sie darauf warten, gefüttert zu werden. Vor ein paar Tagen gingen sie wegen der Bauarbeiten auf Distanz, sind jetzt aber offensichtlich völlig ausgehungert: Sie kommen immer wieder, miauen kläglich und sehen sie bettelnd an. Sie nutzt die Gelegenheit, dass Craig nicht da ist, um sich zu beschweren, holt schnell die Schachtel mit dem Trockenfutter und legt diverse Häufchen an der Hauswand aus, in ausreichendem Abstand, damit es keinen Streit gibt. Kater und Katzen stürzen sich gierig darauf, fauchen und lassen sich gegenseitig nicht aus den Augen. Sie sieht ihnen eine Weile zu, fühlt sich dann aber unbehaglich bei der Vorstellung, dass die Arbeiter sie vom Dach aus beobachten könnten. Dass *Ivo* sie beobachten könnte. Dass er auftauchen und etwas zu ihr sagen könnte oder womöglich erwartet, dass *sie* etwas sagt; vielleicht ist es auch nur die Vorstellung, dass er sie so beobachten könnte, wie sie die Katzen beobachtet. Allein diese Vorstellung löst eine Panikattacke bei ihr aus, schnell geht sie ins Haus und schlägt die Tür zu.

Sie geht nach oben ins Bad, um sich kaltes Wasser über Gesicht, Haare und Arme laufen zu lassen, doch dort ist es noch heißer als unten; zudem hört man durch das halbfertige Dach jedes Geräusch, jedes Knallen, jedes Scheppern, jeden Schritt, jedes Wort, direkt über ihrem Kopf. *Stok! Spak! Stunk, Sko-sko-sko! Strrrap!* Der Belagerungszustand ist noch längst nicht aufgehoben; da vergeht ihr schnell die Lust, im Haus zu bleiben. Wozu auch? Um sich aufs Sofa zu setzen und ein Buch zu lesen? Um am Tisch in der Küche zu zeichnen? Um sich zu verkriechen wie ein Maulwurf, aus Angst davor, rauszugehen?

Sie geht wieder nach unten. Dort ist es dunkel, die Luft stickig; hier will sie nicht bleiben, alles zieht sie nach draußen. Am Fenster schiebt sie die Gardine beiseite und sieht hinaus in den Garten: Da liegt der Marmorblock, den Ivo und sie gestern aus dem Steinbruch mitgebracht haben, im trockenen Gras, auf der Längsseite. Sie überlegt, wie es wäre, wenn sie ihn genauso bearbeiten und eine liegende Katze daraus machen würde, oder soll sie ihn lieber aufrichten lassen, für eine sitzende Katze oder eine auf den Hinterbeinen? Aber der Gedanke, mit diesem Material zu arbeiten, das ihr überhaupt nicht zusagt und mit dem sie zudem keinerlei Erfahrung hat, macht ihr zu schaffen; noch beunruhigender aber ist der Gedanke, sie könnte vor Ivo eine schlechte Figur machen. Ist das seine Absicht? Ist er deshalb so versessen auf die Sache mit dem Marmor? Um sie in Verlegenheit zu bringen, um ihr die Grenzen aufzuzeigen, damit sie für ihn jedwede Anziehungskraft verliert? Oder glaubt er wirklich, dass sie das weiterbringt, dass das zu einer Art Schlüsselerlebnis für ihre künstlerische Entwicklung werden könnte?

Vorhin bei dem Streit mit Craig haben sie nur ein paar flüchtige Blicke getauscht, wobei sie seine nicht zu deuten wusste. Er war eindeutig wütend auf Craig, und ein schlechtes Gewissen wegen des Plastiks hatte er bestimmt auch, aber was hat er ihr gegenüber empfunden? Verlegenheit?

Gleichgültigkeit? Schuldgefühle? Nur den Wunsch, möglichst schnell fertig zu werden, um von hier wegzukommen? Da war nicht der Hauch eines Lächelns, nicht das kleinste Anzeichen von Vertrautheit. Ist er distanziert? Oder gar feindselig? Ist sie für ihn schlagartig nur noch eine simple, nicht einmal besonders sympathische Auftraggeberin, die sich zudem bedingungslos auf die Seite ihres Mannes schlägt? So gesehen, ist er ihr jetzt am Morgen auch nicht sonderlich sympathisch; er ist weder sensibel noch klug, noch sonst irgendwas, was sie sich gestern Nachmittag eingebildet hat. Mit diesem kampflustigen Blick, dem Pferdeschwanz, dem grauen T-Shirt mit den abgeschnittenen Ärmeln, um seine Tätowierungen und Muskelpakete zu zeigen. Was hat so einer schon an Qualitäten zu bieten, die auf Dauer von Interesse wären? Dann ist da noch die Beziehung zu seinen Töchtern, die er nie sieht, wie er ja selbst zugegeben hat. Aber auch die Tatsache, dass er nach dem Tod des Vaters allein für seine Mutter und seine Schwester gesorgt hat. Und dass er Darios Mutter aus den Flammen gerettet hat. Dabei weiß sie das alles nur von ihm, Beweise gibt es keine, womöglich hat er das alles nur erfunden, um gut dazustehen. Bestimmt war das gestern alles nur ein dummer Anfall unkontrollierter sexueller Anziehung: aufgrund von Hitze, künstlerischem Frust, Spannungen mit Craig, dem Bedürfnis, sich begehrt zu fühlen, der Vorstellung, dass sie in ein paar Wochen nach England zurückkehren und wieder ein Sommer vorbei sein würde. Alles andere hat sie sich bestimmt bloß eingebildet, weil er ihr etwas vorgemacht hat. Und sie, sie ist darauf hereingefallen wie eine dumme Gans, hat sich nach Belieben manipulieren und ausnutzen lassen und ihm dabei jedes Wort geglaubt. Aber hat sie es nicht auch genossen? Doch, sehr sogar; das kann sie nicht leugnen. Aber wo ist ihr kritischer Geist geblieben, wie konnte sie nur so dumm sein, nicht zu begreifen, was da ablief? Und wenn es nun doch stimmt, was Ivo gesagt hat? Wenn ihre Begegnung nun wirklich ein unverhofftes Wunder war? Aber auf welcher Grundlage, mit welcher Perspektive? War es am Ende nicht doch bloß ein schnöder Ehebruch, wie er in diesen heißen Julitagen zu Tausenden vorkommt?

Erneut packt sie eine unbändige Wut, weil sie sich schon wieder in sinnlosen Spekulationen verliert, nachdem sie schon einen Nachmittag, einen Abend und eine ganze Nacht vergeblich damit zugebracht hat. Aber sie kommt nicht davon los, es gelingt ihr nicht, an etwas anderes zu denken. Lächerlich, pathetisch, unerträglich. Der einzige Ausweg ist, die Sache endgültig abzuhaken, sie muss einfach so tun, als sei nichts gewesen. Das kann doch nicht so schwer sein: Ivo hat es offenbar schon geschafft.

Allerdings hilft ihr das bei der Sache mit dem Marmorblock auch nicht weiter. Im Gegenteil, die beiden Fragen hängen eng zusammen, mit dem Unterschied, dass sie Gefühle und Bilder mit äußerster Anstrengung vielleicht gerade noch ignorieren kann, den Marmorblock aber nicht. Der liegt da draußen, unübersehbar, im trockenen Gras dieses sogenannten Rasens: eine Tatsache, an der kein Zweifel besteht. Soll sie einen weiten Bogen um ihn machen, um ihn nicht sehen zu müssen? Soll sie Ivo bitten, ihn in den Steinbruch zurückzubringen oder sonst was damit zu tun, Hauptsache, er ist weg? Ist es da nicht besser, es auf einen

Versuch ankommen zu lassen, etwas daraus zu machen, was vielleicht nicht denkwürdig, aber wenigstens hübsch ist? Sarah wäre bestimmt erstaunt, wenn sie eine Katze aus Marmor bekäme, sähe es aber vermutlich als durchaus interessantes Experiment an, vielleicht sogar als den ersten Schritt einer vielversprechenden künstlerischen Neuorientierung.

Sie geht hinaus und sieht sich den Block aus der Nähe an. Die Sonne brennt, die Hitze verschlägt ihr den Atem. *Frrrr,* alles um sie herum knistert: die Hauswand, der Rasen, der Asphalt auf der Straße, die Zikaden in den Olivenbäumen, deren obsessives *zagzagzagzag* keine Sekunde aussetzt. Nur der Marmorblock strahlt eine unnatürliche Kälte aus: alles andere als freundlich, eher abweisend und unwillig, seine Form zu verändern. Zwei Arbeiter trampeln auf dem Dach herum, wie Mitglieder eines Stammes von Baumbewohnern, die neugierig beobachten, was unten auf der Erde vor sich geht. Aber von Ivo keine Spur, obwohl sein roter Pick-up am Straßenrand steht.

Mara Abbiati ist unschlüssig, versucht aber, sich nichts anmerken zu lassen, für den Fall, dass doch einer guckt. Prüfend geht sie um den Marmorblock herum, überlegt, welche Haltung, welche Miene, welche Ausstrahlung die Katze haben könnte, die in dem Stein schlummert. Wäre es vielleicht doch besser, den Block aufzurichten? Nein, die Katze, die sie langsam zu sehen beginnt, liegt hingestreckt wie eine Sphinx, die Pfoten unter dem Körper und das Gesicht nach vorn gestreckt. Im Vergleich zu der Tuffsteinfigur, deren klägliche Überreste ein paar Meter entfernt im Gras liegen, wäre diese hier zweifellos würdevoller, klassischer: aus Marmor eben. Wenn sie den Stein rauh lässt, ihn nicht poliert, könnte sie ihr vielleicht sogar eine gewisse Integrität und Kraft verleihen. Eine echte Herausforderung, die Ivo ihr da hinterlassen hat, das einzige fassbare Resultat ihrer absurden Annäherung; sie nicht anzunehmen wäre wie das Eingeständnis einer Niederlage.

Sie geht ins Haus zurück, streift den Rock ab und stürzt am Waschbecken ein Glas Wasser hinunter. Dann zieht sie die Arbeitshose an, bindet die Haare hoch, zwängt sie unter das Kopftuch, sammelt MP3-Player, Brille, Maske sowie Handschuhe ein und geht wieder hinaus. Meißel und Hämmer liegen noch immer neben dem Schutthaufen. Sie holt einen Kohlestift aus der Hosentasche und zeichnet in schnellen Strichen den Umriss der Katze auf den Marmor. So arbeitet sie immer, ohne Vorstudien oder Modelle aus Wachs oder Ton wie manche ihrer Kollegen, die dann alles auf den richtigen Maßstab übertragen, mit Messschieber und Oberflächenscanner und Präzisionszirkel, vielleicht sogar mit CAD. Sie dagegen geht am liebsten spontan vor, auch auf die Gefahr hin, Fehler zu machen. Ja das Risiko scheint ihr sogar ein wesentlicher Bestandteil ihrer Kreativität zu sein, es beflügelt ihren Geist. Sie weiß nicht, ob das eine Methode ist, um ihrem künstlerischen Impuls freie Bahn zu lassen, oder vielleicht auch eine Einschränkung, sie weiß nur, dass sie von Anfang an so vorgegangen ist, dass es ihrem Charakter entspricht. Craig hat ihr immer wieder gesagt, sie könne noch viel bessere Ergebnisse erzielen, wenn sie es schaffen würde, in Ruhe nachzudenken, bevor sie mit einer Figur anfängt, aber Ruhe ist einfach nicht ihr Ding; war es noch nie, und jetzt schon gar nicht. Was hat Ivo gestern zu ihr gesagt? Ihr fieberhaftes Meißeln rühre daher, dass *sie* selbst die Katze sei. War das bloß ein dummer Spruch, um Eindruck zu schinden? Billige Küchenpsychologie, wie Craig sagen würde? Hat Ivo diese Bemerkung bloß so hingeworfen, um zu beweisen, dass hinter dem groben Streithahn ein aufmerksamer, sensibler Beobachter steckt? Macht er das bei allen Frauen, die er verführen will? Und erreicht er damit immer sein Ziel?

Schluss jetzt, endgültig. Sie geht wieder rein, nimmt das Schlageisen und schärft die Schneide mit dem Diamantschleifstein. Dann setzt sie Maske und Brille auf, steckt die Kopfhörer in die Ohren, legt *Going Up The Country* von Canned Heat auf, dreht die Lautstärke hoch und zieht die Handschuhe an. Sie setzt den Meißel ein paar Zentimeter über der mit Kohle vorgezeichneten Linie des Mauls an und führt einen Schlag mit dem Neunhundertfünfzig-Gramm-Fäustel aus: *Strok!* Ein paar Splitter spritzen weg; das Loch ist ziemlich tief. Sie wundert sich, eigentlich hat sie mit viel größerem Widerstand gerechnet und sich schon darauf eingestellt, mehrmals mit aller Kraft zuschlagen zu müssen, um einen einzigen Kratzer zu erzielen. Besser so: Denn sie hat nicht die geringste Lust, sich auf einen erbitterten Kampf mit diesem Block einzulassen, nur um unter dem Gelächter der Arbeiter auf dem Dach zu beweisen, dass sie keine völlige Dilettantin ist. Ein bisschen blöd kommt sie sich nun schon vor, weil sie sich von dem Marmor hat einschüchtern lassen, alles nur, weil sie es noch nie ausprobiert hat. Toll findet sie ihn noch immer nicht, aber wenigstens hat sie keine Angst mehr vor ihm.

Noch ein Schlag oberhalb der Kohlelinie: *Strok!* Der weiße Stein gibt erneut erstaunlich leicht nach. Es ist, als kämpfte man mit einem lange verachteten Gegner und fände plötzlich heraus, dass er unter seiner Rüstung viel schwächer ist als vermutet. Da thront er in allen Museen der Welt, seit Jahrhunderten poliert von bewundernden Blicken und darüberstreichenden Händen, scheinbar unsterblich, und dann ist er von einer entwaffnenden Schwäche: nicht bloß ein Angeber, sondern auch ein Feigling.

Strok, strok, strok, schnell findet Mara Abbiati einen guten Rhythmus und folgt dem Umriss der sphinxartig hingestreckten Katze: Je weiter sie vorankommt, desto besessener ist sie von dem Wunsch, die Katze aus dem Marmorblock zu befreien. Zwischen der Musik in den Ohren und dem Trommeln in den Armen schafft sie es fast, nicht mehr an die Sache mit Ivo zu denken, nicht mehr daran zu denken, was sie zu bedeuten oder nicht zu bedeuten hat; *strok, strok, strok* folgt sie ihrem eigenen Rhythmus und hält daran fest.

Dreißig

Als der Vormittag halb vorbei ist, reißt sich Craig Nolan vom Computer los, bewegt vorsichtig sein rechtes Bein und ruckelt ein wenig an den elastischen Schienen an Knie und Knöchel, damit sie weniger drücken. Aufgrund der quälend langsamen Besserung (vorausgesetzt, es gibt überhaupt eine Besserung) hat sich seine Ungeduld in allgemeine Gereiztheit verwandelt. Auch die Tatsache, dass er praktisch kein Auge zugetan und fast die ganze Nacht reglos auf seiner Betthälfte gelegen hat, ist sicher nicht besonders hilfreich, ebenso wenig wie das stumme, höchst angespannt verlaufene Frühstück mit Mara. Und jetzt herrscht zu allem Überfluss auch noch diese unerträgliche Hitze. Da ist der wechselhafte englische Sommer doch tausendmal angenehmer als diese drückende Schwüle hier in Italien. Natürlich war er auch schon an Orten, wo es noch viel heißer und feuchter war, klar, zum Teil sogar viel länger; aber die Strapazen nahm er gern in Kauf, weil es dort für einen begeisterten Forscher viel Spannendes zu beobachten und Neues zu entdecken gab. Hier dagegen gibt es nur ein undurchdringliches Geflecht aus ehelichen Ressentiments, gegenseitigen Verdächtigungen, unausgesprochenen oder kaum angedeuteten Ansprüchen und latenten Drohungen. Und dieses Scheißbein, das ihn dauernd daran hindert, sich so zu bewegen wie er eigentlich will, macht ihn vollends zum Krüppel.

Sicher, die Empfehlungen der Ärzte aus La Spezia hat er weitgehend ignoriert, aber auch nur, weil sie keinen besonders vertrauenswürdigen Eindruck auf ihn machten, im Gegenteil. Ihr Rat, das Bein täglich für einige Stunden hochzulegen, ist doch reiner Humbug, das fördert doch nicht die Heilung; und elastische Schienen, die sind doch weit weniger effektiv als dicke Umschläge mit Salben aus Samen und Wurzeln, wie sie, das hat er mit eigenen Augen gesehen, bei den Sangoma im südlichen Afrika mit Erfolg angewandt werden (im Übrigen haben die Ärmsten es so einem Schwachkopf wie Robert Montgomery Martin und seinem grottenschlechten Buch zu verdanken, dass man sie seit 1836 als »Hexer« bezeichnet: Das führte dazu, dass ihr umfassendes Wissen über Kosmologie, Kräuterkunde und schamanische Heilkunst als abergläubische Scharlatanerie abgestempelt und gänzlich vergessen wurde, wodurch ihre Nachfahren erst zu wirklichen Scharlatanen wurden). Was der westlichen Medizin total abgeht, ist die suggestive Kraft: Wie sollen da diese beiden schlechtrasierten Jüngelchen mit ihren weißen Kitteln, ihrem zerstreuten Blick und ihrem mit gerade erst auswendig gelernten Fachbegriffen angereicherten Gefasel bei ihm jemals einen thaumaturgischen Effekt auslösen?

Craig Nolan beantwortet ein paar Mails seiner Assistenten und eine von John Rattner; dann formuliert er noch schnell eine kurze Antwort auf die ellenlange, verschwurbelte Anfrage einer Professorin aus Hannover und speichert sie als Entwurf, denn abschicken kann er sie erst zu Hause.

Einer der Gründe, warum er die Einladung von Signora Launa erneut angenommen hat, ist, neben der Flucht vor dem Lärm und den Spannungen mit Mara, der Umstand, dass er bei ihr keinen Internetzugang hat. Das erscheint ihm verlockend, weil er sich bestimmt besser konzentrieren kann, wenn er nicht dauernd durch Mails, Nachrichten und blöde Tweets abgelenkt wird; ganz zu schweigen von den zunächst gezielten Recherchen, die dann aber unweigerlich in ein zermürbendes Herumirren ausufern, weil es im Netz keine klare Unterscheidung gibt zwischen gesicherten Daten, Banalisierungen, Verfälschungen und Zusammenfassungen von populärwissenschaftlichen Autoren auf niedrigstem Niveau. Würde er all die Zeit zusammenrechnen, die er jeden Tag im Internet verbringt, käme eine erschreckende Summe zusammen, von der sich der größte Teil regelmäßig als Zeitverschwendung entpuppt. Allerdings muss er zugeben, dass ihm das fehlende Internet momentan kein bisschen hilft, sich besser zu konzentrieren: Im Gegenteil, er fühlt sich abgeschnitten von der universalen Kommunikation, wie ein Schiffbrüchiger der Moderne, den keiner mehr retten wird. Ein Paradox, klar, aber ist das nicht unser tägliches Brot?

Tatsache ist, dass er sich nicht konzentrieren kann, weil in seinem Kopf eine Endlosschleife abläuft: Mara, die mit einer gewissen Plumpheit aus Ivos Pick-up aussteigt, ihn verlegen ansieht und zu lächeln versucht, was ihr jedoch misslingt. Sie steigt aus, sieht ihn an, versucht zu lächeln. Sie steigt aus, sieht ihn an, versucht zu lächeln. Sie steigt aus, sieht ihn an, versucht zu lächeln. Ganz egal, wie oft er dies vor sich sieht, er kann sich einfach keinen Reim darauf machen. Woher rührte diese Plumpheit, die so gar nicht zu ihr passt? Von der lächerlichen Höhe des Pick-ups? Daher, dass er ihr dabei zusah? Und der verlegene Blick? War es ihr womöglich peinlich, plötzlich mit einem Werkstoff nach Hause zu kommen, den sie angeblich immer zutiefst verachtet hat? Oder war ihr die Wahl des Reisegefährten peinlich? Und woher rührte das Lächeln? Von etwas, das sie und ihr Gefährte getan oder gesagt haben? Aber was? Worüber haben sie, verdammt noch mal, bloß gesprochen, als sie stundenlang im Steinbruch unterwegs waren? Wo haben sie gegessen? Oder haben sie das ganz ausfallen lassen, weil sie voneinander so berauscht waren?

Es ist sinnlos, immer und immer wieder alles durchzugehen, es kommt ja doch nichts dabei heraus. Und noch lächerlicher wäre es, wenn er jetzt eifersüchtig wäre, zum ersten Mal in seinem Leben (mit Ausnahme einiger dummer jugendlicher Ausrutscher). In seinen Augen zählt Eifersucht zu den Urempfindungen, die sich am wenigsten mit einem modernen Denken vereinbaren lassen; er ging sogar so weit, Eifersucht als »das überflüssigste Gefühl« zu definieren (eine knackige Formel, die seinen Verleger sofort dazu veranlasst hat, sie als Titel für sein nächstes Buch auszuwählen). Völlig überflüssig, zumindest in einem fortschrittlichen sozialen und kulturellen Kontext, in dem der Mann die Frau ohnehin zu nichts mehr zwingen kann und auch die physische Bedrohung durch den Rivalen entfällt.

Einer der wenigen Punkte, in denen Anthropologie und Psychologie übereinstimmen, ist, dass Eifersucht bei Männern und Frauen grundsätzlich verschiedene Gründe hat. Vom Standpunkt des wilden Herzens aus (und auf dieses läuft es immer wieder hinaus) hat der Mann Angst davor, Kinder aufzuziehen, die gar nicht seine sind, die Frau hingegen fürchtet, die Vorteile aus der Beziehung mit dem Vater ihrer Kinder zu verlieren. Deshalb fürchten (und wittern) Männer eher die sexuelle Untreue, Frauen hingegen die emotionale: für die Psychosparten der Online-Zeitungen ein gefundenes Fressen. Aber was, wenn es gar keine Kinder gibt, weder aktuell noch zukünftig? Was, wenn ein Mann (und das ist bei ihm der Fall) von vornherein klipp und klar erklärt, dass er überhaupt keine Kinder will, um der Überbevölkerung des gebeutelten Planeten nicht noch mehr Vorschub zu leisten? Und eine Frau (und das ist bei Mara der Fall) diese Voraussetzung ohne erkennbares Bedauern akzeptiert? Kann es also sein, dass es da doch ein gewisses Bedauern gibt, vielleicht unterschwellig und eher schleichend? Kann es sein, dass ein Sexualleben, bei dem die Fortpflanzung von vornherein ausgeschlossen ist, eine vitale (und womöglich äußerst fruchtbare) Frau am Ende doch zutiefst frustriert? Rühren vielleicht daher ihre wachsenden Beziehungsprobleme und auch die Eifersucht, die ihn nun peinlicherweise völlig unerwartet überfällt?

Wieso hat er in den letzten Tagen/Monaten/Jahren nie die Zeit gefunden, das Thema mit Mara in Ruhe zu besprechen? Aus Angst, einen wunden Punkt zu treffen? (»Setz dich, lass uns mal über unsere wachsende Entfremdung/unser gestörtes Sexleben/unsere Vorbehalte gegen alltägliche Gesten/das Verhalten des anderen/unsere Überempfindlichkeit für den Ton des anderen/unsere Gereiztheit angesichts der Gesichtszüge des anderen reden.«) Spaß beiseite, mit Mara zu reden ist alles anderes als einfach, vor allem dann, wenn das Gespräch ausreichend Zündstoff liefert für ihren leicht entflammbaren Charakter. Dann kann es leicht passieren, dass sie in Tränen ausbricht, fuchsteufelswild wird, mit allen möglichen Gegenständen nach ihm wirft, wie beispielsweise als sie von seiner völlig bedeutungslosen Affäre mit Jane Kyle erfuhr. Kann es sein, dass diese Impulsivität sie dazu angestachelt hat, Ivo gegenüber unüberlegte Gesten zu vollziehen? Kann es sein, dass sie dadurch der Faszination der Dunklen Triade (DT) erlegen ist, dieser Kombination aus Narzissmus, Machiavellismus und Psychopathie, die Frauen bei Männern offenbar unwiderstehlich finden?

Inzwischen gibt es dazu zahlreiche Studien: Das Phänomen ist belegt, jenseits aller begründeten Zweifel. Erst vor ein paar Monaten hat Anne Campbell von der Universität Durham ihm eine einschlägige Untersuchung geschickt, die unter ihrer Federführung von einem Doktoranden namens Gregory Carter durchgeführt wurde und erneut belegte, was man ohnehin schon wusste. Carter und sein Team legten einhundertachtundzwanzig Studentinnen Beschreibungen von zwei Männertypen vor: Der erste Typ zeigte DT-Kennzeichen, das heißt übersteigertes Geltungsbedürfnis, ausgeprägte Neigung, andere zu manipulieren, zu hintergehen und zu umgarnen, völliges Fehlen von moralischen Skrupeln oder Gewissensbissen, fehlende Empathie, Zynismus; der zweite Typ war sozusagen »normal«, ohne diese dunklen Eigenschaften. Und welchen Typ fanden die braven Studentinnen wohl attraktiver, gemessen auf einer Skala von eins bis sechs? Den ersten natürlich. Immer dasselbe, bei jeder neuen Untersuchung: Der DT-Mann mit seiner

Mischung aus Egozentrik, Opportunismus, Schlauheit und oberflächlicher Faszination gewinnt sechs zu eins gegen den anständigen jungen Mann.

Welche Erklärungsmöglichkeiten bieten sich da aus Sicht des wilden Herzens, hat Anne ihn gefragt. Die Antwort ist ziemlich einfach: Frauen reagieren instinktiv auf die scheinbar größere Männlichkeit eines selbstbewussten Partners, der weiß, was er will, und bereit ist, ein Risiko einzugehen, um sein Ziel zu erreichen. Kommt er damit nicht durch, tischt ein DT-Mann mit Vorliebe seine Leidensgeschichte auf, wobei er gewöhnlich detailliert von seiner schlimmen Kindheit erzählt, von dem Unrecht, das ihm von seinen früheren Partnerinnen zugefügt wurde, von der feindseligen Haltung der anderen Männer, dem Unverständnis der Gesellschaft als ganzer. Wenn Angeben nicht funktioniert, versucht man es halt mit Jammern: Dann kommt die weibliche Hilfsbereitschaft ins Spiel, getragen von der unverrückbaren Überzeugung, dass frau aus jedem Mann einen wunderbaren Lebensgefährten machen kann, wenn sie nur genügend Verständnis, tatkräftige Unterstützung und Geduld aufbringt. Im Grunde ist auch das reiner Opportunismus: Indem sie Größenwahn und Selbstmitleid des DT-Mannes ernst nehmen, für sie das Dienstmädchen spielen und ihnen helfen, ihre Ambitionen zu verwirklichen, glauben Frauen, früher oder später an den Früchten seines sozialen Aufstiegs teilhaben zu können. Dabei haben sie keine Chance, denn zu den charakteristischen Eigenschaften des DT-Mannes zählt die Neigung, rasch das Interesse zu verlieren, sobald sich erste Erfolge zeigen, die rastlose Suche nach immer neuen Gratifikationsquellen, eine allgemeine Wechselhaftigkeit, die Unfähigkeit, stabile Beziehungen zu anderen Männern aufzubauen und eine Veranlagung zum Betrügen. Jeder Erfolg wird umgehend zunichtegemacht, und dann verfällt der DT-Mann in Depression, hat psychotische Schübe, Phobien, Panikattacken und so weiter. Alle vollmundigen Versprechungen, mit denen er seine Partnerin rumgekriegt hat, erweisen sich als haltlos: Auf die anfängliche Euphorie folgt unwiderruflich die Enttäuschung (noch zusätzlich verschlimmert durch eine systematische Untergrabung des Selbstwertgefühls der Partnerin, damit er sie für seine eigenen Pläne leichter funktionalisieren kann). Mit anderen Worten, es ist völlig unerheblich, wie viel Gefühl, Energie und Zeit eine Frau in einen DT-Mann investiert, langfristig wird sich diese Investition auf jeden Fall als Flop erweisen. Doch wenn es stimmt, dass Mitglieder hochentwickelter Gesellschaften zu langfristigen Vorhaben tendieren (Studienplanung, Karriereplanung, langfristige Geldanlage, Altersvorsorge), dann stimmt es auch, dass Individuen, die impulsiv handeln oder denken, vom Standpunkt der Arterhaltung durchaus bestimmte Vorteile haben. Davon haben sich auch die hundertachtundzwanzig Studentinnen in der Carter-Studie blenden lassen: vom momentanen Sinnenrausch und all den anderen Wunderdingen, die dieser zu versprechen schien.

Je mehr er über solche Dinge nachdenkt, desto weniger kann er sich konzentrieren: ein Teufelskreis, aus dem er nicht mehr herausfindet. Er atmet langsam, schwitzt, riecht den leichten Schimmelgeruch, horcht auf die Geräusche von der Baustelle, die durch das offene Fenster hereinkommen. Unter den unregelmäßigen Schlägen, die von der anderen Straßenseite herübertönen, ist auch ein regelmäßiges Klopfen, das von Mara stammen könnte: Tatsächlich kann er sich gut vorstellen, wie sie im Overall, mit Motorradbrille und Mundschutz vor dem Marmorblock steht und verzaubert von ihrem eigenen Rhythmus den Fäustel schwingt, angefeuert durch die neugierigen Blicke der Barbaren auf dem Dach, womöglich auch durch den schamlosen verführerischen Blick von Ivo dem Ganoven.

Craig Nolan quält sich, die Aussicht auf einen endlos langen Sommertag erdrückt ihn schier; er bringt überhaupt nichts mehr zustande, keine Idee, keinen klaren Gedanken, kein systematisches Arbeiten, ja nicht einmal einen Funken Selbstdisziplin, die es ihm erlauben würde, zumindest zeitweise die anderen Defekte zu kompensieren. Alle paar Minuten lüpft er sein durchgeschwitztes T-Shirt, nur damit es ein paar Sekunden später wieder festklebt. Irgendwann richtet sich seine Aufmerksamkeit auf die Beschwerden im Bein, was die Sache natürlich nur noch schlimmer macht. Er sitzt in der Falle, festgenagelt in einer ausweglosen Situation, auf die er keinen Einfluss hat. Wenn er an die vielen Menschen in England (aber auch in anderen Ländern, inklusive Irland, Frankreich und den USA) denkt, die über seine Gesellschaft nur allzu glücklich wären, jederzeit bereit, seinen Gedanken und Überlegungen die verdiente Aufmerksamkeit zu schenken, kann er es nicht fassen, dass er jetzt hier ist. Beinah sogar ein Bein verloren hätte, nur um hier zu sein. Da kann man doch nur den Kopf schütteln und ungläubig lachen.

Wieso hat er sich bloß schon wieder darauf eingelassen, nach Canciale zu fahren, wo es doch jede Menge spannendere Alternativen gibt. Expeditionen, Kongresse, Konferenzen, Kooperationen mit anderen Universitäten; ganz zu schweigen von privaten Einladungen. Er könnte jetzt zum Beispiel in Aceh sein, an der Nordküste von Sumatra, mit dem Team von Sam Hawbash; oder im Altai-Gebirge in der Mongolei mit Liam Farrell-Jones und seiner Forschergruppe aus Oxford; oder in Berkeley auf Einladung von Elisabeth Colson; oder in Aix-en-Provence, in dem Haus von Alex und Patricia Howington. Im Juli findet da sogar ein relativ niveauvolles Opernfestival statt, und auch wenn Oper nicht gerade seine Leidenschaft ist, Mozarts *Zauberflöte* oder Händels *Ariodante* sind bestimmt besser als das Gebrüll dieser Höhlenmenschen dort drüben. Bei den Howingtons sind bestimmt auch noch andere interessante Gäste; das Haus ist geräumig und angenehm kühl und hat sogar einen Salzwasserpool. Das ist schon ihre vierte Einladung, aber keine Chance. Er wäre auch gern in Cambridge geblieben, wo er sicher besser hätte arbeiten können als hier und abends wenigstens ein paar interessante Leute getroffen hätte. Aber nein, ausgerechnet ins gottverlassene Canciale, unter all den Orten auf der Welt, zum siebten Mal in Folge. Warum zum Teufel akzeptiert er dieses wiederholte Exil? Alles für Mara, damit sie die Bindung an ihre Heimat auffrischen, in Carlos stinkender Bar oben im Dorf einen Cappuccino trinken, unter brennender Sonne in ihrem desolaten Garten arbeiten und mit einem windigen Bauunternehmer mit Pseudomaori-Tattoos flirten kann? Ist das eine Art Wiedergutmachung für alles, was sie bei ihrem Umzug nach England aufgeben musste? (Und die beruflichen Vorteile, die sie davon hat, zählen die gar nichts? Die Galeristin, die Kritiken, die begeisterten Sammler?) Ist das sein Versuch, den emotionalen Schaden auszugleichen, den er ihr durch seine unbedeutende Affäre mit Jane Kyle zugefügt hat? (Eine dreiundzwanzigjährige Studentin mit vorspringendem Oberkiefer, die er ohne den Reiz, die Sache um jeden Preis geheim zu halten, in ein paar Monaten ohnehin sattgehabt hätte.) Ist der Sommeraufenthalt in Canciale womöglich eine Art Schadenersatz, den er bis in alle Ewigkeit zahlen muss, obwohl klar ist, dass es niemals reichen wird, um das Konto auszugleichen?

Mit einem Ruck steht er auf; Knie und Knöchel versetzen ihm einen schmerzhaften Stich. Aber er kann einfach nicht mehr, braucht unbedingt ein Minimum an geistiger Anregung. Egal in welcher Form.

»Signora Launa?«, ruft er im Flur, aber sie antwortet nicht; auch in der Küche ist sie nicht; sie muss draußen sein.

Tatsächlich ist sie hinter dem Haus und hängt Wäsche auf. Sie bückt sich, nimmt ein Kleidungsstück aus der Plastikschüssel, hängt es auf die Leine und fixiert es mit einer Klammer, die sie aus einem Korb fischt: ein Bewegungsablauf, der aufgrund jahrelanger Übung so natürlich wirkt wie Atmen. Als sie ihn bemerkt, dreht sie mühsam den vor Arthrose steifen Hals: »Kannst du nicht arbeiten, im Haus?«

»Doch, doch. Aber wenn ich lange sitze, tut mir das Bein weh.« Craig Nolan deutet auf sein rechtes Bein, wobei ihm bewusst ist, wie jämmerlich er nach Aufmerksamkeit giert. Aber Aufmerksamkeit ist nun einmal der wichtigste Treibstoff seiner Existenz: Darauf kann er nicht verzichten, davon braucht er unbedingt seine tägliche Dosis; wenn er die ein paar Tage in Folge nicht bekommt, gerät sein innerer Motor ins Stocken.

»Kennen Sie nicht zufällig ein traditionelles Mittel?« Das sagt er in erster Linie, um nicht darüber nachdenken zu müssen, warum eine ältere Dame Unterwäsche trägt, die nicht nur rein funktional ist. Hat sie beim Kauf nicht genau hingesehen, vielleicht an einem Marktstand, oder war es eine bewusste Entscheidung, ein Reflex auf nie ganz erloschene erotische Phantasien?

»Traditionell?« Signora Laura sieht ihn an: Offenbar macht es ihr nichts aus, dass er einen Blick auf ihre intimsten Kleidungsstücke wirft.

»Irgendwas von Ihrer Großmutter vielleicht? Oder von der Großmutter Ihrer Großmutter?« Auch das ist jämmerlich: Wie soll die arme Signora sich ernsthaft an ein traditionelles Mittel erinnern? Ein Geheimrezept vielleicht, matrilinear überliefert, aus pflanzlichen oder mineralischen Substanzen, die hier im Garten oder in den angrenzenden Wäldern gesammelt wurden? Wo sich doch selbst im Dschungel von Borneo keiner mehr mit den Heilverfahren seiner Vorfahren auskennt? Wo sogar sein Assistent Ian Baker, als er sich vor drei Jahren fünfzig Kilometer von den Penan entfernt die Hand gequetscht hat, von dem örtlichen Medizinmann mit einer Arnikasalbe aus der Schweiz behandelt wurde, die irgendein früherer Besucher aus der zivilisierten Welt zurückgelassen hatte? Wenn sogar die Unterwäsche der Signora nicht mehr der traditionellen Schlichtheit entspricht, die man eigentlich für selbstverständlich gehalten hätte? Im besten Fall würde sie ihm ein schmerzstillendes oder entzündungshemmendes Mittel anbieten, von denen sie garantiert Unmengen in ihrem Badezimmerschränkchen aufbewahrt; aber die würden sein armes Hirn nur noch mehr vernebeln.

»Hm, meine Großmutter machte immer Packungen aus Mandelöl und Knoblauch.« Dabei deutet Signora Launa in Richtung Garten.

»Und hat das funktioniert?« Vielleicht haben hier in Canciale ja doch noch ein paar traditionelle Bräuche überlebt, versteckt unter der Flut aus Müll, mit der die Konsumgesellschaft sie täglich überschüttet. Zwischen den Bäumen hindurch wirft er einen schnellen Blick über die Straße, zu seinem Haus hinüber: Ja tatsächlich, da steht Mara und bearbeitet ihren Marmorblock, begleitet vom rhythmischen Klopfen von Fäustel und Meißel. Und Ivo der Ganove steht oben auf dem Dach, offenbar schwer damit beschäftigt, seine Arbeiter anzuleiten, scheinbar völlig desinteressiert an Mara, die unten auf dem Rasen vor sich hin werkelt.

»Tja.« Signora Launa guckt eher skeptisch; doch dann wird sie plötzlich lebhaft. »Einmal, als mein Vater sich bei einem Sturz in eine Grube fast sein Bein ruiniert hat, hat meine Mutter ihm Packungen aus weißem Essig, Kalkpulver und Honig gemacht.«

»Wirklich?« Mit einem Mal spürt Craig Nolan einen zarten Hoffnungsschimmer in sich aufsteigen: schwach, aber wahrnehmbar. »Könnten Sie mir vielleicht so einen Umschlag für mein Bein machen?«

»Was? Ich?« Entsetzt sieht Signora Laura ihn an, als hätte er ihr gerade einen unsittlichen Antrag gemacht. »Ich bin doch kein Arzt!«

»Macht nichts, war ja bloß eine Frage.« Craig Nolan gibt

sich Mühe, seine Erwartungen zurückzudrängen. Wieder einmal wird ihm bewusst, was Globalisierung in Wahrheit bedeutet: ein graues Tuch aus standardisiertem Verhalten und Wissen, das sich über die Welt stülpt wie eine Glocke, bis alle Unterschiede verschwunden sind. Er deutet auf die Tür, die ins Haus führt. »Ich gehe dann mal wieder rein und mache weiter.«

Signora Launa nickt und beugt sich anschließend steif nach einem Büstenhalter mit einem unglaublichen Schmetterlingsmuster auf den Körbchen.

Einunddreißig

Ivo Zanovelli hat es eilig, mit dem Dach fertig zu werden, so eilig, als wäre der Teufel hinter ihm her, er muss dringend hier weg. Eigentlich ist er schon viel zu lange geblieben, erst bei Saverio und jetzt hier. Zwar ist Canciale ziemlich abgelegen, doch sind sie erst mal hinter einem her, finden sie einen früher oder später immer, selbst im abgelegensten Kaff.

Die Arbeit aber, die kann sich sehen lassen, Eile hin oder her. Er liebt seine Arbeit, weil sie so abwechslungsreich ist, wenn man gut und zügig arbeitet und sich nicht dumm anstellt, wird es nie langweilig. Dächer, Wände, Bögen, Gewölbe, Verputz, gekachelte Böden, Fenster, Innenausbau, jeder Teilbereich verlangt eine spezielle Technik. Immer wenn man bei einem Auftrag langsam die Lust verliert, kommt schon der nächste. Am meisten jedoch mag er die Phase, bevor es so richtig losgeht, wenn der Kunde über den katastrophalen Zustand seines Hauses echt verzweifelt ist, halb misstrauisch, halb oberschlau daherredet, weil er fürchtet, übers Ohr gehauen zu werden, und dann selbst versucht, einen übers Ohr zu hauen. Am meisten Spaß macht es, solche Kunden davon zu überzeugen, dass sie gar nicht so schlau sind, und ihnen eine vernünftige Lösung anzubieten. Dann ordentlich ranklotzen und zur Verblüffung des Bauherrn früher fertig werden als versprochen. Allerdings mit allem Drum und Dran, echte Qualitätsarbeit. Nicht wie viele andere, die erst den Kostenvoranschlag zu niedrig ansetzen, dann wegen sogenannter Unwägbarkeiten die Rechnung aufblähen und zu guter Letzt eine Schlamperei abliefern, die das Doppelte von dem kostet, was sie ursprünglich veranschlagt haben. Er dagegen hat sich seinen guten Ruf durch Qualität, Schnelligkeit und Zuverlässigkeit erarbeitet: Was er verspricht, das hält er auch. Deshalb kann er sich, Krise hin oder her, über mangelnde Aufträge bislang nicht beklagen. Nichts Großartiges, klar, nach der Geschichte in Sanremo muss er sich mit Kleinvieh begnügen und die Projekte noch einen Tick schneller abarbeiten. Um möglichst mobil zu bleiben.

Unter diesen Umständen darf er kein weiteres Risiko eingehen, sich zusätzliche Komplikationen mit Mara aufzuladen wäre eine Riesendummheit, in jeder Hinsicht. Sie haben so wenig gemeinsam, kommen aus zwei völlig verschiedenen Welten. Das ist ihm von Anfang an klar gewesen. Aber vielleicht ist es gerade diese Unmöglichkeit, die ihm den Kopf verdreht, ihn noch weiter anstachelt, so wie wenn man eigentlich genau weiß, dass etwas aussichtslos ist, sich aber nicht geschlagen geben will. Wo das endet, hat man gestern ja gesehen, und es kann eigentlich nur noch schlimmer werden. Für ihn und für sie. Da nützt es auch nichts, sich dumm zu stellen, lange drum herumzureden, dies und jenes durchzuspielen. Er muss die Sache beenden, es gibt keine Alternative.

Jetzt steht sie da unten, mit Schwung traktiert sie den Marmor, klopft und hämmert, völlig in die Arbeit versunken. Das geht schon eine ganze Weile so, sie ist unermüdlich. Ab und zu hält sie inne, wischt mit dem Handschuh den Staub vom Stein und tritt einen Schritt zurück, um ihr Werk von weitem zu betrachten. Dann macht sie weiter, ohne Unterlass. Hin und wieder schielen die Männer zu ihr hinunter, sie sagen zwar nichts, aber es ist klar, dass sie so etwas noch nie gesehen haben: eine völlig eingestaubte, Kopftuch und Brille tragende Frau mit so einer unbeugsamen Leidenschaft. Als er erfuhr, dass auch sie mit den Händen arbeitet, hat er das eigentlich für etwas Verbindendes gehalten, aber womöglich ist es genau das Gegenteil. Denn bei ihr kommt dabei zum Schluss ein Kunstwerk heraus, bei ihm nur schnöde Gebrauchsgegenstände. Obwohl, auch ein gutgemachter Kamin hat durchaus seinen Reiz. Oder ein gutgedecktes Ziegeldach. Auch bei seiner Arbeit zählen gutes Design, perfekt ausgearbeitete Details und eine exakte Linienführung. Doch davon macht keiner Fotos, und Preise gibt's dafür auch keine.

Es ist keineswegs so, dass Mara ihm gefällt, weil er in ihr eine Kollegin sieht, aber natürlich ist das auch für ihn etwas Besonderes. Von allen Frauen, die er kennt, weiß keine, wie man einen Fäustel hält, geschweige denn, was man damit macht. Da ruiniert man sich ja die Fingernägel, Gott bewahre. Genau genommen, können sie eigentlich überhaupt nichts. Außer sich langweilen, im Büro, im Geschäft oder in der Disco. Reden, das können sie zwar, aber worüber? Über irgendwelche blöden Fernsehsendungen oder darüber, dass ihr Sohn sich die Grippe eingefangen hat. Dann beschweren sie sich vielleicht noch über ihren Chef oder die Arbeitszeiten, tratschen über die eine oder andere Kollegin oder

Freundin. Alles nur aus Langeweile oder Neid, denn sonst haben sie nichts zu sagen. Die einzigen Frauen, mit denen er wirklich reden kann, sind seine Töchter. Auch wenn er sie nur selten sieht und die eine fast noch ein Kind ist. Jedenfalls sind die wenigstens aufgeweckt, zeigen Interesse, stellen Fragen, wollen alles Mögliche wissen. Allerdings sind auch sie schon dabei, sich zu verändern, die eine durch den schlechten Einfluss ihres Freundes, die andere durch den der Mutter. Mit Männern ist es natürlich auch nicht besser, logisch. Doch mit denen redet er nicht, mit denen arbeitet er nur. Was die sagen, ist ihm schnuppe, es geht ja doch immer nur darum, wer am lautesten bellt und am schnellsten zuschnappt. Frauen findet er dagegen manchmal auch witzig, für fünf Minuten, denn dann hat er meist genug. Weil er alles schon kennt, alles schon tausendmal gehört hat. Die eine erzählt einem von einem Paar Stiefeln, die sie im Schaufenster gesehen hat, die andere von ihrem Mann, der immer vorm Fernseher einschläft. Nur mal so als Beispiel. Da ist Mara aus einem ganz anderen Holz geschnitzt. Sie ist viel freier, ein ungebundener Geist. Sie hat nicht nur geschickte Hände, sondern auch was im Kopf. Sie weiß, was sie will, und sagt es auch, hat eine eigene Meinung und steht dazu. Er findet sie unheimlich toll, und genau das ist ja sein Problem. Wer weiß, was noch alles in ihr steckt? Bestimmt jede Menge Überraschungen. Fragt sich nur, was sie mit so einem wie ihm anfangen sollte. Wie lang würde das wohl gutgehen? Nicht sehr lang, das hat man gestern ja schon gesehen, und heute Morgen. Und es kann nur noch schlimmer werden. Logisch.

Der einzige Lichtblick ist das Dach, damit ist er sehr zufrieden. Der Schornstein kann sich sehen lassen, ist sauber verfugt. Regenrinne und Fallrohre sind montiert, das Kupfer funkelt herrlich. Die transparente Polyäthylenplane ist auch schon verlegt und an den Korkplatten befestigt, die Gegenlatten sind zugeschnitten und angenagelt. Fehlen nur noch die Leisten, zwei Komma vier mal vier Komma acht Zentimeter, dann kommen die Dachpfannen dran. Bis morgen Abend ist alles fertig, früher als versprochen. Jetzt, wo er ihnen auf die Finger sieht, legen die Arbeiter noch einen Zahn zu, auch sie wollen fertig werden. Doch die Hitze macht die Sache nicht gerade leichter, alle schwitzen wie verrückt. Erst heute Morgen hat er sechs große Eins-Komma-fünf-Liter-Flaschen Mineralwasser mitgebracht, davon sind fünf schon leer. Er muss unbedingt Mako oder Dragan mit dem Moped ins Dorf schicken, um Nachschub zu holen, denn ohne Wasser kann man bei dieser Hitze nicht arbeiten.

Sicher ist auch Mara völlig verschwitzt. Vorhin war er drauf und dran, zu ihr rüberzugehen und zu fragen, wie es ihr geht, hat es dann aber doch lieber gelassen. Gestern in dem Zimmer über Aleardos Restaurant schwammen sie auch genüsslich in ihrem Schweiß wie in einem tropischen Meer, Auge in Auge, Atem in Atem. Überglücklich, einander so nah zu sein, und voller Angst, sich wieder zu verlieren. Es fühlte sich so gut an, so richtig. Absurd.

Plötzlich steht Djurd neben ihm, fasst ihn am Arm und deutet schweigend nach unten auf die Straße.

Ein schwarzer Porsche Cayenne kommt langsam die Straße herunter und hält genau vor dem Haus. Ein großer, kräftiger Mann steigt aus, er hat eine Rundum-Sonnenbrille auf und trägt ein blaues Polohemd, darüber eine Jacke. Nachdem er sich einmal umgesehen hat, blickt er nach oben. Dann klopft er hinten an die Scheibe, das Fenster fährt herunter.

Ivo Zanovelli spürt, wie ihm das Blut gefriert, und das bei dieser Hitze. Er hat es gewusst, schon seit Tagen hat er es gewusst.

Djurd sieht ihn fragend an. Auch die anderen haben schlagartig aufgehört zu arbeiten und gucken angespannt. Leute wie sie sind immer auf der Hut, erkennen jede Gefahr auf den ersten Blick.

Auch Mara hat ihre Arbeit unterbrochen. Sie schiebt die Motorradbrille hoch, den Mundschutz runter. Ein bisschen unsicher geht sie auf den Porsche Cayenne zu und stellt dem Großen, der ausgestiegen ist, eine Frage. Der Typ gestikuliert, zeigt dann nach oben.

Arbeitsaufsicht? Nein. Polizei? Nein. Steuerfahndung auch nicht. Selbst wenn die in Zivil kommen, dann auf keinen Fall in einem Porsche Cayenne. Irgendein Stadtrat, der einen Umschlag verlangt, damit er seine Nase nicht in diese Baustelle steckt? Nein. Um sich mit Schmiergeld so ein Auto zusammenzuschnorren, muss man mindestens Landrat sein, aber das ist kein Landrat, garantiert nicht.

Nein, Ivo weiß schon, wer das ist, jede Spekulation kann er sich sparen. Er weiß es nur zu genau, verdammt.

Djurd schaut ihn immer noch an, auch er hat inzwischen kapiert, wer das ist. Er weiß als Einziger von der Sache in Sanremo, die anderen haben keine Ahnung.

Ivo schüttelt den Kopf, er kann keinen anderen vorschicken, das geht nicht. Aber den Schlüssel vom Pick-up, den gibt er Djurd, für alle Fälle, man weiß ja nie. Den anderen, die wie hypnotisiert nach unten starren, gibt er ein Zeichen. »Was gibt's denn da zu glotzen, macht gefälligst weiter!«

Sie verziehen das Gesicht, machen sich aber wieder an die Arbeit.

Er geht über die Bretterbrücke auf die Oliventerrasse, dann nach unten. Mara beobachtet ihn unschlüssig.

Ohne ein Wort geht an ihr vorbei, obwohl er eine Menge zu sagen hätte. Aber wie? Ausgerechnet jetzt? Er steuert direkt auf den Typ in Blau zu, den mit der Rundum-Sonnenbrille.

Groß, ungefähr eins neunzig, Schläfen und Nacken rasiert, die Haare mit Gel aufgebrezelt, bestimmt noch keine dreißig, ein arroganter Schnösel, aber trotzdem ein richtiges Milchgesicht. Klar, der fühlt sich auf der sicheren Seite. Verächtlich lässt er den Blick über Ivos tätowierte Arme gleiten. »Ivo Zanovelli?«

»Ja.« Ivo Zanovelli würdigt ihn keines Blickes und geht direkt auf den Porsche zu. Hinten sitzt ein Mann mit Glatze, um die fünfzig, mit Gleitsichtsonnenbrille. Ivo hat ihn noch nie zuvor gesehen, aber es ist klar, was für ein Typ das ist. Jetzt winkt er auch noch scheißfreundlich. »Ah, Zanovelli, da bist du ja. War gar nicht so leicht, dich zu finden.«

Vorne auf dem Beifahrersitz sitzt noch einer, nicht so groß wie der Schnösel, aber markiger. Mit Stiernacken und grauem Bürstenhaarschnitt. Er hat sich halb nach hinten gedreht und mustert ihn aufmerksam. Es riecht penetrant nach Eau de Toilette, das ihm zusammen mit der kalten Luft aus der Klimaanlage aus dem Fenster entgegenschlägt. Den Motor haben sie angelassen, wegen der Hitze.

»Und warum wolltet ihr mich unbedingt finden?« Ivo Zanovelli legt die Hände auf den Rahmen des heruntergelassenen Fensters, Grenzverletzung gegen Grenzverletzung.

»Um zu reden, natürlich.« Der Glatzkopf hat einen ligurischen Akzent, auch wenn er vermutlich aus dem Süden stammt.

»Wann denn?« Die Outfits, das Gehabe, grauenhaft, das haben sie sich garantiert von einer Krimiserie abgeguckt.

»Jetzt gleich, zehn Minuten wirst du ja wohl für uns übrig haben.« Der hat seine Rolle gut gelernt, das sieht man, der will seinen Handlangern wohl mal zeigen, wie man das macht.

»Keine Zeit, ich muss arbeiten.« Ivo hätte große Lust, den Kerl am Hals zu packen. Aber da ist ja noch der Schnösel direkt hinter ihm und der andere auf dem Beifahrersitz. Darauf warten die doch nur, logisch. Er dreht sich um und sieht zum Dach hinauf, da oben steht noch immer Djurd, der alles aufmerksam beobachtet. Die anderen arbeiten zwar wieder, aber eher langsam, so als würden sie auf etwas warten.

»Tut mir leid, Zanovelli, aber zehn Minuten musst du uns schon geben.« Der Glatzkopf hält sich für was Besseres, das sieht man. Er rutscht auf die andere Seite und klopft mit der Hand auf den frei gewordenen Platz. Der Typ vorne steckt die Hand in die Innentasche seiner Jacke, um klarzumachen, dass er eine Pistole hat. Der Schnösel macht die Tür auf und schiebt ihn hinein. Sanft, damit es nicht so auffällt, aber mit Nachdruck.

Ivo Zanovelli überlegt: Soll er sich ruckartig umdrehen,

dem Schnösel mit dem Knie in die Eier treten, ihm einen Ellbogenstoß in die Rippen verpassen und seine Männer zu Hilfe rufen? Was dann passieren würde, läuft in Millisekunden in seinem Kopf ab wie ein Film, Flash auf Flash. Er dreht sich um, nietet den Schnösel um, der Typ vorne schießt. Auch der Glatzkopf schießt, garantiert hat der auch eine Knarre. Seine Männer unternehmen nichts. Djurd schon, aber die anderen nicht. Also beschließt Ivo, klein beizugeben, und steigt ein. Es ist die einzige Möglichkeit.

Der Schnösel schließt sofort die Tür hinter ihm. Dann setzt er sich wieder ans Steuer. Er fährt die Fenster hoch und blockiert die Türen.

Ivo Zanovelli sieht, wie Mara ihn anblickt, während das dunkle Fenster hochfährt. Ihr Blick ist besorgt und voller Fragen.

Der Schnösel wendet, tritt aufs Gas und fährt die enge Straße hinauf.

Zweiunddreißig

Craig Nolan versucht verzweifelt, ein Konzept für die beiden nächsten Folgen seiner Fernsehsendung zu entwerfen, doch sein Kopf streikt, wegen der Hitze natürlich, aber da sind auch die zwanghaft wiederkehrenden Gedanken an seine Frau. Beides hängt so eng zusammen, dass man es kaum noch unterscheiden kann: Die glühende Luft lässt alles verschwimmen, Wahrnehmungen und Gedanken zerfließen, werden klebrig, lästig, unerträglich.

Dass das Klima direkte Auswirkungen auf die Qualität mentaler Prozesse hat, ist ihm schon öfter aufgefallen: Wenn Temperatur und Luftfeuchtigkeit ein bestimmtes Niveau überschreiten, tritt ein Effekt ein, den er selbst als »Fluch der Tropen« bezeichnet. Schon bei Temperaturen um die dreißig Grad sinkt die Konzentrationsfähigkeit so rasant, dass es kaum noch möglich ist, komplexe Gedanken zu formulieren, man verfällt unweigerlich in eine allgemeine Lethargie, die mit steigender Hitze immer weiter um sich greift. Jedes praktische Problem scheint dann plötzlich unüberwindlich, jede Situation nicht mehr als eine Gesamtheit variabler Elemente, sondern als kompakter, homogener Block, der sich jeglicher Veränderung durch individuelle Willensanstrengung entzieht. Unter solchen Umständen verfällt man leicht in Apathie oder entwickelt andere Syndrome kontemplativ-obsessiver Art. Daran ist nichts Merkwürdiges, denn trotz seiner bemerkenswerten Anpassungsfähigkeit ist der *Homo sapiens* nun einmal dafür gemacht, bei Temperaturen von neunzehn bis sechsundzwanzig Grad und einer Luftfeuchtigkeit von vierzig bis fünfundsechzig Prozent am besten zu funktionieren.

Aber wenn alles so sonnenklar ist, dann muss es doch auch Mittel und Wege geben, dagegen vorzugehen. Und wer wäre besser dafür geeignet, diese Mittel und Wege aufzuspüren, als er, Craig Nolan, PhD? Irgendwann, das fällt ihm jetzt wieder ein, hat er zusammen mit Maria Koznevnikov von der Universität Singapur schon mal eine empirische Studie zu dem Thema durchgeführt: Damals ging es um eine spezielle Technik zur Kontrolle der eigenen Körpertemperatur bei tibetischen Mönchen. Um im Himalaja bei Nachttemperaturen um die fünfundzwanzig Grad unter null nicht einzufrieren wie Tiefkühl-Kabeljau, greifen die heiligen Männer (aber auch schon die jüngeren Adepten in der Ausbildung) zur *Tummo*-Meditation, einer Kombination aus Topfatmung und konzentrierter Visualisierung. Bei der Topfatmung wird der Bauch beim Einatmen vorgestreckt, den Rumpf stellt man sich als Topf vor, in den die eingeatmete, als frisch und sauber geltende Luft langsam hineinströmt und den sie allmählich bis zum Rand, der sich mehr oder weniger auf Höhe der Schlüsselbeine befindet, auffüllt. Beim Ausatmen entspannt man den Bauch, kehrt aber nicht ganz in die Ausgangsposition zurück, sondern nur zu knapp fünfundachtzig/neunzig Prozent, so dass jeder folgende Atemzug weniger Energie erfordert als der vorangegangene. Bei der Visualisierung stellt man sich hingegen möglichst intensiv eine Flamme vor, die die Wirbelsäule entlangläuft. Die Kombination beider Techniken setzt einen Prozess der Wärmeerzeugung in Gang, der die Körpertemperatur bis auf achtunddreißigeinhalb Grad anhebt, mithin ein leichtes Fieber erzeugt, um die äußere Kälte zu kompensieren.

Dabei gibt es allerdings zwei Probleme: Die Körpertemperatur zu senken ist wesentlich schwieriger, als sie zu erhöhen, egal, ob mit oder ohne *Tummo*. Selbst wenn man sich die Wirbelsäule als Eiskanal vorstellt, die Atmung stark verlangsamt und sich kaum noch bewegt, ist das Ergebnis minimal. Praktisch unlösbar ist hingegen das zweite Problem: Die tibetischen Mönche haben gut lachen, in ihrer Klausur hoch oben in den Bergen, im Schutz des Zölibats und frei von jeder Anfechtung fällt es ihnen natürlich leicht, sich auf ihre Meditation zu konzentrieren. Sie werden ja nicht dauernd abgelenkt, müssen sich nicht pausenlos mit dem beunruhigenden Gedanken an eine emotional wankelmütige Ehefrau und Bildhauerin rumschlagen, die womöglich gerade in dem Moment, wo sie meditieren, im Begriff ist, den schamlosen Verführungskünsten eines schmierigen Bauunternehmers auf den Leim zu gehen.

Nein, so geht das nicht, jetzt ist Schluss. Er muss sich jetzt endlich zusammenreißen, sofort das Gejammer über Hitze, drückende Schwüle und Schweißausbrüche einstellen, Mara umgehend vergessen und endlich anfangen, sich ein paar ernsthafte Gedanken zu machen, streng rational natürlich.

Ein verlockendes Thema wäre vielleicht die Frage, ob der soziale, kulturelle und ethische Fortschritt der menschlichen Spezies wirklich so zwangsläufig ist, wie viele seiner Kollegen offensichtlich zu glauben scheinen (und wie es die große Mehrheit der gewöhnlichen Leute blöderweise für selbstverständlich hält). Dabei würde er die These wagen, dass der zivilisatorische Fortschritt, mit dem wir uns doch untrennbar verbunden fühlen, weit eher einem Wunschdenken entspringt als irgendeiner biologischen Notwendigkeit. Als Beleg dazu gibt es genügend hochdramatische Bilder (mit einem gewissen Unterhaltungswert für voyeuristische Fernsehzuschauer, leider): blutige Massaker in Uganda, Ex-Jugoslawien, Afghanistan, Syrien, Palästina, im Irak und in der Ukraine sowie in zahllosen Wohnungen, wo der Freund, Ehemann oder Familienvater ohne Vorwarnung (und zum Erstaunen der Nachbarn) mit einem Messer oder einer Pistole seine Freundin, Ehefrau oder die Mutter seiner Kinder niedermetzelt. Alles präsentiert in schöner Abwechselung mit den verbalen Entgleisungen, die täglich anonym im Internet kursieren (auch dafür gibt es zweifellos eine Fülle an Beispielen). Zwei Seiten derselben Medaille, eine grauenhaft real, die andere virtuell, aber beide gleichermaßen aggressiv und zerstörerisch. Mit anderen Worten, das wilde Herz hat sich über die Jahrhunderte und Jahrtausende der Geschichte mitnichten zu einem aufgeklärten Organ weiterentwickelt, es ist weder so freundlich noch so *politically correct*, wie wir es gerne hätten; es ist immer noch dasselbe wilde Herz wie in grauer Vorzeit, als der Mensch sich noch halbgebeugt durch die Steinzeit schleppte, und noch immer diktiert es bei der erstbesten Gelegenheit sein brutales Gesetz.

In einer weiteren Folge könnte man sich die Theorie sozialer Charaktere von David Riesman aus den fünfziger Jahren vornehmen. Darin unterscheidet Riesman drei Gruppen: 1.) Der traditionsgeleitete Typ, der dazu neigt, alles so zu machen, wie man es schon immer gemacht hat, und alles Neue lieber meidet. 2.) Der innengeleitete Typ, dessen Verhalten sich streng am eigenen Gewissen ausrichtet. 3.) Der außengeleitete Typ, dessen Vorstellungen von Richtig und Falsch stark durch das Umfeld bestimmt werden, in dem er lebt. Um die Sache fernsehgerecht aufzubereiten, könnte man den ersten Typ auch ganz weglassen und nur die beiden letzten behandeln. Auch hier kann man leicht aktuelle Beispiele finden. Zu 2.) Der Kapitän einer untergegangenen südkoreanischen Fähre, der sich nach dem Unglück weinend vor den Fernsehkameras entschuldigt und Selbstmord begeht, bevor er ins Gefängnis überstellt werden kann. Zu 3.) Der italienische Kapitän, der in einem fast identischen Fall dem Unglück die Schuld gibt, arrogant auf die Fragen der Journalisten antwortet und dann seelenruhig nach Hause geht, um die Pasta zu essen, die seine Frau für ihn gekocht hat. Wie immer beim Fernsehen bleiben Nuancen unweigerlich auf der Strecke, denn um die Verständlichkeit zu erhöhen, muss man die Deutungsmöglichkeiten einschränken. Aber sind die Grundlagen erst einmal gelegt, kann man komplexere Argumente später immer noch einfügen. Im Übrigen ist er durch seine Feldforschung und sein akademisches Renommee doch wohl hinreichend dazu autorisiert, sich gewisse Freiheiten zu nehmen, oder etwa nicht?

Craig Nolan steht auf, spürt den gewohnten doppelten Stich im Bein und tritt ans offene Fenster, in der Hoffnung, wenigstens einen klitzekleinen Lufthauch aus dem Garten abzukriegen: aber nichts. Dafür ist es wesentlich leiser als gestern, das tierische Gebrüll der Arbeiter ist weitgehend verstummt. Er durchquert das Zimmer und öffnet die Tür zum Flur: In der Küche läuft der Fernseher, vermutlich geht Signora Launa ihrem Sonntagsvergnügen nach, in Gesellschaft der restlichen Welt mit ihrem Einheitsbrei.

Und Mara? Ob sie noch immer an ihrem Marmorblock arbeitet? Bestimmt, so wie er sie kennt, ist das für sie nun eine Frage des Prinzips: Auch wenn sie das Material nicht liebt, wird sie keine Ruhe geben, bis sie sich selbst, Ivo dem Gauner und jedem anderen Beobachter bewiesen hat, dass sie auch daraus eine herrliche Katze hervorzaubern kann. Doch es wäre schon komisch, wenn sie jetzt, nach all den ideologischen Vorbehalten, plötzlich auf den Geschmack käme und auf Marmor umsteigen würde. Es könnte sogar sein, dass Sarah Levine und ihre Sammler, obwohl inzwischen zu Tuff und weichem Gestein bekehrt, davon ganz aus dem Häuschen wären und darin eine großartige Weiterentwicklung ihrer künstlerischen Kreativität sähen; möglich wär's. Im Übrigen hängt die Wertschätzung (und der Verkaufswert) eines Kunstwerks von vielen Faktoren ab, einer Mischung aus spontanen Reflexen, kulturellen Konventionen und der Nachfrage am Markt (kunstkritische Betrachtungen sind sekundär und hinken deshalb automatisch hinterher. Vincent van Gogh zum Beispiel, dessen *Porträt des Dr. Gachet* 1990 bei Christie's für die (angesichts der Inflation) bescheidene Summe von hundertsechsundvierzig Komma acht Millionen Dollar versteigert wurde, hat in seinem ganzen Leben nur ein einziges Bild verkauft, für vierhundert Franc, und zwar kurz vor seinem Freitod. Und Pablo Picasso soll nach der Besichtigung der Höhlen von Lascaux gesagt haben: »Wir haben nichts dazugelernt. Künstlerisch waren die letzten zehntausend Jahre (genau genommen siebzehntausenddreihundert) ein einziger Rückschritt.« (Neueren Untersuchungen zufolge hat er das zwar nie gesagt, aber was soll's, in einer Welt, in der es bei Wikipedia und Google vor apokryphen Zitaten nur so wimmelt.)

Craig Nolan setzt sich wieder an den Tisch und klammert sich mit aller Kraft an die zwei, drei Einfälle, die er seinem lustlosen Hirn trotz der Bullenhitze abgerungen hat. Eins jedenfalls kann man mit Sicherheit sagen: Angesichts der subtropischen Temperaturen ist jede Form disziplinierter geistiger Arbeit im Juli hier am Mittelmeer ein Ding der Unmöglichkeit. Da braucht man sich auch nicht zu wundern, wenn ein Land wie dieses unter solchen Bedingungen stets in einem prekären Zustand vor sich hindümpelt, immer hin- und hergerissen zwischen vollmundigen Absichtserklärungen und dem permanenten Rückfall in die verhängnisvollen Gewohnheiten des Status quo, und folglich nie zu irgendeiner Entscheidung kommt, die für jeden echten Fortschritt unabdingbar ist. Aber am schlimmsten ist (für ihn) die Ansteckungsgefahr: Wenn man nicht höllisch aufpasst, fängt man sich quasi durch Osmose die italienische Apathie ein, die einen langsam, aber sicher in Typ 3 verwandelt, in den stinkenden Abschaum moralischer Ambivalenz. Da bedarf es schon einer gewaltigen Willensanstrengung, um sich dagegen zur Wehr zu setzen, einer extremen Entschlossenheit, um darin nicht unterzugehen.

Dreiunddreißig

Mara Abbiati klopft das Herz bis zum Hals, sie schnappt nach Luft. Gerade eben hat sie noch (ratlos) die schrecklichen Typen in dem schrecklichen schwarzen Auto beäugt, da ist Ivo schon vom Dach geklettert, hat gerade mal drei Worte gesagt und ist dann plötzlich eingestiegen und mit ihnen davongerast. Das ging Schlag auf Schlag, so unglaublich schnell, dass sie gar nicht begriff, was da eigentlich passierte. Trotzdem, der massige Typ im blauen Hemd hat Ivo ins Auto *gestoßen,* danach sah es jedenfalls aus. Keine rohe Gewalt, er hat ihm nicht den Arm verdreht, wie Ivo es mit dem Mann im Steinbruch getan hat, und auch keine Pistole in den Rücken gerammt, aber gestoßen *hat* er ihn, da ist sie sich sicher. Sah irgendwie bedrohlich aus, der Typ, wie der Ivo zusetzte, ihm auf die Pelle rückte und ihn einzuschüchtern versuchte. Aber Ivo hat sich nicht gewehrt, hat nicht um Hilfe gerufen, gar nichts: Das hätte er machen können, sie stand ja direkt daneben und seine Männer oben auf dem Dach. Und Ivo ist nun wahrlich nicht der Typ, der sich einfach so in ein Auto stoßen lässt, auch wenn der andere viel größer und kräftiger ist. Hätte Ivo sich ernsthaft weigern wollen, hätte er das bestimmt geschafft: Sie hat ihn ja schon in Aktion gesehen, sie weiß, wie stark und geschmeidig er ist, wie reaktionsschnell, wie entschieden. *Gespürt* hat sie es auch, aus nächster Nähe: die Kraft seiner Muskeln, die Spannung seiner Nerven, das vitale Feuer, das er in sich hat, die Widerstandskraft.

Aber als er sich mit dem schrecklichen Glatzkopf in dem schrecklichen Auto unterhielt, hatte man überhaupt nicht den Eindruck, als wolle er einsteigen: So breitbeinig, wie er dastand, die Füße in den Boden gestemmt, das sah eher nach Abwehr aus. Doch dann ist er plötzlich eingestiegen: einfach so, von einem Moment auf den anderen. In Wahrheit *hat* der kräftige Typ mit der Rundum-Sonnenbrille ihn geschubst, wenn auch nur leicht; das war zwar keine brutale Gewalt, aber eben doch Gewalt. Dass mit so einem nicht zu spaßen ist, schwante ihr schon, als sie kurz mit dem Glatzkopf gesprochen hat, bevor Ivo selbst heruntergekam. »Wir wollen nicht zu Ihnen, Signora.« Dieses Gesicht und dann auch noch dieser schreckliche Tonfall, durch den jede Bemerkung wie eine Drohung klingt. Da *war* auf jeden Fall Gewalt im Spiel, egal, was die beiden sich auch gesagt haben mochten. Allein wie der kräftige Typ sich bewegte, während der Glatzkopf vollkommen reglos blieb. Und dann dieses schwarze Auto, die verdunkelten Scheiben, das Röhren des Motors; das ganze Gefährt war eine einzige Einschüchterung auf Rädern.

Außerdem brauchte man sich bloß anzusehen, wie schnell der riesenhafte Djurd heruntergestürzt kam, kaum dass Ivo eingestiegen und das schwarze Auto abgefahren war. Mit einem Satz vom Dach herunter in den Garten, dann ein Spurt bis zur Straße, erstaunlich, wie schnell er sich trotz seiner Größe bewegen konnte: In null Komma nichts saß er im Pick-up, ließ den Motor an und raste los.

Was genau ist eigentlich passiert? Und wieso? Was wollen die von Ivo? Geld, das sie ihm zu Wucherzinsen geliehen haben? Schmiergeld für das Dach oder die Arbeit bei Saverio? Oder wollen sie ihm einen Auftrag aufzwingen, den er nicht übernehmen will? Wollen sie ihm drohen? Ihn erpressen? Verprügeln? Umbringen?

Mara Abbiati geht zur Straße, dann zurück zum Haus; dann wieder zur Straße. Sie wirft einen Blick hinauf Richtung Staatsstraße, die zwischen den Bergen zu sehen ist. Ihr Herz macht keinerlei Anstalten, langsamer zu schlagen, die panische Angst lässt kein bisschen nach. Was soll sie jetzt bloß machen? Soll sie Craig alles haargenau erzählen, um zu hören, was er davon hält? Immerhin versteht er es ausgezeichnet, menschliches Verhalten zu analysieren, darin macht ihm so schnell keiner was vor. Doch in diesem Fall würde er bestimmt abwiegeln: Sie sollten sich da nicht einmischen, würde er sagen, das sei doch bloß ein Streit unter Gaunern; Ivo könne man nicht trauen, das habe er ja gleich gesagt, und jetzt hätten sie den Beweis; wäre sie nur ein klein wenig objektiver, müsste sie das doch selbst zugeben.

Oder soll sie die Polizei rufen? Aber wie lange würde das wohl dauern, bis die hier sind? Und was soll sie denen dann erzählen? Dass Ivo entführt wurde? Obwohl sie doch schlecht sagen kann, sie habe gesehen, wie er mit Gewalt in das Auto gezerrt wurde, wie er sich heftig gewehrt und geschrien habe. Aber dass er gestoßen wurde, wenn auch nicht mit roher Gewalt, das *hat* sie gesehen. Da *war* Gewalt im Spiel. Oder hat sie sich das nur eingebildet? Ist sie womöglich gar keine verlässliche Zeugin, weil sie immer noch völlig durch den Wind ist, wegen gestern, wegen der schlaflosen Nacht, wegen der Zweifel heute Morgen? Und würden ihre Angaben überhaupt ausreichen, um eine Suche in Gang zu setzen? Und wenn ja, wo überhaupt? Im ganzen Gebiet Richtung Küste? Was soll die Polizei denn machen, überall Kontrollpunkte einrichten? Und was, wenn sie das Auto wundersamerweise tatsächlich aufspürten und darin einen völlig unversehrten Ivo anträfen, der sich quietschfidel mit den Typen unterhielt, weil er sie von einem früheren Auftrag her kannte? Was weiß sie denn überhaupt von ihm? Was, wenn er mit denen viel mehr gemeinsam hat, als sie denkt. Kann sie sich denn auf ihr Gefühl verlassen, dieses intensive, mitreißende Gefühl von gestern, aus dem Zimmer über dem Restaurant, oben in den Bergen? Aber können Gefühle, wie intensiv und mitreißend auch immer, als konkrete Beweise gelten? Sind sie nicht eher genau das Gegenteil? Worauf basierte eigentlich all das, was sie gestern so überzeugend fand, was sie ihm so unglaublich nahebrachte, was sie glauben machte, sie wollten dasselbe? Aber wieso hatten sie sich dann gestern ab einem bestimmten Punkt überhaupt nichts mehr zu sagen? Wieso hat er dann so hartnäckig geschwiegen, als sei alles nur ein Missverständnis und er nicht bereit, die Konsequenzen zu tragen? Wieso hat er sie dann heute Morgen geschnitten, sie keines Wortes gewürdigt, sich nicht einmal erkundigt, wie es ihr geht?

Eins ist jedenfalls klar, wenn sie die Polizei ruft, gibt es bestimmt eine Menge Ärger: Die würden doch sofort alles Mögliche wissen wollen, sich nach der Bauleitung, der

Baugenehmigung, der Versicherung erkundigen. Bestimmt würden sie die Papiere kontrollieren, die Aufenthaltserlaubnis verlangen, die die Arbeiter mit ziemlicher Sicherheit nicht hatten. Auf dem Dach, das kann sie sehen, herrscht ziemliche Aufregung. Seit sie mit angesehen haben, wie Ivo zu dem schrecklichen Mann in dem schrecklichen schwarzen Auto ging, kurz mit ihm redete, dann einstieg und wegfuhr und wie Djurd daraufhin runterrannte, in den Pick-up sprang und die Verfolgung aufnahm, sind die Männer alarmiert. Sie haben die Arbeit eingestellt, reden wild durcheinander, fuchteln mit den Armen, beobachten die Straße. Womöglich würde die Polizei sie festnehmen, anstatt Ivo zu suchen; vielleicht würden sie auch ihn festnehmen, sobald er zurückkommt – wenn er zurückkommt.

Es könnte aber genauso gut sein, dass Ivo sich mit derart zwielichtigen Typen abgibt, weil sie zu seinem Umfeld gehören; womöglich ist er daran gewöhnt. Was, wenn das alles völlig normal ist? Eine Absprache, die man lieber im Geheimen trifft, wie es so schön heißt? Eine dieser Mauscheleien, wie sie in seiner Branche so oft vorkommen? Aber wieso ist Djurd dann losgestürzt wie von der Tarantel gestochen? Um ihm aus der Distanz Deckung zu geben? Oder ist er ganz woandershin gefahren, aus ganz anderen Gründen? Aber aus welchem Grund ist er dann so gerannt? Ist das vielleicht einfach seine Art? Wen könnte sie danach fragen? Die anderen Arbeiter? Aber die können kaum Italienisch, wissen sicher auch nicht alles über Ivo und wären, selbst wenn sie etwas wüssten, bestimmt nicht bereit, ihr von irgendetwas Illegalem oder Geheimem zu erzählen.

Sie reden und gestikulieren, arbeiten nicht weiter, kommen aber auch nicht herunter, als gäbe ihnen die Tatsache, ein paar Meter über der Erde zu sein, eine gewisse Sicherheit. Ein paar stehen, andere sind in der Hocke, alle starren auf die Straße; sie sind alarmiert, daran gibt es keinen Zweifel.

Und sie? Sie ist außer sich vor Sorge, weiß weder ein noch aus: Die Eindrücke überschlagen sich, ein Bild, ein Gefühl jagt das nächste, eins schlimmer als das andere, der emotionale Aufruhr ist so groß, dass sie wie besessen auf dem vertrockneten Rasen auf und ab geht, vom Haus zur Straße und wieder zum Haus, immer hin und her, ohne Atempause.

Vierunddreißig

In den Kurven stützt Ivo Zanovelli sich ab, so gut er kann, um ja nicht gegen den Glatzkopf geschleudert zu werden. Der Schnösel ist total versessen darauf, möglichst schnell zu fahren, man sieht ihm an, dass er die fünfhundert PS des V8 unbedingt ausreizen will. Siebenhundert Newtonmeter, vier Komma acht Liter Direkteinspritzung, Tiptronic-Getriebe, kein Wunder, dass der schier ausflippt. Offenbar macht das den Typen auf dem Beifahrersitz ziemlich nervös, dauernd schielt er nach hinten, jedoch ohne den Glatzkopf richtig anzusehen, dann guckt er wieder auf die Straße. Die Pistole hat er rausgeholt und lässig auf sein Bein gelegt, damit man sie sieht.

»Weißt du, was das für ein Modell ist?« Der Glatzkopf grinst.

»'ne 45er Automatik.« Das Kaliber erkennt Ivo, auch wenn Pistolen noch nie sein Ding waren. Bekam er mal eine in die Finger, hat er sie gleich weggeworfen oder verschenkt.

»Ja, aber welche Marke?« Der Glatzkopf grinst noch immer, es macht ihm Spaß, Ivo zu reizen. Er hat ein Gesicht wie ein Schwein, nur noch viel schäbiger als ein echtes Schwein.

»Keine Ahnung.« Er steht eher auf Messer, schon als Kind. Mit sieben hat er irgendwo auf der Straße mal ein französisches Taschenmesser gefunden, mit dünner Klinge und Olivenholzgriff, das fand er so toll, dass er es fortan immer bei sich trug. So lange, bis ein blöder Lehrer es ihm eines schönen Tages einfach abnahm. Als er deswegen sogar noch zum Direktor zitiert wurde, um sich eine Strafpredigt anzuhören, war er so empört, dass er ihm ins Gesicht gespuckt hat. Als er daraufhin von der Schule flog, hat sein Vater ihn fast totgeprügelt.

»Das ist eine Glock. Oder, Ugo?« Der Glatzkopf deutet mit dem Kinn auf die Pistole.

»Ja, eine 45er GAP.« Im Vergleich zu seinem Stiernacken und seinem kräftigen Körper hat der Typ ein erstaunlich dünnes Fistelstimmchen.

Jetzt greift auch der Glatzkopf in seine Jackentasche und holt eine Pistole heraus. »Mir gefällt die hier besser, eine G30 S. Die ist kleiner, handlicher.« Er spielt damit ein bisschen herum, dann steckt er sie wieder ein. »Aber das ist natürlich Geschmackssache. Die neue G41 zum Beispiel, das neueste Modell der vierten Generation, mit geringerem Verschlussgewicht und Rotpunkt-Visier, die liegt mir nicht so, deshalb habe ich sie gleich Roby hier gegeben.«

Der Typ am Steuer guckt in den Rückspiegel. »Stimmt, aber du wirst schon sehen, früher oder später willst du sie bestimmt wiederhaben.«

»Kann sein, aber jetzt ist es erst mal deine.« Schweinebacke spielt den Großzügigen, auch das macht ihm anscheinend ungeheuer Spaß.

Aber mit den Knarren hier ist überhaupt nicht zu spaßen, das sind keine Billigprodukte, die jeder Loser mit sich herumträgt, um Eindruck zu schinden.

Ivo Zanovelli versucht, cool zu bleiben, die Anspannung unter Kontrolle zu halten. Die Türen sind verriegelt, es besteht also nicht die Möglichkeit, in der Kurve die Tür aufzureißen, um sich hinausfallen zu lassen. Die klimatisierte Luft ist beinah so kalt, dass ihm der Schweiß gefriert, außerdem riecht es so penetrant nach Eau de Toilette, dass es ihn fast würgt. Halb süßlich, halb stechend, ekelhaft. Er drückt auf den Fensterheber, um frische Luft hereinzulassen, aber natürlich ist auch der verriegelt. Echt super. In solchen Fällen hilft nur eins, unbedingt Ruhe bewahren; er wendet sich an Schweinebacke: »Also, was gibt's?«

»Entschuldige die Störung, aber wir müssen dringend mit dir reden.« Er spielt weiter den großen Boss, ist aber eindeutig nur eine kleine Nummer. Der große Boss, das ist klar, würde sich mit so was gar nicht erst abgeben. Schweinebacke ist nur Mittelmaß, in jeder Hinsicht, Stimme, Gesicht, Sonnenbrille, Anzug, alles mittelmäßig. Er trägt zwar Loafer mit Troddeln, die bestimmt nicht billig waren, aber an seinen fetten, kurzen Beinen mit den dicken Knöcheln sehen die ziemlich lächerlich aus.

»Ach ja, worüber denn?« Betont gleichgültig guckt Ivo Zanovelli durch die dunklen Scheiben nach draußen, auch wenn der Schnösel nun noch verrückter aufs Gas tritt.

»Hey, nicht so schnell, sonst wird mir noch schlecht, bei diesen Kurven.« Schweinebacke beugt sich nach vorn und klopft dem Fahrer beschwichtigend auf die Schulter.

Blitzartig geht er vom Gas, garantiert nur widerwillig, was er sich jedoch nicht anmerken lässt. Er spielt den Hartgesottenen, deshalb hat er auch die Rundum-Sonnenbrille, aber in Wirklichkeit ist er ein Weichei.

Schweinebacke wirkt überaus zufrieden, weil man ihm aufs Wort gehorcht, ein weiterer Beweis dafür, dass er mitnichten der große Boss ist. Aber auch kein kleines Licht am Ende der Hierarchie, sonst hätte er nicht so ein dickes Auto und all den anderen Kram. Von nahem besehen sind solche Typen dermaßen schäbig, dass es einem die Sprache verschlägt. Selbst die mächtigsten Mafiabosse unten in Sizilien hausen wie die Ratten in dreckigen Erdlöchern unter ihren Häusern, bis sie schließlich verhaftet werden. Unglaublich.

»Das weißt du doch ganz genau.«

»Nein, keine Ahnung.« Jetzt ist ohnehin alles egal, da kann er sich auch dumm stellen und die Sache in die Länge ziehen.

»Über das Haus in Sanremo, natürlich. Was glaubst du denn, wer für den Schaden aufkommt?« Ein leichtes Zittern in der Stimme ist jetzt unverkennbar.

»Welches Haus denn?« Ivo Zanovelli schüttelt den Kopf, so wie die Dinge liegen, hat er nichts mehr zu verlieren.

Schweinebacke setzt die Sonnenbrille ab. Seine Augen sehen genauso fies aus wie der Rest von ihm. »Jetzt pass mal auf, das Theater kannst du dir sparen, wir sind mit unserer Geduld am Ende.«

»Ach ja?« Ivo Zanovelli quält sich ein Lächeln ab. Doch plötzlich überkommt ihn eine grenzenlose Traurigkeit, er denkt an seine Töchter, an all die Dinge, die er mit ihnen nie gemacht hat. Einen richtigen Urlaub zum Beispiel, irgendwo, wo es schön ist, oder eine interessante Reise. Irgendwann, so hat er immer gedacht, würde er sich mal Zeit nehmen für etwas Besseres. Später, immer später.

»Den Schaden musst du jedenfalls ersetzen, so oder so.«

Schweinebacke sieht zu ihm rüber, dann zu dem Typen mit der Pistole, der wiederum blickt zum Fahrer, der seinerseits in den Rückspiegel schaut. Jede Menge Blicke, die sich kreuzen.

Ivo Zanovelli will herausfinden, ob es noch einen Verhandlungsspielraum gibt, denn wenn alles schon entschieden ist, kann er sich die Mühe auch sparen. »Wieso das denn? Ich habe doch schon den gesamten Umbau finanziert und der Herr Abgeordnete die Kosten für das Haus.«

»Was fällt dir ein? Darüber hast du nicht zu reden, klar?« Schweinebacke ist sichtlich empört und fällt einen Augenblick aus seiner Rolle als großer Boss. Doch dann fasst er sich wieder, auch wenn die Muskeln rund um den Mund angespannt bleiben.

»Aber wir sind doch quitt, oder?« Eigentlich hätte Ivo Zanovelli große Lust, ihm mit der Faust ins Gesicht zu schlagen, egal was dann passierte, er muss sich schwer zusammenreißen, um nicht laut zu werden.

»Erst musst du für den Schaden aufkommen, den du verursacht hast, und zwar sofort.« Schweinebacke zuckt mit der Oberlippe.

»Und meinen Schaden, wer ersetzt mir den? Ich hatte eine Menge Ausgaben, vier Monate Bauzeit, Löhne für sechs Arbeiter, superteures Material, Marmor aus Carrara, Walnussholz aus Slowenien und was weiß ich noch alles. Das habe ich alles vorfinanziert, und als es dann ans Bezahlen ging, hat sich der Bauherr plötzlich in Luft aufgelöst. Obwohl doch jeder wusste, dass das Haus dem Abgeordneten gehörte. Das war doch allgemein bekannt. Aber jedes Mal, wenn ich mit ihm sprechen wollte, wurde ich von seinen Leibwächtern abserviert. Einen ganzen Monat habe ich gebraucht, um ihn mal ohne sie zu erwischen, im Restaurant mit seiner Frau. Da hat er doch glatt behauptet, mich nicht zu kennen; hat den Unwissenden gespielt und mir ins Gesicht gesagt, er verstünde gar nicht, was ich von ihm wolle, er habe keine Ahnung, wer mir den Auftrag erteilt hat, er jedenfalls nicht. Dabei hat sich sein Ferienhaus in ein Märchenschloss verwandelt, das war dann wohl die gute Fee, oder was.« Das sagt er nur, um mal die Fakten klarzustellen. Aber die kannten die Typen hier vermutlich besser als er, auch wenn sie ihm sicher nicht zustimmen würden.

»Ich seh schon, du hast rein gar nichts begriffen!« Schweinebacke schneidet eine Grimasse, das soll ihn wohl einschüchtern, aber er sieht ohnehin schon so grauenhaft aus, dass es schlimmer nicht werden kann. »Keine Namen! Du hältst einfach die Klappe und gibst uns das Geld!«

Ivo Zanovelli neigt leicht den Kopf und guckt durch das Rückfenster. Er meint, ein paar Kurven weiter hinten den Dodge gesehen zu haben, aber sicher ist er nicht. »Welches Geld denn?«

»Alles, was du hast! Du sagst uns jetzt, wo es ist, und wir fahren hin und holen es! Bei dir zu Hause, auf der Bank oder wo immer du es hast!« Schweinebacke wirft dem Typen auf dem Beifahrersitz einen Blick zu, woraufhin dieser mit der Pistole wedelt, jederzeit bereit, sie ihm an den Kopf zu setzen.

»Ich habe kein Geld.« Ivo Zanovelli gähnt und streckt sich ein bisschen. Er hat zwar ein Klappmesser in der hinteren Hosentasche, aber wie soll er da rankommen? Und selbst wenn, was sollte er mit einer Fünf-Zentimeter-Klinge gegen drei Pistolen schon ausrichten?

»Es geht ums Prinzip. Entweder du zahlst, oder du zahlst, kapiert?« Offenbar verliert er langsam den Spaß an seiner Rolle, die Geschäftsbedingungen seiner Firma möchte er aber schon noch klarstellen.

»Kapiert.« Ivo Zanovelli grinst. Null Spielraum, er wusste es schon seit fünf Monaten. Er wusste auch, dass sie ihn früher oder später finden würden. Aber warum in aller Welt ist er dann nicht abgehauen, solange es noch möglich war?

»Es ist nämlich nicht so, dass so einer wie du einfach irgendwem Dynamit ins Haus legen kann und dann ungeschoren davonkommt, kapiert?« Jetzt zuckt er wieder mit der Oberlippe, echt widerlich. Vermutlich ein Reflex, wenn die Anspannung steigt, ein Tick des Killers. Allerdings ein ziemlich feiger Killer, denn mit Sicherheit würde er den anderen schießen lassen.

»Kapiert.« Ivo Zanovelli nickt. Wieso ist er nicht nach Griechenland gefahren, solange es noch ging? Oder nach Costa Rica? Ist er hiergeblieben, um näher bei seinen Töchtern zu sein? Aber sie sind doch trotzdem Hunderte von Kilometern entfernt. Wieso hat er bloß einen weiteren Auftrag in Canciale angenommen, wo er sich doch ohnehin schon zu lange hier aufgehalten hat? Um mit der Bildhauerin anzubändeln? War das Schicksal? Musste es so enden? Erst noch mal kurz ins Paradies, und dann ist Schluss?

»Einer wie du müsste doch eigentlich wissen, dass es nicht immer so weitergehen kann! Irgendwann bleibt das Karussell stehen, und man hat ein hübsches Loch in der

Stirn!« Jetzt zittert sogar seine Stimme, mit der Ruhe und Sicherheit des großen Bosses ist es nun endgültig vorbei.

»Wirklich?« Ivo Zanovelli kratzt sich am Kopf und schielt dabei erneut nach hinten. Wieder meint er, etwas Rotes zu sehen, etwa hundert Meter entfernt, aber dann ist es auch schon wieder weg. Zu viele Kurven, zu viele Bäume auf dieser vermaledeiten Straße. Aber mal angenommen, das Rote dahinten wäre tatsächlich der Dodge und Djurd holte sie irgendwann ein, was dann? Den Cayenne einfach von der Straße drängen? Dann ist er auf jeden Fall geliefert, schließlich sind sie hier nicht beim Film, wo der Protagonist immer mit heiler Haut davonkommt. Aber so, absolut keine Chance, verdammt.

»Du hältst dich wohl für sehr schlau, aber weißt du, wo Schlaumeier wie du gewöhnlich enden?« Schweinebacke zittert jetzt am ganzen Leib, Stimme, Lippen, Stirn, Arme, Hände.

»Wo denn?« Ivo Zanovelli gönnt ihm nicht einmal die Genugtuung, sein Gesicht zu sehen, er guckt aus dem Fenster.

»Man findet nur noch ihren Kopf, in einer Plastiktüte aus dem Supermarkt.« Schweinebacke setzt alles daran, es möglichst bedrohlich klingen zu lassen, aber es will nicht so recht klappen.

»O Gott, wie furchtbar.« Selbst wenn er das Geld hätte, schießt es Ivo plötzlich durch den Kopf, würden sie ihn auf keinen Fall laufenlassen. Logisch, es ging ja ums Prinzip. Das weiß er doch.

»Wirklich furchtbar. Vor allem wenn ein kleines Mädchen die Tüte findet, die Ärmste.« Schweinebacke hat ein widerliches Glitzern in den Augen, eine ekelhafte Boshaftigkeit.

Das ist zu viel, Ivo Zanovelli rastet aus und will ihm an die Gurgel; doch der Typ vorne hat aufgepasst, blitzartig lässt er den Arm vorschnellen und drückt ihm die Glock an den Hals. Sie ist kalt, aber man spürt, dass sie jeden Augenblick Feuer speien kann. So muss Ivo notgedrungen zwei Zentimeter vor Schweinbacke abbremsen, die unnatürlichste Sache der Welt. Das geht ihm dermaßen gegen den Strich, dass er kaum an sich halten kann.

»Na, nimmst du jetzt Vernunft an?« Schweinebacke versucht, sich zu beruhigen, muss aber nach Luft schnappen und bringt keinen weiteren Ton heraus.

Ivo Zanovelli merkt, wie seine Traurigkeit in Verzweiflung umschlägt. Sein ganzes Leben lang hat er alles falsch gemacht, immer alles falsch angepackt, immer alles zur falschen Zeit. Alles, was ihm zufiel, hat er immer leichtfertig aufs Spiel gesetzt und dabei eine Menge Chancen vertan. Immer ist er dem Falschen nachgejagt, hat das Falsche gewollt. Nie hat er es geschafft, bei den Frauen zu bleiben, die es verdient hatten, stattdessen immer seine Zeit mit denen vergeudet, die es nicht wert waren. Immer hat ihm die Geduld gefehlt, um zu bleiben, wo man Geduld brauchte. Immer ist er weitergehetzt, von einer Frau zur nächsten. Ein Teil von ihm übernahm Verantwortung, seit er sechzehn war, ein anderer ergriff immer die Flucht. Bei keiner ist er lange genug geblieben, um die Beziehung richtig zu genießen. Aus Angst, in der Zwischenzeit eine andere zu verlieren, die ihm interessanter schien. Hübscher, leidenschaftlicher. Die Richtige. Aber was bedeutet das? Eine wie Mara, die von einem anderen Planeten stammt? Bei der das Scheitern programmiert ist? Wieso hat sie auf dem Rückweg nach Canciale mit dem Vortrag über Bildhauerei angefangen, statt ihm zu sagen, was sie fühlt? Wieso hat sie ihn heute Morgen kaum eines Blickes gewürdigt, wieso automatisch Partei für ihren Mann ergriffen, der ihn wie einen Kriminellen behandelte?

Wieder kreuzen sich die Blicke, Schweinebacke guckt zu dem Typen mit der Pistole, der Pistolentyp guckt zum Schnösel.

Was haben die mit ihm vor? Hier im Auto auf ihn schießen eher nicht, nicht bei solchen Ledersitzen. Selbst wenn der Wagen gestohlen ist, wäre das hier mitten auf der Straße viel zu riskant. Da besteht immer die Gefahr, dass sie gesehen werden oder zufällig eine Polizeistreife vorbeikommt. Deshalb werden sie sicher bald auf eine ruhigere Straße abbiegen. Der Schnösel fährt schon langsamer und sucht im Rückspiegel Blickkontakt zu Schweinebacke.

»War doch 'ne nette Unterhaltung. Jetzt hast du's wenigstens kapiert, oder?« Schweinebacken setzt seine Gleitsichtsonnenbrille wieder auf und sieht aus dem Fenster. Der Beifahrer zieht die Glock ein bisschen zu sich, aber nicht viel.

»Sicher.« Ivo Zanovelli nickt. Aber gibt es denn unter all den Dingen, die er in seinem Leben gemacht hat, nicht doch irgendwas Gutes? Aber was? Seine Frauengeschichten sind gescheitert oder haben sich in nichts aufgelöst. Um seine Töchter hat er sich nie richtig gekümmert, wenn er daran denkt, bricht ihm das Herz. Und die Häuser, die er gebaut hat? Ja, die sind gut gemacht. Selbst wenn das Geld knapp war, hat er immer auf Qualität geachtet. Die würden ihn lange überleben, so viel ist sicher. Aber ist das etwa eine gute Bilanz, fünfzig Häuser von Fremden? Und die Bildhauerin? Was ist mit Mara? Was glaubt er bei ihr gefunden zu haben? Wieso hat er nur das Gefühl, sie so gut zu kennen, obwohl sie doch kaum miteinander geredet haben und sich eigentlich völlig fremd sind? Ist das alles nur instinktiv? Was sieht er in ihr, was spürt er? Wieso hat er all diese Dinge zu ihr gesagt, in dem Zimmer über dem Restaurant? Wieso ist ihm das alles so echt vorgekommen? Und wieso hat sie ihn dabei so angesehen? Wieso sind sie sich so nah gekommen, wie er es mit keiner anderen je erlebt hat? Weil sie auf derselben Wellenlänge sind?

Der Schnösel bremst und biegt in eine Seitenstraße ab. Sie kommen an einem Lagerplatz für Baumaterial sowie einer Trafostation vorbei und passieren zwei, drei scheußliche, schlechtgebaute Häuser aus grauem Beton. Dann Röhricht, dann ein Robinienhain. Die Straße hört auf, doch der Schnösel fährt mit fast unverminderter Geschwindigkeit auf einem Feldweg weiter. Die Reifen kratzen, ein paar Steinchen knallen gegen den Unterboden. Es geht durch einen Olivenhain, dann kommt nur noch dichtes Gestrüpp mit ein paar verwilderten Esskastanien dazwischen.

»Wohin fahren wir eigentlich?« Ivo Zanovelli fragt, obwohl er weiß, dass die Antwort nicht wirklich etwas ändert.

»Dorthin, wo uns keiner stört.« Schweinebacke ist jetzt wieder in seinem Element.

Ivo Zanovelli spürt, wie ihm vor lauter Verzweiflung langsam eiskalt wird. Und dann ist da wieder der Gedanke an Mara, an den Kuss, gestern bei Aleardo, daran, wie sie ins Zimmer hinaufgegangen sind. Schon da hat er gewusst, dass es aussichtslos ist, geradezu absurd. Und doch das Natürlichste der Welt. Als fände man plötzlich einen Teil von sich, der einem immer gefehlt hat, nur um ihn dann gleich wieder zu verlieren. Genau das hat er ihr auch gesagt. Natürlich war es Wahnsinn, so etwas zu sagen. Garantiert hält sie ihn deshalb für verrückt. Aber waren ihre »ehs« und »jas« wirklich so viel besser? Und wieso haben sie dann auf dieser blöden Autobahn so hartnäckig geschwiegen? Aus Furcht, sich zu wiederholen? Oder weil sie dachten, der richtige Moment dafür käme erst noch, irgendwann später? Der ganze Sommer liegt ja noch vor ihnen, unbegrenzte Möglichkeiten, sich in Verrücktheiten hineinzusteigern. Doch jetzt ist mit einem Schlag alles aus und vorbei.

»Sind wir da?« Schweinebacke guckt vom einen zum anderen.

»Fast.« Riesenbaby konzentriert sich ganz aufs Fahren, um zu verhindern, dass der Unterboden Schaden nimmt oder die Seiten durch Zweige zerkratzt werden. Das heißt, das Auto ist nicht gestohlen, noch ein schlechtes Zeichen.

Hat der Abgeordnete sie geschickt? Oder weiß dieses Frettchen womöglich gar nichts davon? So wie er ja angeblich auch nichts davon wusste, dass sein Ferienhaus zum Märchenschloss umgebaut wurde, oder hatte er tatsächlich keine Ahnung? Bei wem ruft der Abgeordnete an, um seine Anweisungen zu geben? Direkt bei Schweinebacke oder doch eher bei irgendeinem über ihm? Oder läuft die Befehlskette gar über mehrere Stationen, die alle eine SIM-Karte aus Sri Lanka benutzen? Und steht der Abgeordnete auf derselben Ebene wie Schweinebacke oder sogar unter ihm? Ist er nur ein Strohmann, eine Marionette? Ist er vielleicht selbst nur Befehlsempfänger und darf sich bloß im Hühnerstall austoben, solange er nicht stört? Mitunter ist ja alles ganz anders, als es aussieht, manchmal ist der Chef nur ein Handlanger und umgekehrt.

Ivo Zanovelli gähnt erneut und stemmt sich mit beiden Armen in die Rückenlehne. Das ist kein Trick, um ein Stück von der Glock abzurücken, sondern schiere Verzweiflung, so wie bei einem, der rückwärts in einen Brunnen stürzt und dabei hilfesuchend nach oben sieht. Hilfe? Aber woher? Vielleicht von Mara? Was hat sie wohl gedacht, als er in den Cayenne einstieg? Dass er eine Spritztour mit Freunden macht? Begreift sie, wie schlimm es um ihn steht, macht sie sich Sorgen um ihn?

Der Schnösel starrt in den Rückspiegel, der Typ mit der Pistole schaut den Schnösel an, Schweinebacke guckt von einem zum anderen, dann nach hinten, stößt einen kehligen Schrei aus. Der rote Dodge ist direkt hinter ihnen und rammt die linke Rückseite. Der Cayenne kommt ins Schlingern, bricht seitlich aus. Der Schnösel klammert sich ans Steuer, wird aber nach rechts geschleudert, gegen den Pistolenmann. Der versucht zwar, weiter auf Ivo zu zielen, schafft es aber nicht und knallt gegen den Türrahmen. Schweinebacke fliegt grunzend auf Ivo zu. Ivo schnellt nach vorne und verpasst ihm mit aller Kraft einen Kopfstoß. Er hört das Knacken der Nase, das Knacken der Brille, spürt, wie ihm Glassplitter in die Stirn schneiden. Blitzschnell packt er mit der Linken den Lauf der Pistole, als der Typ von vorne wieder auf ihn zielt. Er umklammert den Lauf und versucht, ihn zur Seite zu drücken, lässt nicht locker. Dann schlägt er ihm mit der Faust ins Gesicht, so heftig, dass er sich fast die Knöchel bricht. Doch der Typ wehrt sich wie ein Tier, ist unglaublich stark, ein echter Auftragskiller, der sich um keinen Preis geschlagen gibt. Mit der Linken versetzt er Ivo Zanovelli einen Faustschlag, hart, aber nicht besonders platziert, behindert durch die Kopfstütze und die Pistole, die er nicht loslassen will. Währenddessen schlägt Schweinebacke schreiend die Hände vors Gesicht. Ein totales Durcheinander.

Als er erneut mit voller Wucht gerammt wird, dreht sich der Cayenne um die eigene Achse, vollführt auf dem Feldweg eine Dreivierteldrehung. Wieder werden alle kreuz und quer herumgeschleudert, ein heilloses Durcheinander aus Brüllen, Klammern, Grunzen, ein heilloses Durcheinander von Köpfen, Armen, Beinen. Ivo umklammert noch immer den Lauf der Glock, versucht sie wegzuschieben, ein Drücken und Schieben, ein Zähneknirschen. Schweinebacke bemüht sich verzweifelt, seine Pistole zu ziehen, krümmt sich aber vor Schmerz, Blut tropft ihm vom Kinn. Wie eine ausgeflippte Katze schwingt Ivo Zanovelli die Beine hoch über den Sitz und verpasst ihm mit beiden Füßen einen kräftigen Tritt. Alles geht rasend schnell, Geräusche und Bewegungen folgen so dicht aufeinander, dass man gar nicht mehr weiß, was los ist, keine Möglichkeit zum Nachdenken. Sein Herz schlägt dreimal so schnell wie normal, im Kampf ums Überleben verkrampfen sich Muskeln und Nerven. Null Spielraum, null Reserven, null Gedanken, nur Bewegungen und Geräusche, Schlag auf Schlag.

Beim nächsten Zusammenstoß knallt der Fahrer mit Schulter und Kopf gegen das Lenkrad und bremst, der Cayenne bricht seitlich aus. Schweinebacke schreit laut auf, während er weiter versucht, an seine Pistole zu kommen; der Beifahrer wehrt sich wie ein Wilder, will zielen, boxt mit der Linken, aber wieder ist ihm die Kopfstütze im Weg, er hat keine Chance, er kann sich nicht richtig bewegen, weil sein Oberkörper in die eine, die Beine in die andere Richtung zeigen. Ivo Zanovelli versetzt ihm einen Faustschlag an die Schläfe, dann noch einen und noch einen, schlingt ihm den Arm um den Hals und drückt mit aller Kraft zu, quetscht den Hals an die Kopfstütze, der Beifahrer packt ihn mit der Linken an den Haaren, Ivo Zanovelli gräbt ihm die Zähne ins Handgelenk, so tief er kann, der Typ kreischt auf, verzerrt vor Schmerz das Gesicht, er sieht furchtbar aus, fast treten ihm die Augen aus dem Kopf, er lässt die Haare los, drückt den Abzug, ein Knall, so laut, dass einem fast die Trommelfelle platzen, Rauch steigt auf, es riecht nach Schießpulver, der Fahrer greift sich an die Schulter, die Jacke hat ein Loch, er brüllt, will aber auf keinen Fall das Lenkrad loslassen, er dreht den Kopf, um sich die Schulter anzusehen, dreht den Kopf zur anderen Seite, um den Dodge im Auge zu behalten. Schreiend versucht Schweinebacke immer noch, seine Pistole zu zücken. Ohne den Hals des Beifahrers loszulassen, schwingt Ivo noch einmal die Beine in die Luft und versetzt Schweinebacke einen weiteren Tritt, und noch einen und noch einen, mit aller Kraft, die seine Beine hergeben, mit aller Wucht, die seine Arbeitsschuhe mit Stahlsohle und stahlverstärkter Kappe hergeben, Tritt um Tritt um Tritt, auf die Brust, aufs Gesicht, auf die Arme, quetscht ihn unbarmherzig gegen die Tür, der Kampf ums Überleben verleiht ihm ungeheure Kräfte, er drückt und drückt und drückt den Hals des Vordermanns immer weiter gegen die Kopfstütze, biegt und biegt und biegt sein Handgelenk nach hinten, so lange, bis er die Glock fallen lässt, der Typ versucht, sie wieder an sich zu reißen, verliert aber zunehmend die Kontrolle, schlägt nur noch fahrig um sich, seine Schläge werden immer schwächer, immer zielloser, Ivo Zanovelli spürt nichts mehr, nur noch den Hals in seiner Armbeuge, er drückt und drückt den Schwitzkasten immer enger, hört das Röcheln, das Grunzen, auch wenn er durch den Schuss halb taub ist, er tritt immer weiter mit beiden Beinen auf Schweinebacke ein, in einer frenetischen Akrobatik, kein Handlungsspielraum, kein Bewegungsspielraum, kein Gedankenspielraum, keine Grenzen, er macht einfach immer weiter.

Der Cayenne schrammt an etwas entlang, überschlägt sich fast, prallt gegen einen Baum, kommt mit einem letzten Knall schlagartig zum Stehen. Ivo Zanovelli lässt den Hals los, der Typ sackt zusammen, kippt zur Seite auf den Schoß des Fahrers, der sich an die Schulter fasst, an die Stirn, ungläubig auf seine Hand starrt, die voller Blut ist, vergeblich versucht er, die Tür zu öffnen, die Scheibe zersplittert zu einem Spinnennetz, das Glas fällt heraus, dann trifft ihn etwas an der Schläfe, laut wie eine Explosion, aber es ist kein Schuss, sondern ein Schlag mit dem Vorschlaghammer, draußen steht Djurd, verpasst ihm noch einen Schlag, Blut spritzt, der Schnösel sackt zusammen. Ungerührt geht Djurd um das Auto herum, reißt die Beifahrertür auf, zielt und versetzt dem Pistolenmann einen Schlag ins Kreuz, auch wenn der nur noch röchelt und sich kaum noch rührt, sicher ist sicher.

Schweinebacke hängt in seiner Ecke wie ein nasser Sack,

er blutet an der Stirn, aus der Nase, am Kinn, die blutunterlaufenen Augen sind halb geschlossen, die kaputte Brille sitzt schief im Gesicht, ein Bügel hängt herunter, die Unterlippe ist aufgeplatzt, Hemd und Jacke sind völlig zerknittert und blutverschmiert.

Ivo Zanovelli mustert ihn, kaum zu glauben, wie der jetzt aussieht; erst den großen Boss markieren, mit teuren Klamotten, getönter Gleitsichtbrille und Eau de Toilette, und jetzt das. Doch selbst unter diesen Umständen empfindet er kein Mitleid, null. Nur Wut. Er hätte ihn am liebsten umgebracht, auf der Stelle, jetzt gleich. Voller Abscheu verpasst er ihm noch einen letzten Tritt, mit schwindender Kraft. Er kann nicht mehr, er hustet und hustet, versucht vergeblich, wieder zu Atem zu kommen, versucht vergeblich, sein Herz zu beruhigen. Es klopft und klopft und klopft in der Brust, im Hals, in den Ohren, die so gut wie taub sind von dem Schuss und den Hammerschlägen.

Djurd kommt, um ihm die Tür zu öffnen, nimmt seinen Arm, stützt ihn unter der Achsel, zieht ihn aus dem Wagen. Er klammert sich an ihn wie ein Kind, das noch nicht richtig laufen kann, lässt erst nach und nach los. Seine Beine zittern vor Angst. Seine Arme zittern, seine Hände zittern. Das Herz wummert und wummert.

Djurd geht zum Dodge und holt den großen Benzinkanister. Er gießt das Benzin über die drei Typen, über die Sitze. Die ganzen fünfundzwanzig Liter. Er geht genauso sorgfältig vor wie auf der Baustelle, achtet darauf, dass keine Stelle trocken bleibt, und bewegt sich dabei trotz seiner hünenhaften Größe kein bisschen schwerfällig. Schweinebacke versucht, etwas zu sagen, vielleicht hat ihn der

Benzingeruch wieder zur Besinnung gebracht. Er war vorher schon hässlich, aber jetzt ist es noch schlimmer. Derweil schraubt Djurd seelenruhig den Deckel auf den Kanister, nimmt Ivo am Arm und führt ihn zum Dodge.

Ivo Zanovelli lässt sich zur Beifahrertür hinaufhelfen, seine Beine gehorchen ihm nicht mehr. Auch die Arme nicht, er spürt sie nicht mehr. Wieder versucht er sich zu beruhigen, aber der Heavy-Metal-Schlagzeuger in seinem Herzen und seinen Lungen will davon nichts wissen.

Djurd wendet den Dodge und fährt zehn, zwanzig, dreißig Meter den Feldweg hinauf. Dort hält er an, nimmt einen Lappen vom Rücksitz, dreht ihn sorgfältig zu einem Docht und taucht ihn in den Benzinrest im Kanister, schraubt den Deckel wieder zu. Anschließend geht er zum Cayenne zurück, zündet den Docht mit seinem Feuerzeug an, wirft ihn auf den Rücksitz und schließt die Tür. Dann rennt er zum Dodge zurück und lässt den Motor an, fährt aber nicht los.

Ivo Zanovelli und Djurd Crnjanski lehnen sich aus den Fenstern und schauen zu.

Fünfunddreißig

Gerade überlegt sich Craig Nolan, wie man seine Kollegen nach Sozialcharakteren klassifizieren könnte (eine Art Grobeinteilung à la Riesman, natürlich unter Verzicht auf Zwischenstufen). Dabei käme man auf drei Gruppen: 1.) den genuinen Feldforscher, der sich unerschrocken auf Neuland begibt und den Mut hat, originelle Ideen zu entwickeln und neue Theorien aufzustellen, 2.) den Zweitverwerter, der davon lebt, die Einfälle des Ersteren aufzugreifen, zu vereinfachen und breitzutreten (wofür er häufig die Lorbeeren einstreicht) 3.) den Voyeur, der sich fast zwanghaft damit aufhält, die Ergebnisse der anderen zu vergleichen und zu klassifizieren, ohne je auch nur den kleinsten eigenständigen Gedanken hervorzubringen, reine Selbstbefriedigung. Ist der Antrieb des Ersten die Neugier, der des Zweiten ein gewisses Bedürfnis nach Systematisierung, so agiert der Dritte allein aus Neid in all seinen Ausprägungen. Was nun das Größenverhältnis betrifft, so entfallen auf jeden echten Feldforscher Hunderte von Zweitverwertern und mindestens tausend Voyeure. Wer daran auch nur den geringsten Zweifel hegt, braucht nur (noch einmal) einen flüchtigen Blick auf die Flut von Twitter-Kommentaren zu werfen, die auf seinen Sturz durch das Dach folgte. Allein aus diesem Grund, nicht etwa aus gekränkter Eitelkeit, hat er sie gespeichert: wegen ihrer dokumentarischen Beweiskraft. Hin und wieder malt er sich aus, was man mit dieser negativen Energie der Voyeure alles machen könnte, wenn man sie sinnvoll einsetzte: Beispielsweise könnte man ganze Universitätsabteilungen damit beleuchten. Wer weiß, vielleicht würde das in nicht allzu ferner Zukunft sogar machbar.

Unproduktive Gedanken, die jenem Teil seines Gehirns entspringen, das durch die überhöhte Temperatur und Luftfeuchtigkeit schwer beeinträchtigt ist. Aber wenn ihm schon für sein Buch oder seine Fernsehsendung nichts Rechtes einfällt, kann er vielleicht wenigstens eine Gliederung für den Artikel im *Australian Journal of Anthropology* entwerfen. Eigentlich war der Artikel schon letzten Freitag fällig, aber die Tatsache, dass Bill Rowan zweifellos zur Kategorie der Zweitverwerter zählt, hat ihn nun auch nicht sonderlich motiviert, sich zu beeilen. Ja es ist sogar durchaus denkbar, dass hinter seinem Zögern der unbewusste Wunsch steckt, Rowan eins auszuwischen, wobei die Verletzungen infolge seines Sturzes als willkommene Ausrede herhalten müssen. Als er den Beitrag vor einem halben Jahr zugesagt hat, war der Abgabetermin noch so weit weg, dass es ihm wie ein Kinderspiel vorkam, doch jetzt entpuppt sich die Sache unversehens als zusätzlicher Stressfaktor: Es ist echt zum Verzweifeln.

Es hat keinen Sinn, sich noch länger etwas vorzumachen: Der Hauptgrund, warum er sich nicht konzentrieren kann, ist seine Frau Mara. Italienerin, Bildhauerin, lockige Haare, intellektuell anspruchsvoll, jedoch emotional rastlos. Ex-Muse, Ex-Zuhörerin, Ex-Inspirationsquelle, Ex-Impulsgeberin. Sehr eigenständig und auf Distanz bedacht, zugleich jedoch hochsensibel und leicht erregbar, mit einer Neigung, ihre Pflichten zu vernachlässigen. Mit ihren großen, raubtierhaften Katzen, die so harmlos tun, eigentlich aber immer auf dem Sprung sind: Heimtückisch liegen sie überall auf der Lauer, in der angesagten Kunstgalerie ebenso wie im eleganten Wohnzimmer des ahnungslosen Sammlers, jederzeit bereit, die Krallen auszufahren und alles zu verwüsten, Möbel, Fenster und Türen, um sich dann mit eleganten Sprüngen aus dem Staub zu machen. Mara gegenüber hat er das zwar nie geäußert, aber er hatte von Anfang an den Eindruck, dass ihre Skulpturen mit Gewalt aufgeladen sind. Obwohl er sich oft gefragt hat, woher diese Gewalt wohl kommt, hat er nie eine zufriedenstellende Antwort gefunden. Liegt es vielleicht daran, dass sie einfach zu viel überschüssige Energie hat, die sie trotz ihrer kraftraubenden Arbeit nie ganz abbauen kann? Ist sie frustriert, weil manche ihrer Bedürfnisse unbefriedigt bleiben? Verspürt sie womöglich starke Bedürfnisse, die sie nie explizit geäußert hat (oder von denen sie vielleicht selbst nicht einmal etwas weiß)? Fest steht jedenfalls, dass Mara seit der Sache mit Jane Kyle fast nicht zu bremsen ist und sich mit ungeahnter, kaum zu ertragender Aggressivität in die Arbeit stürzt. Das äußert sich nicht nur in dem unbändigen Zorn, mit dem sie dem Stein zu Leibe rückt (früher war ihre Arbeit mit dem Meißel zwar auch intensiv, aber weit weniger gewalttätig), sondern schlägt sich sogar in der Gestaltung der Katzen nieder: der kraftvollen Muskulatur ihrer Körper, der Feindseligkeit ihrer Posen, der Härte ihrer Mienen, dem Lauernden in ihrem Blick. Schon merkwürdig, dass das offenbar niemandem auffällt, weder den Käufern noch den vielen Exegeten. Oder vielleicht bemerken sie es doch, schwadronieren aber lieber von Kraft, Stolz, Intensität, Energie, innerem Feuer, Leidenschaft, Elan, Entschiedenheit, Schwung, Wucht, Vehemenz, anstatt das einzig passende Wort zu benutzen. Womöglich glauben sie, durch Bewunderung (oder Erwerb) austreiben zu können, was Maras Figuren eindeutig ausdrücken; indem sie sich sozusagen selbst einreden, das Kätzchen ließe sich streicheln. Arme Irre, sie haben nicht die leiseste Ahnung, was für Zähne und Krallen dieses Kätzchen hat; wie gut die Augen, die Ohren, der Geruchssinn sind, wie groß die Fähigkeit, blitzschnell zu reagieren.

Ohne erkennbaren Zusammenhang (wie alles, was ihm bei diesem drückend schwülen Wetter so durch den Kopf geht) fällt ihm plötzlich wieder die neueste Studie von Albert Costa, Alice Foucart, Sayuri Hayakawa, Melina Aparici, Jose Apesteguia, Joy Heafner und Boaz Keysar ein, in der untersucht wird, welchen Einfluss die Sprache (Muttersprache, Fremdsprache) auf den Umgang mit einem moralischen Dilemma hat. Die Studie kommt zu dem Ergebnis, dass Menschen, wenn man ihnen ein Problem in einer Fremdsprache vorlegt, eher zu rein utilitaristischen Entscheidungen tendieren, weil die emotionale Hemmschwelle dadurch automatisch sinkt. Mit anderen Worten, in einem fremdsprachigen Umfeld sind Menschen eher bereit, sich über Skrupel hinwegzusetzen und Dinge zu tun, vor denen sie in ihrer vertrauten Umgebung zurückschrecken würden. Das heißt, die Fähigkeit, zwischen Falsch und Richtig zu unterscheiden, beruht keineswegs auf Prinzipien, die derart unerschütterlich sind, dass sie nicht durch sekundäre Elemente beeinflusst werden könnten.

Die Teilnehmer der Studie wurden mit folgendem Dilemma konfrontiert: Von einer Fußgängerbrücke über einer Bahnlinie beobachten sie, wie ein Zug heranrollt, der gleich fünf Menschen überfahren wird, die auf dem Gleis sitzen. Die einzige Möglichkeit, sie zu retten, ist, einen Mann vor den Zug zu werfen, der sich ebenfalls auf der Brücke befindet. Unter rein utilitaristischen Gesichtspunkten könnte man meinen, es wäre angebracht, einen zu opfern, um fünf andere zu retten. Allerdings sprechen schwer zu überwindende moralische und psychologische Einwände dagegen. Wird das Problem in der Muttersprache formuliert, entscheiden sich zwanzig Prozent dafür, den Unbekannten zu opfern. Wird es hingegen in einer Fremdsprache gestellt, die die Befragten natürlich beherrschen, steigt der Anteil derjenigen, die den Unbekannten opfern würden, auf gut dreiunddreißig Prozent, also auf fast das Doppelte.

Auf Leute, die nicht viel über menschliches Verhalten wissen, wirken solche Ergebnisse vermutlich sehr beunruhigend; auf solche, die sich seit Jahrzehnten wissenschaftlich damit beschäftigen, allerdings weniger. Der Grad der Vertrautheit (oder Nichtvertrautheit) mit einem bestimmten Kontext beeinflusst maßgeblich die Wahrnehmung und Einstellung eines Menschen und folglich auch seine Entscheidungen und Verhaltensweisen.

Aber was hat das alles mit Mara zu tun? Gar nichts. Oder vielleicht doch: Sie und Ivo sind zwar beide Italiener, ihr kultureller Hintergrund ist aber so grundverschieden, dass sie füreinander nicht nur oberflächlich, sondern auch substantiell wie Ausländer sind. Mit anderen Worten, es ist durchaus möglich, dass eine semantische Bedeutungsverschiebung Auswirkungen auf Maras moralisches Urteil über Ivo den windigen Bauunternehmer hat: Dieselben Charakterzüge, die sie bei einem, der ihre Sprache spricht, verachten würde, könnten ihr bei einem, der sich in der rudimentären Sprache der Höhlenmenschen ausdrückt, durchaus reizvoll erscheinen (insbesondere wenn er dauernd Andeutungen auf einen komplexeren Hintergrund einstreut: Das Bob-Dylan-Zitat von der Notwendigkeit, ehrlich zu sein, um außerhalb des Gesetzes zu leben, ist ein perfektes Beispiel dafür, wie gut der Halunke sich darauf versteht, eine tiefgründige Lebensauffassung vorzutäuschen). Eigentlich hätte man fast darauf wetten können, dass seine benachteiligte Herkunft und die zur Schau gestellten prekären Lebensverhältnisse bei Mara automatisch dazu führten, auch seine schlimmsten Seiten zu entschuldigen. Es würde ihn nicht wundern, wenn sie in ihm ein Opfer der Gesellschaft, einen romantischen Freibeuter sähe, der in ihr Gefühle weckt wie aus dem Feuilleton des neunzehnten Jahrhunderts. Und es würde ihn auch nicht wundern, wenn er eine erotische Anziehung auf sie ausübte, wenn sie sexuelle Phantasien, eine Besessenheit entwickelte wie eine Bovary.

Er steckt bis zum Hals im Sumpf, schon wieder, verdammt; schon wieder muss er eine übermenschliche Kraft aufbringen, um sich zur *terra ferma* durchzukämpfen, auf den festen Boden zivilisierten Denkens. Aber es muss sein, und zwar dringend, sonst läuft er ernsthaft Gefahr, in topisch, zeitlich und formal längst überwundene Verhaltens-,

Wahrnehmungs- und Denkmuster zurückzufallen, mithin in eine absolut inakzeptable Regression, emotional wie intellektuell.

Sechsunddreißig

Mara Abbiati zwingt sich, wieder an die Arbeit zu gehen, obwohl das im Grunde völlig widersinnig ist, so wie sie sich im Moment fühlt. Aber irgendwas muss sie tun, und ihr fällt nichts Besseres ein. Auch die Männer auf dem Dach arbeiten wieder, vielleicht sogar aus demselben Grund: Doch auch sie sind nicht bei der Sache, machen dauernd Pausen und sehen zur Straße hinüber. Gerade bilden sie eine Kette, reichen die Dachpfannen paarweise von einem zum anderen und legen sie auf die Leisten; dabei werfen sie hin und wieder einen Blick nach unten, dann reißt sie sich zusammen und legt sich kurzzeitig wieder mehr ins Zeug. Aber es ist zwecklos, sie kann sich einfach nicht konzentrieren, dafür ist sie viel zu aufgewühlt (um die Katze aus dem Marmor herauszuschälen, bräuchte sie Ruhe, Muße und Konzentration; aber die hat sie nicht, kann sich momentan auch gar nicht vorstellen, wo sie sie hernehmen soll). Noch immer ist sie völlig durcheinander wegen der Sache mit Ivo, gestern Nachmittag und heute früh; und dann diese Typen, wieso haben sie ihn mitgenommen? Muss sie sich Sorgen machen, oder ist das völlig überflüssig, weil es nur eine stinknormale Besprechung ist? Aber eigentlich spielt das gar keine Rolle: Denn besorgt *ist* sie auf jeden Fall. Es geht sicher nicht bloß um einen Auftrag, zumindest keinen normalen Auftrag, und freiwillig ist Ivo auch nicht mitgegangen. Bestimmt nicht: Da ist sie sich sicher. Doch wieso? Wie kann sie das wissen? Sogar die Musik hat sie abgestellt, aus Angst, irgendetwas zu überhören. Bei jedem Motorengeräusch aus der Ferne schlägt ihr Herz schneller; doch einmal ist es die Ape von Mario, dann der alte verbeulte Alfa von Luigi und schließlich die Motorcross-Maschine von Rossanas Sohn, der fast am Ende der Straße wohnt.

Sie lässt den Fäustel auf den Meißel sausen, so schwungvoll sie kann, doch in Gedanken ist sie ganz woanders: Immer wieder verliert sie die Kontur aus den Augen, riskiert zwei- oder dreimal, der virtuellen Katze ein Stück Ohr oder Pfote abzuschlagen. Innerlich zittert sie fast vor Angst, doch alles, was sie tun kann, ist zu versuchen, diese blöde Katze, diese erschrockene, wütende Katze aus ihrem schmutzigweißen Marmorgefängnis zu befreien.

Jetzt dröhnt wieder ein Motorengeräusch herüber, oben von der Straße: Ihr Herz klopft bis zum Hals, denn das Dröhnen ist lauter als alles Bisherige und schwillt noch weiter an. Sie schiebt die Brille hoch, sieht Ivos roten Pickup, der mit hoher Geschwindigkeit die kurvige Straße herunterrast, und erkennt, als er näher kommt, dass die Kühlerhaube völlig verbeult ist. Dann bremst er scharf und hält nur wenige Meter vom Haus entfernt. Djurd springt heraus und sieht sich argwöhnisch um.

Auf der Beifahrerseite steigt Ivo aus, das Gesicht gezeichnet, die Haare halb offen, das T-Shirt am Hals zerrissen. Er bewegt sich weniger geschmeidig als sonst, weit weniger geschmeidig als noch vor einer Stunde, als er über den

Rasen zu dem schrecklichen schwarzen Auto ging: Er setzt die Füße anders, so als täten ihm die Beine weh. Sein Gesicht ist mit Schnitten und blauen Flecken übersät: auf der Stirn, an einer Augenbraue, unter einem Auge, auf einem Backenknochen, am Hals. Um die rechte Hand ist ein Papiertaschentuch gewickelt, auch das ist blutverschmiert. Wortlos geht er an ihr vorbei, er bleibt nicht einmal stehen, doch sein Blick sagt alles.

Djurd folgt ihm im Abstand von einigen Metern, mit seinem schweren, energischen Gang. Auch er sieht mitgenommen aus, wie nach einer großen Anstrengung, doch seine Bewegungen sind normal.

Die Arbeiter beobachten sie von oben: unschlüssig, ob sie weitermachen oder die Arbeit einstellen sollen.

Ivo und Djurd steigen zur Oliventerrasse hinauf, dann aufs Dach; sie kontrollieren den Stand der Arbeit, deuten in verschiedene Richtungen. Ivo gießt sich aus einer Plastikflasche Wasser übers Gesicht; er richtet seinen Pferdeschwanz, gestikuliert erneut, gibt Befehle und Anweisungen.

Mara Abbiati überlegt, ob sie zu ihnen hinaufgehen und fragen soll, was passiert ist, befürchtet aber, dass alle sie entgeistert anstarren würden wie einen Eindringling; sie kann es sich lebhaft vorstellen. Lieber nicht, sie klappt die Brille runter und macht sich wieder an die Arbeit. Doch es ist unmöglich: einfach lächerlich. Aber was soll sie denn sonst tun? Soll sie Ivo etwa zubrüllen, er solle runterkommen und ihr erzählen, was los ist? Oder soll sie besser die Klappe halten und sich selbst was ausdenken? Aber was? Dass er in eine Schlägerei geraten ist? In einen wilden Kampf? Dass er verprügelt wurde? Das ist offensichtlich, man braucht ihn ja nur anzusehen. Aber weshalb? Und werden sie noch mal wiederkommen? Aber wozu?

Nach einer Weile kommt Ivo herunter und geht leicht humpelnd in Richtung Pick-up.

Sie bemerkt ihn erst, als er direkt vor ihr ist, denn die Brille schränkt ihr Blickfeld ein. Sie schiebt sie hoch und sieht ihn an.

Zunächst scheint er unschlüssig, doch dann bleibt er stehen. Aus der Nähe sieht er noch viel schlimmer aus: Die Schnitte im Gesicht sind tief, die Blutergüsse dunkel.

»Wie geht's dir?«

»Und dir?« Sie merkt, dass ihre Stimme zittert, wegen der Anspannung und der Unsicherheit, wegen der Panik, die immer noch nicht nachlässt.

»Gut.« Doch er macht einen erschöpften Eindruck, sieht sie mit todtraurigen Augen an. Die rechte Hand steckt in der Hosentasche, vermutlich damit sie nicht sieht, in welchem Zustand sie ist. Mit der Linken deutet er auf das Dach. »Wir sind fast fertig. Bis heute Abend schaffen wir es auf jeden Fall.«

Kaum zu glauben, dass dort, wo vor wenigen Tagen nur noch eine Ruine war, dann gar nichts mehr, jetzt ein völlig neues Dach steht. Doch die Verblüffung verliert sich rasch unter den anderen Gefühlen, trägt nur dazu bei, die Verunsicherung zu steigern. Die Fragen, die sie bewegen, werden unscharf, lassen sich kaum noch in Worte fassen. In ihrem Kopf wimmelt es von halbdurchdachten Schlüssen, Herleitungen und Annahmen, von Mutmaßungen, die herumschwirren und nirgendwo hinführen.

Ivo deutet auf den roten Pick-up. »Ich muss jetzt gehen.«

Eigentlich will sie fragen, wohin; wie lange er wegbleibt; ob er zurückkommt; will ihm sagen, er solle kurz warten, sie wolle ihn bis zur Straße begleiten. Aber dann sagt sie doch nichts, bleibt wie angewurzelt stehen.

Es ist wie in einer Blase, in der nichts geschieht; zu hören sind lediglich ein paar Geräusche vom Dach und das unermüdliche *zazazazaza* der Zikaden.

Doch dann kommt Ivo ein paar Meter zurück. »Ich fahre nur schnell nach Hause, um etwas zu holen.«

Sie starrt ihn an; weiß nicht genau, was seine Worte zu bedeuten haben. Ist das ein Angebot, Erklärungen zu liefern? Eine Aufforderung mitzufahren? Ein Flehen um Hilfe, Nähe, Unterstützung?

Er sieht sie an, stumm, reglos: Aber es ist klar, dass dieser Schwebezustand schlagartig enden und er sich danach schnell entfernen wird.

Mara Abbiati fragt nicht, wo er wohnt, wie lange man bis dahin braucht, ob er sie wieder hierher zurückfahren kann; sie lässt Fäustel und Meißel fallen und reißt sich Brille und Mundschutz vom Kopf. Während sie ihm zum Auto folgt, klopft sie sich nur flüchtig den weißen Staub vom Overall.

Schweigend fahren sie die kurvige Straße zur Küste hinunter. Nach zehn Kilometern ist die Straße blockiert: Autos und Motorroller, die am Straßenrand parken, Leute, die aussteigen und neugierig zu einer hohen Rauchsäule hinaufsehen, die von den grünen Hügeln rechts der Straße aufsteigt. Vermutlich ist in den Kastanienwäldern ein Brand ausgebrochen, was in dieser Gegend im Sommer nichts

Ungewöhnliches ist. Über der Brandstelle kreist ein Hubschrauber mit Löscheimer, in einiger Entfernung heulen Sirenen; noch mehr Leute gehen zum Straßenrand, auch wenn von hier aus nichts zu sehen ist.

Siebenunddreißig

Ivo Zanovelli parkt den Pick-up in der Garage und geht mit Mara in die Wohnung hinauf. Wieso ist sie einfach mitgekommen, ohne irgendwas zu fragen? Hat sie Angst bekommen, als sie ihn in diesem Zustand sah? Wollte sie ihm helfen? Hat sie Mitleid mit ihm? Und die Wohnung, was würde sie wohl davon halten? Total unpersönlich, wie sie ist. Das Haus ist ein Neubau aus minderwertigem Material. Die tragenden Wände sind aus Lochziegeln, die Trennwände so dünn, dass man die Klospülung, die Wasserhähne, die Wecker und die Fernseher der Nachbarn hört. Die Dämmung ist ein Witz, es ist glühend heiß wie in einem Backofen. Er hat sie vor drei Wochen gemietet, Barzahlung im Voraus. Keine Fragen, nichts Schriftliches. In ein paar Tagen würde er ohnehin wieder ausziehen, sobald der Auftrag in Canciale erledigt ist. Er kommt nur zum Schlafen her, alles andere wäre zu deprimierend.

Mara sieht sich in der Wohnung um, vielleicht versucht sie, daraus irgendwelche Rückschlüsse auf ihn zu ziehen. Nur wie? Die Möbel sind nicht seine, auch nicht die Drucke an den Wänden. Es gibt hier nichts, was ihm gehört. Sie kann also höchstens sehen, wie er nicht ist, was er nicht hat. Oder einen vollkommen falschen Eindruck bekommen, zum Beispiel, dass er Wabenlampen mit LED-Birnen liebt.

»Das Zeug hier gehört mir nicht.« Der Ton wirkt falsch, auch die Geste mit der verletzten Rechten.

Sie schaut sich seine Hand an, auch wenn sie das unterwegs schon hinreichend getan hat. »Willst du dich nicht verarzten lassen?«

»Von wem denn?« Falscher Ton, schon wieder, auch das Lächeln ist verkrampft. Aber gibt es in einer solchen Situation überhaupt einen richtigen Ton, ein richtiges Lächeln?

Sie antwortet nicht, sieht ihn nur mitfühlend an. Wenn sie lächelt, geht ein Strahlen von ihr aus, aber wenn sie nicht lächelt, wirkt sie traurig. So als laste alles Unrecht der Welt auf ihr, als bedrücke sie alles, was in ihr nicht in Ordnung ist.

»Die Wohnung habe ich vor allem wegen der Aussicht genommen.« Das sagt er nur, um sie zum Lächeln zu bringen, um zu sehen, wie sie strahlt. Er öffnet die Glastür zum Balkon, der aufs Meer hinausgeht.

Sie folgt ihm nach draußen, schaut über die Häuser und Schirmpinien hinweg, hinaus auf das Meer in der Ferne, wie benommen. Unschlüssig. Besorgt, ernst.

Er stellt sich an die Balkonecke und versucht, auf die Straße hinunterzusehen. Haben sie womöglich auch hierher jemanden geschickt? Vor den anderen oder danach? Wie lange dauert es wohl, bis sie Bescheid wissen und weitere Schritte unternehmen?

»Nach was schaust du?« Sie ist ziemlich auf dem Qui-vive, was allerdings auch kein Wunder ist, so wie er sich verhält, eindeutig verdächtig, und so wie er aussieht, grauenhaft.

»Nichts.« Eine saublöde Antwort, eine Beleidigung ihrer Intelligenz. Aber was hätte er denn sonst sagen sollen? Dass er nur nachsehen wollte, ob da unten vielleicht ein Killer mit gezückter Pistole steht?

Auch sie lehnt sich nun über das Geländer und hält nach beiden Seiten Ausschau.

»Lass gut sein!« Plötzlich hat er Angst um sie, zieht sie am Arm zurück.

»Hey!« Sie spannt die Muskeln an, wenn es nötig ist, hat sie eine ganz schöne Kraft. Sie leistet Widerstand, ist kein Fliegengewicht. Sie steht fest mit beiden Beinen auf dem Boden, fällt nicht einfach um, sobald man sie anstößt.

Jetzt atmen sie dicht an dicht. Er sieht ihr in die Augen, auf den Mund. Da sind so viele Gefühle. Seit gestern Nachmittag. Seit ihrer ersten Begegnung. Vielleicht waren sie sogar schon da, bevor sie sich begegneten.

Sie packt ihn am Handgelenk, hebt die verletzte Hand an ihren Mund, küsst sie, unendlich sanft. Sie weiß, dass ihm die Hand verdammt weh tut, das sieht man.

Er zieht sie wieder in die Wohnung, weg vom Balkon. Dummheiten hat er schon mehr als genug gemacht, fehlt nur noch, dass er sie jetzt auch noch in Gefahr bringt. Er schließt die Balkontür; so ein Schwachsinn, sie hierher mitzunehmen. Wieso ist er bloß auf diese verrückte Idee gekommen? Weil sie ihn so voller Fragen angesehen hat, dann aber doch nichts fragte. Und er ja genauso, er hatte ihr so viel zu sagen, sagte dann aber doch nichts. Auf der Fahrt von Canciale hierher ist dann dasselbe passiert wie auf dem Rückweg aus den Bergen, sie haben geschwiegen. Dabei war das die letzte Gelegenheit, um sich gegenseitig zu sagen, was sie zu sagen haben, vielleicht für immer. Aber nichts, kein einziges Wort. Wie in einem dieser Albträume, wo man verzweifelt versucht, dem Ungeheuer zu entkommen, das einen verschlingen will, aber vor lauter Angst wie gelähmt ist und sich nicht rühren kann. Keine Chance. Man versucht es immer und immer wieder, aber die Beine gehorchen einem nicht, und das Ungeheuer kann einen in aller Ruhe verschlingen. Unglaublich.

Sie schaut ihn an. »Fühl dich wie zu Hause.«

Verdutzt sieht er sie an. Wie meint sie das? Sagt sie das nur, um ihn zum Lachen zu bringen? Oder um ihm klarzumachen, dass er ein schlechter Gastgeber ist? Oder warum sonst? Er weiß es nicht. Was allerdings auch nicht weiter verwunderlich ist, schließlich ist er ziemlich angeschlagen. Logisch, so eine Sache wie mit dem Cayenne schüttelt man nicht einfach so ab. Klar, er ist noch am Leben, vorläufig jedenfalls, aber wie lange noch und um welchen Preis? Na ja, reden und irgendwas tun kann er zwar noch, aber was? Irgendwie steht er neben sich, kommt sich vor wie ein Zombie, ist nur noch ein Schatten seiner selbst.

Sie zeigt auf sein Gesicht. »Wasch dir wenigstens mal gründlich das Gesicht und tu irgendwas zum Desinfizieren drauf.«

»Ja.« Hilflos starrt er sie an; am liebsten würde er sie fragen, ob sie ihm hilft. Nicht weil er Hilfe braucht, sondern weil er sie braucht. Weil er nicht die letzten Minuten vergeuden will, die ihnen noch bleiben. Weil er ihr noch so viel zu sagen hat, so viel von ihr hören will. Aber er sagt nichts, denn Unheil hat er schon genug angerichtet. Er geht ins Bad, zieht das T-Shirt aus, dreht den Hahn auf und wirft sich kaltes Wasser ins Gesicht, überallhin, denn er kann davon nicht genug bekommen. Alles brennt, die rechte Hand tut tierisch weh. Der Mittelfinger ist geschwollen, lässt sich nicht mehr beugen. Djurd hat zwar schon kräftig daran gezogen, so dass der Knöchel nicht mehr ganz so schief steht, aber sobald er ihn auch nur berührt, ist ihm klar, dass er gebrochen ist. Auch die Bänder sind hinüber. Dann bleibt er eben schief, da kann man nichts machen. Er kann ja schlecht ins Krankenhaus gehen. Dafür hat er im Gesicht nur ein paar Schnitte und Schürfwunden, nichts Gravierendes. Es hätte entschieden schlimmer ausgehen können. Viel, viel schlimmer. Aber was kommt als Nächstes? Wenn sie ihn schon vorher verschwinden lassen wollten, dann doch jetzt erst recht. Es ist nur eine Frage der Zeit. Bald würden sie feststellen, dass die drei aus dem Cayenne nicht zurückkommen und sich auch telefonisch nicht melden. Wenn er daran denkt, was in dem Kastanienwald passiert ist, wird ihm schlecht, aber was hätte er denn tun sollen? Sich umbringen lassen? Von solchen Halunken? Einfach so?

Er trocknet sich das Gesicht ab und bindet die nassen Haare zusammen. Grauenhaft, die Visage, die ihm da entgegenblickt. Mit dem breiten Kinn, der breiten Stirn sieht er aus wie ein brutaler Schläger, der nichts im Kopf hat, dabei denkt er doch unentwegt nach, eigentlich viel zu viel. Außer wenn es um Mara geht, da ist es mit dem Denken schlagartig vorbei. Das hat schon gestern nicht funktioniert und heute auch nicht. Wieso ist er bloß mit ihr in den Steinbruch gefahren, was hat er sich davon versprochen? Eine letzte wunderbar romantische Gelegenheit, die ihm für immer in Erinnerung bleiben würde? Aber was für eine Erinnerung denn, wo er nicht mal weiß, ob er morgen noch lebt? Und wieso jetzt noch hierher? Um auch noch sie in Gefahr zu bringen? Zumal, wo er jetzt schon wieder nichts gesagt hat. Was soll sie da drüben im Wohnzimmer jetzt bloß von ihm denken? Muss sie sich nicht zwangsläufig für dumm verkauft fühlen? Wartet sie womöglich auf eine Erklärung? Aber auf welche?

Außerdem hat er jetzt wirklich viel größere Probleme, er braucht einen Plan, und zwar dringend. Sollte er sich vielleicht die Haare blond färben? Oder ganz abrasieren? Oder lieber ein adretter Kurzhaarschnitt wie die Angestellten im Katasteramt? Und dazu die passenden Klamotten? Ein schicker Anzug in Grau oder Braun, dazu ein Polohemd? Damit er, wenn sie ihn schon umbringen, selbst nicht mehr weiß, wer er ist? So ein Schwachsinn, da bleibt er doch lieber, wie er ist. Die können ihn mal, diese Schweine. Aber den Dodge, den lässt er wohl doch besser stehen, der Vermieter wird sich freuen. Also die Bonneville, logisch. Doch was ist mit dem Kennzeichen, kann es sein, dass die Schweine das eventuell auch schon kennen? Aber vielleicht bluffen sie ja auch nur, vielleicht sind sie gar nicht so auf Zack, dass sie ihn überall aufspüren können. Immerhin ist er ihnen fünf Monate lang durch die Lappen gegangen. Sicher, er ist nie lange an einem Ort geblieben, aber gearbeitet hat er trotzdem. Und dabei ist er keineswegs mit falschem Bart und Hut herumgelaufen. Aber in Canciale, da ist er eindeutig schon zu lang, deshalb haben sie ihn ja auch erwischt. Allerdings, bei drei echten Profikillern, egal ob mit oder ohne Glock, wäre er jetzt schon mausetot. Aber vielleicht ist er da auch nur halbwegs heil rausgekommen, weil sie sich zu sicher fühlten und auf Gegenwehr überhaupt nicht gefasst waren. Geschweige denn auf einen Dodge mit einem Teufelskerl wie Djurd am Steuer. Logisch.

Er geht ins Schlafzimmer und nimmt eine Rolle graues Klebeband, extrastark, fünfzig Millimeter breit. Dann hält er Zeige- und Ringfinger so gerade wie möglich und umwickelt sie mit dem Klebeband. Nichts Weltbewegendes, aber so ist der Mittelfinger zumindest fixiert. Sicher, er würde immer ein bisschen krumm bleiben, aber dafür ist das Klebeband nicht so hinderlich wie eine Schiene. Und auch flexibler, damit kann er bestimmt Motorrad fahren. Er zieht sich ein frisches Hemd über und geht zurück ins Wohnzimmer.

Da ist Mara, in ihrem Overall, mit dem Kopftuch voller Marmorstaub. Sie wirkt vollkommen natürlich, an ihr ist nichts gekünstelt. Keine Schminke, kein Getue. Keine verstellte Stimme, keine manierierten Bewegungen. Ganz anders als alle anderen Frauen, die er kennt. Lichtjahre entfernt. Sie betrachtet ein ziemlich hässliches Poster mit einem bunten Fisch darauf. Komisch, wo man doch meinen sollte, es sei viel schwerer, einen hässlichen Fisch zu malen als einen schönen. Wie viele hässliche Katzen, gemalt oder aus Porzellan, hat er in seinem Leben wohl schon gesehen? Dagegen sind Maras Steinkatzen wie von einem anderen Planeten. Echt, stark, lebendig.

»Willst du was trinken?« Er zeigt auf den Kühlschrank, obwohl er gar nicht weiß, was drin ist.

Sie schüttelt den Kopf, mustert die mit Klebeband fixierten Finger. Sie wippt ein bisschen vor und zurück in ihren verblichenen blauen Tennisschuhen mit einem Loch am großen Zeh.

Er macht den Kühlschrank auf, darin steht eine fast leere Flasche Mineralwasser und eine Flasche Champagner, die ihm Jacques letzten Monat in Marseille geschenkt hat. Die hat er eigentlich für eine besondere Gelegenheit aufbewahrt. Doch wo ist sie geblieben, diese besondere Gelegenheit? Ist es peinlich, sie ihr jetzt anzubieten? Er zeigt ihr die Flasche, als müsste er sich dafür schämen.

Sie kommt zu ihm, um sich die Flasche anzusehen, und wirkt dabei noch verstörter als vorher. Stumm zuckt sie mit den Schultern.

Er stellt die Flasche zurück in den Kühlschrank, soll sie doch der Vermieter trinken. »Willst du Wasser?«

Sie nickt, lächelt.

Er nimmt zwei Gläser aus dem Abtropfgitter über dem Waschbecken und füllt sie mit Leitungswasser. Mit Daumen und Zeigefinger reicht er ihr ein Glas. Seine Hand zittert, sein Arm zittert. Kein Wunder, nach all den Faustschlägen, nach dem Geziehe und Gezerre am Hals des Halunken mit der Pistole. Inzwischen wird von ihm und den anderen beiden nicht mehr viel übrig sein. Aber hatte er denn eine Wahl, hätte er vielleicht brav sitzen bleiben, sich erschießen und im Wald vergraben lassen sollen? Von solchen untalentierten Dumpfbacken? Nur um es diesem Frettchen von Abgeordnetem recht zu machen?

Mara trinkt, sieht sich um. Sie wippt vor und zurück. Halb abwesend, halb anwesend.

Auch er trinkt und leert das Glas in wenigen Zügen, füllt es am Wasserhahn wieder auf und leert es erneut. Er hat einen unstillbaren Durst, auch wenn er vorher auf dem Dach schon etwas getrunken hat.

Sie sieht ihn an, sieht wieder weg, bewegt die Lippen. »Erklärst du mir jetzt mal bitte, was da los war, mit diesen Typen in dem schwarzen Auto?«

»Tja.«

Eigentlich hätte er große Lust, ihr alles zu sagen, keine Geheimnisse mehr vor ihr zu haben. Aber er schafft es nicht. Er versucht, sich eine Kurzform der Geschichte mit dem Haus des Abgeordneten in Sanremo zurechtzulegen, aber auch das klappt nicht. Zu kompliziert. Wie er sich, als ihm klarwurde, dass er nicht einen Cent sehen würde, von einem Freund aus Bocca di Magra Dynamit besorgt hat. Nicht wegen des Geldes, sondern weil der Typ so arrogant war und sich für unbesiegbar hielt.

Sie hält ihm das leere Glas hin, lässt es sich noch einmal auffüllen. Sie trinkt einen Schluck, sieht ihn an. Wartet.

»Das war eine Frage des Prinzips.« Genau, so war's.

»Ihrs oder deins?« Sie mustert ihn über den Glasrand hinweg. Hochkonzentriert.

»Ihrs und meins.« Hinter der Prinzipienfrage steckt eine Menge Wahrheit. Echte, solide Wahrheit. Mit Gewicht und von Wert. Doch am Ende zählt nur das Prinzip.

Sie trinkt, sieht ihn weiter an. Sie will es wirklich verstehen. Sie will auch ihn verstehen. Wieso nur? Ausgerechnet jetzt, wo keine Zeit mehr bleibt?

Ivo Zanovelli stellt das Glas ab. Er möchte ihr noch etwas sagen, aber was? Dass er froh ist, noch am Leben zu sein, weil er sie so wenigstens noch einmal gesehen hat? Dass ihm das Herz bricht, weil sie sich jetzt zum letzten

Mal sehen? Dass die Hälfte der Zeit, die ihnen noch bleibt, schon um ist?

Mara ist rastlos, geht ein paar Schritte.

Ivo Zanovelli sieht sie an, saugt alle Einzelheiten in sich auf, mit derselben Gier, mit der er vorhin das Wasser getrunken hat, unersättlich.

Achtunddreißig

Als Craig Nolan bei Signora Launa durch das Gartentor geht und auf sein Haus zuhumpelt, brennt die Nachmittagssonne noch immer unerbittlich vom Himmel. Dafür hat der Krach der Barbaren stark nachgelassen, zu hören ist jetzt nur noch das unerträgliche Zirpen der Zikaden. Von Mara keine Spur; die Kontur der Katze weist kaum Fortschritte auf, höchstens die Schwanzspitze ist ein wenig besser zu erkennen. Fäustel und Meißel liegen im Gras, zusammen mit der Brille und dem Mundschutz: Anscheinend gehören Arbeitsunterbrechungen und wortloses Verschwinden inzwischen zur Norm. Drinnen ist sie auch nicht, da braucht er gar nicht erst nachzusehen. Ist sie schon wieder mit Ivo dem Ganoven unterwegs? Unter welchem Vorwand wohl diesmal? Hat er also gestern mit seiner Vermutung doch recht gehabt? Erotische Anziehung eines primitiven Mannes, begünstigt durch ein semantisches Missverständnis? Genau so ist es: Er hat es ja von Anfang an gewusst, auch wenn er es nicht wahrhaben wollte, weil allein die Vorstellung schon inakzeptabel war.

Auch für ihn wäre es tausendmal leichter, sich wie ein Tier zu verhalten, statt Dickens und Joyce aus dem Gedächtnis zu zitieren; es wäre leichter, sich morgens nicht zu rasieren, auf gutes Benehmen zu pfeifen, einfach auszusteigen aus dem komplexen Bezugssystem, das über Jahrhunderte hinweg entwickelt und perfektioniert worden ist. Jeder kann den Wilden spielen, den Barbaren, den Flegel, den Regelverletzer, den Rüpel. Ist es das, was eine Frau wie Mara will? Findet sie das erregend?

Ist es wirklich denkbar, dass sich seine Frau bei der Wahl zwischen einem sensiblen Intellektuellen wie ihm und einem ungehobelten Kerl wie Ivo, der den Ursprüngen der menschlichen Spezies um so vieles näher steht, ausgerechnet für Ivo entscheidet? Dass sich der ganze Aufriss für zivilisierte Umgangsformen (Verhalten, Sprache) schlagartig in einen *Nachteil* verwandelt, zugunsten von jemandem, der völlig ungebildet ist und redet wie ein halber Analphabet?

Craig Nolan schaut nach oben, geht sogar noch ein paar Meter zurück, um eine bessere Perspektive zu haben, und ist verblüfft: Die Dachpfannen liegen ordentlich in Reih und Glied, der Schornstein ragt fast elegant empor, die neue Regenrinne aus Kupfer glitzert in der Sonne. Die Barbaren schaffen gerade die letzten Geräte und überschüssiges Material von der Oliventerrasse herunter und laden sie auf den Laster, der am Straßenrand parkt. Wie immer meiden sie jeden Blickkontakt mit ihm, reden aber leise untereinander, lachen hin und wieder; aber das ist inzwischen ohne jede Relevanz.

Der Riese namens Djurd nähert sich und zeigt auf das Dach. »Gesehen?«

»Gesehen.« Craig Nolan antwortet zwar kontrolliert, doch in Wahrheit steht er unter Schock wegen der Überraschung, die sich unheilvoll mit dem Stress vermischt, den das Verhalten seiner Frau bei ihm auslöst. Dass sie so schnell fertig würden, hätte er nie gedacht, im Grunde hat er sogar eher das Gegenteil gehofft.

»Gefällt's dir?« Djurd der Riese macht ein Gesicht, in dem sich Stolz und eine gewisse Herausforderung mischen, und sieht ihn erwartungsvoll an. Vermutlich hat er das von seinem Chef gelernt; oder aber die beiden haben (ganz einfach) eine ähnliche psychologische Disposition. Die sie mit Millionen anderen primitiven Männern teilen, könnte man noch hinzufügen. Eigentlich sogar mit der Mehrheit der männlichen Bevölkerung.

»Gute Arbeit, zumindest von hier aus.« Craig Nolan hat keinerlei Absicht, in Erstaunen und Bewunderung auszubrechen, was der andere vielleicht erwartet, aber es wäre auch zwecklos, die Fakten zu leugnen.

»Auch von oben.« Der Riese verströmt einen intensiven säuerlichen Geruch, sein verblichenes Hemd ist unter den Achseln und auf der Brust durchgeschwitzt. Der Abstand zwischen ihm und Craig Nolan beträgt nun weniger als einen Meter: Nach dem Schema von Edward T. Hall verläuft genau dort die Grenze zwischen der persönlichen und der Intimdistanz.

»Kann ich mir vorstellen.« Craig Nolan hält den Blickkontakt und tut, als wäre nichts. Was, fragt er sich, wird diese Bande aus Verzweifelten jetzt wohl machen? Vermutlich sobald wie möglich irgendwo die nächste illegale Baustelle aufmachen. Oder sie trennen sich, und jeder geht seiner Wege, mit den paar Kröten in der Tasche, die Ivo der Ganove ihnen ausbezahlt. Im Übrigen wird er jetzt, wo alles fertig ist, die zweite Hälfte der vereinbarten Summe verlangen, in bar natürlich: Ja genau, bestimmt ist Mara mit ihm wieder nach Sarzana gefahren, um das restliche Geld von der Bank zu holen. Und dann? Werden sie die Gelegenheit zu einem hübschen kleinen Ausflug nutzen? Wann kommen sie wohl diesmal zurück? Wird sie ihn dann wieder so verlegen ansehen? Außerdem ist es ziemlich riskant, in so kurzer Zeit so viel Bargeld abzuheben, damit macht man sich verdächtig: In einem mafiaartig organisierten Polizeistaat kann es da durchaus passieren, dass sie Ärger kriegen, während der Halunke ungeschoren davonkommt.

»Du musst es unbedingt von oben sehen.« Djurd der Riese lässt nicht locker, weist mit dem Kinn auf die Oliventerrasse hinterm Haus. Ja, keine Frage, da ist etwas Provozierendes in seinem Blick: eine Beharrlichkeit, die jederzeit in Zwang umschlagen kann. Er lebt in einer barbarischen Welt, bevölkert von Barbaren, in der jede Form von mentaler oder verhaltensmäßiger Eleganz eine absolute Ausnahme bildet, das fragile Resultat einer Jahrtausende währenden Evolution, das im Verlauf eines Wimpernschlags ausgelöscht werden kann.

Craig Nolan wird langsam klar, dass er sich nicht weigern kann, unwillig folgt er Djurd in Richtung Terrasse; er hasst die Sonne, die ihm unbarmherzig auf den Kopf brennt, er hasst die Hitze, hasst die Zikaden, hasst die Anstrengung, die es ihn bei jedem Schritt kostet, das rechte Bein nachzuziehen, er hasst die Vorstellung, dass seine Frau erneut mit diesem Ganoven verschwunden ist, hasst den Umstand, erneut auf Spekulationen angewiesen zu sein und dabei eigentlich genau zu wissen, dass es gar keine Spekulationen sind, sondern Schlussfolgerungen. Kann es sein, dass seine (belanglose) Affäre mit Jane Kyle Maras Vertrauen in ihn den Todesstoß versetzt hat? Hat ihre Beziehung dadurch einen irreparablen Riss bekommen? Ist das womöglich eine dieser Episoden, von denen man meint, man käme darüber hinweg, in Wahrheit jedoch keineswegs darüber hinwegkommt? Haben sie sich beide womöglich fünf Monate lang etwas vorgemacht, obwohl sie ganz genau wussten, dass es nie wieder so sein würde wie zuvor? Mal angenommen, das stimmt, kann es denn wirklich sein, dass eine derart belanglose (und in biologischer Hinsicht ja völlig normale) Episode bei seiner Frau eine so übertriebene Reaktion hervorruft? Er wäre ja bereit, eine vorübergehende Trennung zu akzeptieren, bis das Trauma überwunden ist (Mara könnte dann solange bei Sarah Levine wohnen); er hätte sogar nachvollziehen können, wenn sie sich mit John Ferguson oder einem anderen ihrer langjährigen Verehrer eingelassen hätte. Aber ausgerechnet mit Ivo, diesem Ganoven? Das ist doch ein gezielter Affront gegen ihn, eine gezielte Verletzung aller Werte. Kann es denn wirklich sein, dass sie diese Implikationen nicht begreift?

Djurd der Riese setzt ostentativ langsam einen Fuß vor den anderen, als würde er einen Behinderten begleiten. Zwei- oder dreimal bleibt er sogar stehen und wartet auf ihn, alles nur, um die Ungleichheit ihrer physischen Kondition zu betonen.

»Wo ist eigentlich dein Boss?« Craig Nolan weiß, dass in dem kulturellen Kontext, dem Djurd angehört, jede Höflichkeit als Zeichen von Schwäche ausgelegt wird, zudem fällt es ihm erstaunlich leicht, sich möglichst schroff auszudrücken. Offenbar ist er schon voll dabei, den niedersten Ur-Instinkten zu verfallen.

»Keine Ahnung.« Djurd schüttelt den Kopf. Wieso sollte der ihm auch was sagen, zumal wenn sein Chef mit Mara weggefahren ist, was absolut wahrscheinlich ist.

Craig Nolan nickt; lieber nicht noch weiter nachfragen, schließlich hat er sich schon genug erniedrigt. Warum hat er sich bloß auf die (belanglose) Affäre mit Jane Kyle eingelassen? Genau diese Frage stellte ihm Mara in den Tagen und Wochen, nachdem sie es herausgefunden hatte, immer wieder; seine Erwiderung, das sei keine »Affäre«, sondern eine rein sexuelle Beziehung gewesen, erleichterte sie nicht im Geringsten, was vermutlich absehbar gewesen war. Auf der Suche nach Antworten spielte sie alle möglichen Motive durch: von der klassischen Midlife-Krise bis zu Rachegelüsten wegen ihres wachsenden Erfolgs als Bildhauerin. Daraufhin hat er (ziemlich feige, das muss er zugeben) zu einer wissenschaftlichen Erklärung angesetzt und dargelegt, dass die Veranlagung zur Polygamie, wie zahllose Studien zweifelsfrei belegten, auch bei männlichen Alphatieren der Spezies Mensch angeboren sei und das wilde Herz (da war es wieder) auch (und vor allem) auf diesem Feld weiterhin die Regeln diktiere, wenn auch soziokulturell abgemildert. Dann hat er (ziemlich scheinheilig) schnell noch die neueste Studie von Michael Hammer von der Universität Tucson in Arizona angeführt, der geographisch und kulturell sehr unterschiedliche Populationen (die Baka aus der Zentralafrikanischen Republik, die Mandinka aus dem Senegal, die San aus Namibia, die französischen Basken, die Han-Chinesen und die Melanesier aus Papua-Neuguinea, wenn er sich recht erinnert) untersucht hatte und eindeutig nachweisen konnte, was Evolutionsbiologen schon lange behaupteten, nämlich dass die Monogamie in der Menschheitsgeschichte eine relativ neue Erfindung darstellt. Auch in anderen Gattungen finden sich, wie die neuesten Forschungen der Evolutionsbiologen David P. Barash und Judith Eve Lipton zeigen, nur wenige Beispiele für monogames Verhalten, die einer strengen Überprüfung standhalten. Selbst bei den ach so edlen Schwänen oder den unzertrennlichen Papageien stellte sich nach eingehenden Untersuchungen heraus, dass sie ihren Partner bei der erstbesten Gelegenheit betrügen. Um eine wirklich monogame Spezies zu finden, muss man tief in der biologischen Artenvielfalt wühlen: Es gibt sie, aber sie sind Ausnahmen und bei weitem nicht so süß und schnuckelig, wie man es gerne hätte (da muss man sich schon mit madagassischen Mausmakis mit dicken Schwänzen zufriedengeben oder mit Riesenohr-Springmäusen). Klar, schuld ist das sagenhaft hochentwickelte Gehirn des Menschen und die daraus entstehende, genauso hochentwickelte Verflechtung von emotionalen und sozialen Motiven. Nur daher kommt der ganze Stress, das liegt doch auf der Hand.

In Wahrheit ist alles ganz anders und erschreckend simpel: Was er bei Jane Kyle gesucht (und vorübergehend auch gefunden) hat, war die Mischung aus Zuwendung, Neugier und Bewunderung, die Mara ihm schon länger verweigerte. Aber wieso hat er das nicht zugegeben, als sie ihn mit Fragen bombardierte und eine Erklärung verlangte? Wieso konnte er nicht einfach sagen, wie es war, und offen darüber reden? Weil er wusste, dass er sie damit verletzen würde, verdammt! Und hätte er dann, wo er schon mal dabei war, auch noch erwähnen sollen, dass ihn eine Frau wie Jane nicht nur deshalb anmachte, weil sie mental und emotional disponibel war, sondern auch jung und knackig? So ein skrupelloser Wilder wie dieser Ivo wäre da garantiert nicht so zimperlich gewesen, sicher hätte der ungerührt alles offen zugegeben und sich womöglich sogar noch über anatomische Vorzüge wie feste Brüste und Arschbacken ausgelassen. Aber ist das nicht genau der Punkt, wo der Unterschied zwischen Sensibilität und Rohheit, zwischen Zivilisation und Barbarei zum Tragen kommt?

Djurd der Riese bleibt erneut stehen und streckt die Hand aus, um ihm beim Erklimmen der schiefen Steinstufen zur Oliventerrasse zu helfen. Kann es sein, dass Djurd ihn womöglich für doppelt benachteiligt hält, weil er weiß, dass Mara mit seinem Chef unterwegs ist?

Craig Nolan hütet sich, Djurds Hilfe anzunehmen: Wild entschlossen, sich keine Blöße zu geben, sucht er an den trockenen Grasbüscheln Halt und zieht sich aus eigener Kraft hoch. Die Tatsache, dass er sich jetzt, an diesem ohnehin schon reichlich nervenaufreibenden Nachmittag, auch noch regelrecht abquälen muss, um von der Stelle zu kommen, steigert sein Gefühl der Verletzlichkeit ins Unermessliche, so dass er sich fühlt, als hätte sich alles gegen ihn verschworen.

Djurd überquert die Bretterbrücke und läuft auf den Dachpfannen herum: Hier und da tritt er mit dem Fuß fest auf, um zu demonstrieren, wie solide das neue Dach ist. Da er mindestens hundert Kilo wiegt, sieht es ganz danach aus, als sei die Arbeit wirklich fachgerecht ausgeführt.

»Gute Arbeit.« Craig Nolan sieht ihm von der Oliventerrasse aus zu, er ist fest entschlossen, das Dach auf keinen Fall zu betreten.

Als Djurd zu ihm herüberschaut, ist das provozierende Glitzern aus seinen Augen verschwunden und hat einer fast kindlichen Enttäuschung Platz gemacht. Ist das gespielt? Oder eine spontane Gefühlsäußerung, die er gar nicht kontrollieren kann?

Mit Schwung (soweit sein Bein dies zulässt) überquert Craig Nolan nun doch die Bretterbrücke und stiefelt sogar kurz auf den Dachpfannen herum. Das muss jetzt sein, auch wenn ihm der Sturz noch immer in den Knochen steckt, sogar in den Ohren. Aber das Dach ist wirklich stabil, die Sohlen seiner Schuhe registrieren keinerlei Schwanken. »Superarbeit.«

Djurd der Riese scheint seine Worte zu würdigen: Er nickt und kräuselt sogar die Lippen zu so etwas wie einem Lächeln. Kann es sein, dass er tatsächlich stolz auf das ist, was er zusammen mit seinen Kollegen geschaffen hat? Und entspringt seine hartnäckige Aufforderung, die Qualität der Arbeit zu prüfen, womöglich dem Wunsch nach Anerkennung? Ja. Warum auch nicht?

Craig Nolan geht zurück über die Bretterbrücke und klettert von der Oliventerrasse hinunter auf den versengten Rasen neben dem Haus. Plötzlich überkommt ihn eine seltsame Erleichterung, die nicht nur damit zu tun hat, dass er jetzt wieder festen Boden unter den Füßen hat, sondern auch mit der Vorstellung, dass man selbst scheinbar Irreparables wieder in Ordnung bringen kann. Dazu braucht man nur Entschlossenheit und einschlägige Fachkompetenzen;

hilfreich ist zudem eine gewisse Dringlichkeit, wenn auch nicht unbedingt so ein frenetisches Tempo, wie Djurd und seine Kollegen es an den Tag gelegt haben. Entscheidend ist, das dumpfe Selbstmitleid zu überwinden, die Probleme klar zu benennen, sich für die Lösung in seinem geistigen Kalender einen Abgabetermin zu setzen und die Arbeit in Angriff zu nehmen. Wenn man nur will, lässt sich alles wieder in Ordnung bringen, ja sogar noch entscheidend verbessern, dafür ist dieses Dach das beste Beispiel. So stabil und gut gebaut wie heute war es noch nie, erst recht nicht, als Mara und er zum ersten Mal hier waren.

Djurd der Riese nimmt die Bretter auf und wirft sie auf den Rasen, dann kommt er herunter, schultert sie, als wären sie federleicht, trägt sie zum Laster und übergibt sie seinem Kollegen oben auf der Ladefläche. Rund ums Haus liegt kein Müll mehr, erstaunlicherweise haben die Barbaren alles ordentlich weggeräumt; sogar die Überbleibsel von Maras zerstörter Skulptur haben sie mitgenommen. Kann sein, dass sie später alles irgendwo illegal entsorgen, aber wenigstens hier hinterlassen sie keine Müllkippe.

Djurd der Riese sieht sich noch einmal prüfend um, ob sie auch nichts vergessen haben, palavert kurz mit seinen Kollegen und steigt dann in das Fahrerhaus; beim Aussteigen hat er eine Brötchentüte in der Hand, aus der er für jeden das Geld abzählt. Die Arbeiter wirken zufrieden und stecken das Geld rasch ein: Möglicherweise hatten sie bis zuletzt Zweifel, ob sie wirklich den gesamten Lohn für ihre Arbeit bekommen würden. Zwei springen auf ihre alten Motorroller, die am Straßenrand stehen, einer setzt sich ans Steuer des Lasters, Djurd steigt auf der Beifahrerseite ein.

Der Fahrer rangiert vor und zurück, bis er den Laster endlich wenden kann; Djurd streckt eine Hand aus dem Fenster und winkt zum Abschied, die beiden anderen machen dasselbe.

Vom Rasen aus kann Craig Nolan ihre Gesichter nicht erkennen, winkt aber trotzdem einigermaßen herzlich zurück.

Langsam fahren sie die Straße hinauf und sind aus seinem Blickfeld verschwunden, noch bevor ihre Geräusche verhallen.

Das waren aber bloß die Helfer, es fehlt noch die Endabrechnung mit ihrem Chef. Wahrscheinlich würde er, wenn er mit Mara und dem Geld zurückkommt, mit irgendeiner Abschiedsgeste rechnen: vielleicht einem Gläschen Sekt, einer Umarmung oder auch nur einem Handschlag. Garantiert beherrscht er sämtliche Tricks, wie man das Geld am besten vor dem Finanzamt versteckt, wie im Übrigen die meisten Freiberufler und Unternehmer in Italien. Genau betrachtet, ist es doch erstaunlich, wie sich dieses Land trotz aller Widrigkeiten immer wieder aufrappelt und seinen angestammten Platz unter den führenden Nationen der westlichen Welt behauptet, statt wie die Maghreb-Staaten sang- und klanglos in die Bedeutungslosigkeit abzustürzen. Sicher, eine gewisse Affinität zur Bananenrepublik ist nicht von der Hand zu weisen, und politische Kräfte, die genau darauf aus sind, gibt es auch. Aber begabt sind sie, das muss man ihnen lassen, und mit ihrem Improvisationstalent vollbringen sie zweifellos immer wieder Wunder: keine Frage. Ivo der Ganove zum Beispiel: Wer hätte denn gedacht, dass er so gute Arbeit leisten würde? Ohne schriftlichen Kostenvoranschlag, ohne Baugenehmigung, unter Missachtung sämtlicher Sicherheitsvorschriften, alles schwarz, in einer absurd kurzen Bauzeit; da hätte man doch gewettet, dass so einer bestimmt mehr Schaden anrichtet als alles andere oder einfach gleich mit dem Geld türmt. Stattdessen ist jetzt alles fertig, sogar früher als geplant, und dazu noch in einer Superqualität. Eigentlich wäre es gar keine schlechte Idee, jetzt auch noch den Riss in der Fassade reparieren zu lassen; auch weil der jetzt, mit dem neuen Dach, viel mehr auffällt.

Craig Nolan humpelt auf die Straße, um sich die Sache genauer anzusehen: Im unerbittlichen Licht des Nachmittags ist deutlich zu erkennen, dass es nicht nur ein oberflächlicher Putzschaden ist, sondern etwas Ernstes. Der Riss war auch schon da, als er zum ersten Mal hier war; und Mara behauptet, er sei schon immer da gewesen. All die Jahre haben sie sich damit abgefunden, wie mit allen möglichen anderen Mängeln, weil sie den Charakter des Hauses ausmachen. Vielleicht ist er aber auch noch größer geworden durch die Gewalt, mit der die Barbaren das alte Dach abgerissen haben; vielleicht hatten sie es ja auch deshalb so eilig, von hier wegzukommen. Bestimmt wissen sie das ganz genau und befürchten nun, für die Kollateralschäden haftbar gemacht zu werden. In Wahrheit war es doch völliger Unsinn, auf ein Haus mit wackeligem Fundament ein perfektes Dach zu setzen; wäre er bei Verstand gewesen, hätte er das gleich erkennen müssen. Aber er war eben nicht bei Verstand, und jetzt hat es keinen Zweck mehr rumzujammern. Jetzt muss man daraus die Lehre ziehen: Vielleicht stimmt es ja wirklich, dass sich alles reparieren lässt, aber eben nur durch radikale Eingriffe in die Bausubstanz (vom

Fundament aufwärts sozusagen), nicht etwa durch das Reparieren von Einzelteilen. Aber wozu eigentlich? Ein abscheuliches Haus in abscheulicher Lage, das will man doch lieber loswerden. Jedenfalls kann Mara ihm nun nicht mehr vorwerfen, er hätte sich geweigert, zu retten, was noch zu retten war.

An diesem Punkt dämmert ihm auf einmal, dass Ivo der Ganove sicher nicht darauf aus ist, den Abschluss der Bauarbeiten großartig zu feiern. Garantiert würde er Mara oben an der Straße absetzen, um jeder Konfrontation auszuweichen und gar nicht erst in Erklärungsnot zu geraten. Früher oder später würde Mara dann einsehen, dass sie doch ziemlich naiv war; sicher nicht sofort, aber in ein paar Tagen oder Wochen bestimmt. In der Schwärmerei für Ivo kommt ihre sprunghafte Ader zum Ausdruck, ihre Nachsicht für grenzwertiges oder gar regelwidriges Verhalten und nicht zuletzt eine physische Anziehung durch DT-Merkmale. Höchstwahrscheinlich gibt es da noch andere Faktoren: zum Beispiel die Tatsache, dass beide aus einer Kultur stammen, in der die Trennlinie zwischen Richtig und Falsch schon immer ausgesprochen dünn war, heute aber oft überhaupt nicht mehr zu erkennen ist. In diesem Land kommt es vor, dass eine Vertreterin der zweitgrößten Partei bei einer Gedenkveranstaltung für die Opfer eines Terroranschlags im Parlament aufsteht und sagt: »Alle reden immer nur über die Menschen, die bei der Explosion ums Leben gekommen sind, aber keiner erwähnt den armen jungen Mann, der sich selbst in die Luft gesprengt hat. Der ist doch auch ein Opfer, oder etwa nicht?« Natürlich wird es für Mara eine bittere Enttäuschung sein, wenn sie nach erfolgter Zahlung einfach abserviert wird, aber vielleicht kommt sie dadurch endlich zur Vernunft und sieht die Dinge wieder so, wie sie sind. Vielleicht aber auch nicht, wer weiß; vielleicht wird sie auch zu sehr damit beschäftigt sein, Rechtfertigungen zu finden für das Verhalten des »armen« Ivo.

Eigentlich, denkt Craig Nolan plötzlich, ist doch alles bestens: Trotz des momentanen Ärgers wird die ganze Geschichte dafür sorgen, dass sie quitt sind und er endlich wieder aus der Rolle des Schuldigen herauskommt. Die Schuldgefühle würden sozusagen gleich verteilt; egal, wie es mit ihrer Ehe weitergeht, keiner von beiden würde als Ungeheuer dastehen, das eine wunderbare Sache ruiniert hat. Was nun das Haus angeht, so ist ja wohl sonnenklar, dass es das Beste ist, es zu verkaufen; mit dem neuen Dach und ein bisschen Kosmetik an dem Riss in der Fassade (italienisch eben, warum nicht?) wird das bestimmt nicht schwer sein. Vielleicht würde Mara noch ein bisschen Widerstand leisten, aber sicher bald einsehen, wie absurd es ist, an einem Ort voller Erinnerungen festzuhalten, von denen die meisten inzwischen nur noch unerfreulich (und peinlich) sind. Klar, es gibt keine Garantie dafür, dass es mit der ausgewogenen Verteilung der Schuldgefühle auch tatsächlich reibungslos klappt, garantiert würde er sich die Sache viel mehr zu Herzen nehmen, schließlich hat er angefangen. Aber wieso eigentlich? War seine (dumme und insgesamt völlig harmlose) Affäre mit Jane Kyle im Grunde nicht bloß der legitime Versuch, irgendwie zu überleben und sich zumindest zeitweise den unaufhörlich wachsenden emotionalen Anforderungen einer Ehefrau zu entziehen, die sich zu allem Überfluss allmählich auch noch zu einer Konkurrentin entwickelte?

Als Craig Nolan den Blick über den versengten Rasen schweifen lässt, kehrt das Gefühl der Erleichterung zurück, sogar noch intensiver; sogar sein rechtes Bein schmerzt plötzlich weniger. Er geht ins Haus und holt sich ein Bier aus dem Kühlschrank. Erst jetzt, wo er die Flasche in der Hand hält, wird ihm klar, dass er sich seit Stunden, ja seit *Tagen* nach etwas Durstlöschendem, etwas Alkoholischem gesehnt hat. Schwungvoll setzt er die Flasche an den Mund und wirft den Kopf zurück: Das Bier ist kalt, schäumend, bittersüß, es tut so gut, dass ihm die Tränen kommen.

Neununddreißig

Mara Abbiati weiß nicht mehr ein noch aus, lässt den Blick durch das völlig anonyme Wohnzimmer schweifen, zum Fenster, wo man in der Ferne das Meer erahnen kann. Es ist alles so traurig, traurig wegen allem, was war und nun vorbei ist, traurig wegen allem, was nie mehr sein wird; falscher Ort, falsche Zeit; unsägliche Leere, unsäglicher Verlust. Da stehen sie nun, nur wenige Meter zwischen sich, und können doch nicht zueinanderfinden, können sich nicht einmal ansehen.

»Ich muss los.« Ivo macht eine entsprechende Geste. Sein Gesicht sieht jetzt noch schlimmer aus: knallrote Schnitte, dunkle Blutergüsse.

Sie nickt, würde ihn aber am liebsten fragen, wohin.

Wieder eine Geste. »Ich muss noch schnell was holen, bin gleich zurück.«

Sie folgt ihm über einen kurzen Flur ins Schlafzimmer, das genauso kahl und anonym ist wie die ganze Wohnung. Das Bett ist ordentlich gemacht, die weiße Bettdecke sorgfältig glattgestrichen, ohne Falten. Auf dem Nachttisch liegt ein Taschenbuch: *Geschichte der Elektrizität*.

»Willst du das haben?« Ivo zeigt darauf. »Ich lasse alles hier.«

»Wohin fährst du?« Endlich sieht sie ihn an.

Tieftraurig schüttelt er den Kopf. »Keine Ahnung.«

Die grenzenlose Traurigkeit nimmt dem Raum jegliche Bedeutung, lässt nur sinnlose Formen zurück, verwaiste Worte. Sie geht hinter ihm her, zurück ins Wohnzimmer.

In der Küchenecke öffnet er einen Schrank, holt einen Topf heraus, aus dem Topf eine Schachtel und macht sie auf. Darin liegen drei Bündel Banknoten, mit einem Gummiband zusammengehalten, Fünfhundert-, Zweihundert- und Einhundert-Euro-Scheine: lila, gelb, grün. Keine Riesensumme, aber auch nicht wenig. Als er sieht, dass sie ihn beobachtet, hält er ihr ein Bündel hin. »Brauchst du was?«

»Spinnst du?« Fast erschrocken weicht sie zurück. »Wir schulden dir doch noch die Hälfte der Baukosten!« Sofort bereut sie das »wir«; es scheint ihr ohne jegliche reale Substanz.

»Beim nächsten Mal.« Ivo geht zum Sofa, um seine Jeansjacke mit den abgeschnittenen Ärmeln zu holen.

»Welches nächste Mal denn?« Sie hat panische Angst davor, verlassen zu werden, schleicht um ihn herum.

Er gibt keine Antwort, stopft das Geld in die Innentasche der Jacke, knöpft sie zu. Jede Bewegung seiner verletzten Hand kostet ihn sichtlich Anstrengung. War das Geld ehrlich verdient, wenn auch nicht nach den Buchstaben des Gesetzes?

Im Wohnzimmer ist es unerträglich heiß, die Luft ist noch drückender und schwüler als in Canciale. Mara Abbiati dreht den Wasserhahn auf und benetzt sich das Gesicht. Was ist das zwischen ihnen? Nur ein vorübergehendes *bonding*, wie es sich laut Craig nach jeder sexuellen Begegnung automatisch einstellt? Oder ist es eine viel tiefergehende Bindung? Auch wenn sie unverständlich ist und ohne erkennbare Grundlage?

Ivo zieht die Jeansjacke über und nimmt die Schlüssel vom Regal. »Ich setze dich zu Hause ab.«

»Ich kann auch mit dem Bus fahren.« Sie will auf keinen Fall abgesetzt werden: weder hier noch zu Hause noch sonst wo.

Ivo winkt ab. »Das liegt auf dem Weg.«

»Auf dem Weg wohin?« So ein Blödsinn, denkt sie verärgert, warum sagt er so was: Von ihrem Haus geht es nirgendwohin, in Canciale ist die Welt zu Ende, da hat Craig ausnahmsweise mal recht.

»Völlig egal, einfach irgendwohin.« Will er es hinter sich bringen? Ist er ungeduldig? Traurig? Erleichtert? Verzweifelt? Will er ihr vielleicht noch etwas sagen, weiß aber nicht, wie?

Sie gehen über die Innentreppe in die Garage hinunter; er zieht das Rollgitter hoch, guckt vorsichtig nach rechts und nach links, nimmt dann zwei Helme von den Haken und hält ihr einen davon hin, den anderen setzt er selbst auf. »Stell den Riemen ein.«

Sie versucht es, aber vergeblich; sie ist so angespannt, dass ihre Finger immer wieder abrutschen. Sie hat es satt, sich dauernd den Kopf zu zerbrechen über die Bedürfnisse anderer, egal ob offene oder verdeckte. Sie will sich nicht mehr anpassen, hat keine Lust mehr, ihr wahres Wesen zu unterdrücken, ihre eigenen Erwartungen zurückzustellen zugunsten irgendeines Mannes, der am Anfang vielleicht noch versucht, sie zufriedenzustellen, sich dann aber immer weniger um sie kümmert. Das alles hat sie schon bis zum

Exzess durchgemacht, erst bei Marco, dann bei Craig, und was dabei herauskam, war alles andere als berauschend.

»Lass mal.« Ivo lässt sich den Helm zurückgeben, stellt die Riemenlänge nach Augenmaß ein, kämpft dabei wieder mit den fixierten Fingern. Dann setzt er ihr den Helm auf und stellt auch noch den Kinnriemen richtig ein. Er riecht nach Schweiß, Blut, Wacholder, Rosmarin. Wie ein wildes Tier: schwer zu fangen, schwer zu halten.

Was war das denn? Mara ist irritiert. Wird sie jetzt schon wieder rückfällig, spielt sie jetzt schon wieder die verständnisvolle Frau, die sich alle Mühe gibt, auf den Mann einzugehen, seinen Tonfall und sein Schweigen zu deuten, seine Motive nachzuvollziehen, seinen Ansprüchen zu genügen, selbst auf Kosten der eigenen? Aber was sind denn in diesem Fall die Ansprüche? Es gibt gar keine, ist sie nicht gerade deshalb so irritiert?

Ivo steigt auf die schwarze Bonneville, mit der er vor fünf Tagen vor ihrem Haus aufgetaucht ist, und startet den Motor: Die Garage füllt sich mit einem tiefen rhythmischen Dröhnen, *stum-stum-tum-stum*. Er gibt ihr ein Zeichen, hinten aufzusteigen.

Sie schwingt sich auf den Sattel, stellt die Füße auf die Fußrasten und versucht, sich irgendwo festzuhalten, weiß aber nicht genau, wo, denn auf einem Motorrad hat sie zuletzt als Kind gesessen; eigentlich machen Motorräder ihr sogar eher Angst. Spielt Angst bei der absurden Anziehung zwischen ihnen vielleicht eine entscheidende Rolle? Reizt sie womöglich die Vorstellung, sich auf ein gefährliches Spiel einzulassen und das Risiko in Kauf zu nehmen?

Langsam fahren sie aus der Garage, zwischen den

scheußlichen Neubauten hindurch, die die Aussicht auf das Meer verstellen, erreichen die Küstenstraße und schlagen dieselbe Richtung ein wie die Sonne, die langsam im Westen untergeht. Die Helme und der Krach von Wind und Motor entbinden sie von jedem Versuch einer Unterhaltung. Aber müssten sie nicht dringend diese letzte Gelegenheit nutzen, um zu sagen, was zu sagen ist? Aber was? Und wozu? Mit welchem Ergebnis? Was gibt es da noch zu sagen, was nicht ohnehin klar ist? Dass sie in jeder Hinsicht, charakterlich wie kulturell, zu verschieden sind? Dass sie keine Chance haben? Dass es keinen Grund zu der Annahme gibt, der andere könne sich ändern, sich in eine akzeptablere, umgänglichere Version seiner selbst verwandeln?

Jetzt sind sie auf der kurvigen Straße, die nach Canciale hinaufführt, und beschleunigen. Merkwürdigerweise hat sie immer weniger Angst, je schneller sie fahren. Sie hält sich an Ivo fest, legt sich in die Kurven, wenn er sich in die Kurven legt, gibt sich völlig dem Spiel der Kräfte hin. Als sie die Stelle erreichen, wo sie den Waldbrand gesehen haben, fährt er langsamer. Es sind immer noch eine Menge Schaulustige da, Autos und Motorroller blockieren die Straße; aber das Feuer scheint weitgehend gelöscht, denn es qualmt viel weniger. Allerdings liegt ein beißender Brandgeruch in der ausgetrockneten Luft, die immer noch Hitze abstrahlt.

Danach fahren sie wieder schneller, bergauf durch die Kurven: Sie klammert sich an ihn, an den Gedanken, was sie gewinnen könnte, was sie verloren hat, was sie sich vorstellt, was sie eigentlich will. Jede Kurve nehmen sie perfekt aufeinander abgestimmt; in einem instinktiven Zusammenspiel. Ist es wieder genauso wie in dem Zimmer über dem kleinen Restaurant in den Bergen, als sie Sex hatten? Ja: Es ist dasselbe Gefühl, unverhofft etwas zu finden, wonach man sich immer schon verzweifelt gesehnt hat. Ist das bloß ein Eindruck, der mit der allgemeinen Verwirrung zusammenhängt? Oder ist es wirklich so? Wie lange würde dieses Gefühl anhalten, wenn sie sich Zeit nähmen, es ernsthaft auf die Probe zu stellen?

Mit aller Kraft versucht sie, die Zeit, die ihnen noch bleibt, zu verlängern, aber es ist zu wenig: Noch ein paar Kurven, und es ist vorbei. Sie sind am Ziel. Ivo hält an der Kreuzung, wo die Straße zu ihrem Haus abzweigt. »Okay, hier setz ich dich ab.«

Mara stellt einen Fuß auf den Boden, steigt aber nicht ab, obwohl sie genau weiß, dass es absurd ist, einen Moment hinauszuzögern, der eigentlich schon vorbei ist. Doch ist es nicht noch viel absurder, jetzt zu Craig nach Hause zu gehen? Nach allem, was in dem Zimmer über dem kleinen Restaurant passiert ist? Nach allem, was jetzt gerade passiert ist? Ist es nicht auch absurd, dass sie nach der Geschichte mit der Studentin bei ihm geblieben ist? Warum hat sie das gemacht? Aus Angst, ihr gemeinsames Leben zu gefährden, das sie sich sieben Jahre lang aufgebaut haben? War sie zu feige, auf das angenehme Leben zu verzichten, das ihr Mann ihr bot? Hat sie beide Augen zugedrückt, bloß um ihre Privilegien zu behalten? Aber was für Privilegien denn? Die Essen mit den nervigen Unikollegen samt noch nervigeren Ehefrauen? Die Absicherung ihrer ungewissen Laufbahn als Künstlerin durch einen berühmten, intellektuell brillanten Partner?

Ivo sieht hoch zu der Straße, die weiter bergan führt. Kann er es vielleicht gar nicht mehr erwarten, sie und ihre Ansprüche loszuwerden? Aber welche Ansprüche denn?

»Wohin fährst du?« Sie ärgert sich, dass sie schon wieder um Antworten bettelt, die ihr freiwillig nicht gegeben werden. Aber sie spürt, wie sich eine Leere zwischen ihnen auftut: eine tiefe, grenzenlose Leere, aus der man nie wieder herauskommt. Schon wieder diese Angst. Ist das nicht genau die Angst, von der sie sich ein für alle Mal verabschieden muss, um endlich auf eigenen Beinen zu stehen und ihr Leben selbst in die Hand zu nehmen? Muss sie nicht endlich aufhören, so emotional bedürftig, so überempfindlich, so labil und abhängig zu sein? Kann sie nicht wenigstens darin einen Schritt weiterkommen? All die romantischen Bücher vergessen, die sie gelesen hat, all die Songs, die sie zu Tränen gerührt haben, all die Träume, die sie zwangsläufig auf den falschen Weg gebracht haben? Allerdings hat es in ihrem Leben doch durchaus Zeiten gegeben, wo sie relativ eigenständig war, das Risiko einer Enttäuschung und eines gebrochenen Herzens in Kauf nahm. Kann sie das nicht noch mal probieren?

Er antwortet nicht. Was soll er auch sagen? Ihr irgendeine Lüge auftischen, ihr Gott weiß was versprechen? Soll er vielleicht sagen, er würde sie besuchen?

Irgendwann steigt sie schließlich doch vom Motorrad, nimmt den Helm ab und gibt ihn zurück.

Er sieht sie an. »Ciao.«

»Ciao.« Ihr zittern die Lippen; ihr zittern die Beine, vielleicht weil sie sich zu sehr an das Motorrad geklammert hat. Die Leere in ihr ist grenzenlos. Aber das geht vorbei, nicht wahr? In ein paar Tagen, in ein paar Wochen. Oder wird sie womöglich für immer bleiben, sich in ein Bedauern verwandeln, das nie aufhört? Aber Bedauern worüber? Über Dinge, die sie sich nur vorgestellt und nie ausprobiert hat?

Er nimmt die Brille ab. »Du bist eine ganz besondere Frau.«

»Und du, was für ein Mann bist du?« Sie fragt das spontan, auch wenn sie die Antwort zu wissen glaubt; aber sie hat nicht den geringsten Beweis. Oder vielmehr: Ein paar Hinweise hat sie schon, aber nicht genug, um sicher zu sein. Aber wozu braucht sie Sicherheit? Was für eine Sicherheit soll das überhaupt sein? Und was sind die anderen Sicherheiten in ihrem Leben?

Ivo versucht zu lächeln, aber es klappt nicht; mit all den Schnitten und Blutergüssen im Gesicht sieht er aus, als wäre er unter einen Lastwagen gekommen. »Es ist besser so, oder?«

»Nein.« Wieder eine ganz spontane Antwort. Sie hofft verzweifelt, dass das Gefühl der Leere nachlässt und stattdessen ein bisschen Wut aufkommt. Wut auf sich selbst, auf ihn, auf die Naivität, mit der sie sich auf ein derart riskantes Spiel eingelassen haben, ohne an die Konsequenzen zu denken.

»Nein?« Nachdenklich neigt er den Kopf zur Seite, als wüsste er es wirklich nicht; als wartete er noch auf die richtige Entscheidungshilfe.

»Nein, überhaupt nicht.« Sie überlegt, ob sie ihn umarmen, ihm einen Kuss geben oder die Hand drücken soll. Aber es kommt keine Reaktion, gar keine. Braucht es eine Geste, um die Sache wie Erwachsene zu beenden, sie nicht in der Schwebe zu lassen? Oder wäre das ein Rückfall und machte alles nur noch schlimmer?

Reglos sitzt Ivo auf dem Motorrad, den Helm in der einen Hand, die andere am Lenker. Glänzen seine Augen? Weint er etwa?

Mara Abbiati dreht sich um, macht sich auf den Weg nach Hause; obwohl es bergab geht, kostet sie jeder Schritt unendliche Mühe, als müsste sie gegen eine reißende Strömung ankämpfen. Schon hat sie die Situation mit Craig vor Augen: das vorwurfsvolle Schweigen, die nicht gestellten Fragen, die nicht gegebenen Antworten, der alte, lang aufgestaute Frust, die gescheiterten Versuche, Verständnis aufzubringen, die dann unweigerlich in Ressentiments münden. In einigen Tagen würden sie das Haus abschließen, nach Genua zum Flughafen fahren, nach London fliegen und von dort den Zug nach Cambridge nehmen. Sie würden ihr altes Leben fortführen, mehr oder weniger unzufrieden, mehr oder weniger zufrieden.

Noch immer angespannt, wartet sie auf das Motorengeräusch der Bonneville: Sie hat den Klang schon in den Ohren. Aber er bleibt aus, und sie geht weiter; als sie schon dreißig oder fünfzig oder hundert Schritte entfernt ist, dreht sie sich um.

Ivo ist noch immer da, auf dem Motorrad: Er sieht sie an.

Sie zögert, das Herz bleibt ihr fast stehen.

Er hebt die Hand. Ein letzter Gruß? Ein Rückruf?

Sie zögert noch immer, ihr Herz schlägt schneller. Sie macht einen Schritt, ihr Herz schlägt noch schneller. Sie kehrt um, bergauf zu ihm fällt ihr das Gehen unendlich viel leichter als bergab nach Hause. Sie geht auf Ivo zu und reckt sich, um ihm einen Kuss zu geben: streift nur leicht seine Lippen.

Unendlich traurig sieht sie ihn an: »Du wirst mir fehlen.«

»Du mir auch.«

Sie spürt, wie ihr die Tränen kommen, wie ihre Muskeln krampfartig zucken, wie das aufsteigende Schluchzen ihr den Atem nimmt. Ein übermächtiger, schwindelerregender Verlust.

Er packt sie am Arm, so fest, dass es fast weh tut.

Ihr Herz rast, gerät völlig außer Kontrolle.

Ja, auch Ivo weint hemmungslos, dicke Tränen rollen ihm über die geschundenen Wangen. Flehend streckt er ihr den Helm entgegen: wie ein Verdurstender mitten in der Wüste, der wider besseres Wissen ein leeres Glas in die Luft hält in der wirren Hoffnung, es könnte sich wie durch ein Wunder mit Wasser füllen.

Das ist doch absurd, völlig unrealistisch. Trotzdem rührt sie sich nicht von der Stelle, springt im Geiste fieberhaft zwischen dieser rein hypothetischen Entscheidung und tausend anderen Möglichkeiten hin und her. Wenn sie tatsächlich zusammen fortgingen, wo sollten sie dann hin? Mit einer Fähre ins Ausland und von dort auf eine abgelegene Insel? Wo jeder von ihnen dann weiter seiner Arbeit nachging, er dem Häuserbau, sie der Bildhauerei? Und dann? Was, wenn die Anfangseuphorie nachließe, weil es nichts Neues mehr zu entdecken gibt?

Sie ist wie gelähmt, kann diese quälende Ungewissheit kaum ertragen, ihre Gedanken springen vor und zurück, sondieren das Terrain in alle Richtungen. Sie sieht, wie sie morgen mit Fäustel und Meißel auf dem strohigen Gras steht, während Craig am Küchentisch sitzt und arbeitet. Sie sieht, wie sie in einer Woche zu Hause in Cambridge ein Essen für Craigs Freunde und Kollegen vorbereiten, die ihr herzlich gleichgültig sind, hört schon ihr ödes Akademikergeschwätz und hat lebhaft die allzu vertraute Entfremdung vor Augen, die grenzenlose Langeweile.

Als Ivo sie ansieht, liegen in seinem Blick tausend Fragen, keine Antworten.

Sie reißt ihm den Helm aus der Hand, setzt ihn auf, schließt den Riemen, schwingt sich auf den Sattel und stellt die Füße auf die Rasten. Mit einem Schlag sind sämtliche Gedanken daran, wie es wohl sein wird, wie weggeblasen; sie denkt nicht mehr, wägt nicht mehr ab, spürt nur noch ihren Gefühlen nach und der Geschwindigkeit, mit der ihr Herz schlägt.

Ivo setzt die Brille auf, greift hinter sich, um zu sehen, ob sie richtig sitzt; dann gibt er Gas und lässt den Motor aufheulen.

Sie legt die Arme um ihn, schmiegt sich an. Die Bonneville beschleunigt, fährt rasch die kurvige Straße hinauf, die über den Apennin führt, von dort zu einer Kreuzung, dann zu anderen Kreuzungen, von denen andere Straßen abzweigen, nach Norden, Osten, Westen, Süden, in sämtliche Richtungen der Welt.

*Bitte beachten Sie
auch die folgenden Seiten*

Andrea De Carlo im Diogenes Verlag

»Wenn Andrea De Carlo schreibt, scheint er die Kamera durch die Feder ersetzen zu wollen, und sein Stil, weit entfernt von jedem literarischen Vorbild, erinnert an die Bilder der Maler des amerikanischen Fotorealismus.« *Italo Calvino*

»Andrea De Carlo hat sich mit Geschichten über Hoffnungen seiner Generation, die Folgen der rasanten Industrialisierung und die Schattenseiten des haltlosen Hedonismus ein großes Publikum erschrieben.« *Maike Albath / Neue Zürcher Zeitung*

Vögel in Käfigen und Volieren
Roman. Aus dem Italienischen von Burkhart Kroeber

Creamtrain
Roman. Deutsch von Burkhart Kroeber

Macno
Roman. Deutsch von Renate Heimbucher

Yucatan
Roman. Deutsch von Jürgen Bauer

Zwei von zwei
Roman. Deutsch von Renate Heimbucher

Arcodamore
Roman. Deutsch von Renate Heimbucher

Wir drei
Roman. Deutsch von Renate Heimbucher

Wenn der Wind dreht
Roman. Deutsch von Monika Lustig

Das Meer der Wahrheit
Roman. Deutsch von Maja Pflug

Als Durante kam
Roman. Deutsch von Maja Pflug

Sie und Er
Roman. Deutsch von Maja Pflug

Villa Metaphora
Roman. Deutsch von Maja Pflug

Ein fast perfektes Wunder
Roman. Deutsch von Maja Pflug

Das wilde Herz
Roman. Deutsch von Petra Kaiser und Maja Pflug

Folgende Romane sind zurzeit ausschließlich als eBook erhältlich:

Techniken der Verführung
Deutsch von Renate Heimbucher

Guru
Deutsch von Renate Heimbucher

Fabio Volo
im Diogenes Verlag

Fabio Volo, geboren 1972 bei Brescia in der Lombardei, ist Autor mehrerer Bestseller, Schauspieler, u.a. in der Verfilmung seines eigenen Romans durch Massimo Venier *(Il giorno in più)*, und er hat eigene Sendungen in Radio und Fernsehen. Fabio Volo lebt in Mailand, Rom, Paris und New York.

»Wenige Autoren verstehen es, so über die Liebe zu schreiben, dass man beim Lesen ganz ergriffen ist, weil die Geschichte so schön ist. Fabio Volo hat das Talent.« *Florian Römer / Gong, Ismaning*

Einfach losfahren
Roman. Aus dem Italienischen
von Peter Klöss
Auch als Diogenes Hörbuch erschienen,
gelesen von Heikko Deutschmann

Noch ein Tag und eine Nacht
Roman. Deutsch von
Peter Klöss

Zeit für mich und Zeit für dich
Roman. Deutsch von
Peter Klöss

Lust auf dich
Roman. Deutsch von
Peter Klöss

Der Weg nach Hause
Roman. Deutsch von
Petra Kaiser

Seit du da bist
Roman. Deutsch von
Petra Kaiser

Marco Balzano
Das Leben wartet nicht

Roman. Aus dem Italienischen
von Maja Pflug

Das Leben wartet nicht – Ninetto versucht es zu erhaschen: auf den Feldern Siziliens, im Dickicht der Stadt Mailand, in der Backfabrik, wo die schöne Maddalena arbeitet. Doch kaum hat er es gepackt, entschwindet es wieder.

Ninetto war neun, als er ohne seine Eltern, nur in Begleitung eines Freundes der Familie, von Süditalien nach Mailand zog, um zu arbeiten. Mit seiner zupackenden, fröhlichen Art hat er es damals zu etwas gebracht. Doch heute, kurz vor der Pensionierung, muss er wieder kämpfen. Das Wichtigste, die Familie, steht auf dem Spiel.

»Warmherzig erzählt der Autor die Geschichte der Emigration von Süden nach Norden. Lesenswert!«
Britta Helmbold / Ruhr Nachrichten, Dortmund

»Ein bezauberndes Buch, das lange nachhallt.«
Marco Belpoliti / L'Espresso, Rom

»Ein wunderbarer Roman. Unbedingt lesen!«
*Sabine Wirths-Hohagen /
Westdeutsche Allgemeine Zeitung, Essen*

Jardine Libaire
Uns gehört die Nacht

Roman. Aus dem Amerikanischen
von Sophie Zeitz

Als Elise Perez an einem trostlosen Winternachmittag in New Haven den Yale-Studenten Jamey Hyde kennenlernt, ahnt keiner, dass hier und jetzt ihrer beider Schicksal besiegelt wird. Was als obsessive Affäre beginnt, wird zu einer alles verändernden Liebe. Doch Elise ist halb Puerto-Ricanerin, ohne Vater und Schulabschluss aufgewachsen, und Jamey der Erbe einer sagenhaft reichen Familie von Investmentbankern. Wie weit sind sie bereit zu gehen?

»Jede Seite dieses Romans knistert vor Intensität, Raserei, Lust und dem wahnsinnigen Gefühl der ersten Liebe. Jardine Libaire hat die Chronik einer obsessiven Liebesbeziehung geschrieben, großartig!«
Nathan Hill, Autor von ›Geister‹

»Vor dem Hintergrund der amerikanischen Klassengesellschaft ergründet Jardine Libaire in ihrem Roman *Uns gehört die Nacht* die Frage, wie viele Gegensätze die Liebe wirklich verträgt.«
Claire Beermann / Zeit Magazin, Berlin

»Intensiv, liebevoll und verstörend – ein wunderbares Buch.« *Elle, München*

Eve Harris
Die Hochzeit der Chani Kaufman

Roman. Aus dem Englischen von Kathrin Bielfeldt

Chani Kaufman ist hübsch, intelligent und hat ihren eigenen Kopf – nicht die besten Voraussetzungen auf dem hartumkämpften jüdisch-orthodoxen Heiratsmarkt. Schon gar nicht, wenn ihr zukünftiger Ehemann Baruch Levy sein soll. Baruch wird bald in Jerusalem studieren und der erste Rabbi in einer Familie erfolgreicher Unternehmer sein.

Chaim Zilberman und Rebecca Reuben waren auch einmal Studenten in Jerusalem. Heute sind sie Rabbi und Rebbetzin Zilberman, angesehene Mitglieder der orthodoxen Gemeinde Londons. Aus Liebe hatte Rebecca in das streng geregelte Leben an der Seite eines Rabbis eingewilligt – Sneakers gegen Ballerinas, Jeans gegen bodenlange Röcke und den Wind in ihren langen Haaren gegen einen *Scheitel* getauscht.

Doch was ist Glück, was ist Selbstbestimmtheit unter den wachsamen Augen Gottes – und der Nachbarn?

»*Die Hochzeit der Chani Kaufman* zieht den Leser von der ersten Seite an in seinen Bann, lässt ihn tief in das Leben einer jüdisch-orthodoxen Gemeinde eintauchen und eröffnet die Geheimnisse und Gefühle hinter den Ritualen und Gebeten, den Geboten und Perücken. Ein wunderbar geschriebener Roman.«
Daily Mail, London

»Eve Harris beschreibt diese in sich geschlossene Welt kenntnisreich und mit großem Einfühlungsvermögen, ihre messerscharfen Beobachtungen präsentiert sie mit feinem Humor. Der Platz auf der Booker Prize Longlist ist verdient.« *The Times, London*

Auch als Diogenes Hörbuch erschienen,
gelesen von Anna Schudt